日本建築家協会 環境行動ラボ エコハウス・フォローアップ・ワーキンググループ 編著

エコハウスへの誘い

極寒地から蒸暑地までの試みと検証

鹿島出版会

はじめに

私たちは、住宅の新築や改築をするときに、これまでよりも遙かに広い視野を必要とする時代を迎えている。日本は今日、住宅について次のような課題に直面しており、住まい手への情報提供と意識改革、設計者や施工者の技術力の向上が必要なばかりでなく、住宅に関わっている行政、研究機関、企業や団体のすべてが、問題意識を共有しなければならない。

・豊かな森林資源を循環させながら地元の木材と人材で、家を建て維持していくという、何百年も続いてきた社会構造がくずれ、木造によって住宅を建設する技術と文化の伝承が危機に瀕している。
・世帯人数の減少が止まらず、住宅の建替えやストックの活用に際しても、地域のコミュニティーや独自のライフスタイル、美しい景観が全国各地で失われつつある。
・住宅における省エネの基準改正がなされ義務化に向けた検討が進むなかで、これらの課題と相反することなく、目的が達成される道筋を見つけなければならない。

環境省の「21世紀環境共生型住宅のモデル整備建設促進事業」では、極寒地から蒸暑地まで全国20の自治体それぞれが、設計プロポーザルで選ばれた建築家によるエコハウスを2010年春に完成させ、翌年度からは2回の「エコハウスの性能検証調査」を行った。20の自治体では設計前から完成後の現在にいたるまで、エコハウスを拠点に一般市民向けの催しから専門家を対象にした技術講習まで、多彩な活動が積極的に続けられている。

時を同じくして、国土交通省、経済産業省、環境省の3省合同会議で、住宅と建築物の省エネ基準見直しの検討が続けられ、まず2013年に改正された住宅・建築物の省エネルギー基準が施行された。2020年までに住宅の省エネルギー基準が義務化されるにあたっては、多くの課題を並行して解決していかなければならず、日本の社会全体におけるパラダイムシフトが求められている。

はじめに

日本建築家協会の環境行動ラボは、環境省エコハウスモデル事業の事務局として事業の開始から全体の統括を担当した。建物の完成後は、日本建築家協会内にとどまらない開かれた組織のエコハウス・フォローアップ・ワーキンググループ（W.G.）を独自に発足させて、建築研究所および東京大学大学院の研究者や学生の協力を得て、環境省から受託した性能検証調査が完了した後の現在も、自主的に調査研究を継続している。

この行政・設計者・研究者が全国をフィールドとして続けている日本では例のないプロジェクトからは、非常に多くの知見が得られつつある。この設計者と研究者が客観性をもって協働することで初めて見えてきた成果が、本書にまとめられている。

全国のエコハウスでは、現在も活発な活動が展開されており、エコハウスを対象とする研究も各地で続けられている。これらをフォローする目的で、本書の刊行とあわせて、エコハウスのポータルサイト「エコハウス・ポータル by 日本建築家協会」を開設した。

住宅に関わる多くの課題を解決していくためには、エコハウスのような小さなきっかけから、住まい手の関心の輪が広がり、建築に関わる多様な専門家と研究者が知見を深めて、国から村までの行政と連携していく必要がある。それが世界でも希な多様な気候をもつ日本で、快適で経済的な住まいと暮らしを、地域から地球規模までの環境を守りながら実現できる道筋ではなかろうか。

本書やポータルサイトを手掛かりに、エコハウスの見学や宿泊することでの体験を通して、日本の未来のために、住宅に関わる数々の課題の解決に何が必要かを、多くの方々と共に考えていくことを願っている。

公益社団法人 日本建築家協会 環境行動ラボ
エコハウス・フォローアップ・ワーキンググループ
井口直巳　大角雄三　澤地孝男　高瀬幸造
中村勉　袴田喜夫　前真之　牧敦司

Contents

エコハウス一覧

平成25年省エネルギー基準地域区分地図

地域区分+暖房期日射量地域区分

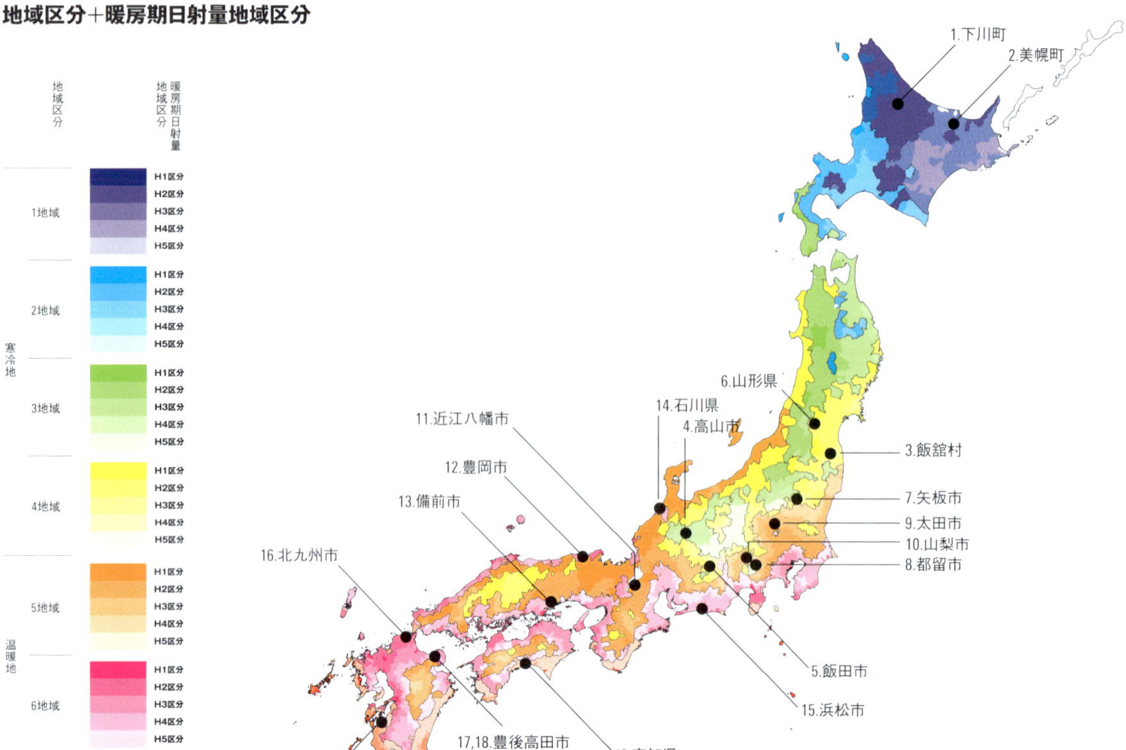

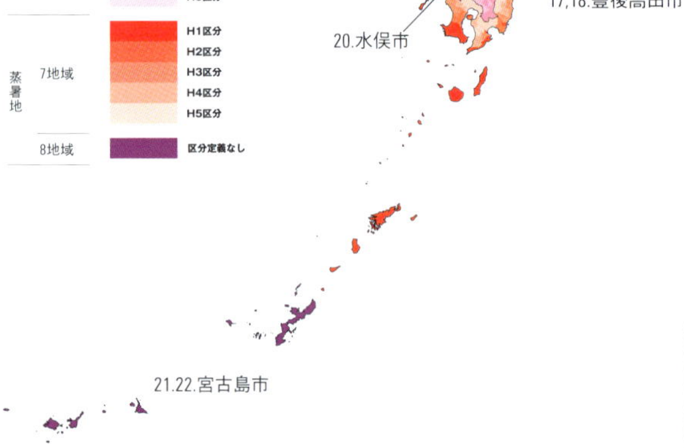

1.下川町 1 H2 A2

2.美幌町 1 H3 A3

3.飯舘村 3 H4 A3

4.高山市 3 H4 A3

5.飯田市 4 H3 A4

6.山形県 4 H2 A2

7.矢板市 4 H3 A3

8.都留市 4 H3 A3

9.太田市 5 H2 A4

10.山梨市 5 H3 A4

11.近江八幡市 5 H1 A3

一般財団法人 建築環境・省エネルギー機構のご厚意により掲載

年間日射量地域区分

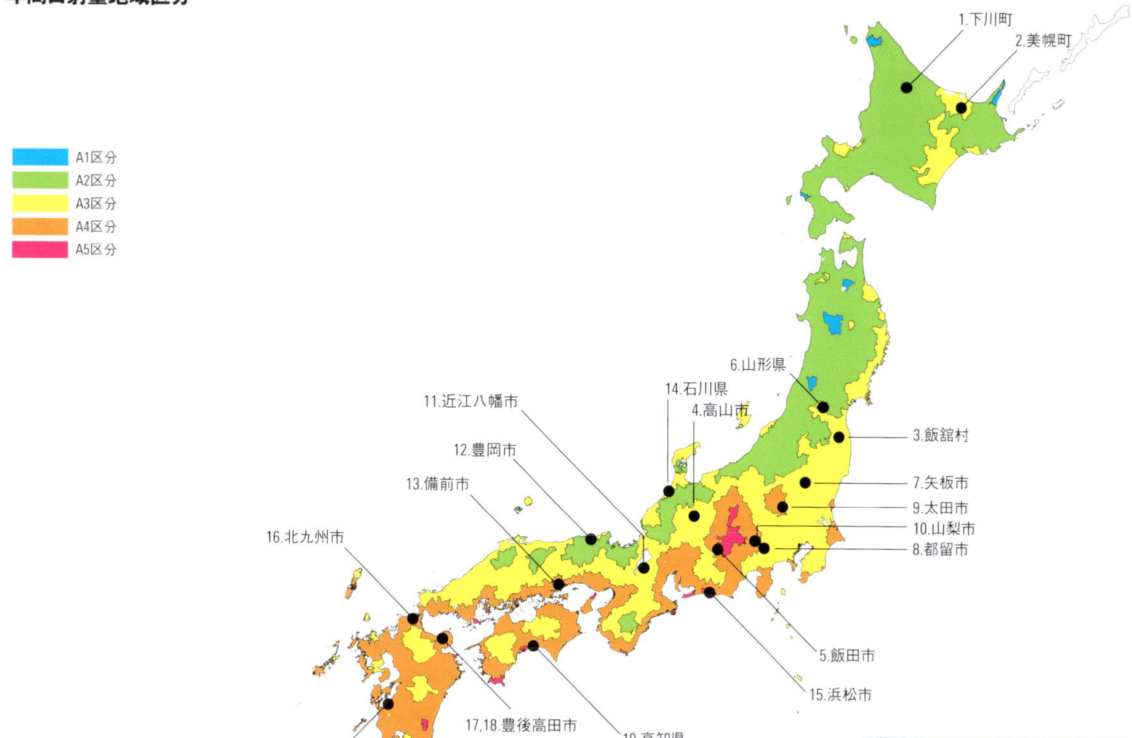

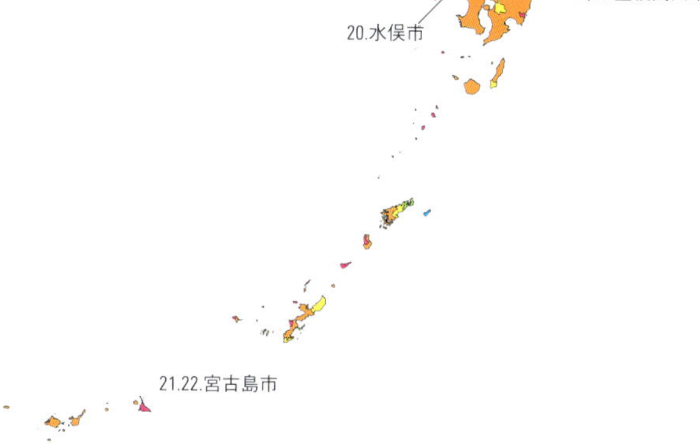

12.豊岡市 5 H1 A2

13.備前市 5 H2 A4

14.石川県 6 H4 A2

15.浜松市 6 H3 A4

16.北九州市 6 H5 A4

17.豊後高田市1 6 H4 A4

18.豊後高田市2 6 H4 A4

19.高知県 7 H5 A4

20.水俣市 7 H4 A4

21.宮古島市1 8 A5

22.宮古島市2 8 A5

1章｜エコハウスのこれまで と これから

エコハウスのこれまで

20のチャレンジ

2010年の春、環境省の「21世紀環境共生型住宅のモデル整備建設促進事業（以下「環境省エコハウスモデル事業」と略す）」によるエコハウスが全国20地域に同時に完成した。日本建築家協会の環境行動ラボは、環境省エコハウスモデル事業の事務局として事業の開始から全体の統括を担当し、20地域でのチャレンジをサポートした。

建物の完成後は、日本建築家協会内にとどまらない開かれた組織のエコハウス・フォローアップ・ワーキンググループ（以下「エコハウスWG」と略す）を発足させ、各地でシンポジウムやセミナーを行うほか、2010年度と翌年度には「エコハウスの性能検証調査委託業務」を環境省から受託して、建築研究所、東京大学大学院とともに共同研究調査を行い、現在もフォローアップを継続している。

環境省エコハウスモデル事業による20のチャレンジは、行政・建築家・研究者がタッグを組み、全国をフィールドとして取り組んだユニークなプロジェクトであり、そこで得られた知見には他に類を見ないものも多い。本書をきっかけとして、設計者や研究者だけでなく、住宅の新築や改築をするときの建主や施工者、住まいと環境に関心のある方々にも幅広く知見を紹介し、近くのエコハウスを訪ねて実感してみることなどを通して、エコハウスについての関心が様々な形で広がっていくことを熱望している。

本章の前半では、環境省エコハウスモデル事業の趣旨やこれまでの経緯を概観することで、20のチャレンジが目指すものについて解説する。エコハウスが完成するまでの情報については、環境省エコハウスモデル事業の公式ホームページ（以下「エコハウスHP」と略す）をご覧いただきたい[図1]。また、エコハウスが完成した後の情報については、エコハウスWGが運営している公式ポータルサイト「エコハウス・ポータル by 日本建築家協会」（以下「エコハウス・ポータル」と略す）に最新の活動が紹介されているので、利用されたい[図2]。

本章の後半では、エコハウスが完成した後の2013年に施行された改正省エネルギー基準（以下、改正前の基準を「平成11年基準」、改正された基準を「平成25年基準」と略す）の変更点と、それに基づいた設計のプロセスを解説する。

図1　環境省エコハウスモデル事業の公式ホームページ
http://www.env.go.jp/policy/ecohouse/index.html

図2　エコハウス・ポータル by 日本建築家協会
http://www.ecohouse-portal.com

モデル事業の特徴／極寒から蒸暑まで

2009年春に環境省が全国の自治体に募集をした環境省エコハウスモデル事業は、同種の事業と異なる多くの特徴がある。事業のテーマ、地域の選定、設計案の選定、完成までのプロセス、完成後の性能検証のどれもが工夫されている[図3]。

事業の3つのテーマは、

1. 環境基本性能の確保
2. 自然・再生可能エネルギーの活用
3. エコライフスタイルと住まい方

であり、これらは全国共通としながら、設計手法や技術は地域の特徴を活かせるように、スペックの競争や総花的な提案を避けている。また建物だけ

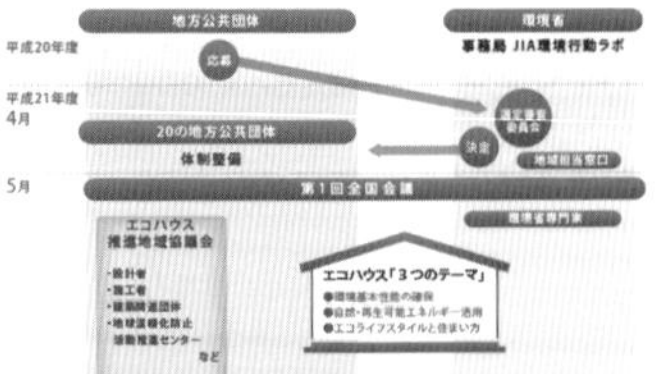

図3　エコハウスHP　事業のスケジュール
http://www.env.go.jp/policy/ecohouse/schedule/index.html

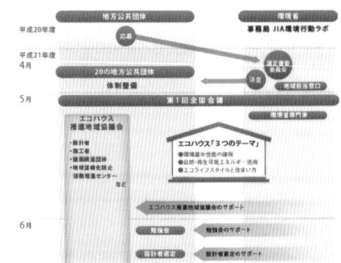

でなくエコライフスタイルと住まい方をテーマにすることで、エコハウスの建物が建設されるだけにとどまらず、自治体による住宅政策や環境政策の実施や、地元の設計者や施工者への普及を後押しすることも目的としている。

環境省エコハウスモデル事業では、国の補助金額は土地代も含めて1億円を上限とした上で、都道府県から市町村まで規模を問わず幅広く提案を募集した。また、応募段階では具体的な設計案はあえて求めずに決定後に自治体が設計者選定プロポーザルを行うこととし、エコハウス建設予定地の選定理由、建物のポイント、管理・運営体制、地域との連携、自治体の環境への取組みとの関連を審査することとした。

県から村まで全国58自治体からの応募があり、地域の特性を踏まえた特徴のある提案や伝統的な手法について積極的に評価するとともに、20の地域選定にあたっては、当時の平成11年基準による気候地域区分の、Ⅰa～Ⅵ地域と、パッシブ地域区分の、い～ほ＋指定なし、に広がる日本の多様な気候の各区分に20の地域が分散するように配慮された。その結果、北緯44度の極寒地の下川町から、24.5度の蒸暑地の宮古島市まで、幅広い気候区分を網羅した20の地域が選定された。

理解を深める／環境基本性能と風土

図4　第1回全国会議

エコハウスHP 全国会議レポート
http://www.env.go.jp/policy/ecohouse/conference/index.html

地域が選定された後2009年5月に、第1回全国会議が開かれ[図4]、出席した自治体の担当者全員が「自立循環型住宅への設計ガイドライン」のセミナーを受講した。モデル事業を進める各自治体の担当部局は、環境部局や住宅部局など様々であったが、セミナーの受講により、事業担当者が環境基本性能の基礎を習得することができた。

その後、各自治体ではエコハウス推進地域協議会を発足させ、事業のテーマと地域性の両面から、どのようなエコハウスを建てるかのコンセプトが検討された。同時に設計者や施工会社にエコハウスへの理解を深める機会として、自治体ごとに3～4回の独自のプログラムと講師による勉強会が実施された[図5]。20地域で計61回行われた勉強会には延べ2734名の建築関係者が参加した。自治体の意向が反映されたプログラムは、寒冷地や蒸暑地では独自の環境基本性能を学び、自立循環型住宅設計や$LCCO_2$の評価方法、CASBEEの講習、温熱実験、ドイツのバウビオロギーから日本の伝統的な土壁の左官技術まで多岐に渡った。勉強会についてはエコハウスHPの勉強会情報に全国すべての様子が紹介されている。

図5　勉強会で行われた温熱実験

エコハウスHP 全国20地域での勉強会の情報
http://www.env.go.jp/policy/ecohouse/challenge/challenge99.html#b01

この勉強会への出席を条件として、同一県内に開かれた設計者選定プロポーザルが各自治体で行われた。設計者選定プロポーザルには、合計で240の設計案の応募があり、環境基本性能を確保した上で地域ごとの気候や風土に根ざした設計案が選定された。

設計案の多様性

環境省エコハウスモデル事業により建設されたエコハウスは、豊後高田市と宮古島市では補助金の上限内で2棟のエコハウスを建設したため20地域に22棟あり、本書では2章から4章で、そのすべてを紹介している。

これらを概観すると、どの設計者も、今はやりの一見多彩に見えても内容の画一的な省エネハウスとは異なり、エコハウスという共通のテーマに対して多種多様なアプローチや機能によって挑戦したかが伺える。どのエコハウスも、多くの応募案の中から審査やヒアリングで選ばれた設計であり、地元に根を下ろして設計事務所を営む建築家が環境に目を向けてチャレンジした成果が、ここに集約されている。選定されたプロポーザル案は、エコハウスHPの20のチャレンジ[図6]に22すべての計画提案がアップされている。

22棟の中で20棟までが、ウッドマイルの少ない地元材による木造となったのは、日本が森林国であることを再認識させ、RC造とした宮古島市でも1棟は屋根を木造とすることで、この地域で今日ほとんど失われた木造住宅の復権にチャレンジしている。

また、自然エネルギー活用のポイントとなる日射取得と日射遮蔽のために、建物配置の方位や軒の出寸法を考えながら設計されている。気候地域区分だけではくくれない地域ごとに異なる、季節による日照、雨や雪、強風や微風、市街地か郊外かといった敷地条件をエコハウスの設計に反映させると、どれほど多様な解があるのかを22棟は教えてくれる。

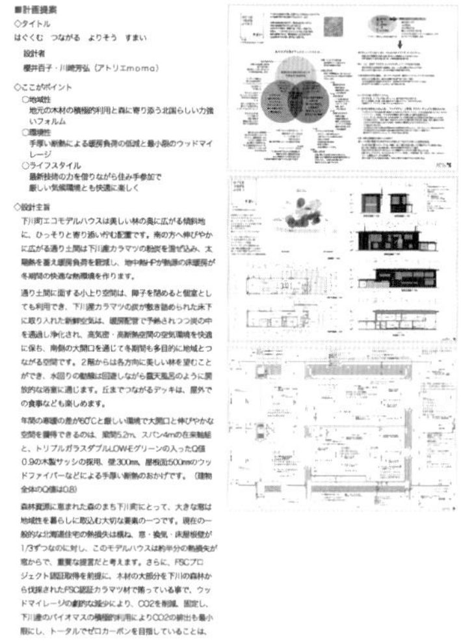
■計画提案
◇タイトル
はぐくむ　つながる　よりそう　すまい
設計者
櫻井百子・川崎芳弘（アトリエmomo）
◇ここがポイント
○地域性
地元の木材の積極的利用と森に寄り添う北国らしい力強いフォルム
○環境性
手厚い断熱による暖房負荷の低減と最小限のウッドマイレージ
○ライフスタイル
最新技術の力を借りながら住み手参加で厳しい気候環境とも快適に楽しく
◇設計主旨
下川町エコモデルハウスは美しい林の奥に広がる傾斜地に、ひっそりと寄り添い佇む配置です。南の方へ伸びやかに広がる通り土間は下川産カラマツの炭を混ぜ込み、太陽熱を蓄え暖房負荷を軽減し、地中熱HPが熱源の床暖房が冬期間の快適な熱環境を作ります。
通り土間に面する小上り空間は、障子を閉めると個室としても利用でき、下川産カラマツの炭が敷き詰められた床下に取り入れた新鮮空気は、暖房配管で予熱されつつ炭の中を通過し浄化され、高気密・高断熱空間の空気環境を快適に保ち、南側の大開口を通じて冬期間も多目的に地域とつながる空間です。2階からは各方向に美しい林を望むことができ、水回りの動線は回遊しながら露天風呂のように開放的な浴室に通じます。丘までつながるデッキは、屋外での食事なども楽しめます。
年間の寒暖の差が60℃と厳しい環境で大開口と伸びやかな空間を獲得できるのは、間口5.2m、スパン4mの在来軸組と、トリプルガラスダブルLOW-Eグリーンの入ったQ値0.9の木製サッシの採用、壁300mm、屋根面500mmのウッドファイバーなどによる手厚い断熱のおかげです。（建物全体のQ値は0.8）
森林資源に恵まれた森のまち下川町にとって、大きな窓は地域性を暮らしに取込む大切な要素の一つです。現在の一般的な北海道住宅の熱損失は概ね、窓・換気・床屋根壁が1/3ずつなのに対し、このモデルハウスは約半分の熱損失が窓からで、重要な提言だと考えます。さらに、FSCプロジェクト認証取得を前提に、木材の大部分を下川の森林から伐採されたFSC認証カラマツ材で賄っている事で、ウッドマイレージの劇的な減少により、CO2を削減、固定し、下川産のバイオマスの積極的利用によりCO2の排出も最小限にし、トータルでゼロカーボンを目指していることは、

図6　エコハウスHP　プロポーザル案
http://www.env.go.jp/policy/ecohouse/challenge/index.html
（20のチャレンジで地域を選択）

住まいと住まい方

環境省エコハウスモデル事業のテーマのひとつに、エコライフスタイルと住まい方がある。しかしエコハウスはモデルハウスのため専用住宅には該当せず、家族が居住するような利用も想定されていない。そこで多くの自治体では2世帯住宅とすることで住居と事務スペースを確保する工夫がなされている。さらに美幌市や高知県では、血縁に限らない多世帯がシェアするライフスタイルをコンセプトとしている。なお、高知県は共同のデイルーム棟をいくつかの寝室棟が囲む完全な分棟とする新鮮な企画から出発したが、建物の公開を目的とするモデルハウスであることから実現しなかった。

こうした制約がありながらも、自治体と設計者の工夫と努力によってエコハウスの大半は、地域の住民にエコライフスタイルや住まい方の多くの提案が具体的にわかるモデルハウスとなっている。ぜひ実際にエコハウスを訪問して体験することをお勧めしたい。

住まい方に軸足が置かれたエコハウスの例としては、飯舘村（現在は居住制限区域内にある）、山梨市、水俣市などが特徴的である。それぞれ、「半農半X」、「いつも人が集まる」、「足《た》るを知る」といったライフスタイルから設計されており、どれも建物の性能だけを追い求めても実現しない、エコハウスの方向性を示している。

図7　エコハウスHP　第2回全国会議レポート
http://www.env.go.jp/policy/ecohouse/conference/index.html

建設のプロセス

すべての自治体で設計者が選定された後2009年9月に、第2回全国会議が開かれた。20の自治体と設計者が一堂に集まり、設計案の発表や専門委員との質疑応答が行われ、各地域間の取組みや今後の進め方について情報共有が図られた。この全国会議については、エコハウスHPの全国会議レポートで詳しく報告されている[図7]。

エコハウスでは断熱や気密をはじめとして、実施設計や施工中の監理が非常に重要となる。そのため、設計段階と施工段階で専門家委員が各自治体に出向いてレビューを行った。また、工事中には短い工期の時間を割いて、地元の設計者や施工会社を対象にした現場見学会[図8]が開かれ、エコハウスの設計や施工のポイントを広く公開する機会も各地で設けられた。

完成までの約1年間、環境行動ラボのメンバーや各地の日本建築家協会の会員が20の自治体の窓口を1人ずつ担当してサポートを行った。多くの窓口担当者が日常の設計事務所の業務時間を割いて、専門知識を提供しながら

図8　建設中の現場見学会の様子

自治体や協議会、設計者との橋渡しを行った。

木材の産地限定、伝統的な木組みや土壁、バイオマス熱源や太陽熱との組合せなど、20地域の取り組みはまさに新しいチャレンジであり、本来であれば必要な施工期間の余裕はなかったが、自治体、設計者、施工者の渾身の努力によって、2010年3月までに全国20地域に22のエコハウスが完成した。

意識を共有する

建物が完成したことで、環境省エコハウスモデル事業は2009年度末をもっていったん終了し、環境行動ラボが行ってきた業務も終わることとなり、事業の主体は各自治体による、エコハウスを拠点とする普及段階に移った。しかし、22のエコハウスの完成までに注がれた多くの関係者による血のにじむ努力とその成果は、建物が広く利用され、それを検証することで活かされる。そこでエコハウスWGが発足し、環境省からの依頼ではなく、環境行動ラボの独自の予算で活動を開始した。エコハウスWGの活動方針は、全エコハウスの情報と意識を共有していくために、活動と性能を検証しフィードバックしていくこと、そのために建築家と研究者が協働すること、出版とネットでの情報提供、全国の大学や研究機関がエコハウスを対象に行っている調査や研究の情報を共有できる仕組みなどが掲げられた。

図9　日本建築家協会全国大会でのシンポジウム

エコハウスが完成して半年後の2010年10月に、日本建築家協会が年1回行う全国大会のシンポジウムとして「エコハウス20のチャレンジを検証する」を開催した。会場の北九州市国際会議場に20の自治体と設計者が集まって4時間をこえる発表や検証、普及について熱心な議論が行われ[図9]、シンポジウム宣言が採択された。

採択されたシンポジウム宣言の骨子は、1.エコハウスを地域に普及させるためには、自治体、設計者、施工者、研究者、市民が協働すること、2.地域における住宅政策や産業政策、まちづくり政策などがエコハウスの政策と連携すること、3.エコハウスの科学的検証の充実と、環境省エコハウスモデル事業の成果を活かすこと、とされている。

検証することの重要性

こうした日本建築家協会の自主的な活動と呼応する形で、環境省においても2010年度と2011年度に、エコハウスの性能検証調査が行われた。審査の結果、エコハウスWGが建築研究所および東京大学大学院の協力を得て作成した提案が採用され、20の自治体やエコハウスの管理者、設計者の全面的な協力を得て、性能検証調査[図10]をすべてのエコハウスにおいて行うことができた。

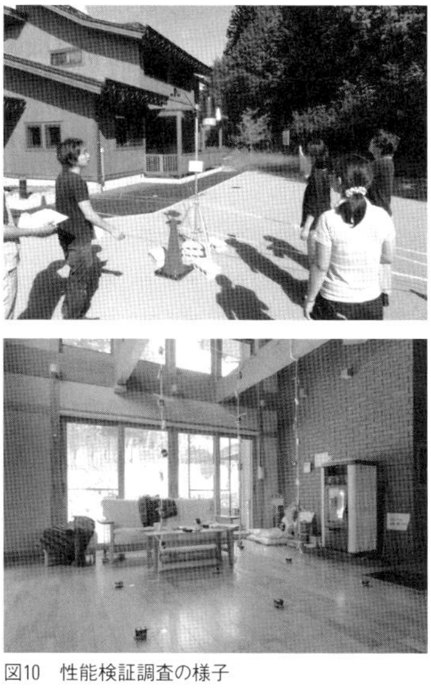
図10　性能検証調査の様子

22のエコハウスは、発注者である自治体の環境政策のもとに、地元の設計者が地域に即したチャレンジの成果として完成されている。その提案は多様であり、性能検証の尺度も一様ではない。エコハウスWGは、建築家と研究者がともに客観的な立場から協働して調査、分析、検証を継続するという日本では希なワーキンググループの特徴を活かして、多様な価値観を尊重しながら、必要な尺度をそれぞれに検討して、エコハウスの性能検証を行った。

性能検証調査委託の業務は、2010年度は冬期、2011年度は夏期と中間期の調査を中心に報告書にまとめられた。本書は、この報告書とそれ以降も続けている調査研究をエコハウスWGとして一般の書籍にまとめたものである。エコハウスが完成して3年以上が経過し、エコハウスWGによる検証にとどまらず、自治体や設計者による簡易なものから、近隣の大学や研究機関による調査や研究も少なからず行われている。

活動が続いている

20地域にある22のエコハウスは、現在も居住制限区域に指定されて不幸にして行くことのできない飯舘村をのぞいて、すべての建物でエコハウスモデル事業の活動が積極的に続けられている。見学はどのエコハウスでも可能であり、情報ステーションになっているところや子どものための体験ツアーを受付けたり、予約をすれば体験宿泊ができるエコハウスも少なくない。

訪れる人が現在でも月に100名から800名にものぼるエコハウスもあり、建物の説明を受けながら見学するだけでなく体感することの重要性や、自治体の環境共生型住宅への取組みや補助金制度などの説明、相談会、建設関係者へのセミナーなど普及、啓蒙のための拠点になっている[図11]。

図11-1　エコハウスでの子ども体験ツアー

図11-2　エコハウスでの説明会

図11-3　エコハウスでのセミナー

これらの最新の情報をお知らせするのは書籍では難しいため、エコハウスの情報を束ねた「エコハウス・ポータル」[図2]が開設されている。ここでは、全国のエコハウスから発信されている最新情報やブログ、自治体やNPOからのお知らせなどが集められ、エコハウスで測定や調査をしている大学や研究機関のレポートも可能な限りリンクされている。本書で興味を持たれた方には、ポータルサイトの利用をお勧めしたい。

3つのテーマからの展開

環境省エコハウスモデル事業のテーマは、1.環境基本性能の確保、2. 自然・再生可能エネルギーの活用、3. エコライフスタイルと住まい方、である。どのエコハウスも、テーマを前提にして環境要素技術の選択がなされているが、各地域の気候区分と主な要素技術を一覧すると表1のようになる。

・断熱外皮

屋根、壁、開口部、基礎の外皮の断熱は、大半のエコハウスでは気候区分で必要な性能を満たしている。特に下川町や山形県のエコハウスでは、Q値やU_A値が基準を大きく上回る性能を目指して実現している。一方で伝統的な工法の豊後高田1、2と水俣市エコハウスでは、土壁の中に断熱材を入れるなど新しい試みがされたが、Q値は平成11年基準を下回った。高山市エコハウスは周囲が4(旧Ⅲ)に囲まれた3(旧Ⅱ)地域であり、備前市や北九州市、高知県のエコハウスは温暖な地域という認識からか基準値を大きく下回った。

・日射遮蔽

断熱に比べて日射遮蔽については、注意が不足していた例が多かった。石川県エコハウスのように[図12]西側外壁の外側に全面ルーバーと開口部に外部ブラインドをつけた例は少なく、西側の開口部には後つけのブラインドなど室内側で遮蔽している例が多く見うけられた。この場合は熱が室内に入るので、できるかぎり屋外で遮蔽する設計が望ましい。南側も含めて樹木で外皮へのゲインを減らす試みは、矢板市や豊後高田市エコハウスなどで効果が確認されたが、植物の管理が十分でない例も見うけられる。

図12　日射遮蔽の外壁と開口部

図13　通風のための南北の開口部

・自然風と太陽光の利用

寒冷地も含めてすべてのエコハウスで、通風は要素技術として設計者が採用

表1　エコハウスの気候区分と要素技術

	自治体名	H11年基準 地域区分	H11年基準 パッシブ区分	熱損失係数の基準	熱損失係数の計算値	H25年基準 地域区分	H25年基準 年間日射量地域区分	H25年基準 暖房期日射地域区分	U_A値の基準	U_A値の計算値	H25 平均日射熱取得率の基準	平均日射熱取得率の計算値	冷房期日射熱取得量の計算値	暖房期日射熱取得量の計算値
	該当する章と項	5.2　6.4												
				Q値 W/㎡K					U_A値 W/㎡K		η_A値 %		m_C値 W/(W/㎡)	m_H値 W/(W/㎡)
寒冷地	下川町	Ia	い	1.6	0.8*	1	A2	H2	0.46	0.39	—	3.0	16.50	22.47
	美幌町		ろ		1.5		A3	H3		0.39		3.0	19.79	25.07
	飯舘村	Ⅱ	ろ	1.9	1.5*	3	A3	H4		0.49	—	3.2	22.45	30.58
	高山市		ろ		2.3		A3	H4		0.69		2.3	13.54	20.43
	飯田市	Ⅲ	は	2.4	1.7*	4	A4	H3	0.75	0.57	—	1.8	9.66	11.22
	山形県		ろ		0.7*		A2	H2		0.32		1.8	9.93	13.13
	矢板市		は		2.2*		A3	H3		0.75		2.9	17.58	23.55
	都留市		に		2.5		A3	H3		0.77		4.3	25.05	33.40
温暖地	太田市	Ⅳa	に	2.7	2.6	5	A4	H2	0.87	0.61	3.0	2.1	17.69	27.22
	山梨市		に		2.2*		A4	H3		0.81		2.5	10.92	15.37
	近江八幡市		は		2.2*		A3	H1		0.82		2.1	9.41	10.63
	豊岡市		ろ		2.6		A2	H1		0.89		2.8	11.74	17.10
	備前市		は		3.5		A4	H2		0.95		2.5	12.17	16.42
	石川県	Ⅳb	ろ		1.5*	6	A2	H4		0.47	2.8	1.1	8.07	11.32
	浜松市		ほ		2.0*		A4	H3		0.58		1.9	9.54	14.02
	北九州市		は		3.5*		A4	H5		1.37		5.2	23.16	31.49
	豊後高田市1		に		2.8		A4	H4		0.77		1.8	5.43	6.40
	豊後高田市2		に		3.5		A4	H4		1.00		2.7	12.23	21.55
蒸暑地	高知県	Ⅴ	ほ		3.4	7	A4	H5		0.95	2.7	2.2	12.75	22.12
	水俣市		に		3.9		A4	H4		1.38		2.3	8.15	10.20
	宮古島市1	Ⅵ	—	3.7	—	8	A5	—	—	3.82	3.2	7.1	29.02	—
	宮古島市2		—		—		A5	—		2.63		4.1	16.26	—

自治体名	外皮・断熱の性能比較	土壁+断熱材	冬期日射取得	夏期日射遮蔽	実開口面積 床面積比%	通風効果	エアコン	暖房熱源 温水床暖房の熱源	暖房熱源 バイオマスストーブ	暖房熱源 太陽熱の暖房利用	暖房熱源 コンベクター等の熱源	給湯熱源 ボイラー	給湯熱源 太陽熱液式集熱	給湯熱源 バイオマスボイラー	地中熱利用	蓄熱	床下空気循環	換気(種別)	熱交換換気	太陽光発電パネル容量(kW)	模擬居住調査 一次エネルギー消費量(GJ/年)	模擬居住調査 CO_2排出量(トン/年)
該当する章と項	5.2	6.7	5.2		5.3　6.6		5.3　5.4　5.5　6.5					5.8			5.4		5.5	5.4　6.5		5.7	5.9	
								P=ペレット、HP=ヒートポンプ、FC=燃料電池														
下川町	◎	—	◎	—	13.3	○	–	地中熱源HP	P	—	電熱	—	—	P	HP	—	□	2	—	0.56	206.5	8.0
美幌町	○	—	◎	—	10.0	△	–	地中熱源HP	P	—	電熱	HP	—	P	HP	—	—	2	—	0.12		
飯舘村	◎	—	◎	○	12.7	○	–	—	薪	—	灯油+集熱+薪				—	△	—	1	全熱	1.00		
高山市	△	—	○	◎	16.6	○	–	—	P	—	—	—	—	P	HP融雪	—	□	1	全熱	2.60	142.0	1.7
飯田市	◎	—	○	○	19.2	○	–	—	P	空気	—	HP+集熱		—	土間	—	—	1·3	全熱	3.12		
山形県	◎	—	○	○	8.3	○	冷房	—	—	—	右記	—	集熱+P		—	—	—	1	顕熱	5.00		
矢板市	○	—	○	◎	25.9	◎	–	—		液	—	HP+集熱		—	土間	◎	□	1	全熱	4.80	48.0	0.3
都留市	△	—	◎	△	21.6	○	冷房	—	薪	空気	—	HP+集熱			—	—	□	1·3	全熱	1.13	96.1	2.2
太田市	○	—	○	○	16.8	○	冷房	HP·太陽熱	—	液	—	HP	—	—	—	△	□	1	—	5.81		
山梨市	○	—	○	○	16.5	◎	冷房	—	P	—	—	HP+集熱		—	—	—	—	1	全熱	2.20		
近江八幡市	○	—	◎	◎	31.4	○	冷暖房	—	—	—	—	HP+集熱			—	△	—	3	—	3.89	31.0	1.3
豊岡市	○	□	○	○	20.6	◎	冷暖房	—	P	—	—	FC	—	—	—	△	□	3	—	1.76	130.8	4.1
備前市	△	—	○	◎	22.9	○	冷暖房	—	P	—	—	ガス+集熱		—	熱源	△	□	1	—	5.12	73.8	4.4
石川県	◎	—	△	◎	11.4	△	冷暖房	空気熱源HP	—	—	—	HP+集熱			給気	—	—	1	全熱	8.07		
浜松市	○	—	○	◎	33.2	◎	冷房	右記熱源温風	P+液式		左右	HP+集熱		—	—	○	□	3	—	3.29	13.4	-0.6
北九州市	△	—	◎	○	12.9	○	冷房	空気熱源HP	—	空気	—	FC	—	—	給気	△	□	1·3	全熱	2.34		
豊後高田市1	△	□	○	◎	40.3	◎	–	—	薪	—	—	電熱	—	—	—	—	□	3	—	—		
豊後高田市2	△	□	△	○	15.9	○	–	—	—	—	—	—	—	—	—	△	—	3	—	—		
高知県	△	—	○	○	22.8	△	–	—	P	空気	—	HP+集熱		P	—	—	□	1·3	全熱	2.60		
水俣市	△	□	○	◎	16.1	○	–	—	薪	—	—	ガス+集熱		—	—	—	—	3	—	1.88	106.8	1.7
宮古島市1	—	—	△	◎	24.5	◎	–	—	—	—	—	ガス	—	—	—	—	—	3	—	—	42.5	2.5
宮古島市2	—	—	○	○	27.7	○	–	—	—	—	—	ガス	—	—	—	—	—	3	—	—		

*設計者の計算値　　凡例 ◎ 優秀 ○ 普通 △ 不足 □ 採用 ▒ 予備 — 不採用または該当せず

図14　通風と採光のためのトップライト

している。詳細は5章3と6章6で述べるが、矢板市[図13]や宮古島市1エコハウスのような成功例は多いとは言えなかった。太陽光発電は5章7、太陽熱集熱は5章5に詳しいが、採用例の多かったダイレクトゲインについては、エコハウスの性能調査からは効果が限定的であった。昼光利用については、南側の大開口による室内の照度分布差が大きすぎる例が多く、山形県[図14]、山梨市、備前市、豊後高田市1[図15]などのエコハウスに見られる設計の工夫がもっとあっても良いと思われる。

図15　サッシと障子を組合せたトップライト

・建築と設備の狭間

エコハウスで特徴的だったのは、建築工事と設備工事の中間の領域で多くの設計者によるいろいろな試みがなされたことである。最も多かったのは、基礎断熱で断熱境界の内側になった床下の空気を利用することで、従来からある太陽熱空気式循環だけでなく、太陽熱温水や地中熱、バイオマス熱源や、それらを組み合わせる例まで多彩であり、5章5で詳しく解説する。また室内の空気を循環させるサーキュレーターもいくつか試みられたが、これについては6章で解説する。どちらについても、今後の設計においては意匠設計者の思いつきだけではなく、確かな省エネになるという裏付けが必要である。

・エコライフスタイル

3つめのテーマであるライフスタイルは、6章8で詳しく述べるが、22のエコハウスがこれほどの多様性を獲得した大きな要因であった。もしライフスタイルがテーマになければ、エコハウスはその時点で可能な環境性能は実現しているものの、すぐに古くなる建物になったと思われる。住宅の設計では、建主や地域性によるライフスタイルが大きな要因となる。それは必ずしも意匠的な要素だけではなく、快適性の根拠となる性能をどこに設定するのかや、熱源の選定にいたるまで多岐に渡る。

多様性から見えてくるもの

本書は、2～4章で22のエコハウスの建物と検証調査のポイント、設計者のコメントを紹介し、5章では検証から得られた多くのことを要素技術別にまとめ、6章では設計手法のポイントについて述べている。多様なエコハウスにおいては、現在までの検証調査では明らかにならなかった点も多くあるが、本書の目的は、明らかになった点はプラス面もマイナス面も紹介することで、今後の環境共生型住宅の設計や研究に活かすことであり、22のエコハウスについて評価を行うものではない。

エコハウスの設計手法のダイアグラム

22のエコハウスを設計手法から、デザイン性の根拠と、快適性の根拠の2軸で見たダイアグラムが表2である。デザイン性とは、環境要素を重視した設計であることは共通ながら、それを意匠性に強く反映させた例を右に、中庸を選択した例を中央、伝統性に軸足を置いた例を左にしている。快適性とは、環境基本性能が満たされている前提で、特定の性能に特に高い目標を掲げたものを上に、突出した性能ではなくバランスを重視した例を中央、特定の性能には不足があってもライフスタイルに軸足を置いた例を下にした。

A：デザイン追求型　建築のデザインが要素技術を直接的に取り入れており、強いインパクトを与えることで、環境要素を明確に伝えようとしている。下川町、備前市、宮古島市1のエコハウスは、共通して開口率が高いが、極寒地から蒸暑地まで分散している。今日の技術を活かすことで、その地域で重要な要素技術を意匠の前面に出す設計は、日本全国で可能なことを示している。

B：快適性能追求型　設計の段階でエネルギー収支のシミュレーションをすることで、意匠と構造と設備が一体となって設計されたもの。山形県、矢板市、浜松市のエコハウスは、省エネルギーと省資源を追求するために、構造と設備の面からも意匠が考えられ、室内の温度むらが少なく空気の流れがスムーズなことが特徴である。

C：環境要素重視型　ある環境要素からデザインの基本が導かれているもの。Aと同様に気候区分が分散しているが、美幌町、太田市、高知県のエコハウスは共に通風や室内の空気の流れから設計されている。Aに比べて挑戦的な要素が少ないことから、要素技術の追求にも多少弱い部分が見うけられる。

D：バランス重視型　デザインを突出させず、快適性もバランスを重視しているもの。飯田市、山梨市、北九州市のエコハウスは、敷地条件の厳しさなどから、多くの環境要素を取り入れながらも周囲に溶け込むデザインや内部空間を特徴としている。

E：伝統の引用型　地域の伝統的なイディオムを引用しながら、快適性はバランスを重視している。高山市、都留市、豊岡市、石川県のエコハウスは、木造軸組の設計の中に、地域の伝統や建材などから環境要素になるものを取り入れた設計になっている。

F：風土重視型　地域のライフスタイルを重視しながら、快適性は選別している。飯舘村、近江八幡市、宮古島市2のエコハウスは、地域のライフスタイルが設計の基本に据えられている。必要な環境性能は確保しながらも、地域から消えつつある景観や生活を再認識させる目的をもった意匠や機能を備えている。

G：ライフスタイル追求型　快適性よりはライフスタイルに軸足を置くことで、建設から運用までのエネルギーの低減を重視している。水俣市と豊後高田市1と2のエコハウスは、伝統木造による土壁と土間、旧来の建具、薪ストーブなどが特徴である。平成25年基準での6(旧Ⅳb)と7(旧Ⅴ)地域の温暖地での薪のみによる暖房と、エアコンなしの夏期に挑戦している。

表2　エコハウスの設計手法のダイアグラム(□：平成25年基準の地域区分)

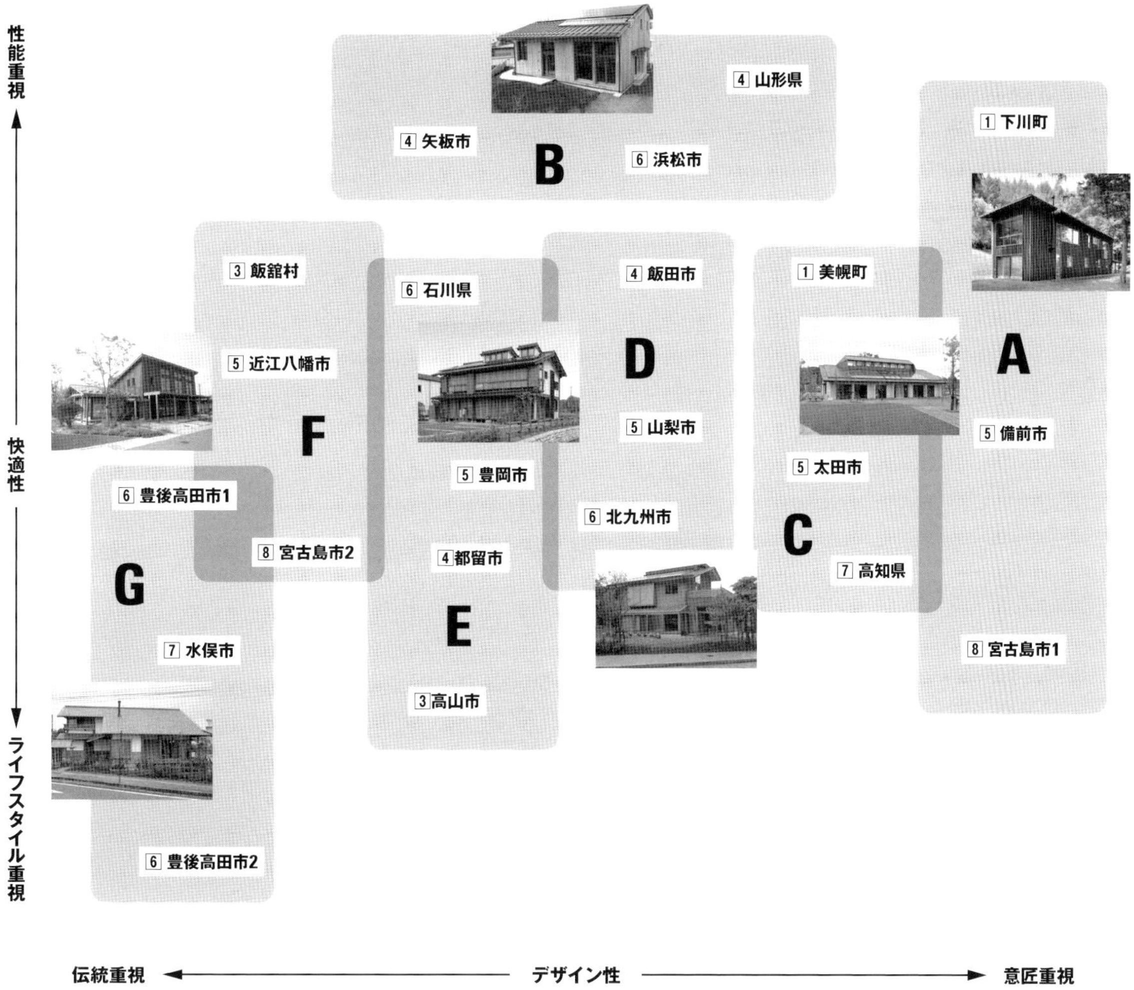

エコハウスのこれから

エコハウスとは何か?

ここで改めて、環境省の「21世紀環境共生型住宅のモデル整備建設促進事業」におけるエコハウスとは何か？　について考えてみたい。すでに述べたように、本事業では20地域に選定された自治体の担当者と、設計者選定に先立って行われた各自治体での勉強会の二度にわたって「自立循環型住宅への設計ガイドライン」のセミナーが行われた。このように、一般的な住宅と比較したときの、居住時の一次エネルギー消費量および二酸化炭素等温暖化ガス排出量の低減が、エコハウスの第一の定義である。

その上で、プロポーザルに参加する設計者に課せられたのは、資源の消費を回避し循環を図ること、地産地消や高寿命を含むLCAを視野に入れることであり、これがエコハウスの第二の定義である。この第二の定義が不十分で画一的な居住時だけの省エネ住宅では、この国の特徴である森林から海にいたるまでの連続した豊かな資源と人々の生活を守ることはできない。

これに加えて、本事業の特徴でもある第三の定義として、ライフスタイルへの深い配慮が挙げられる。エコハウスが真に普及していくためには、地域の景観を損ねたり、地域の生活に馴染まない室内外の環境であってはならない。しかし本事業の前までは、環境共生型住宅について伝統木造住宅までも含めて検討されることは希であった。

省エネの義務化に向けて

これまでは前記の3つの定義は相反する場合が多く、例えば家の周囲で薪を集めて熱源とする生活と、省エネ機器を満載した住宅での生活は、単に田舎暮らしと都会暮らしの違いのようにしか認識されてこなかった。しかし、日本人のライフスタイルをこのように二極化するのではなく、気候の広範な地域区分を背景にした多様性と相まって、この3つの定義を満たすことが、環境省エコハウスモデル事業の目的とされた。

現在2020年を目標に、住宅の省エネ基準への適合の義務化が進められている。これは工法や景観とは別の次元で、地球規模の問題が戸建て住宅にも関係してくることを意味している。個人の住宅くらい好きなように建てたいという建主の希望や、独自の住まい方のみを根拠に設計することが許されない場合も考えられる。

それでは何を基準にすれば、建主にとっての住宅の選択肢を確保しながら、希望するようなライフスタイルを実現することができるのだろうか?

こうした問いに対して、環境省エコハウスモデル事業は全国の自治体と設計者が、多様な基準に基づきながらエコハウスを完成させ、エコハウスが特殊な家でなくなるための普及に努めている。このエコハウスが建設され検証が進む中で、省エネ義務化へのプロセスが時を同じくして行われていることは注目に値する。

検証理論・技術の重要性

この壮大な実験から生まれた22のエコハウスの検証を通して、試みられた

図16　平成25年改正省エネルギー基準パンフレット
http://www.mlit.go.jp/common/000996591.pdf

技術に関する事前検証が不十分であることが少なからずあったことや関連するこれまでに検証されている理論・技術に関する理解が脆弱であったことも明らかとなった。その点は設計者側のみの問題ではなく、研究者やエンジニアからの情報提供の現状にも問題があると言える。

本書では、既検証理論・技術によって明確にできることについて、2〜4章でエコハウスの紹介とともに検証結果の要点を載せている。5章では要素技術ごとに、さらに詳しい検証を行い、6章では従来十分に検討されているとは言えない未検証理論・技術についても触れている。

建築家の作品が媒体に載る場合、従来は写真と言葉によることがほとんどであったが、建物の環境性能(暖かさ、涼しさ、明るさ、適度の暗さ)および省エネルギー性能は、写真や言葉で裏付けることは容易ではない。換言すれば、環境性能および省エネルギー性能に関しては、写真や言葉で作品の欠点を繕うことは無意味なことであり、採用する技術の実績と設計条件に適合するという事実を淡々と記述することのみが意味をもつ。こうなるはずだという未検証な理論や技術への淡い期待は、高い確率で失敗する危険性があるので、信頼の足る専門家に助言を仰ぐべきである。もし、実績が少ない技術を採用する場合には、きちんとした検証を行う心構えが不可欠な時代を迎えている。

平成11年基準と平成25年基準

環境省エコハウスモデル事業は、当時の平成11年基準が、要件ではないもののひとつの目安とされた。現在は平成25年基準が定められている[図16]が、平

表3　平成25年基準と平成11年基準の変更点

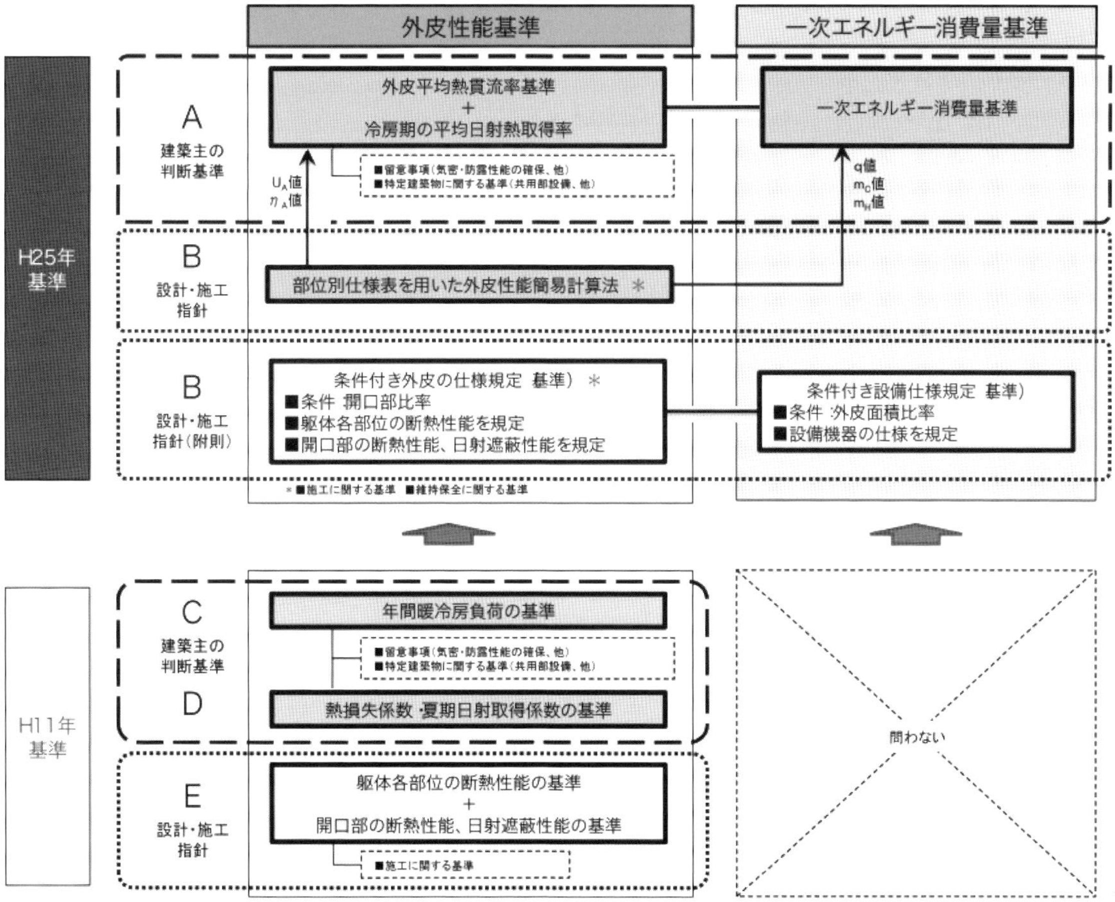

成26年度末までは両基準が併存しているので、地域区分と外皮の断熱等に関する基準の変更点を表3に示すとともに、本書では地域区分などは平成25年基準に加えて平成11年基準を併記する。

主な変更点は、外皮の断熱性能に関する基準では、蒸暑地の8(旧Ⅵ)地域では断熱性能の要件はなくなり日射遮蔽性能の基準値のみが設けられ、1(旧Ⅰa)〜4(旧Ⅲ)地域では逆に日射遮蔽性能の要件はなくなり断熱性能の基準値のみが設けられている。断熱性能と日射遮蔽性能は、平成11年基準では単位床面積当たりの数値で評価されていたが、平成25年基準では外皮表面積当たりの熱損失量および日射熱取得量で評価されることとなった。

平成25年基準による「地域区分と暖房期日射量地域区分」と「年間日射量地域区分」の日本地図を6、7ページに掲載する。年間日射量地域区分は全国共通の年間日射量代表値の85%未満をA1、85%〜95%未満をA2、95%〜105%未満をA3、105%〜115%未満をA4、115%以上をA5としている。暖房期日射地域区分は1〜8地域の各代表地点の年間日射量に対する比率によって同様にH1〜H5に区分している。したがって、A1〜A5に関しては相互に日射量の大小関係が明確であるが、H1〜H5に関しては地域区分ごとに見たものであることに留意する必要がある。

一次エネルギー消費量の基準

もうひとつの大きな変更は、平成25年基準では暖冷房、換気、給湯、照明、太陽光発電等を含む設備機器を考慮した、一次エネルギー消費量に関する基準が本格的に導入された点である。外皮性能および設備を含めた総合的な一次エネルギー消費量に関しても、後述のように、公的機関によって計算プログラムが提供され、基準に準拠することの確認のみではなく、設計にも活用が可能となっている。

エコハウスは平成21年度末に完成しており、その性能は主として平成11年基準に基づいて論じられることが多いが、改正された平成25年基準のための評価指標も併記することとした。今後の設計の参考にされたい。

設計のプロセス

このように平成11年基準で行われた環境省エコハウスモデル事業と、今後の住宅とでは、設計のプロセスが大きく異なることとなった。エコハウスの検証を踏まえて、2015年3月までの経過措置ではなく義務化に向けて必要と思われる、設計のプロセスを考えてみたい。

1. 建設地の気候条件を正しく把握することが重要である。平成25年表に定められた地域の区分(1地域〜8地域)、年間日射地域区分(A1〜A5)、暖房期日射地域区分(H1〜H5)は市町村名から特定できる。これにより、一次エネルギー計算の条件が整理され、エコハウス事業の設計時のように模索しなくて良い設計環境がすでに整っていることは留意すべきである。
2. 敷地周辺の事前調査は以前にも増して重要である。面積や高さなどの規定だけでなく、設計する住宅の外皮に当たる太陽や風が、時間と季節によってどのように変化するのかを予測しなければならない。特に建物の配置に制約が多くなる市街地においては、敷地の周囲を天空図として周辺環境を把握することが設計の第一歩になる。
3. 基本設計において、外皮の断熱性能と、開口部の日射取得や日射遮蔽、通風を、一次エネルギー計算と同時に検討する必要性である。これまでの意匠先行ではなく、エネルギー収支から導き出される総合的な設計が必須である。同時に、構造や材料の選択においても、住宅だからという考えではなく、ウッドマイルやLCAなど広い視野で設計が行われることが求められている。

4. これまでは意匠設計の後にされてきた場合の多い設備設計を、基本設計時に並行して行う必要がある。太陽熱や通風を利用する方法の多くは、意匠設計者の創意や工夫に委ねられて十分な検証がされてこなかった。設備設計者の多くも、閉じられた空間を前提に余裕を見て機種選定をする手法が一般的であった。しかし一次エネルギー計算が設計の基礎になる今後は、意匠と設備の共同作業が不可欠となる。電気、冷暖房、換気、給水給湯設備のどれもが、一次エネルギーと再生可能エネルギーのバランスの上で設計される時代になり、住宅の設計と言えどもチーム力が問われようとしている。
5. 以上のプロセスや認識が、日本の多様な気候、風土、景観、ライフスタイルに根ざした、地域の住民、行政、設計、施工、産業の中から広まることが、何より重要である。環境省エコハウスモデル事業で得られた知見は、技術面だけではない。全国で20に過ぎない自治体が、温暖化やエネルギーという地球規模のテーマを、日本における住宅の諸問題を通して、地域から解決していこうとするチャレンジの第一歩でもあった。

改正された平成25年省エネ基準の計算法

平成25年省エネルギー基準のための計算法および公開ツールは、2つに大別できる。ひとつは外皮性能すなわち「外皮平均熱貫流率U_A」「冷房期の平均日射熱取得率η_A」の計算を主目的としたもので、入力データを用いて同時に一次エネルギー計算のための「単位温度差当たりの外皮熱損失量(q)」および「単位日射強度当たりの暖房期および冷房期の日射熱取得量(m_Hおよびm_C)」を算出することができる。この計算ツールは、独立行政法人建築研究所のウェブサイト[図17]、または一般社団法人住宅性能評価・表示協会が運営するウェブサイト[図18]から利用することが可能である。

U_A値等の前記性能値の計算には、天井または屋根、壁、床または基礎、開口

図17　建築研究所のウェブサイト
http://www.kenken.go.jp/becc

図18　住宅性能評価・表示協会のウェブサイト
http://www.hyoukakyoukai.or.jp/teitanso/keisansyo.html

住宅・住戸の外皮性能計算プログラム

Version 1.0.2　　ホーム　計算結果

計算結果 > 外皮の平均熱貫流率(U_A)値

外皮の平均熱貫流率(U_A)値 = **0.81** [W/m²K]

種類	名前	面積	熱貫流率	熱貫流率の根拠	貫流熱損失	詳細
		[m²]	[W/(m²K)]		[W/K]	
壁等	東壁	49.75	0.623		30.99	計算詳細
壁等	西壁	46.21	0.623		28.78	計算詳細
壁等	南壁	33.52	0.623		20.88	計算詳細
壁等	北壁	57.92	0.623		36.08	計算詳細
壁等	屋根	80.24	0.653		52.40	計算詳細
開口部	1階AW8-1	0.23	2.910		0.66	計算詳細
開口部	WW4	5.35	2.910		12.90	計算詳細
開口部	WW3	1.21	2.910		2.91	計算詳細
開口部	WW2	3.77	2.910		10.96	計算詳細
開口部	AW9-1	0.44	2.330		1.02	計算詳細
開口部	AW9-2	0.44	2.330		1.02	計算詳細
開口部	AW9-3	0.44	2.330		1.02	計算詳細
開口部	AW9-4	0.44	2.330		1.02	計算詳細

種類	名前	面積	周長	熱貫流率	熱貫流率の根拠	貫流熱損失	詳細
		[m²]	[m]	[W/(m²K)]		[W/K]	
基礎等	基礎断熱	91.65	46.41	0.375	-	17.42	計算詳細
合計	面積[m²]	421.50			貫流熱損失[W/K]	340.10	

図19　部位ごとの熱損失量の計算結果

住宅・住戸の外皮性能計算プログラム

Version 1.0.2　　ホーム　計算結果

計算結果 > 単位日射強度あたりの冷房期日射熱取得量(m_C値)

単位日射強度あたりの冷房期日射熱取得量(m_C値) = **10.92** [W/(W/m²)]

冷房期の日射熱取得計算（壁等）

名前	方位	熱貫流率	日射熱取得率	面積	方位係数v	ηAv
		[W/(m²K)]	[-]	[m²]	[-]	[W/(W/m²)]
東壁	東	0.623	0.0212	49.75	0.500	0.527
西壁	西	0.623	0.0212	46.21	0.518	0.507
南壁	南	0.623	0.0212	33.52	0.472	0.335
北壁	北	0.623	0.0212	57.92	0.373	0.458
屋根	屋根上面	0.653	0.0222	80.24	1.000	1.782
合計						3.608

冷房期の日射熱取得計算（開口部）

名前	方位	面積	計算方法	ガラスの日射熱取得率	ガラスの種別	y1	y2	z	日射熱取得率	方位係数v	ηAv
		[m²]		[-]		[mm]	[mm]	[mm]	[-]	[-]	[W/(W/m²)]
1階AW8-1	南	0.23	精算法	0.7900	一重窓(二層複層ガラス)<[透明－透明]>	2979	570	1000	0.5882	0.472	0.063
WW4	南	5.35	精算法	0.3800	一重窓(二層複層ガラス)<[透明－透明]>	1940	2230	1000	0.2709	0.472	0.684

図20　部位ごとの日射熱取得量の計算結果

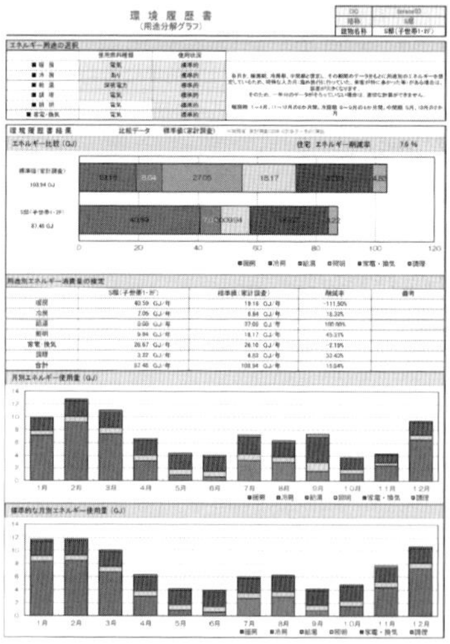

図21　一次エネルギー消費量の計算結果の例

部の各部位の面積および仕様を入力する必要があるが、いったん入力して計算を実行すれば、部位ごとに熱損失量[図19]と日射熱取得量[図20]を知ることができ、いったいどの部位からの熱損失や日射熱取得が多いのかが把握できる。それにより設計案を改良するヒントが得られる。

一方、エネルギー消費量は前述のウェブサイトを通じて利用できるプログラムで計算をすることができる。予めマニュアルに則って設備機器の仕様を調べておけば、画面から入力する手間はさほど要さない。図21のように表示される計算結果を参照すれば、用途別の一次エネルギー消費量の基準値を知ることができる。

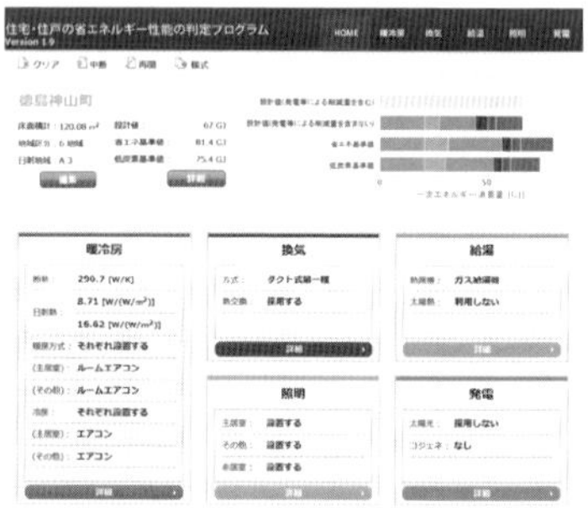

図22　JIA環境データシート

日本建築家協会のエネルギー消費量評価ツール

「自立循環型住宅への設計ガイドライン」や「省エネルギー基準のためのエネルギー消費量計算手法」の開発によって、住宅におけるエネルギー消費構造に関する理解が深まってきている。具体的には、外皮、設備、生活様態といった要因をどのように客観的に記述できるか、それら要因がどのように関係してエネルギー消費量の多寡が決まるのか、という点に関する理解である。しかしながら、どこまで理解が進んでも、居住開始後の実態を把握することに勝る検証方法はない。

日本建築家協会では、2002年12月に環境行動ラボによって「JIA環境データシート」[図22]が整備され、JIA環境建築賞の応募に際してデータ作成が推奨されている。同データシートはその後も改良が施され、暖房や給湯などといった用途別のエネルギー消費量の推定が可能なものへの改良も進められている。

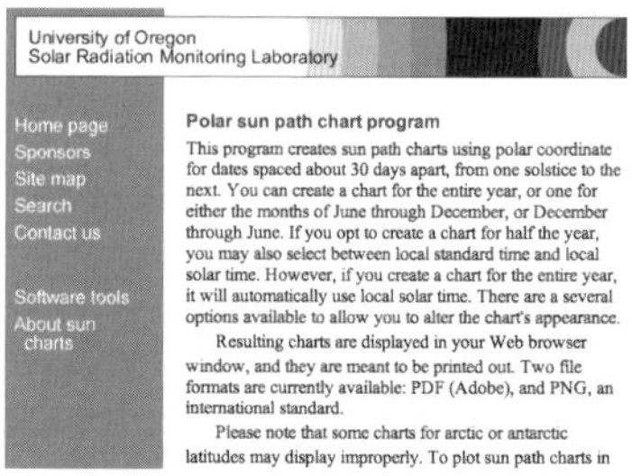

図23　オレゴン大学のサイト
http://solardat.uoregon.edu/PolarSunChartProgram.html

いろいろな公開ツールの活用

太陽光熱エネルギーの取得や遮蔽を検討するには、敷地の緯度と経度から明確になる年間を通じての太陽位置図は極めて有用である。オレゴン大学のウェブサイト[図23]では緯度と経度を入力すれば精密な太陽位置図が入手できる[図24]。スマートホンやタブレットでは、Sun Seeker[図25]やSun Surveyorのような、現地で周辺の状況を見ながら指定した日時の太陽の位置を確認する

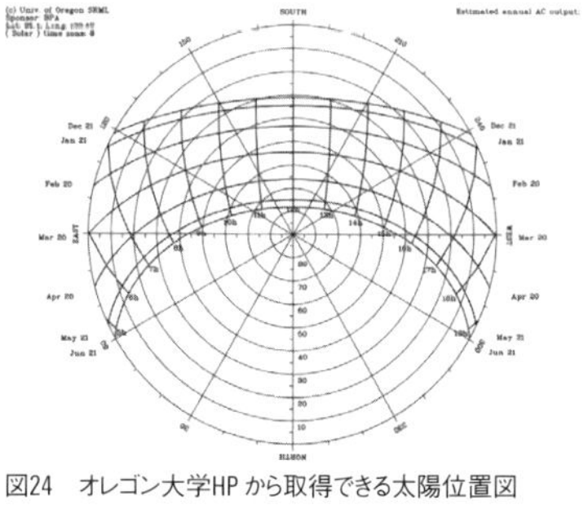

図24　オレゴン大学HPから取得できる太陽位置図

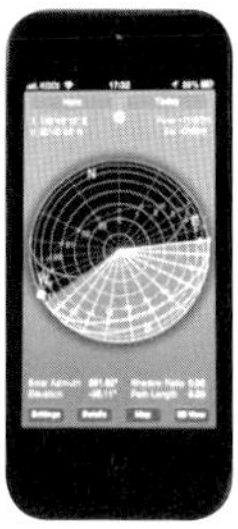

図25　Sun Seekerで表示される太陽位置図

図26　自然風の利用・制御 気象データの公開
http://www.jjj-design.org/technical/meteorological.htm

図27　建物のLCA指針改定版

ことのできるアプリがある。

このように敷地調査の段階で十分な検討資料が得られる時代になり、CAD上で太陽の位置を動かしながら日射や影を検証することも容易であるため、住宅規模の設計においても日射取得と日射遮蔽のバランスを検討しながらデザインするツールとして活用したい。

通風については第6章6に詳しく述べられているが、自立循環型住宅に関わる技術情報のウェブサイト[図26]には、6〜9月の期間における風向および風速について各地の気象データの集計が公開されている。

資源の循環

建設や改修時に必要とされる建材の製造や施工段階でのエネルギー消費、およびそれに由来する二酸化炭素排出量等の環境負荷の評価に関しては古くより様々な試みがなされているものの、建物運用時・居住時におけるエネルギー消費量の推定と同程度に詳細な検討を行うことは容易ではない。それでもいくつかのツールは利用可能である。例えば日本建築学会の「建物のLCA指針—温暖化・資源消費・廃棄物対策のための評価ツール（改訂版）」[図27]が存在し、建設時・改修時における環境負荷量の評価が可能となっている。

実感することの重要性

全国のどこでも都市化が進む中で、集合住宅ではなく戸建ての家に住みたいと考える日本人の志向は根強いものがある。小さな庭でも木を植えたり、増改築もできる戸建て住宅は、四季を愛で、気候風土に寄り添う暮らしを営んできた日本人の生活感には近いとも考えられる。

その戸建て住宅が、住宅産業の製品に置き換わっていく風景は、すでに日本の隅々にまでおよんでいる。第二次世界大戦後に植林された木が建材として復権してきた今こそ、コスト面ばかりでなく、環境性能の面でも製品に凌駕されることのないよう、在来からの木造注文住宅の設計と多くの施工業種が技術を高めることによって、住宅の多様な選択肢の中で注目され続ける努力が必要である。

「はじめに」で述べた今日の日本が直面している住宅の多くの課題について、設計者と施工者がレベルアップをはかり、エコハウスがあたりまえとなる技術が普及することによって、新しい価値観へとパラダイムシフトさせなければならない。

エコハウスが完成したあとのフォローアップも、この目的に沿うものであり、これまでは検証が難しいなどでデータが不足していた部分も含めての検証調査が行われ、その結果は自治体の政策や建設関係者への研修に活かされている。本書もその一助となることを目的としている。

そして問題意識と情報を共有しながら、住宅を考える視野を広げていき、単なる意匠的な趣味や、省エネ機器が満載されただけの住宅ではなく、住まい手と設計者が共に考えて、地域のネットワークで建設される住宅が、日本全国に広まっていくことが重要である。

その原点は、少しでも落ち着いた時間を建物に佇んで実感することではなかろうか。真に優れた住宅にこめられた英知や技は、5年10年と暮らしていく日々の中で、初めて実感できるものである。22のエコハウスから、その何かを実感していただきたい。

COLUMN

2050年の社会への道のりを示すエコハウス

2009年エコハウス事業の意味

エコハウス事業は環境省事業として、2009年の補正予算で急きょ全国20箇所で予算1億円／個所で実施したものである。この事業は2003年から始められた学校エコ改修事業をモデルとしている。JIA環境行動委員会のメンバーであった善養寺幸子さんが、自分の子どもの通っている小学校の環境がいかにも貧しいところから、学校エコ改修事業という政策提言を行い、その後7年かかって全国20箇所の学校で環境教育とエコ改修事業を行った。この経験をもとに、エコハウス建設事業では、地域のコミュニティから協議会を立ち上げ、設計者選定前から数度のセミナーにより地域専門家に環境教育を実践し、エコハウス事業完了後も協議会活動によって住宅のエコ化を普及啓発するセミナーや見学会を実施してきた。このエコハウスを拠点とする協議会活動は、市民への環境問題への啓発と、自分の家をエコハウスとして建設したり、既存の家の省エネ改修を推進することを促すモデルハウスとしての意味が大きい。具体的に公募による20の都市の提案は、さらに2050年の低炭素社会への提案も含まれており、その意味でもこのエコハウス事業は将来を見据えた事業であったといえる。

エコハウス普及の課題

一方、エコハウス完成から3年が経過した現在の状況を見てみると、普及に対する幾つかの課題も生まれてきている。ひとつは1ハウス1億円の事業ということで、5千万円を超す家もかなりあり、見学に来られた市民から、エコハウスは高いというイメージを持たれることにある。もちろんそれぞれのエコハウスが最新の工夫を凝らして設計していることや、3か月という短期間で無理やり工事を行ったことなど、コストコントロールが十分でないままできたものも多く、そのままコストが高いという認識が生じることは本意ではないが、逆の効果を与えたことも確かである。今後の大きな課題としては、コストを削減しながら、あるいは最小のコストでも性能の高いエコハウスを開発することであろう。

同じように、環境性能の高い建材には、化学物質が多用化されているものが多く、伝統木造でエコハウスを創ろうと意欲的に取り組んでいる事例では自然素材での断熱性能を高めた断熱材等を利用しようとしても、その種類は少なく、コストも高いなどの障害が指摘されている。エコハウスの普及が進むことを考えると、今後さらに多くの自然素材による環境配慮型の建材開発が必要と考えられる。特に木製サッシの普及についてはもっと急速な製品開発と、コスト削減に向けた取組みが急務である。

エコハウス検証の意図

20箇所22軒のエコハウスは、それぞれできるだけ高い環境性能を持つように、設計者だけでなく、アドバイザーや事務局担当者、そして各地の環境工学専門家などが知恵を出し合って設計された。その性能が本当に意図したものだったか、コンセプトは良かったものの結果は十分に出ていない場合もあったり、新しい試みには実証できていないものも含まれていた。これらを実際の数値で検証しようとしたのがこの検証の意図である。このような実験的な取組みは、大手のハウスメーカーなどでは自ら実験を重ねることもできるが、多くの地方都市における地元工務店、設計者にとっては手法と効果をはっきりと理解することは難しい。そのためにもエコハウス実験から得られるノウハウとその効果を提供することには大きな意義がある。

2050年の社会からのバックキャスティング

2050年の社会を見据えた試みを意欲的なエコハウスから考えてみようと思う。2050年の社会の課題は低炭素社会、循環型社会、生物多様性社会の3つの観点からの取組みが健全に進められることによって真の意味での持続性可能な社会が成立する。その中でも建築・住宅に関する課題は低炭素社会、循環型社会であり、さらに人口縮減、高齢社会の要因による右肩下がりの都市経済による都市構造の変化に対応できる、建築・住宅の実現が求められている。

建築・住宅の省エネ性能については、平成11年基準から第一推奨基準、そして最終的には第二推奨基準（フランスレベルに近づく）まで進み、2007年よりも50%以上の省エネとすることが大きな流れとされている[図4]。これに再生可能エネルギー50%以上による低CO_2排出エネルギーが利用されて、全体で25%以上の低炭素社会とすることが目標とされる。この将来の性能を先取りした事例として、パッシブ型ゼロカーボン省エネ住宅を各エコハウスが目標としている。特に下川町、山形県、浜松市、矢板市などの事例では、大きな成果を挙げてい

8つの基本理念

A. 山から海までの水系を軸とし、都市の廃棄物も資源とする、循環型社会を構築
B. 新築建築の低炭素化を促進する、パッシブ型環境基本性能の普及促進
C. ストック社会への移行を前提とした改修社会の構築
D, 近代的社会の右肩上がりの価値観から、低炭素社会型の価値観への転換
E. 地域性、歴史性、人間性を重視し、スローライフで農のある豊かなエコライフスタイル
F.. 身近にある垂直のエネルギー、都市の再生可能エネルギーでつくるスマートグリッド
G. 宅地、農地、市街地、調整区域、都市計画区域などをなくした混在型ミックスゾーニング
H. 多世帯型コミュニティで分かち合い、与えあう社会の構築

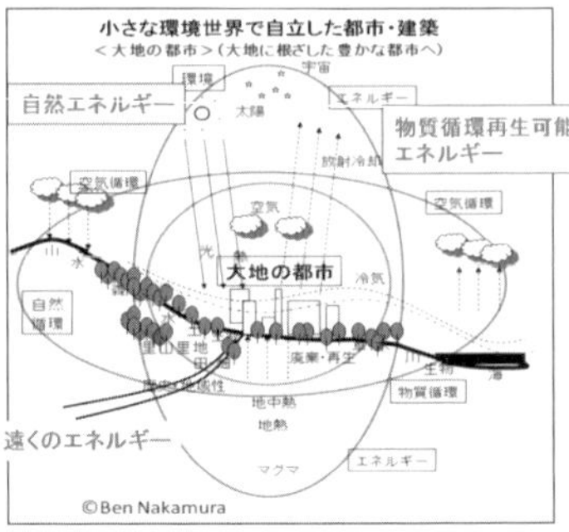

自律・自立する小さな環境世界

図1　小さな環境世界で自立する都市・建築をつくる8つの基本理念

る。一方のエネルギー縮減のための自然・再生可能エネルギー利用手法については、主に太陽光発電、太陽熱利用、地中熱利用などが試みられており、山形県、矢板市、都留市、太田市、石川県、高山市、備前市など多くのエコハウスで成果を出している。

同時に、人口縮減の影響は将来の都市構造、ライフスタイルにも変化をもたらすと予測されている。GDPの減少に伴い、自治体の財政も少なくなり、市域全体のシビルサービスは医療、福祉、教育などの基本サービスを除く、建設・土木費は削減され、インフラサービス範囲も縮小される。小さな環境世界で自給自足することが求められる。そして、65歳以上の高齢者が40％以上となる高齢社会が到来し、公的福祉制度だけでは高齢者のケアが十分ではなくなり、コミュニティダイニングなどの分かち合い団地という、地域が助け合って一人暮らし高齢者のケアを行うことも必要となる。

このような人口縮減社会に対応する、ハウスシェアリングや多世帯住宅、そして分かち合いコミュニティなどの考え方を先取りしたエコハウスとして、美幌町、飯舘村、近江八幡市、そして二世代同居住宅としては飯田市、高知県、石川県などの例が挙げられる。また、地方都市の人口縮減による、中心市街地の空洞化（骨粗鬆症と呼ぶ）や、農村地帯の農作放棄地対策に対応する、農のある生活、パーマカルチャー団地、都市住民のサラリーマン農業団地などは飯舘村や豊岡市、備前市にそのヒントを見ることができる。

人口縮減社会では、新築件数は少なくなり、既存ストックを自分のライフスタイルに合わせる耐久性省エネ型改修をしながら豊かに暮らす、いわばヨーロッパ型の暮らし方が主流となってくる。そして建設分野が重工業、化学工業などによるCO_2を多く排出した時代から、軽工業、地域型工業を中心とした時代になると考えると、地場産業である木材の多用化という流れが主流になる。これらの自然素材の復権は、健康志向へと回帰し、自然共生型の建築へとつながる。木造都市へ向けた、木造住宅、木造集合住宅は宮古市街地型を除くすべてに見られる。そして、都市インフラ縮減に対応する、小さな環境世界で自立する循環型、エネルギー自立型住宅、街区に関しては、飯舘村のパーマカルチャー思想を背景としたエコハウスと「までい村づくり」に新しい考え方を見ることができる。

ストック社会は地域の歴史・文化を大切にする思想の具体化に他ならない。地方都市を文化的都市として豊かさを尊重しようとすると、ストック形成都市、水系都市、緑園都市などが重要な考え方となるが、その中でも地域環境型としての歴史を重んじた、水俣市、高山市、豊岡市、矢板市などのエコハウスに見られる伝統木造住宅が今後さらに重要となる。現在、省エネ基準が改正され、一次エネルギーの上限や外皮性能などの規制化が進もうとしているが、適合規制化によって日本の伝統木造文化が失われることのないようにしなければならない。

（中村勉総合計画事務所 中村勉）

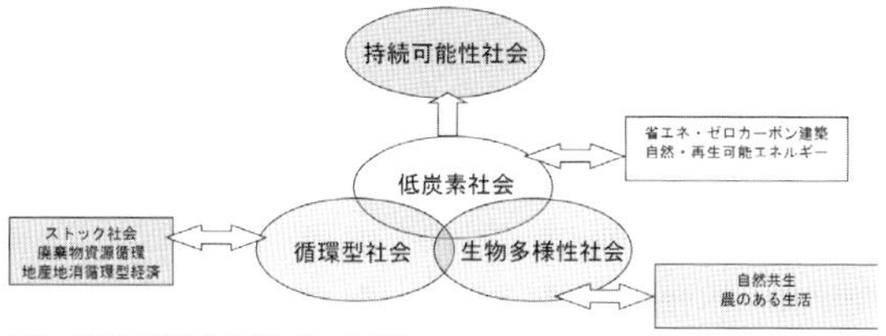

図2　持続可能社会を支える3つの概念

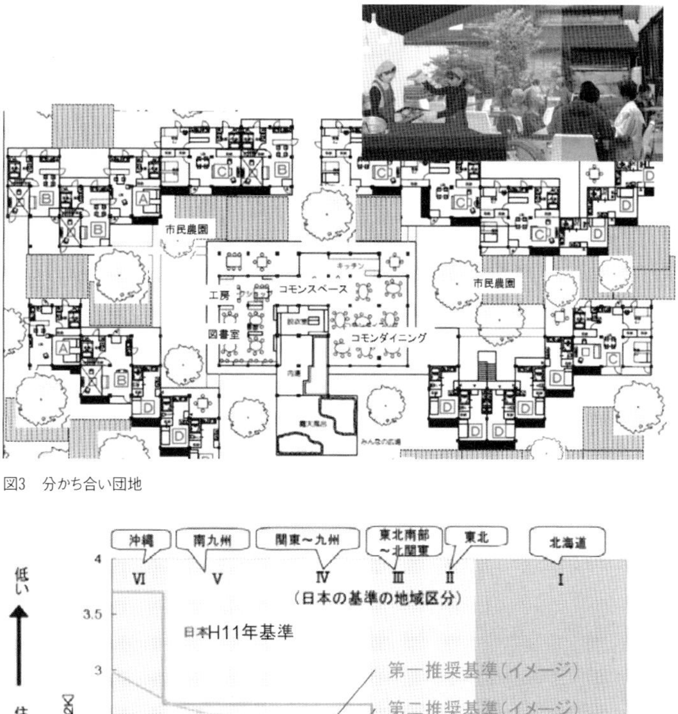

図3　分かち合い団地

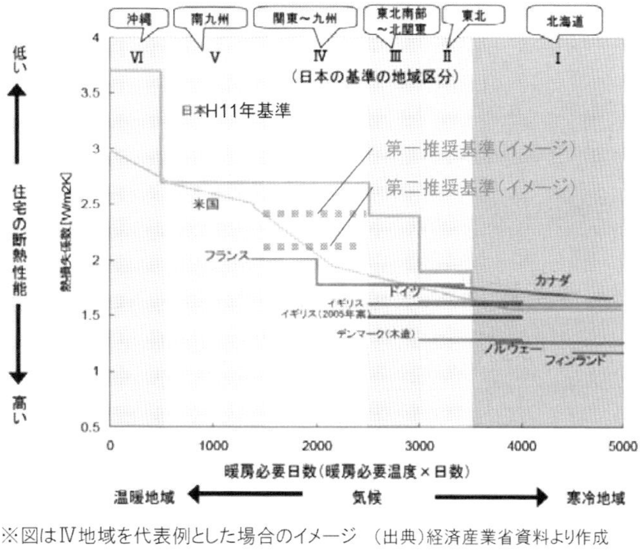

※図はⅣ地域を代表例とした場合のイメージ　（出典）経済産業省資料より作成

図4　ロードマップ委員会第一推奨基準、第二推奨基準（フランスレベルに近づく）

凡例

諸元一覧表の値

Q値　：熱損失係数(平成11年基準値)
μ値　：夏期日射取得係数(平成11年基準値)
U_A値　：外皮平均熱貫入率(平成25年基準値)
m_C値　：冷房時の単位日射強度あたりの日射熱取得量
m_H値　：暖房期の単位日射強度あたりの日射熱取得量
C値　：相当隙間面積

平成11年基準
パッシブ地域区分
地域区分
エコハウスの正式名称
愛称
QRコードを読み取ることで
地図アプリに対応します

自治体名

下川町

Ia　い
1　H2　A2

下川町環境共生型モデル住宅／美桑《みくわ》

所在地｜北海道上川郡下川町2326-1の内
設計者｜アトリエmomo 櫻井百子

Q値0
町内(
陸屋
地中

地域区分
暖房期日射量地域区分
年間日射量地域区分
平成25年基準

2章｜寒冷地におけるエコハウス

世界の国の中で日本は、国土は狭いが気候は温暖であると、私たちは何となく認識している。しかし日本を同じ緯度のままでヨーロッパの地図に重ねて見ると、日本の国土は小さくもなく、緯度では地中海をまたいでいることがよく分かる[図1]。またアメリカと重ねると、大きさの違いは歴然ながら沖縄や先島諸島まで含めた緯度の範囲はほとんど変わらない[図2]。海洋性か内陸性かの気候の違いはあるものの、この細長い日本の中には、世界的にも多様な気候区分が含まれていることに注目したい。

環境省エコハウスモデル事業では、この多様な気候区分を網羅するように20地域が選定されている。国土交通省では、平成25年基準で1～8(旧Ⅰa～Ⅵ)地域の気候区分を定めて、建築物に求められる環境基本性能が示されている。本書では、平成25年基準の1～4(旧Ⅰa～Ⅲ)地域を寒冷地、5と6(旧Ⅳaと Ⅳb)地域を温暖地、7と8(旧Ⅴと Ⅵ)地域を蒸暑地、の3つに分けて、第2章から第4章として全エコハウスを紹介する。

寒冷地とエコハウス

本書で寒冷地とした気候区分の1～4地域の範囲は、6ページの地図のとおりである。1地域は北海道の約半分でエコハウスでは下川町と美幌町があり、日本で最も寒い地域である。2地域は北海道の多くと青森県や岩手県の山間部に限られる。3地域は、東北の6県だけでなく上信越や山梨県、岐阜県の山岳部にも広がっている。この3地域と4地域の境目は入り組んでおり、エコハウスの建設地では、飯舘村や高山市は3地域ながら周囲を4地域に囲まれている。4地域は東北地方の沿岸部の多くと、関東甲信越の内陸部、中国や四国の山間部にも点在しており、山形県、矢板市、飯田市、都留市のエコハウスが該当する。

北海道の役割

日本における高断熱住宅の普及において、北海道が果たした役割は大変に大きい。緯度が高く冬期は雪に閉ざされる気候から、断熱と気密の性能が求められ、早くから普及してきた。全館暖房が多いのも特徴で、普及の過程で結露や換気の問題に直面しながら解決してきたことは62ページのコラムに詳しく述べられている。しかし残念ながら、こうした知見は北海道以南にはあまり普及しなかった。寒冷地での住宅の設計において、北海道の知見は現在でも重要であり、下川町と美幌町のエコハウスでの試みには注目すべきことが多く含まれている。

本州の寒冷地

本州の3地域では断熱の重要性が北海道ほどでなくても良いという考えから、寒冷地の意識が現在でも高くない。また暖房だけで良い場合も多い北海道に比べて、冷暖房が必要となりやすく設備や換気において注意すべきことも異なっている。4地域では、本州の山間部で盆地に市街地がある場合が多く、冬は寒いにもかかわらず夏暑いために、断熱を最優先に設計されない例も多く見うけられる。この地域に建設された飯田市と矢板市のエコハウスでは、冷房を設備せずに通風で夏期をすごす設計となっている。有効な通風を得るためには大きな開口部が必要となるが、一方で開口部の断熱性能を確保するにはコストの配分や設計の工夫が求められる。

寒冷地における設計のポイント

以上の、北海道から岐阜県まで8つの地域に建設されたエコハウスにおける設計の考え方や検証から明らかになった知見から、寒冷地での設計のポイントについて具体的に述べる。

地域区分による設計条件の把握

寒冷地における設計では、省エネルギー基準による地域区分が非常に重要となる。地域区分の3(旧Ⅱ)と4(旧Ⅲ)地域は境目が複雑であり、平成25年基準ではU_A値が0.46と0.75W/㎡Kと大きく異なるので、必要な外皮の断熱性能を正しく把握する必要がある。この基準値の差は、付加断熱を求めるかどうかの基準策定側のやむを得ぬ判断に関係するものと考えられ、必ずしも両地域間で寒冷度に大きな差があるわけではなく、設計者の自発的判断として4地域であっても3地域並みの断熱性を付加するべきであると判断してもよい。同時に、年間日射量地域区分(A1～A5)と暖房期日射地域区分(H1～H5)についても、同じ気候区分の中でも幅広く分布しているので注意が必要である。

図1　同じ緯度のヨーロッパとアフリカ

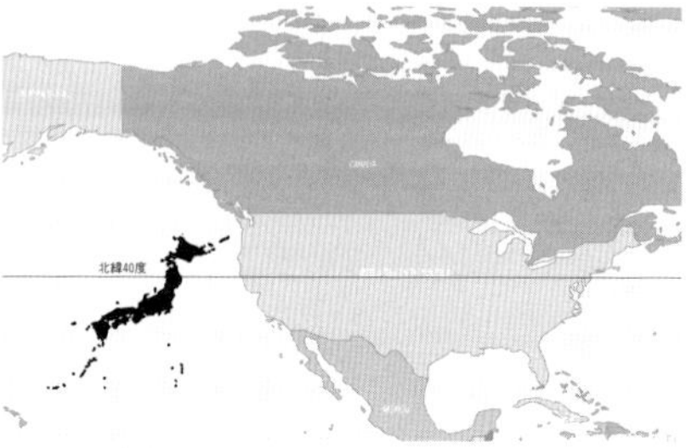

図2　同じ緯度の北アメリカ

外皮の断熱性能の確保

寒冷地では、温暖地に比べて外皮の断熱と気密性能が、室内の快適性や省エネに大きく影響する。断熱性能について、平成11年基準の熱損失係数（Q値）と平成25年基準の外皮平均熱貫流率（U_A値）はどちらもW/㎡Kで定められているが、Q値は床面積当たり、U_A値は外皮表面積当たりで計算する違いがある。設計者には、U_A値の方が外皮の断熱性能を把握しやすいので、1章で詳しく紹介した計算法やツールを活用して、基本設計の段階から確認して設計を進めるべきである。ただし、暖房の一次エネルギー消費量には床面積当たりの表示であるQ値の影響が大きく、U_A値が同じであっても平面形状の凹凸が著しい場合や分棟の場合には床面積当たりの暖房エネルギー消費量が増加傾向となる。

日射量による開口部の設計

寒冷地のエコハウスは平成11年基準のパッシブ地域区分で、い地域の下川町から、に地域の都留市まで広く分散しており、設計における日射取得と日射遮蔽の考え方が大きく異なる理由にもなっている。平成25年基準において、山形県と矢板市のエコハウスは同じ4地域ながら、年間日射量地域区分はA2とA3、暖房期日射地域区分はH2とH3と異なることが設計にも反映されて、通風のための有効開口率に約3倍の開きが見られた。寒冷地では外皮の断熱が最優先となるので、開口部の断熱性能、大きさ、位置、開閉方式の設計が重要なポイントとなる。

寒暖差の大きい寒冷地

本州の寒冷地には、夏と冬の寒暖差が大きくなる盆地が多い。そのため日射取得か日射遮蔽か、断熱の壁か通風の開口かという、冬と夏のどちらにバランスさせるかの判断が重要になる。新基準では一次エネルギー計算が前提となったので、基本設計の時点で外皮の断熱性能と夏期の日射遮蔽だけでなく、冷暖房や換気の設計も同時並行して行い、エネルギーの無駄を最小限にしなければ、良い結果を得るのは困難である。

寒冷地での熱源の選択

暖房が不可欠である寒冷地では、暖房のみならず給湯も含めた熱源の選定も設計上のポイントとなる。暖房のエネルギー消費が多いことから、バイオマスのストーブやボイラーがすべてのエコハウスに設置されているが、飯舘村、山形県、矢板市では、太陽熱集熱も組み合わせることでエネルギー消費とCO_2排出量を低減している。空気熱源ヒートポンプは、寒冷地では低効率になるとの認識から敬遠されることが多く、1地域の下川町と美幌町では、地中熱熱源ヒートポンプ温水暖房が採用された。他の寒冷地のエコハウスでも、対流式暖房であるエアコンを暖房に使用した例はなく、エアコンの吹き出しの温度を十分に高く維持できるかどうかが不安材料となっていることがうかがえるが、詳しくは5章4および6章5に述べられている。

バイオマスストーブと全館暖房

バイオマスのストーブは、現状では大容量の機種を全館暖房として使用される例が多いが、部屋の上下や、部屋間の温度差が大きくなる問題が見られる。ストーブの熱を空気の対流や輻射だけでなく、幅広く利用する試みが多くのエコハウスで行われており、5章4で詳しく検証されているので参考にされたい。

寒冷地での冷房の考え方

寒冷地では、冷房なしで夏を過ごせる家がエコであるイメージが強い。しかし、この30年ほどの間に夏でもセーターを着ていた地域でも冷房が必要になるほどの気候変動が進んだ例もあり、熱中症の対策も重要になってきている。冷房の生活を好まない場合においても、外皮の断熱が弱く暖房の消費エネルギーが多ければ意味がないので、通年のエネルギー消費量から冷房の必要性や冷暖房方式について総合的に検討することが重要と思われる。

太陽光発電と太陽熱利用

寒冷地でも日射量と設置条件に問題がなければ、太陽光発電や太陽熱利用は有効である。年間日射量地域がA3区分にある高山市では33.7GJ（発電パネル容量2.6kW）、矢板市では47.8GJ（同4.8kW）を太陽光発電で年間に得ており、温暖地のエコハウスに劣っていない。太陽熱利用では、暖房と給湯の両方に利用した飯田市、山形市、矢板市、都留市のエコハウスでは、システムは異なるものの、温暖地よりも冬期に多くなるエネルギー消費を通年による創エネでカバーしている。設計にあたっては、平成11年基準のパッシブ地域区分より実用的になった平成25年基準の暖房期日射地域区分を大いに参考にしたい。

寒冷地での換気

換気に起因する暖房負荷は、外皮の断熱気密を強化した場合、暖房負荷全体における割合が増し、その削減対策が重要となる。現状では寒冷ゆえにヒートポンプによる設備効率の大きな改善が難しいため、換気熱回収の省エネポテンシャルは大きい。ただし、凍結対策や維持管理、換気動力エネルギーの抑制といった課題克服のための設計上の配慮が不可欠な状況にある。

下川町

Ia い
1 H2 A2

下川町環境共生型モデル住宅／美桑《みくわ》

所在地｜北海道上川郡下川町2326-1の内
設計者｜アトリエmomo 櫻井百子

- Q値0.8W/㎡Kで高断熱な外皮とサッシ
- 町内のFSC認証木材と製品を徹底使用
- 陸屋根の下に広がる開放的な住空間
- 地中熱ヒートポンプ暖房の試み

森林のまち「しもかわ」は、環境最先端のまち

下川町は北海道の北部にある人口3700人ほどの緑豊かなまちで、冬は-30度を下回り、夏は30度を越えるという、北海道の中でも「寒暖の差」が激しい地域にある。森林がまちの総面積の約90%を占め、林業を基幹産業として発展してきた。循環型森林経営の確立を目指して、北海道で第一号のFSC森林認証の取得、森林バイオマスの総合的な活用などに取り組んで、2008年には国の「環境モデル都市」、2012年には「環境未来都市」の認定を受けるなど、環境最先端のまちとして全国に知られている。

「しもかわ」らしい　エコハウスをめざして

エコハウスの建設にあたり、「伐採した樹木を大切に利用し尽くす」という循環型森林経営の姿勢を受け継ぎ、高性能な建築であるとともに、下川町の素材をまるごと活かしたモデルハウスを目指した。自然となじみ、下川町の人たちに愛着をもって利用されることで、更なる環境貢献につなげていくことを目的としている。

設計者の選定プロポーザルには、エコハウスを建設した自治体の中で最多の21の提案が道内から寄せられた。選ばれた設計者は、全エコハウスの中で最年少となる。

「しもかわ」だからこそできることを設計に

下川町エコハウスの美桑は、大きく張り出した庇とともに、直方体の北海道らしいシンプルで力強い外観で構成された建物のデザインを特徴としている。スケールの大

検証

下川町エコハウスは極寒地域においてQ値0.8W/㎡Kと高い断熱性能を確保している。U値0.9W/㎡KのトリプルLow-Eガラス（アルゴン封入）＋木製気密サッシを用い、昼間は眺望を確保する一方で、夜間にロールスクリーンを併用することによりドラフト感の低減が期待できる。暖房設備については、室内環境を維持するために地中熱熱源ヒートポンプによって温水を作りだし種々の暖房に利用している。冬期に地中熱熱源ヒートポンプの消費電力を実測したところ送水設定温度50度,45度の際には能力が頭打ちとなり、実際には42度程度での送水しかできなかった。その際の消費電力は3kWを超え、COPは2.8程度であった。送水温度を35度まで下げた際には、消費電力は2kW程度となり平均COPは3.3程度と外気温が－10度程度となる厳しい環境でも高い効率を実現していた。ただし、地中熱熱源ヒートポンプの運転のみでは室温は20度を下回っていたことから北海道の水準としては若干室温が低いともいえる。地中熱熱源ヒートポンプの送水温度を35度程度と低めに設定したうえで、場合によってはペレットストーブによる補助暖房を併用することが省エネ性・快適性の両方の観点からは有効と考えられる。

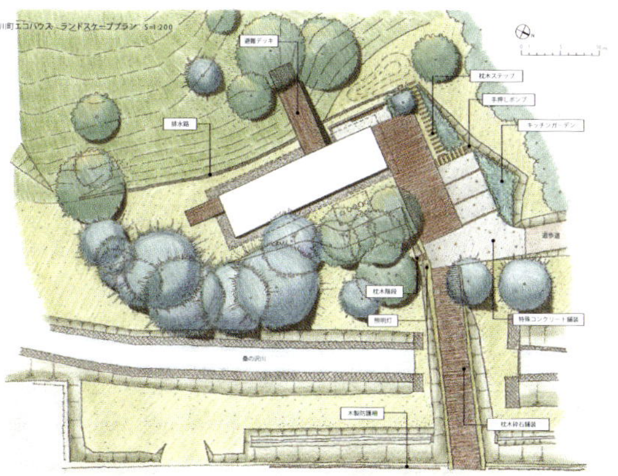

ランドスケープデザイン

大開口と土間への日射

吹抜けを通じてのびやかにつながる

きな周辺環境になじみながら、徹底的な断熱気密で厳しい環境に対応しつつ、どこまで開放的にできるかに挑戦している。建物で使用する木材のほぼすべては下川町の森林から伐採されたFSC認証カラマツ材で、ウッドマイルを劇的に減少させている。バイオマスの積極的な利用も含めて、林業の振興に貢献するとともにトータルでゼロカーボンを目指すという、森林のまちからの発想が、設計にあたっての最重要なポイントであった。

・配置計画

まちの中心から離れた森林の中に選ばれた敷地は、前面道路から川をはさんだ美しい林の奥に広がる傾斜地で、土地の記憶を継承するために、林の陰のわずかな平地に、南西に約45度に配置されている。また2階のデッキで丘につながり、短い夏を楽しむ装置ともなっている。

・構造計画

西側のバットレスは、水平力の一部を負担しながら、梁間5.2m、スパン4mの架構を在来軸組で構成し、105×200の柱を採用することで200㎜の充填断熱を可能にしている。特徴的な陸屋根は、積雪させて－30度の外気を断熱する極寒地ならではの発想である。

・平面計画

大きく張り出した庇は、夏の日射遮蔽だけでなく、下川町産カラマツを燻煙処理した外壁を守り、大開口のガラスの清掃頻度も軽減している。

草屋根の下の駐車場とアプローチから西北角の玄関を入ると、通り土間となり南に少しづつ広がりながら明るい空間へつながる。通り土間と小上がりによって構成される1階の内部空間は、南側の大開口を通じて冬期間も積極的に外部とつながるパブリックスペースである。小上がりは通り土間に面する障子の開け閉めで、個室や多目的スペースの一部になり、それぞれの温熱環境を形成する。

2階の水回りから寝室への動線は回遊し、浴室は露天風呂のような開放感があり、ゲストハウスの用途も兼ねている美桑の宿泊者には大きな魅力となっている。

これらにより、全国で2例目のFSC部分プロジェクト認証を取得し、CASBEEすまい（戸建）の評価はSランク5.7を実現している。

・断熱・気密設計

床面積比で開口率42％という驚くほどの開放性は、極寒地で重要な断熱と気密への挑戦となるが、トリプルガラ

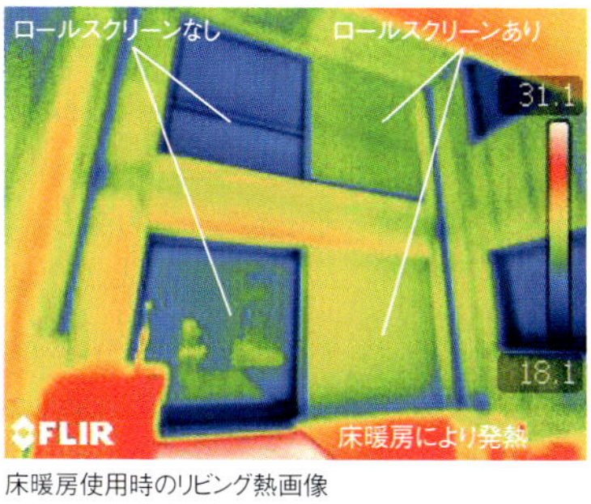

床暖房使用時のリビング熱画像

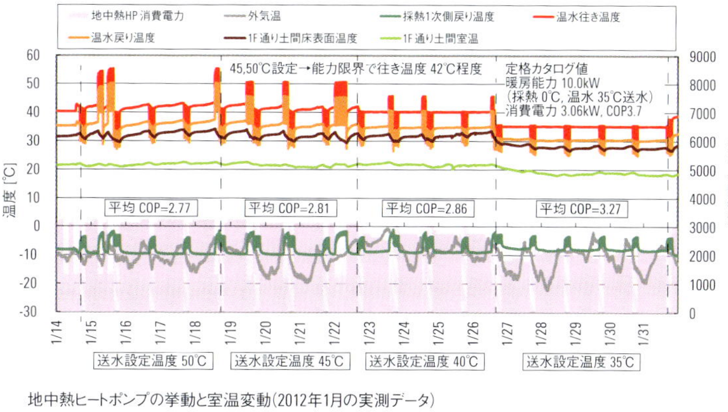

地中熱ヒートポンプの挙動と室温変動（2012年1月の実測データ）

スダブルLow-Eグリーンの、メーカー公表U値0.9W/㎡Kの木製サッシを採用することで実現している。

壁面は合計300㎜の下川町産の木材で生産したウッドファイバー、屋根面は500㎜のセルロースファイバーによる断熱と高い施工技術によりC値は0.7㎠/㎡、Q値は0.8W/㎡Kを確保することで、厳しい環境の中で森とのつながりを保ちながら、快適な空間を実現している。

また草屋根は、短い夏の間高い遮熱効果を発揮し、建物を周囲になじませ、年を重ねることになる。

・設備計画

通り土間には下川町産のカラマツの粉炭を混入して太陽熱の蓄熱効果を、小上がり床下に敷き詰めた下川町産カラマツ炭は給気ファンで取り入れ予熱した新鮮空気の浄化にと、下川町の炭の技術を用いて極寒地での高気密・高断熱空間の空気環境を快適にする工夫をしている。

エネルギー消費の多くを占める暖房は、地中熱熱源ヒートポンプにより床暖房に必要最低限の熱量を安定供給し、不足分はペレットストーブでまかなっている。

極寒冷地ならではの挑戦

下川町エコハウスは極寒冷地で開放的な設計に挑みながら、22のエコハウスの中では山形県と並んで、最も優秀なQ値とC値を実現している。地中熱熱源ヒートポンプの床暖房や、第2種換気などは、142、182ページで述べているように、極寒冷地ならではの挑戦の過程にある。しかし太陽エネルギーに依存しにくい地域では、電力とバイオマスのバランスが今後も課題である。

なお、下川町では建設時より、東海大学旭川校舎大学院や、北方建築総合研究所の協力を得て、独自に検証も行っている。

エコハウスだけではない挑戦

交通の便がよいとはいえない立地ながら、2年間で視察・宿泊体験等で全国から約3000名が訪問しているのは注目に値する。その多くはエコハウスのみでなく、下川町が総合的に進めている環境への挑戦の現場を体験して、大きな収穫を得ている。下川町が日本における環境の最先端の自治体であることはHPなどを見れば誰もが納得するに違いない。現在も続く下川町のチャレンジの一つである下川町エコハウス美桑は、予約をすれば誰でも宿泊体験ができる。

設計者のコメント

プロポーザルコンペが行われる少し前にドイツのエコロジカルな取り組みを肌で感じるエコツアーに参加した。ちょうど住み慣れた札幌と近いドイツの気候の中で、極々普通に300㎜以上断熱が行われ、効率的に太陽エネルギーを取り入れた高断熱高気密のパッシブハウスに触れ、自分が住宅の依頼を受けたらそんな環境の建物を思いっきり設計したいと、その後常々考えるようになった。また、子育てを通して食事の添加物や食材の産地に気を使うように、住まいの素材にも気を使うべきとの思いもつのっていた。そんな中、環境省のプロジェクトを知り、誠心誠意やりたい設計を提案しよう！ と試みた結果が今日につながった。私が本当に恵まれていたと感じるのは、私が提案したいと思っていたことを実現できる素材が、森のまち下川町にはふんだんにあったこと。またそれを少しも無駄にすることなく隅々まで使い切ろうという下川町の姿勢そのものが、私の想うところと完全にリンクし、またそれを大変好意的に受け止めて協力して下さる町の方々の存在があったことだ。

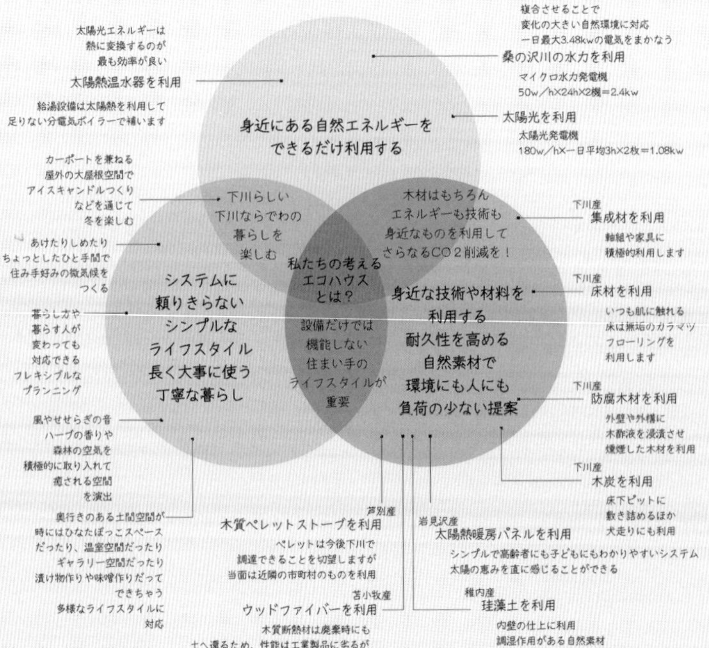

プロポーザルでの提案

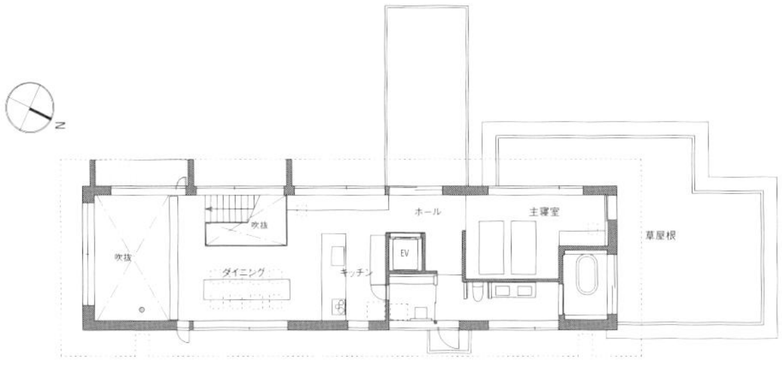

2階平面図 1/400

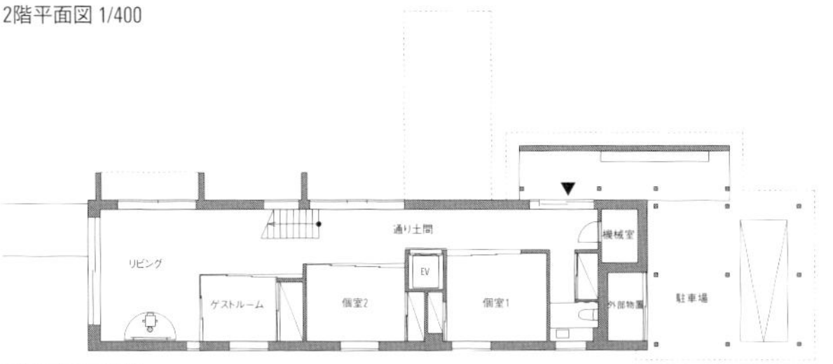

1階平面図 1/400

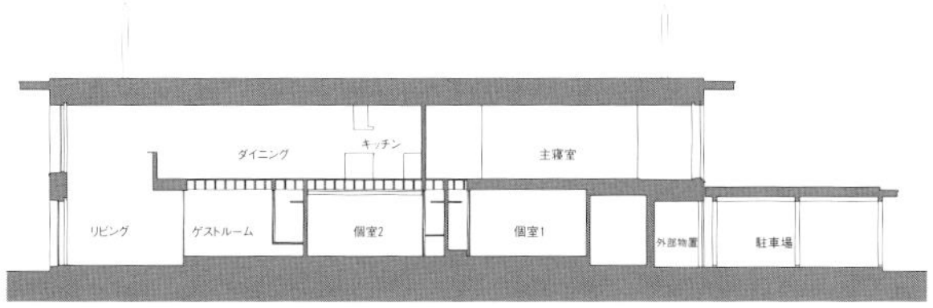

断面図 1/400

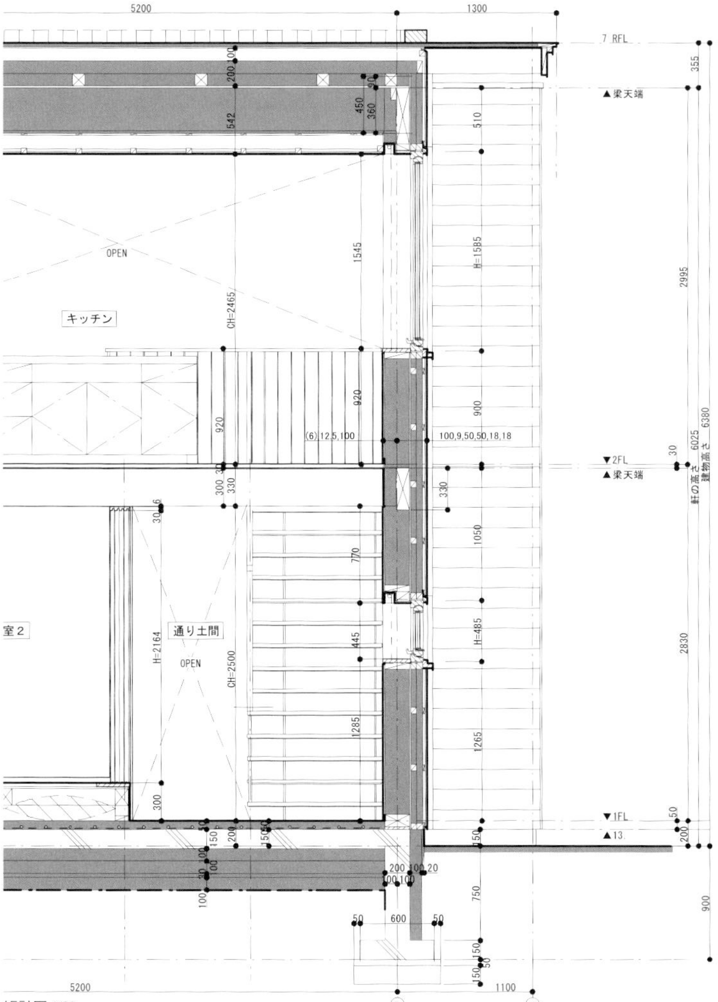

矩計図 1/60

構造・階数	木造軸組・2階建・ベタ基礎
敷地面積	916.42㎡
建築面積	177.46㎡
延べ面積	249.30㎡
外皮面積	541.38㎡
屋根〜天井	鋼板0.4・アスファルトフェルト20kg・構造用合板12・通気層100・構造用合板12・セルロースファイバー500吹込・ポリフィルム0.2・JPB9.5・WEP塗装
外壁〜内壁	木酢液浸漬燻煙処理カラマツ18・通気層18・透湿防水シート0.2・ウッドファイバーボード100・構造用合板9・ウッドファイバーボード200・ポリフィルム0.2・JPB12.5下地・珪藻土3塗り
床〜地盤面	炭粉混入モルタル30・シンダーコンクリート50（床暖房パイピング）・土間コンクリート150・FP板100x2・調整砂30・砂利100・ポリフィルム0.2
建具の構成	既製木製断熱サッシ
ガラスの仕様	トリプルガラスダブルLow-Eグリーン（アルゴン封入）
実開口面積比率・開放面積比率	13.3%・42.1%
Q値	0.8W/㎡K（1.6）
μ値	0.076（0.08）
U_A値	0.39W/㎡K（0.46）
m_C値	16.50W/㎡K
m_H値	22.47W/㎡K
C値	0.7㎠/㎡
太陽光発電	0.56kW・壁面設置
太陽熱利用	床モルタルへのダイレクトゲイン
地中熱利用	①:地中熱HP（暖房能力10kW:COP＝3.7）
電気	①の地中熱HPによる温水循環式暖房
灯油	③:給湯用ボイラー（7kW）・給湯用の補助熱源として使用
バイオマス燃料	④:ペレット給湯ボイラー（14.9kW）・給湯用の主熱源として使用
主に展示用の機器	⑤:ペレットストーブ（5.6kW）
暖房方式	①の温水循環による、土間床暖房、床下からの給気の際のファンコンベクターへの加熱
補助暖房	⑤のペレットストーブ使用
蓄熱 床下空間利用	土間床への温水床暖房からの蓄熱
冷房方式	なし
全般換気方式	第1種換気・床下ファン（①の熱源から温水を循環させることで外気を予熱）によって給気し、自然排気口より排気
給湯方式	④のペレットボイラーと貯湯槽500Lを組み合わせた給湯システム。もしくは③のみに切り替えて使用。
施工者	市村・丸昭高橋経常建設共同事業体
設計協力	川崎芳弘（共同設計）

美幌町

びほろエコハウス

Ia ろ
1 H3 A3

所在地｜北海道網走郡美幌町字美禽255番地他
設計者｜堀尾浩建築設計事務所 堀尾浩

南面したガラスによる半屋外的共用空間
四世帯が暮らす省エネのライフスタイル
すべて町内のFSC認証木材を使用
ペレットストーブによる全館暖房

四世帯同居の農業住宅

北海道といえば広い大地による大規模農業をイメージする人は多い。道東のオホーツク側に位置する美幌町では、基幹産業である農業を営む四世帯が同居するライフスタイルによる農業住宅をエコハウスの基本とした。

森林を通しての自然環境の体験学習と、住宅を通しての体験学習ができるように、みどりの村森林公園に隣接した4800㎡の広大な丘をエコハウスの敷地とした。

日本では1人世帯が最も多くなり、全住宅からのエネルギー削減のためには一つの住宅で暮らす人数の減少が問題となっている。環境省エコハウス事業は、環境要素技術のみならずライフスタイルの提案も重要な柱であり、「家族でなくとも多世帯で住む家」が美幌町で問われた。

近くに感じる自然の意味

設計者の「自然を近くに感じる場」というコンセプトは、北海道の厳しい寒さに対処する閉鎖的な家づくりから歩みを進めることを意図している。高性能断熱材や気密・断熱性の高いサッシ、暖房技術が進歩し、寒冷地建築の研究成果や高い施工技術が普及して、寒さや雪から守られつつも、豊かな自然が身近に感じられる開かれた場のあり方を求めることが可能になった。

開かれた家づくりでは、無防備な開放性は避けながらも、明るさや暖かさを均質に制御する近代的な意識とは

検証

美幌町エコハウスは、中央土間空間の両端にひとつずつ吹抜けが接続し、吹抜けから奥に向かって個室が接続する一続きの空間構成である。地中熱ヒートポンプ式床暖房とペレットストーブで土間空間を暖房し、吹抜けを介して昇ってくる暖気を2階の個室で取り入れる計画であるが、一室空間が複雑な形状をしているために2階個室は暖まりにくい。個室にはそれぞれ補助暖房として650W～1000Wの放熱能力をもつ電気パネルヒーターが設置されているが、実運用においても補助暖房なしでは肌寒く利用頻度は高いという。電気ヒーターはCOPが1となるため、温水ヒートポンプ式（COP3程度）に比べて効率が非常に悪い。全体で約3kWもの電力を消費しているが、ヒートポンプ式とすることで大幅な消費電力削減が可能である。また隅角部における熱橋が確認されており、熱橋部の温度は11度程度と周辺の壁面より5～6度低い結果であった。なお、室温22度湿度40%とすると露点温度は7.8度であり、表面結露には至っていないものの、コールドドラフトも観測されており快適性に関わるポイントとして注意したい点である。

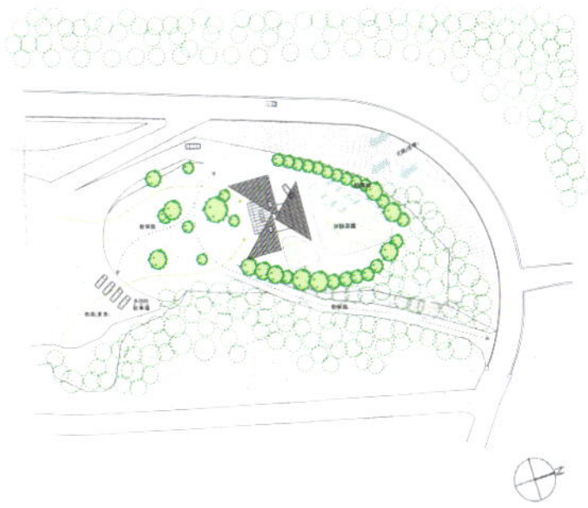

南北軸に合わせた配置／南側に開き風をみちびき、北風を屋根で受け流す

木陰のような光で満たされたリビング

2階のSpace4

異なる、多様な自然の変化に対応する寛容さも大切だとの考えが、コンセプトを具体化する基本になっている。

三世帯を構成する

南側の土間空間を自然に開かれた場とし、光、風、熱を受入れる緩衝ゾーンとして、奥の個室へ移動するにしたがって、徐々に安定した環境へと変化する。木々に守られた森の中で居心地のよい木陰や窪地を見つけるように、建物の中にも、季節や光の変化に応じて自分達の居場所が見つけられる、多様な場がつくられている。

・風をみちびく

建物は丘の頂上に南面して左右に翼を広げるように配置されている。中央の多世帯で共用する平屋ゾーンと、左右の2層の個室ゾーンで構成された平面は、中間期の最多風向である南東からの風を集め、自然の風を室内へとみちびくかたちをしている。

土間空間に設置された間口5.4mの大型引戸からの風は、個室棟へと流れて、吹抜けを介して上部の開閉トップライトより重力換気される。しかし134ページの表1の、通風可能な実開口面積における床面積比率でも明らかなように、通気性能はあまり高くない。

・光に開く

美幌町の冬の青空はとても印象的で、道内でも冬の日照率が高い。寒さと雪で閉ざされがちな地域にあって、冬の太陽光が豊かなことは様々な可能性を備えている。建物は南北軸に沿って配置され、窓開口は南側に集約して、多くの自然光を取り入れるように構成されている。土間空

母屋、離れ、車庫の3つの小屋が寄り添う

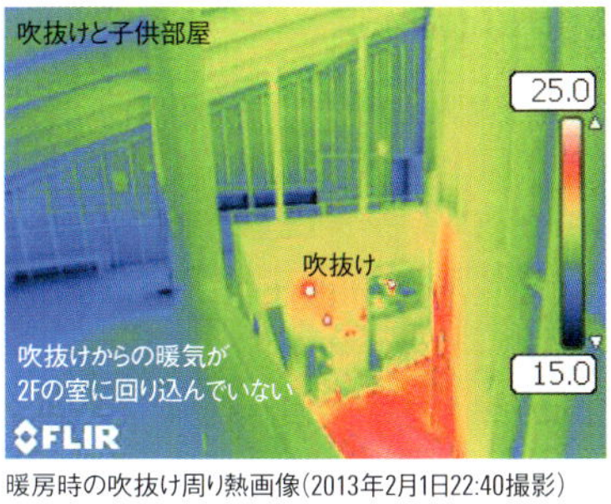

暖房時の吹抜け周り熱画像(2013年2月1日22:40撮影)

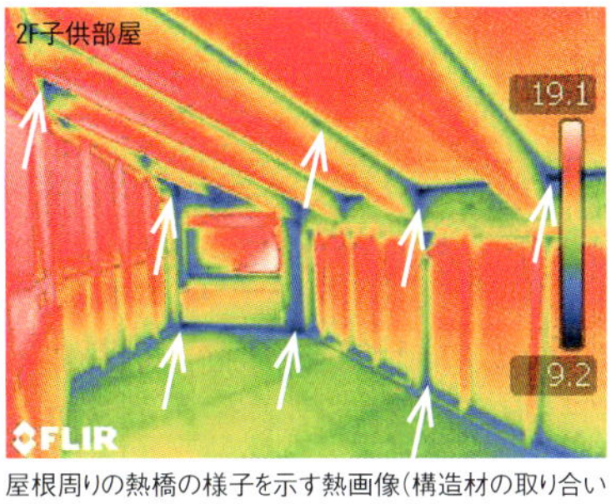

屋根周りの熱橋の様子を示す熱画像(構造材の取り合いで熱橋となり、温度が低下しているため青く表示)

電気ヒーター式パネル暖房器具の設置

間の屋根は、トリプルガラスの光天井とすることで外のような光に満たされた半外部的な空間である。

・自然の力を組み合わせる

土間空間は、太陽光による蓄熱と地中熱熱源ヒートポンプの床暖房によるベース暖房に、木質ペレットストーブと個室の電熱ヒーターを補助暖房としている。個室は、このゾーンで暖められた空気を内窓や引戸を開閉しながら取り入れることで、室内を均質に制御しないのが設計者のコンセプトである。しかしペレットストーブの熱容量が大きいために、建具の開閉でバランスさせるのは難しく、個室の電熱ヒーターが稼働している場合が多い。

木質ペレットボイラーによる給湯、光を透過させながら発電する太陽光発電ガラスなど、その場所にある様々な自然の力を組み合わせることによって、熱源エネルギーの自給・自立のあり方を模索している。

・美幌町の森でつくる

美幌町では、総面積の62%をしめる豊かな森林資源をもとにして、FSC森林認証を取得するとともに、CO_2削減を総合的に展開する「低炭素な町づくり」を進めている。美幌町エコハウスは、この森で育まれた地場の材を使用し、柱や梁は、小径カラマツ材を積層した集成材、壁や屋根面はカラマツ合板、その外側に断熱材を施工する外断熱工法としている。

内部は、構造材や下地のカラマツ合板が現された小屋の佇まいで、美幌町の木でつくられたことが体感できる場となっている。外壁もカラマツの荒木材を目透貼りとし、完成後のメンテナンスが部分的にも可能となっている。

柱梁の構造材だけではなくカラマツ合板の下地材や造作の家具にいたるまで、素地の木材で包まれた「木の空間」が体感できる家となっている。

・極寒地で開放的な家をつくる

極寒地に建設されたエコハウス2棟は、ともに厚い外皮で寒さを守るのではない開放性が特徴である。下川町では外皮面積は小さいが開口率が大きく、美幌町では外皮面積と南面の実開口が大きい。2棟とも開口部に高価な高性能ガラスとサッシを使用することを前提としての設計となっている。

びほろエコハウスのQ値は外皮面積が大きい建物ながら1.5W/㎡Kで、U_A値も0.39W/㎡Kと平成25年基準の0.46W/㎡Kをクリアしている。しかし検証では断熱の弱点も散見され、断熱・気密の設計や監理の重要性にも留意したい。

・体験できるライフスタイル

美幌町では、びほろエコハウスを体験できるよう、宿泊や会議、打合せなどに積極的に開放されている。

多世帯同居のコンセプトは、そうした活用に向いており、高齢者のグループホームや、シェアハウスといった今日の日本で最も必要とされている住まい方のモデルでもある。こうしたライフスタイルこそ、実際に体験しながら議論を広げていくことが重要である。

設計者のコメント／多世帯で住むことの可能性

北海道から宮古島まで全国20ヶ所の中にあって美幌町の特徴は、四世帯がともに暮らす多世帯の農家住宅という独自のテーマを加えていたことだ。美幌町は、農家1戸あたりの耕作面積が広く、平均で22haの大規模農業を主産業としている。しかしながら、核家族化の進行による後継者不足、農業技術の継承や繁忙期の人材不足の問題は、まちの課題のひとつでもあった。

美幌町エコハウスでは、その地域に特有の自然エネルギーを活用するだけではなく、多世帯が場所や水周りを共有することで、一人当たりが使用する面積やエネルギーを減らす、自給・自立の住まいづくりを目指すことで応えようとしている。

全体平面は、2階建ての個室棟と車庫棟からなる3つの棟が、土間空間によってつながれている。その共有の領域は、ガラス屋根、窓採光、開閉トップライト、大型引戸、床の高低差、階段、地中熱床暖房、木質ペレットストーブなど様々な要素が混在する環境である。

人々は、場の広がりや明るさ、温度の違いなど、環境の差異を感じ取りながら自分にとって居心地のよい場所を見つけていく。空間はつながっていながらも自立した人々の関係が派生していくような、ほどよい距離感をもった場をつくりたいと思った。

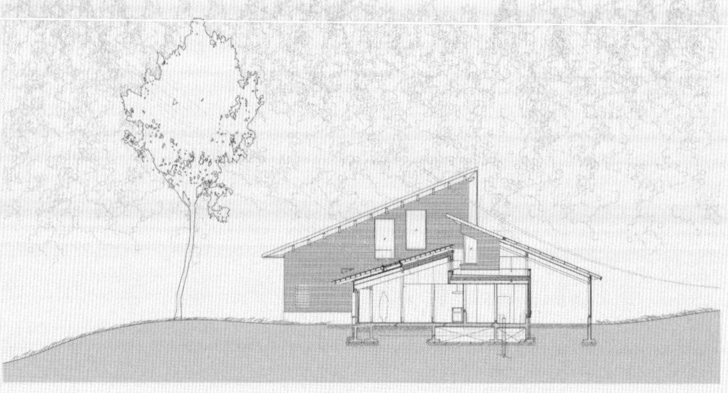

1階平面図 1/500

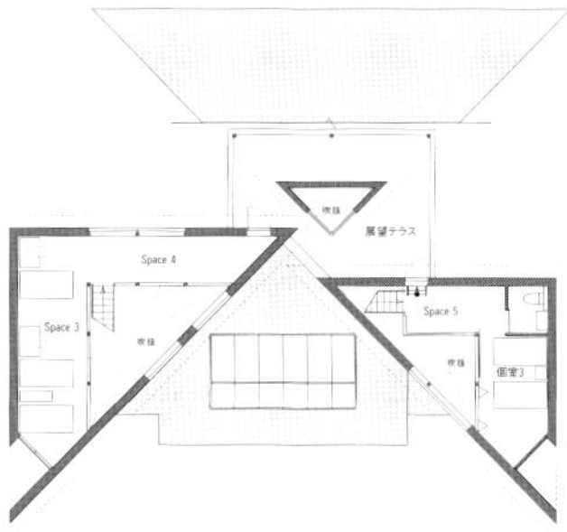

2階平面図 1/500

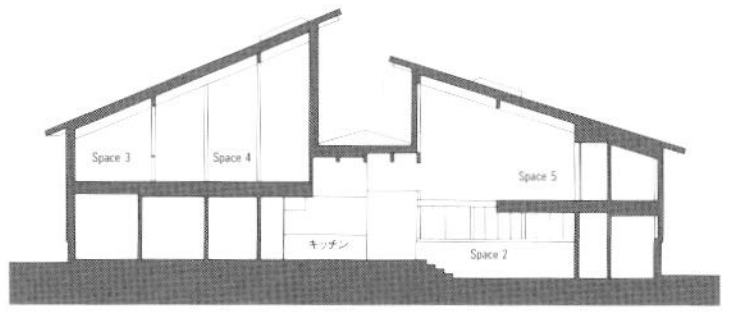

断面図 1/500

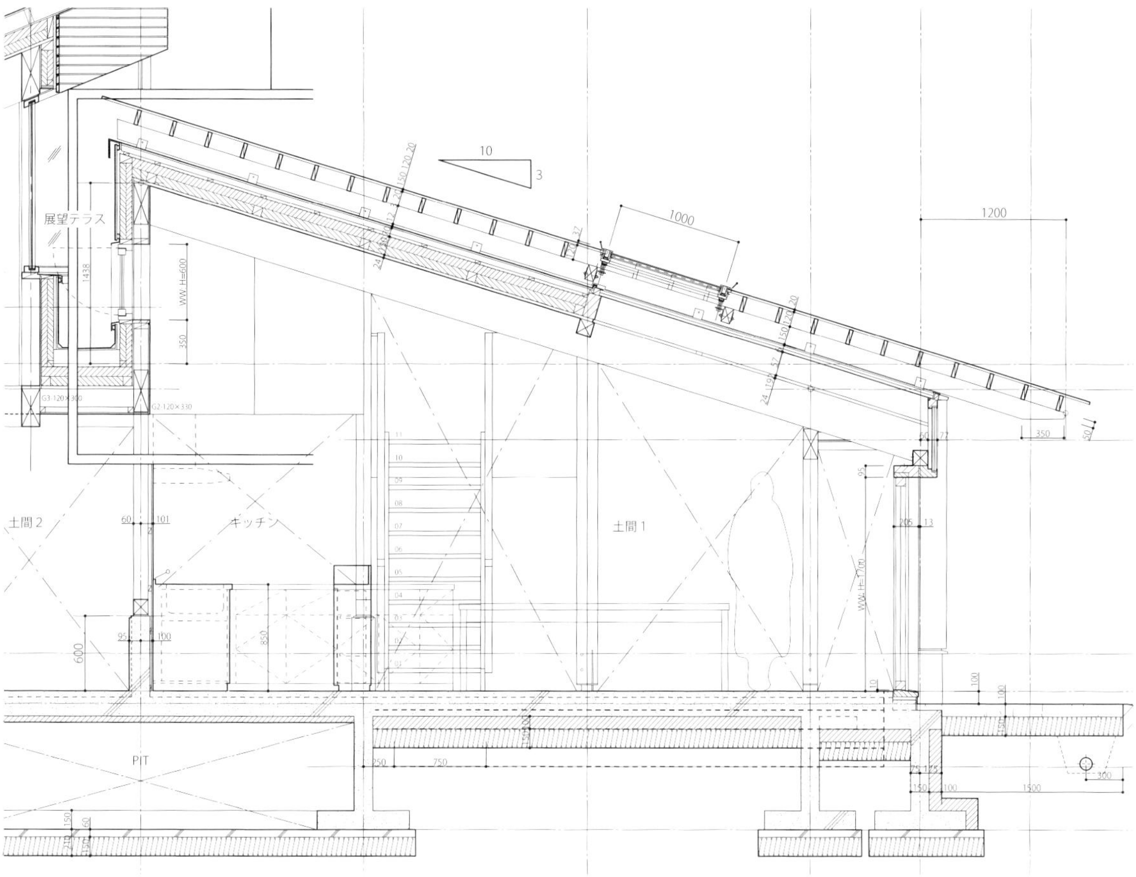

矩計図　1/60

構造・階数	木造軸組・2階建・ベタ基礎
敷地面積	4809.79㎡
建築面積	198.74㎡
延べ面積	252.96㎡
外皮面積	659.96㎡
屋根～天井	鋼板0.4・全天シート・構造用合板12・通気層120・透湿防水シート・EPS板150・ポリエチレンシート・構造用合板(トドマツ)24内部現し
外壁～内壁	カラマツ荒木24WPクリアー・通気層24・透湿防水シート・EPS板100・ポリスチレンシート・構造用合板12内部現し
床～地盤面	コンクリート100金コテ　防塵塗料(床暖房パイピング)・土間コンクリート100・EPS板100敷込・ポリスチレンシート0.15・砂利150
建具の構成	既製木製断熱サッシ
ガラスの仕様	トリプルガラスダブルLow-Eグリーン(アルゴン封入)
実開口面積比率・開放面積比率	10.0%・30.9%
Q値	1.5W/㎡K(1.6)
μ値	0.082(0.08)
U_A値	0.39W/㎡K(0.46)
m_C値	19.79W/㎡K
m_H値	25.07W/㎡K
C値	未測定
太陽光発電	0.126kW・屋根面設置
地中熱利用	①:地中熱HP(暖房能力10kW:COP=3.7)
電気	①の地中熱HPによる床暖房／②:電熱ヒーター／③:空気熱源HP給湯器
バイオマス燃料	④:ペレットボイラー(10kW)／⑤:ペレットストーブ(5.4kW)
暖房方式	①の温水循環による土間床暖房、⑤のペレットストーブによる主居室の暖房
補助暖房	②による個室のパネル暖房
冷房方式	なし
全般換気方式	第2種換気
給湯方式	③の空気熱源HP給湯器(貯湯槽460L)に加えて④のペレットボイラーと貯湯槽460Lの併用
施工者	高橋・宮田特定建設工事共同企業体

飯舘村

II ろ
3 H4 A3

飯舘村までいな暮らし普及センター

所在地｜福島県相馬郡飯舘村伊丹沢字伊丹沢578-1
設計者｜豊田設計事務所 豊田善洋

- 世代を育む半農半Xのライフスタイル
- 高性能な外皮で地域の景観を復活させる
- 敷地内での水循環浄化システム
- 電気がなくても暮らせる暖房と給湯設備

飯舘村の豊かな暮らし

あの福島第一原子力発電所の事故で全国に知られることになった飯舘村は、2009年5月にエコハウス事業で全国から選定された20の自治体の中で唯一の村である。

この人口約6000人の村では20の集落単位で村づくりを協議し、村の方言でじっくりゆっくりを意味する「までい」な精神で、農を核とする自立したライフスタイルによる村づくりを実践してきた。分散型再生可能エネルギーの地産地消などにも早くから着手して、村の面積の70%を占める森を命とする里山から豊かな暮らしと世代の継承が着実に進められていた。

しかしエコハウスが完成してから1年もたたずに、その豊かな暮らしそのものを村全体が続けられなくなるとは、いったい誰が想像できただろうか？

飯舘村の100年構想

飯舘村は2003年に「いいたての家」提言書を作成し、飯舘村における家づくりの方向性を定めた。提言書に書かれた、地域の田園空間と調和した家づくり、飯舘村の集落や建物ストック活用型の家づくり、家族の「クオリティーライフ」「スローライフ」を実現するための家づくり、地域の自然素材活用型の100年の家づくり、のすべてがそのま

検証

飯舘村エコハウスは「親の家」と「子の家」から構成される二世帯住宅である。「子の家」では温室に置かれた蓄熱棚、「親の家」では薪ストーブ周辺に積まれた石壁など、蓄熱技術を積極的に取り入れている。蓄熱棚は温室で取得した日射とともに、温水コンベクタから自然対流で上昇する暖気も蓄熱する計画である。しかし冬期夜間における蓄熱棚の表面温度は16度程度であり、周辺のフローリング表面温度とほとんど差がなく、蓄熱が不十分であることが予想される。薪ストーブ周辺の石壁は、ストーブ稼働時に放射を受けて表面温度が高くなっていることが確認された。また、Q値が1.5W/㎡Kと平成11年基準値の1.9W/㎡Kを上回る断熱性を確保しており、薪ストーブを使用している親の家の土間空間や、温室空間に面している子供の家リビングでも温度ムラのない均質な温熱環境が得られていた。室温も居室間でほとんど差が生じておらず、建物全体の居室で均一な環境となっているといえる。一方で、居住実験時の薪の消費量は膨大なものとなり、機器の適切な使用方法の整理や効率改善については課題となった。

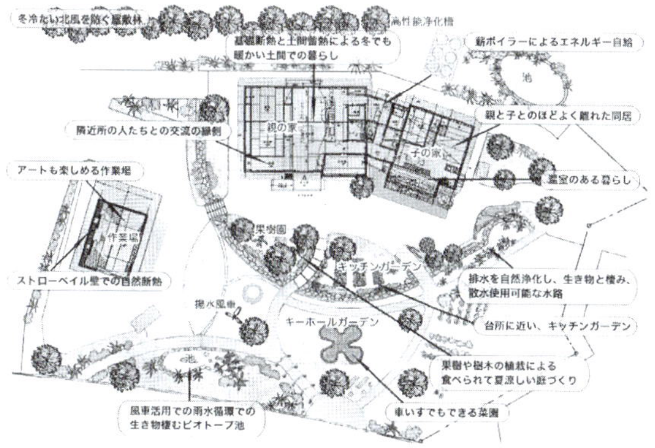

プロポーザルでの提案

玄関から勝手口まで続く通り土間が半農の暮らしを支える

まエコハウスのコンセプトとされた。

「までいな家」とは

飯舘村のエコハウスは村づくりの精神「までい」がその名となった。村は都市計画区域外のため、住宅の建設や改築に際して、環境配慮、バリアフリーなどの質的向上が図りにくい。そこで、までいな家の技術提案、技術展示などから、村内への普及啓発の相談窓口としての機能を果たし、建築関連技術者の学習の場を通して家の建築生産システムへと発展させるという目標を掲げた。

暮らしと景観を創造する

までいな家が建設された飯舘村中央地区は、村の合併により役場、学校、老人ホームなど昭和30年代の公共施設が集まっており、飯舘村の自然や環境と調和のある景観とはなっていない。そこで村では、までいな家のランドスケープデザインを契機として中央地区の景観の方向性を提示することにした。

同時に気軽に立ち寄れる集いの空間がない地域のため、交流の場としての機能や、子どもたちが気楽に立ち寄り、建物のみならず、飯舘村の暮らしと環境について体験しながら学べる場ともされた。

半農半X

までいな家が他のエコハウスと異なるのは、飯舘村で見られる半農の暮らしを再現するコンセプトにある。飯舘村らしい、地形や風土を生かし、偉大な田舎人の暮らし、地球環境に配慮した省エネで創造的な暮らし、村全体がエコロジカルなつながりをもつための持続可能で自立循環型の暮らしを実践する場という意味で、半農半Xと名付けられた。

半農半Xというライフスタイルの具体化として、母屋に増築されたような子の家と、別棟の作業場などの建物に囲まれた食糧自給の庭、自立した水計画で構成される構想でスタートした。

情報発信センター、避難所、全村避難

完成したエコハウスは、周辺の豊かな自然の中で、敷地内で半農半Xを実践するよりも、情報発信センターとしての位置づけが高くなった。しかし3.11までの約1年間に、建築の講習会だけでなく、までいな暮らし塾など食をテーマとした活動が積極的に行われた。

そして震災時には地震による建物の被害もなく、原子力発電所に近い地域の人たちの避難所として活躍した。しかし飯舘村もまた全村避難となり、村の大半は現在も

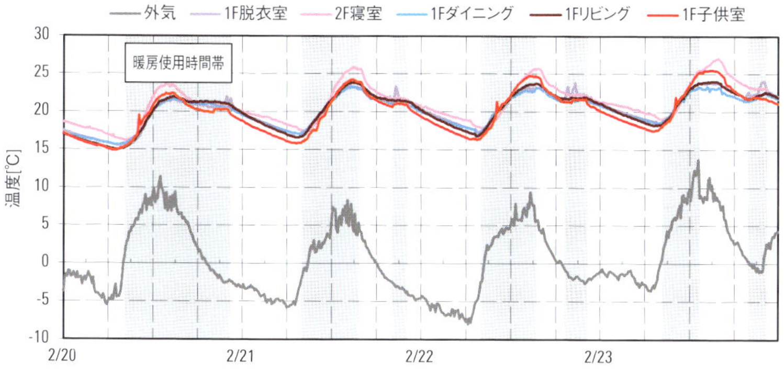

冬期模擬居住調査時の温度変動を示す。外気温が大きく変動しているが、全体的に室温は高い水準を維持している

昼間に太陽熱を蓄熱するが、集熱・熱容量のバランスが悪く壁や床と比べて夜間の温度が高くはならない

子の家／蓄熱棚まわりの熱画像(2011年2月8日22時撮影)

避難が解除されないまま2年以上が経過している。

環境要素技術

3(旧Ⅱ)地域として必要な断熱仕様とするために、屋根や壁とサッシにコストが割かれ、ブラインドや障子も断熱仕様にすることによる効果が確認されている。

ライフスタイルの上から、薪ストーブと薪ボイラーによりエネルギー消費の大半をバイオマスとし、液式太陽熱集熱と薪ボイラーから貯湯槽に集められた温水で、給湯と床下や部屋内のパネルヒーターに供給されている。

雨水利用と揚水風車によって排水を自然浄化させて、菜園のために使用する水循環システムは、他のエコハウスには見られない大きな特徴である。

エネルギーを貯める大切さと難しさ

までいな家は、太陽熱と薪のエネルギーを貯湯槽と床下や石積みで積極的に蓄熱する設計である。一定でない太陽熱を薪で補いながら、温水で貯めたうえで、蓄熱量の大きな基礎や石積みに供給することで、寒冷地での安定的な熱環境を意図した。

液式太陽熱集熱で貯湯槽に集められた温水と薪ボイラーで給湯し、暖房は薪ボイラーから床下や部屋内のパネルヒーターへ供給されている。床下コンクリートや室内の石積みへ蓄熱する方式だが、夜間も人が住む使用状況でないため、蓄熱が十分でなく補助熱源に頼ることになり、CO_2排出量は多い結果となった。

飯舘村から学ぶ

本事業の柱のひとつにライフスタイルの提案があるが、飯舘村では、主な産業である農業や酪農を専業としない村人でも、風土の中で代々暮らしていくために必要な創造的なライフスタイルとして、半農半Xを選んだ。

通り土間、別棟の作業場や菜園は、そのために必要なもので、建築の形式を模したものではない。また住宅を新築する人への商品知識のためのモデルハウスでもない。この村で豊かに暮らしていく新しい価値観を創りだしていくための場であった。その根底にある豊かな自然環境そのものが奪われてしまったことは誠に悲しい。

子の家のサルルームは乱暴に使える室内空間

水源の村として、浄化槽からの排水を植物の力で浄化する

設計者のコメント

皆さんご存知だと思うが、飯舘村は東日本大震災で全村避難となっているため、までいな家はあれ以来使われないまま放置されてある。エコハウスの担当者も退職しており、十分な紹介ができないことをここでお詫びしておく。

建物の間取りや外観は、村内の農家の風景を再現してある。庭先で野菜を育て、保存食を加工する納屋もある。親の家に若夫婦が子の家を増築した横長の平屋建ての建物が一番日当りのいい場所に配置されてある。

この村に住む方が建物を見て、少しだけ未来の村の暮らしをイメージできたら成功だと思っていた。特別な設備機器や技術によるエコハウスではなく、これから家づくりを考える方が手の届くレベルを意識して設計してある。

阿武隈山脈の山頂付近に位置する飯舘村は、震災で南相馬市から福島市に向かって避難する途中に位置し、までいな家にもたくさんの方が避難してきたと聞いている。薪があればお湯が出てお風呂も入れる建物で、30人を超える方が共同生活をすると暖房が要らない省エネ性能である。ある程度のプライバシーも確保された建物は本来の機能とは全く別の「避難所」として活躍した。想定外の用途に対応できる強さをもった建物は、原発問題がなければ人を守る建物としてまだまだ活躍したであろう。残念でならない。

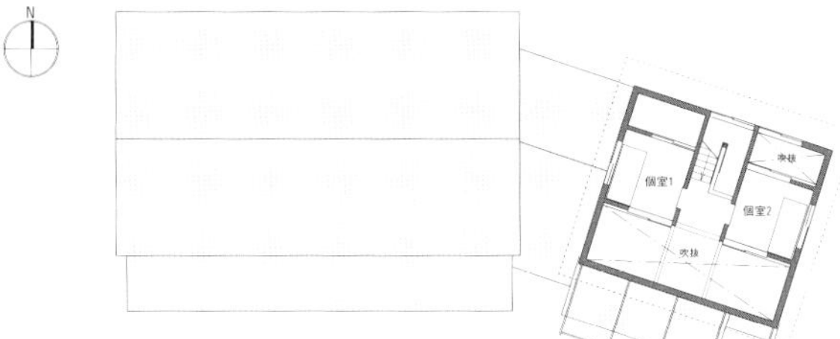

2階平面図 1/400

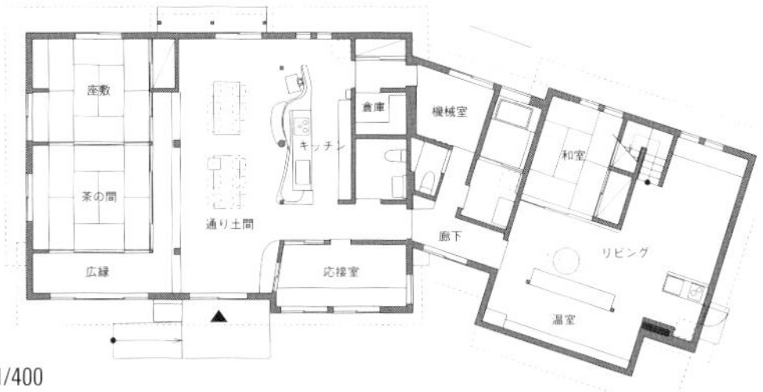

1階平面図 1/400

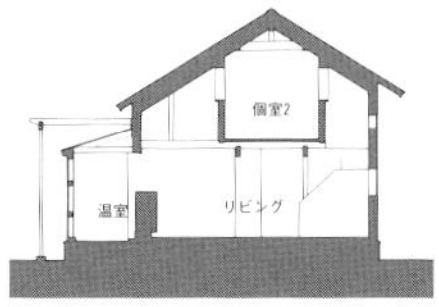

断面図 1/400

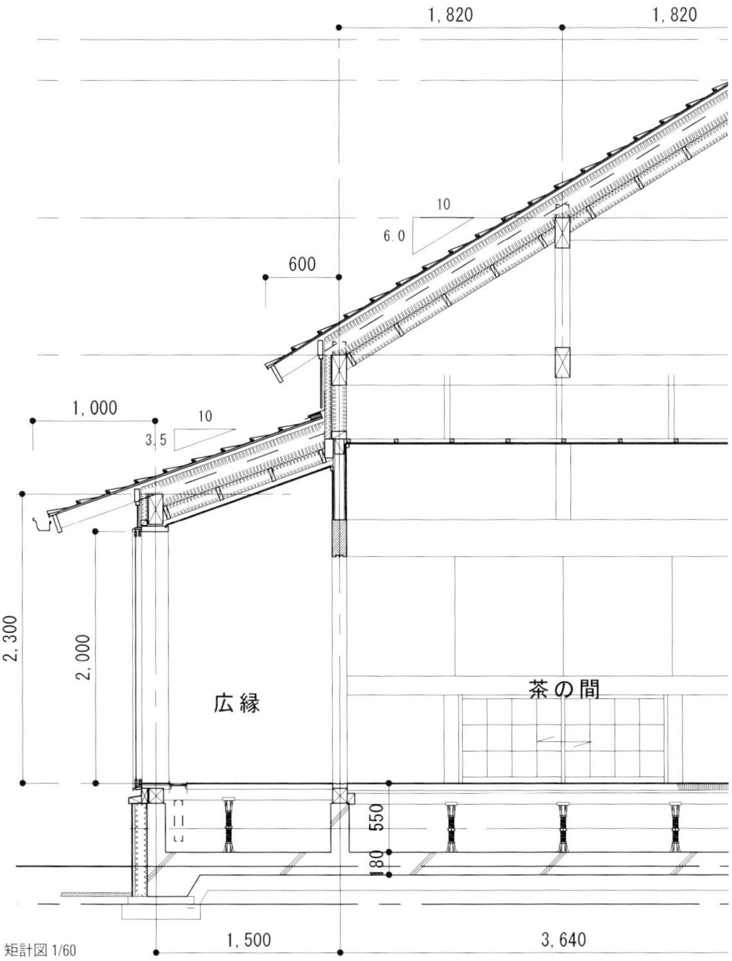

矩計図 1/60

構造・階数	木造軸組・2階建・ベタ基礎
敷地面積	2630.36㎡
建築面積	201.106㎡
延べ面積	221.990㎡
外皮面積	688.28㎡
屋根〜天井	鋼板0.35・アスファルトルーフィング940・構造用合板12・段ボール製通気層30・高性能グラスウール200・防湿シート・高性能グラスウール100・小屋裏空間・杉柾12
外壁〜内壁	杉板12・通気層15・透湿防風シート・グラスウールボード50・構造用合板9・高性能グラスウール120・防湿シート・胴縁下地聚楽左官仕上
床〜地盤面	タタミ55・粗床18・床下空間480・土間コンクリート180・砂利100
建具の構成	既製アルミ断熱サッシ
ガラスの仕様	ペアガラス
実開口面積比率・開放面積比率	12.7%・23.2%
Q値	1.5W/㎡K(1.9)
μ値	0.092(0.08)
U_A値	0.49W/㎡K(0.46)
m_C値	22.45W/㎡K
m_H値	30.58W/㎡K
C値	未測定
太陽光発電	1kW・屋根面設置
太陽熱利用	①:屋根液集熱式ソーラーシステム(太陽熱集熱パネル3.76㎡・貯湯槽200L)／室内の石積みへのダイレクトゲイン
灯油	②:薪灯油ボイラー(51.1kW、内蔵貯湯槽60L)
バイオマス燃料	②:同上／③:薪ストーブ(14.6kW)
暖房方式	①のソーラーシステムと②薪灯油ボイラーによる温水循環ラジエター式暖房、③による暖房
蓄熱 床下空間利用	①の温水による室内の石積みへの蓄熱
冷房方式	なし
全般換気方式	第1種換気(全熱交換)
給湯方式	①のソーラーシステムと②の薪灯油ボイラーによる
施工者	(株)古俣工務店川俣支店

高山市

Ⅱ ろ

3 H4 A3

高山市エコハウス／飛騨高山・森のエコハウス

所在地｜岐阜県高山市西之一色3-820-1
設計者｜脇本設計 脇本敏雄

すべて県産材で造った飛騨民家

敷地の特性を活かした日射制御

地中熱を利用した屋根の融雪システム

バイオマス燃料による暖房と給湯

岐阜県はほぼ4(旧Ⅲ)地域、5(旧Ⅳa)地域に区分されているが、高山市は3(旧Ⅱ)地域になる。高山市は岐阜県の北部に位置し、市の中心部の標高は約570mである。中央高地式気候で、寒暖の差が厳しく冬期は-15度程度まで下がることがある。2005年の合併で日本で一番広い面積の市となった。市域の9割以上が山林で「日本一の森林都市」として豊富な森林資源を有している。飛騨の小京都と呼ばれ、飛騨の匠の木造建築の文化が深く根付いている。江戸期の豪商である吉島家、日下部家は重要文化財に指定され、その街並みは重要伝統的建造物群保存地域に指定されている。

高山市は岐阜県内では唯一環境基本計画に基づき、平成22年3月に「地球温暖化対策地域推進計画」を策定して、自然エネルギーの活用や、省エネルギー型の住まいづくりを勧め、市もそれらの行動に対し積極的な支援や導入に関する研究を行っている。森林都市の特質を活かしたエコハウスが普及して地域産材を住宅用材として積極的に使用し、未利用の林地残材を木質バイオマス燃料と

検証

高山市エコハウスは寒冷な3(旧Ⅱ)地域において伝統工法を用いてつくられた住宅で、家の中心に大きな吹抜けをもつ構成が特徴である。吹抜けにはペレットストーブが置かれ、これで家全体の暖房をまかなう計画である。大きな吹抜けは昼光をふんだんに取り込む一方で、ペレットストーブからの暖気が吹抜け上部に上昇してしまい、居住域が暖まりにくい挙動が確認されている。ペレットストーブが暖房負荷に対して容量不足であることも要因の一つであり、特に暖房負荷が大きくなる日において、リビングの室温が20度に到達していない。また、十分とはいい難い断熱性能、気密性能も空間の暖まりにくさの一因となっている。Q値2.3W/㎡K(平成11年度省エネ基準値:1.9W/㎡K)、C値4.63㎠/㎡(平成11年度基準値:2.0㎠/㎡。なお、現行の省エネ基準では気密性能の基準値は廃止されている)と、平成11年度基準に達しない断熱・気密性能であるが、特に気密に関しては玄関ホール周りの木製外部建具周縁からの外気侵入が観察されており、大きいところで10㎜程度の隙間が生じていた。テープで隙間を防ぐ処置をしたところ、リビング床表面温度が2〜2.5度程度上昇することが確認された。一方で、扉自体の断熱性能が低い、床と壁の取り合いが熱橋となることなどが要因となり、気密改修だけでは完全に外気の影響を遮断できないこともわかった。

リビングに設置されたペレットストーブ

リビング吹抜け空間

して有効活用することは、森林施業を活性化しCO_2吸収量を高める効果がある。同時に市内の住宅関連事業者が協議会として省エネルギー型住宅を提案・提供するエコハウスは、飛騨の匠の木造建築の文化の継承と市民への啓発に大きな効果が期待されている。

設計者選定プロポーザルでは以下の点が求められた。

- 総合的な環境負荷低減とLCC低減
- 地元木材利用と伝統的な建築様式や工法を活かした寒冷多雪地域に適した木造住宅
- 高い建築基本性能
- 自然エネルギーを有効に利用する配置平面計画、有機堆肥の活用も想定した外構計画
- 木質資源を有効活用する設備計画
- 普及活動研修等の利用

飛騨匠のエコハウス

高山市エコハウスは、高山市の観光拠点の一つである飛騨の里の隣に完成した。公共交通機関でのアクセスが容易で来場者のための駐車スペースも広く確保できる等の利便性が高い立地であり、敷地が広く様々なイベントなどの普及活動が可能である。また、市の風致地区に指定され整備されている周辺の景観は森のエコハウスのコンセプトである伝統工法の外観に合っている。

敷地の南が山に接しているため、高山市エコハウスは敷地の北端に配置された。西側に玄関と車庫、ユーティリティ等をまとめて、居間を中心とする生活スペースは南東のデッキテラスを囲むように東側に配置されている。居間は2階屋根までの大きな吹抜けで、飛び梁と束の構造が現しとなって高山らしい空間になっている。居間の東面南面は昼光取得のために2階軒下まで大きく開口している。

最頂部で7.5mの天井高の居間の暖房は多室暖房タイプペレットストーブ（最大出力11.0kW）である。ストーブ

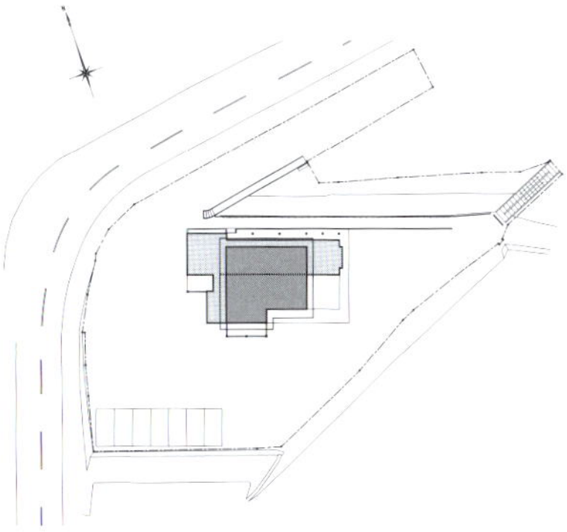

配置図　1/1500

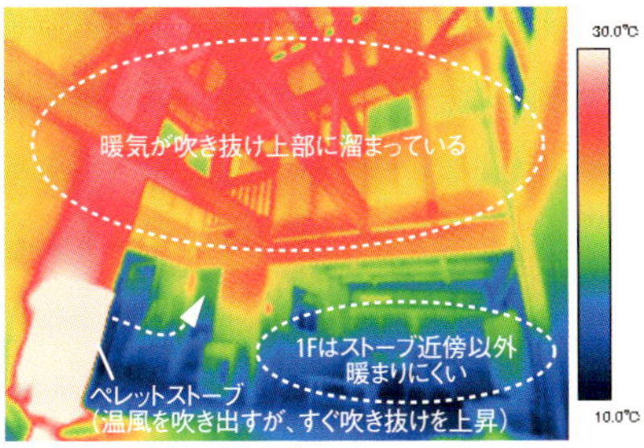

吹抜けでの熱画像（2012年12月21日8時撮影）／前日から12時間連続暖房運転の結果、暖気が2階に昇り1階は暖まりにくかった

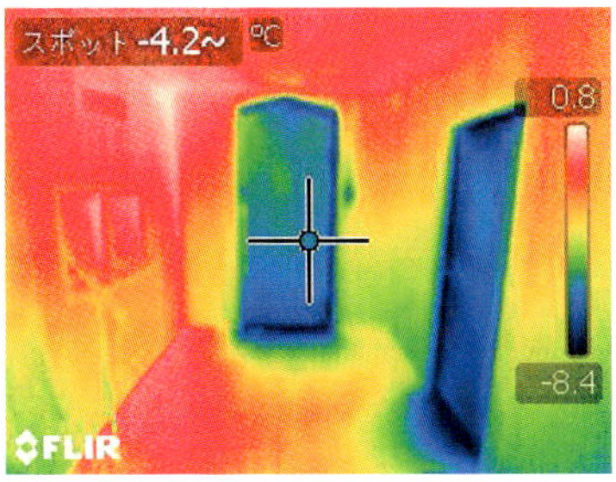

玄関ホールにおける熱画像／玄関扉は断熱性能が低いうえ気密性も低いために、足元から冷気侵入が認められる

から直接居間室内を暖房するとともに、背面から取り出す暖気を床下に吹き出し、開口部のコールドドラフト防止と床面を暖めることによる上下間温度差解消の試みが行われている。居間床下には蓄熱用に耐火煉瓦が置かれた。その他の部屋の床下に暖気を送るための送風ファンが部屋境の基礎立上がりに設けられた。

森林資源の積極的利用

構造材、造作材はすべて岐阜県産材が使用された。外壁はヒノキ材を縦目地加工した広幅縁甲板である。外部床には端口材利用のウッドブロック(120×120×100)、外部舗装にも製材で出るウッドチップを撒くなどの提案がされている。また、ペレット利用促進のために、暖房のペレットストーブとともに、給湯にもペレットボイラー(貯湯式、定格出力30kW)が採用された。

地熱利用融雪

高山市は多雪地帯でもあるので屋根面の融雪が必要である。ここでは地中熱ヒートポンプで屋根面軒先の融雪を行っている。熱交換のために敷地内にボアホール(145φ 30m)5本を地中掘削した。

断熱気密性能

前述の通り、標高の高い高山市は岐阜県内では少ない3(旧Ⅱ)地域に分類されている。断熱材は屋根フェノールフォーム25㎜+50㎜+40㎜、外壁フェノールフォーム40㎜外張+内側充填発泡ウレタンフォーム20㎜、土間スラブ上端ウレタンフォーム30㎜+基礎外周部内側ウレタンフォーム80㎜でQ値2.3(W/㎡K)、気密性能はC値4.63㎠/㎡である。この気候では十分とはいえず、開口部の多い吹抜けの居間の大空間が暖まらず上下温度差が生じる原因になっていると思われる。

玄関ドア改修

玄関はホールを風除室として、内側ドアを設けて冬の冷気流入防止を図っているが、外側の玄関扉の気密性が低く冷気が防ぎきれていないことがわかった。玄関ドア気密改修で効果が確認できたので、今後の住宅建設に活かされることが望まれる。

完成後の活動について

平成22年3月30日工事完了引き渡し後、平成22年4月1日付で飛騨高山・森のエコハウス推進協議会と無償貸付契約、管理協定を締結し、同協議会による管理に移行。平成22年4月17日のオープニング以降は、平成22年5月16日まで毎日開館し、4月、5月の2か月間で、約1,000名の見学者が訪れている。また、協議会事務局の自主事業として、例年9月に「エコハウスまつり」を開催しているほか、平成23年度からは、一般市民を対象とした「家づくりセミナー」を年8回程度開催し、市内住宅関連事業者間での情報共有や、市民に対する省エネ自立循環型住宅の普及促進に取り組んでいる。

設計者のコメント

日本一ともいわれる森林都市飛騨高山の豊かな自然資源である木材を最大限に活用することで、地域特性をもった低炭素自立循環型住宅「エコハウス」を創造することをコンセプトとして設計した。当該地域は寒冷多雪地域であると共に、内陸性の気候が顕著で夏と冬および昼間と夜間の気温差が大きいといった気候特性をもっている。この地域には豊富な森林資源を利用した建築や木工が盛んであり「飛騨の匠」といわれる伝統的な建築技術が伝承され、独特の建築文化をもっている。「平屋を思わせるような軒高での木造2階建て」、「深い大屋根の庇と中間部に設けられた小庇」、「木格子による視界の遮蔽と通風」、「間取りの工夫による自然風の取り込み」等は、地域特性から生まれたエコハウスの原点ともいえるパッシブデザインである。現在の地球環境の変化や快適性の多様化に合わせ、伝統的な「飛騨の匠」の知恵を生かしつつ地域特性を克服した新たなエコハウスの創出を目指した。

配置並びに平面計画をするにあたり、自立循環型住宅の設計が主たる前提条件ではあるが住宅の快適性として敷地周辺の眺望も大切な要素と考えた。計画敷地は東、北方向に市街地の遠景や、さらに北アルプス連峰を望むことができること、また、エコハウスとしてもっとも大切な要素である自然風および太陽光を取り込みたい南・東方向に杉木立ちの里山があることから、できるだけその影響から遠ざけるために建物の位置を北側に配置すると共に東西に長い形にすることにより、南北への通り抜けと太陽光を受ける屋根の配置を考慮した。

また、計画敷地は市街地の西部で住宅地と森林地の境に位置し、近隣には「飛騨の里」があり遊歩道も整備された自然環境に恵まれた風致地区内に位置している。計画にあたっては市民に限らず観光客等も気軽に立ち寄り、体験学習もできるように配慮したものとなっている。メイン道路からの来館に対しては12台の駐車場を確保、また、東側市営駐車場からの徒歩による来場者に対しては敷地西側には遊歩道を設け、施設へのアプローチを考慮した。

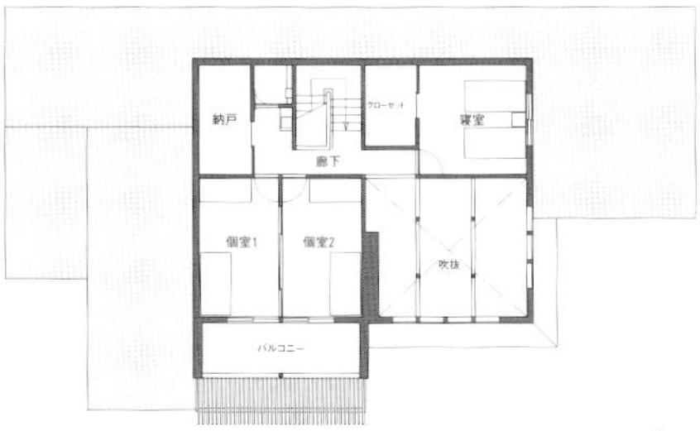

2階平面図 1/400

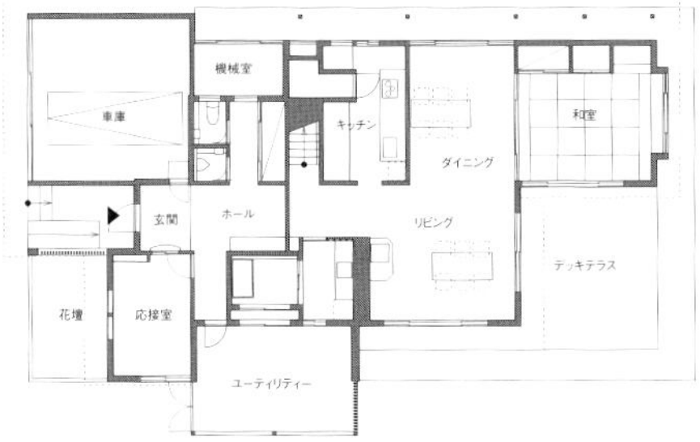

1階平面図 1/400

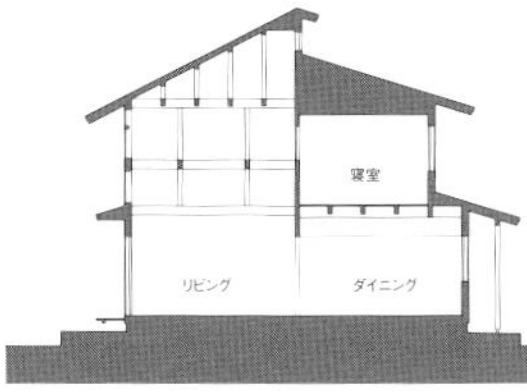

断面図 1/400

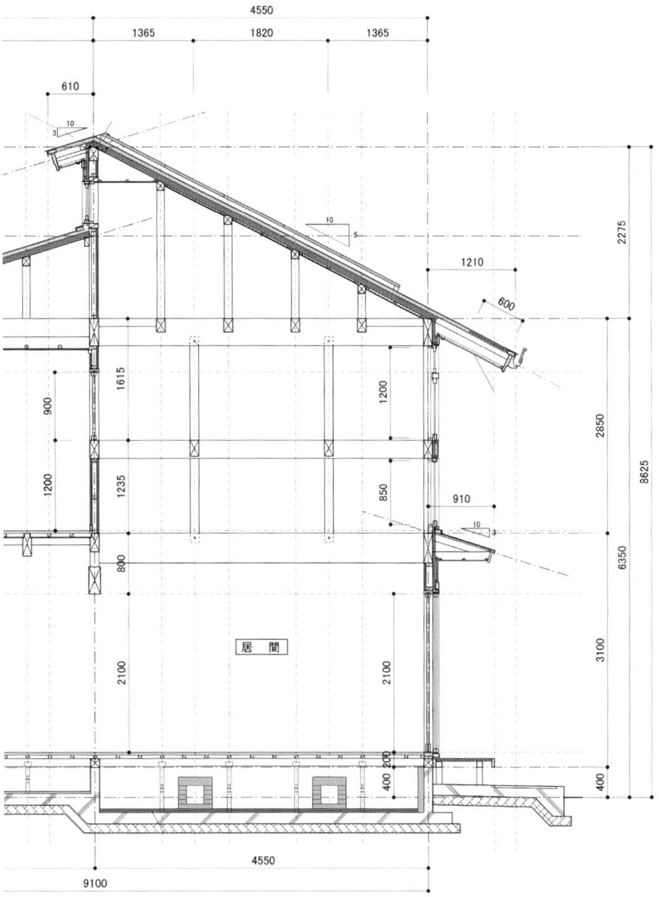

矩計図 1/100

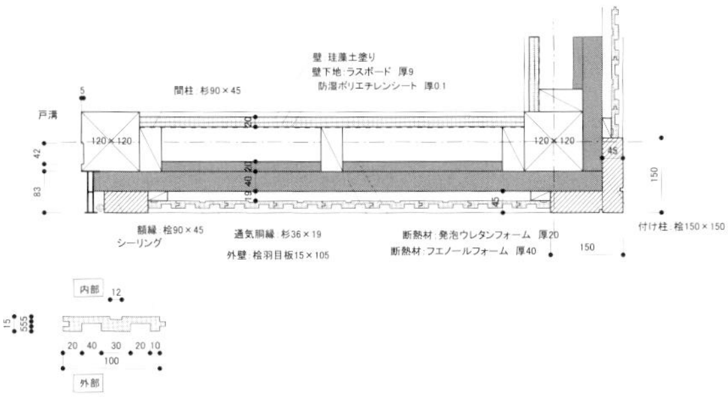

外壁詳細図

構造・階数	木造軸組・2階建・ベタ基礎
敷地面積	1801.722㎡
建築面積	193.87㎡
延べ面積	240.83㎡
外皮面積	589.16㎡
屋根～天井	鋼板0.4・アスファルトフェルト20kg・耐火野地板25・構造用合板12・フェノールフォーム断熱材50+25・吹付けフェノールフォーム40・空気層21・松化粧合板6
外壁～内壁	檜特注縁甲板25・空気層19・フェノールフォーム40・現場発泡フェノールフォーム20・空気層70・防湿シート・ラスボード・珪藻土
床～地盤面	ブナフローリング15・構造用合板12・床下空間448～648・硬質ウレタンフォーム30・コンクリート150・防湿シート・砕石120
建具の構成	既製アルミサッシ
ガラスの仕様	ペアガラス
実開口面積比率・開放面積比率	16.6%・30.6%
Q値	2.3W/㎡K(1.9)
μ値	0.062(0.08)
U_A値	0.69W/㎡K(0.46)
m_C値	13.54W/㎡K
m_H値	20.43W/㎡K
C値	4.6㎠/㎡
太陽光発電	2.6kW・屋根面設置
地中熱利用	地中熱HPによる融雪設備
バイオマス燃料	①:ペレットストーブ(11kW)/②:ペレット給湯ボイラー(30kW)
暖房方式	②のペレットストーブによる全館暖房
蓄熱 床下空間利用	ペレットストーブから吹き出す温風を床下に送風した蓄熱式全館暖房(竣工後に送風を中止)
冷房方式	なし
全般換気方式	第1種換気(全熱交換)、ペレットストーブ煙突から熱回収によりさらに給気を予熱
給湯方式	②のペレットボイラーと貯湯槽150Lを組み合わせた給湯システム
施工者	(株)二反田工務店

飯田市

Ⅲ　は
4　H3　A4

りんご並木のエコハウス

所在地｜長野県飯田市本町2-30
設計者｜新井建築工房＋設計同人NEXT 新井優

密集市街地での日射取得工夫
開く住まいと閉じる住まい
街路に面した開口部の工夫
三和土の熱容量を利用する土間

飯田市は長野県の南部に位置し、南アルプスと中央アルプスの間に天竜川を挟んで広がる中小都市である。内陸性盆地型で冬期の晴天率が高く日照時間が長いが、寒暖の差が激しく内陸性盆地型の夏期の暑さ、冬期の放射冷却による冷え込みは厳しい。

飯田市は環境文化都市宣言(平成19年3月)を行い、平成21年1月に環境モデル都市に選定されている。環境モデル都市行動計画に位置付けられた「中心市街地における低炭素まちづくりの実践」「低炭素な住まい方モデルの構築」を進めるため、建設、居住、改修、建替えのライフサイクルに渡って環境負荷が少なく、かつ快適な暮らしを実現する環境共生型住宅を普及させるための拠点としてエコハウスモデル住宅を整備した。設計者選定プロポーザルでは、省エネルギー化、新エネルギーの導入、再生可能エネルギーの活用、ウッドマイレージ短縮などに配慮したCO_2削減都市モデルとしての住宅であるとともに、エコハウスをつくる人や使う人の学習・交流のための機能および誰もが寄り付きやすい機能を兼ね備えることが求められた。

敷地は、環境文化都市宣言を行った飯田市にふさわしく、日常の市民生活に環境を優先する新たな価値観や文化の創造へと高めていく起点でありシンボル的な拠点と

検証

飯田市のエコハウスは寒冷な4(旧Ⅲ)地域ではあるが、冬は－10度、夏は38度に達する寒暖差の激しい気候において、子の家である南棟と親の家である北棟を接続した構成の二世帯住宅であり、子の家はペレットストーブのみ、親の家は屋根空気集熱式ソーラーシステムと補助暖房のペレットストーブで暖房を行う設計である。グラフではソーラーシステムでモニタリングしていたデータのうち、2013年2月3日(平均外気温5.9度)における親の家での測定結果を示す(補助暖房は未使用)。朝方は午前7時において室温が15.5度(外気温:1.0度)まで低下し補助暖房が必要といえるが、以降は午後20時(外気温:4.1度)ごろまで室温を20度以上に保つことができていた。午前0時においても室温18度程度(外気温:3.3度)を保てており、室温低下は穏やかである。南側に3F建のビルが建つ日照条件の決して良くない敷地であるが、集熱部を北棟に設けることで有効に太陽熱を利用できているといえる。また、Q値1.7W/㎡Kと、平成11年度基準(Ⅲ地域:2.4W/㎡K)を上回る断熱性能を有しており、熱画像からも室内での温度むらや熱橋はほとんど見られなかった。

なるように、りんご並木沿道が選定された。りんご並木は昭和22年の大火で3分の2に相当する面積を焼失した中心市街地復興の原点であり、市民の心のシンボルとなっている。

住みよい環境を自分で考え創るエコハウス

敷地は南北27m、東西8m弱の細長く、さらに南側には3階建てのビルが隣接する自然エネルギー利用には難しい土地である。その敷地条件に対して、南棟と北棟に分けそれぞれに異なる個性のエコハウスを設計した。南棟は子世代、北棟は親世代の二世代型住宅を地元の杉材を渡りアゴ構法で組み上げた次世代に受け継がれる高耐久な家づくりである。高い断熱気密性能に加え熱の時間的移動としての蓄熱方法を工夫し、夏と冬・昼と夜・在宅と不在時の自然エネルギー利用のモードの切り替えを人が手をかけ操作して、住みよい環境を自分で考え創り出すライフスタイルがイメージされている。

冬期の日射取得ができない南棟は熱を逃がさない“閉じ系”の住まいである。基礎断熱した三和土の土間床へチューブを埋め込みペレットストーブによる室内暖気を24時間換気で送り温熱を蓄熱する。夏は夜間の冷風を直接送り土間蓄冷する。冬期の日射に期待できる北部分は“開き系”の住まいとし、限られた屋根面積を最大限活用する太陽光発電・太陽熱回収ハイブリッド屋根一体型システムを採用した結果、年間暖房エネルギーの約65%を自給する計画である。補助暖房はペレットストーブ。給湯は残り湯熱回収機能付太陽熱利用ガス給湯器を採用し、給湯コストの削減がなされている。

安定した地中熱をダイレクトに活かすため地面に直接三和土仕上げを行った南棟1階は冷暖房をしない状態で外気温より夏は10度程度低く、冬も同じく10度程度高い室温が計測できた。また、湿度が安定して北棟の太陽熱集熱暖房の過乾燥気味の状態とは体感が異なる。三和土にはダクトを埋設して部屋の上部から回収した暖気を通しているが、それによる温度上昇は確認できなかった。そのため冬期の三和土の表面温度は16度程度で安定し、ペレットストーブで室温が20度になっても床面からの冷輻射が厳しい。三和土の蓄熱を活かしながら生活部分に

根羽杉の架構現しの居間吹抜け

南北に細長い配置

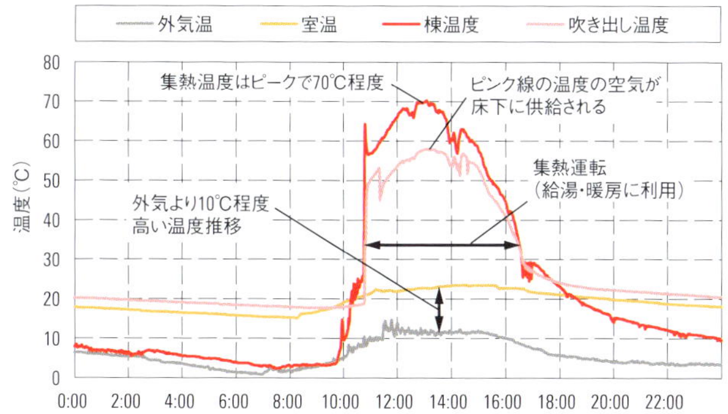

屋根空気集熱式ソーラーシステムの挙動（2013年2月3日）／冬期でも集熱温度はピークで70度程度にまで到達する。給湯用貯湯。タンクへ熱を供給したのち、60度弱の温度の空気が床下に送り込まれる

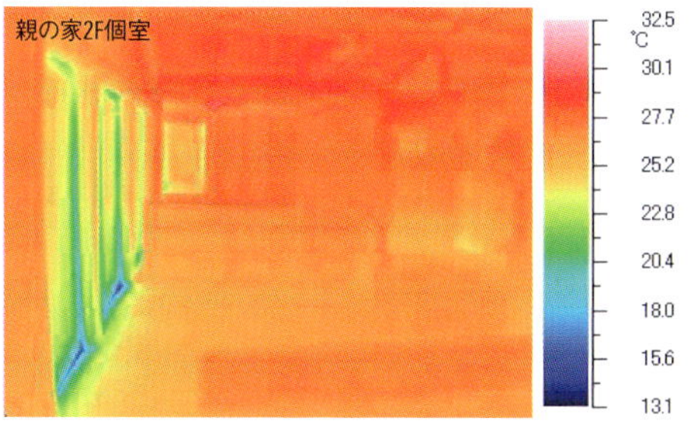

親の家の熱画像（2011年3月8日8時撮影）／全体に温度むらがなく表面温度も高い。断熱性能・気密性能ともに良好であるといえる。

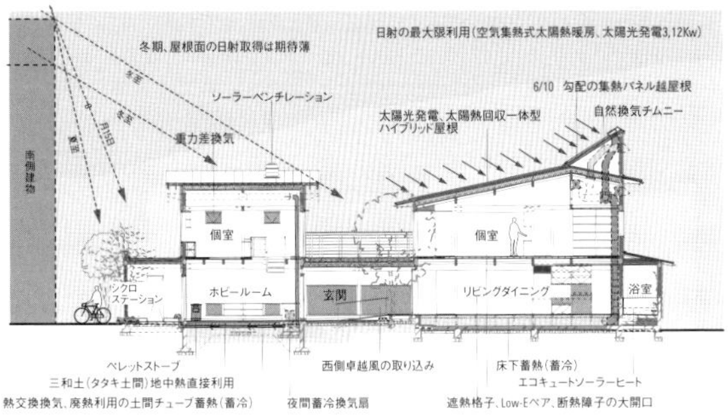

冬の条件に対応した断面計画

通気式の木質二重床を新設する等の冷輻射対策が必要であろう。

森林県でもある長野県には膨大な木質バイオマスエネルギーが眠っている。地域産材利用を進めるために構造材に南信州材を使用するとともに、暖房や給湯に太陽熱利用と木質燃料を組み合わせCO_2削減を意図している。

りんご並木に開く開口部

南側と西側が隣地のため、りんご並木を庭と見立て東側に主な開口部が配置されている。南棟、北棟の開口部はそれぞれの外的条件に対する応答を形にし、冬の日射は取り込み、夏の日射は遮断する開口部のデザインとなっている。北棟は遮熱格子のデザインが外観を構成。南棟は日射遮蔽のグリーンカーテンが夏の青空に映える。それぞれの大開口にある断熱障子は夏冬共に大きな効果を体感できる。

エアコンを設置しないで、窓を操作して暑い夏を、冷えきる冬を乗り切る様々な工夫をしなくてはならない手が掛かるエコハウスであるが、民家では生活の知恵として夏冬のモードの切り替えが自然に行われてきた。様々なしつらえを操作して快適な環境を生み出す「住まい方」を居住者に求める提案である。

様々な楽しい提案

市街地のエコハウスなので各所に様々な提案がある。夏期の留守の間の室温上昇を防ぐために防犯に留意した開口部を西側隣地面に設けた。子世代の家と親世代の家をつなぐ玄関脇は細長い植込みになっていて、地窓から涼風を取り込むために植込み上部にミストシャワーを設けられている。施工中に見つかった古井戸は雨水浸透桝として利用している。敷地の南東角は街角ミニ広場として歩行者に開放し、隣に自転車置き場を設け脱自動車社会の提案としている。

完成後の活動

信州飯田市エコハウス推進地域協議会が主体となり、エコハウス建設学習会や暮らしの中の知恵に学ぶ講座をオープン後の3年間で110回にわたり開催した。同時に、常時見学受け入れを行った結果、オープン後の3年間で26,600人余の来場者があった。エコハウス本来の学習活動に加え、『エコカフェ』と称した地域の素材をテーマにした様々な活動も行われている。リピーターとしてある程度長い時間や四季をエコハウスで過ごし、特徴的な温熱環境や木質空間の気持ち良さを体感することは頭でエコを考える以上に貴重になってくるだろう。どんな立場の来客でも、丸座卓に腰を落とせば同じ目線で会話が始まる。そのような交流ができる拠点として元気よく運営が営まれている。

設計者のコメント／エコハウスに込めた五つの思い

まちなかにある気楽に立ち寄れる木組みの空間。しばらく滞在すると地元の杉に囲まれた気持ちよさが視覚的にも肌感覚でも感じられ、そこでいろいろな人とふれあうこともできる居心地のよい家。

都会風をかじった洒落た建物が並ぶ地方都市飯田市のシンボル、りんご並木に合法的にできた木造らしい外観。準防火地域にあって木造まちづくりを強烈にアピールする。

天の恵み(太陽光)と、地の恵み(土間の地中熱、湿度)を、最大限活かした上で、足りない部分に最新の考え方を導入する。エコハウスを頭で考えるのではなく、環境に対するアプローチが全く違う住宅をそれぞれ体験することによって、自らが考え出すきっかけを起こしたい。

暑くても寒くてもスイッチ一つの“ホテル”ではなく、住人が手間を掛け、工夫することで、より過ごしやすい環境を手に入れる。冬－10度、夏38度に達する厳しい気候にあって、基本的な建物の性能を高めることで、環境に対しては微々たる人間力でも対処できるエコハウスであってほしいと願った。最初から田舎くさく、ライフスタイルの変化や流行に流されない、飯田市らしい価値観がいつまでも続く木造デザインを基本とする。

エコハウスができて数年経過し、途中では3.11も経験し家のあり方そのものの価値観もより人間目線に変化してきた。りんご並木のエコハウスに訪れる人々もハード的な学習目的から、様々な企画体験(エコカフェ)で過ごすことが多くなり、より活き活きした住宅として運営されている。家本体よりそこでされる生活が鮮明になっていくことそのものが、エコハウスの最終到達点だと思っている。

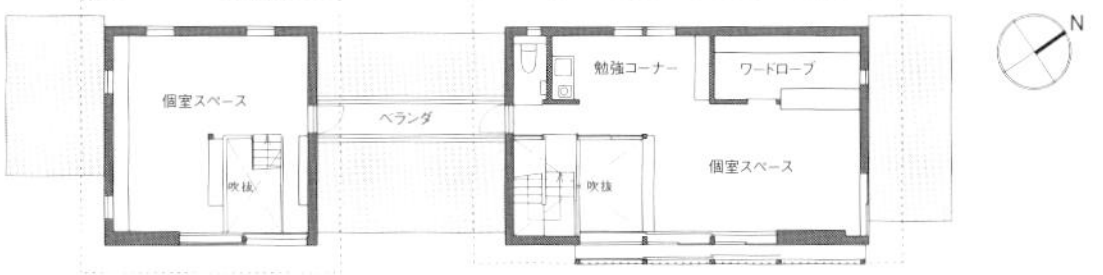

2階平面図 1/400

1階平面図 1/400

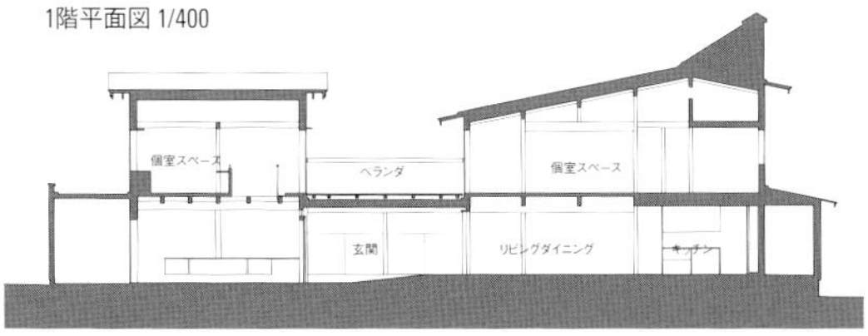

断面図 1/400

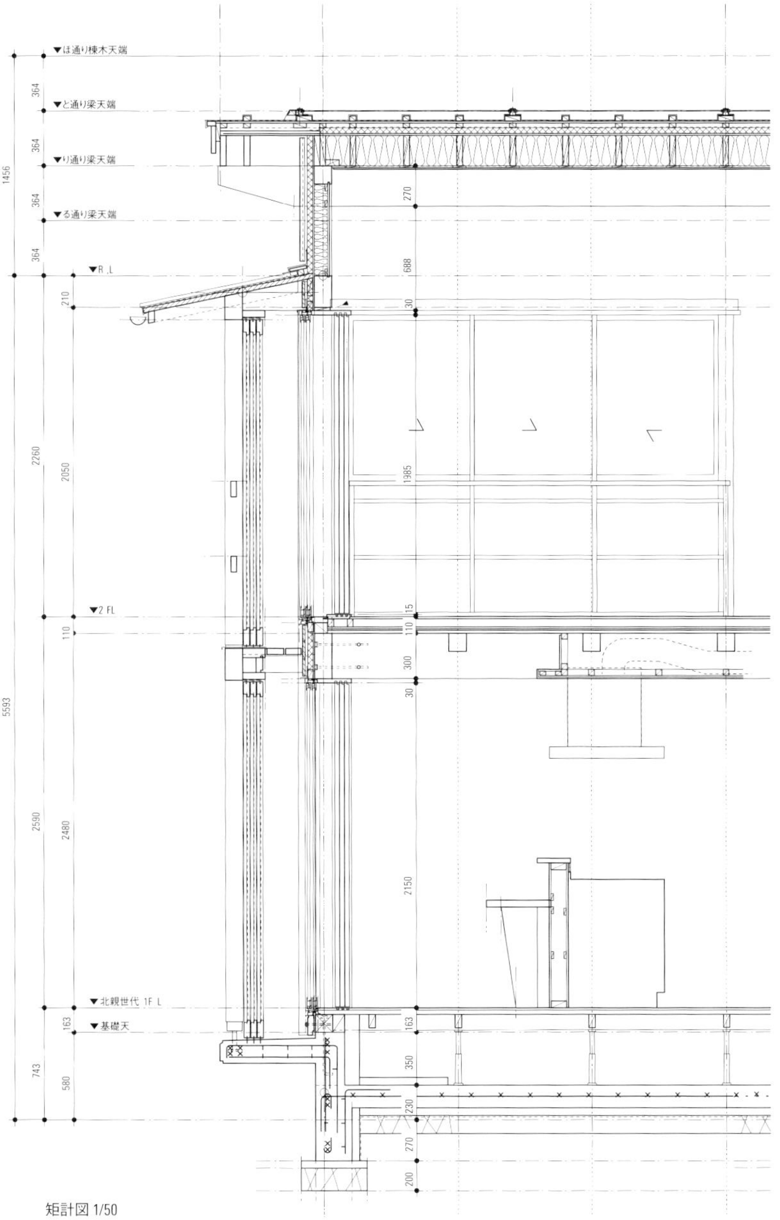

矩計図 1/50

構造・階数	木造軸組・2階建・ベタ基礎
敷地面積	211.40㎡
建築面積	127.28㎡
延べ面積	188.57㎡
外皮面積	517.62㎡
屋根～天井	鋼板0.35・ルーフライナー・構造用合板12・通気層30・遮熱シート・押出ポリスチレンフォーム40・構造用合板12・高性能グラスウール32k200・気密シート・空気層12・杉板12
外壁～内壁	杉板15・通気層36・透湿防水シート・火山性ガラス質複合版12・押出ポリスチレンフォーム40・構造用合板12・グラスウール32kg100＋20・気密シート・せっこうボード12.5・珪藻土
床～地盤面	蓄熱コンクリート150・押出ポリスチレンフォーム50・防湿シート・砕石120
建具の構成	既製アルミ樹脂複合サッシ・木製サッシ
ガラスの仕様	ペアガラスLow-E
日射遮蔽部材	日射遮蔽格子戸
断熱補強部材	断熱障子
実開口面積比率・開放面積比率	19.2%・33.8%
Q値	1.7W/㎡K(2.4)
μ値	0.052(0.07)
U_A値	0.57W/㎡K(0.75)
m_C値	9.66W/㎡K
m_H値	11.22W/㎡K
C値	2.0㎠/㎡
太陽光発電	3.12kW・屋根面設置
太陽熱利用	①:屋根空気集熱式ソーラーシステム(屋根全面集熱・空気熱源HP給湯器・給湯用貯湯タンク420L)
地中熱利用	南棟では三和土の熱容量を利用
電気	①の空気熱源HP給湯器
バイオマス燃料	②:ペレットストーブ(7.5kW)／③:ペレットストーブ(3kW)
暖房方式	北棟:①による空気集熱式太陽熱暖房、南棟:②による暖房
補助暖房	③のペレットストーブ使用
蓄熱 床下空間利用	北棟:①による床下空間での空気搬送／南棟:廃熱を蓄熱性のある土間に通すことで熱回収
冷房方式	なし
全般換気方式	北棟:第1種換気(①の集熱時)と第3種換気(①の非集熱時)で切り替わる 南棟:第1種換気(全熱交換)
サーキュレーター	シーリングファン
給湯方式	①のソーラーシステムによる
施工者	勝間田建設(株)

山形県

Ⅲ ろ

4 H2 A2

山形エコハウス

所在地｜山形県山形市上桜田3丁目
設計者｜(株)羽田設計事務所 水戸部裕行

- Q値0.7、U_A値0.32W/㎡Kで高断熱な外皮
- C値0.96㎠/㎡の高気密な設計と監理
- 顕熱交換式の高性能な換気システム
- 天窓による自然採光と重力換気の排気

住宅の省エネルギー化を目指して

夏と冬の寒暖の差が大きい山形県では、冷暖房などによる家庭でのエネルギー消費量が多く、県全体の温室効果ガス排出量の約2割が家庭部門から排出されている。そのため、省エネ住宅の普及や設計者・工務店の環境技術の向上が急がれている。

エコハウスの敷地は、森林と共生する新しい都市型ライフスタイルの創造に適するとして市街地の外縁部に選ばれた。後背に広がる民有林での間伐体験やバイオマス燃料の勉強会など、地域の森林資源の循環的利用にも適している。

設計者選定プロポーザルでは、①県産木材の使用など地域性への提案、②日本の省エネ水準を上回る欧州レベルの10項目の基本性能の設定、③太陽光発電、太陽熱利用、木質バイオマス利用の3点が必須、④地域への波及効果と住まい方への提案、が求められた。

検証

山形県エコハウスはQ値0.7W/㎡Kと寒冷地のエコハウスに匹敵するほどの断熱性能をもつエコハウスである。冬期昼間のサーモ画像を見ると、熱橋もなく開口部での温度低下も見られないことから温度むらの小ささがうかがえる。貯湯タンクにペレットボイラーからの熱と太陽熱を蓄え、床下のラジエーターに温水を流す暖房方式であるが、高い断熱性能のため短時間の通水で安定した温度変動を実現していた。一方、このように断熱性能が高い家では夏期に日射取得や内部発熱等があると、室温が下がりにくくなることが懸念される。夏期には夜間の通風・換気によるナイトパージを行い、躯体を冷やしたうえで、昼間に外気温が高く暑い時間帯にはエアコン運転を行うことが想定される。こうした運用を想定した実験を行ったところ、ナイトパージの効果は限定的であり外気温が低くても1、2階ともに冷えにくい状況となった。窓が夜間の防犯を考慮して狭い幅しか開かないため、換気量を多く確保できないことに起因すると考えられる。

CO_2削減をキーコンセプトに

地球温暖化を抑えるためにはCO_2を大量に排出する住まいを変えていく必要がある。選定された設計案は、その実現のために山形県の地域特性を考慮しながら、「木で家をつくる」、「住宅を省エネルギー化する」、「自然のエネルギー（再生可能エネルギー）を使う」の3つのコンセプトをもとに計画されている。

・木で家をつくる

山形県の森林率は高く、72%が森である。この豊かな山形の森を活用し、日本の森の文化を復活させるために、木材の総使用量76㎥はすべて県産材とされた。

・住宅を省エネルギー化する

山形県は暖房の消費エネルギーが多い地域で、断熱と気密性能を高めることが省エネルギー化に大変有効である。屋根と壁には各400㎜と300㎜のグラスウールを採用したほか、地面からの熱損失を考慮し、基礎周りには100～150㎜のポリスチレンフォーム断熱材が敷設された。また、熱損失の大きい開口部にはトリプルLow-Eガラス（アルゴン注入）の木製サッシが採用された。

・自然の（再生可能）エネルギーを使う

山形県の豊かな森林資源を熱源として活用するために、ペレットボイラーが採用されている。太陽エネルギーも利用して電気や給湯をつくり、木のエネルギーと補完しあいながら給湯や暖房のすべてが再生可能エネルギーでまかなうことで、カーボンニュートラルを実現している。

目標の環境性能を確保するために

コンセプトの実現のために、ドイツやスイスでは制度化されてきた建物の表面積を小さく、開口部も必要以上に大きくしない設計思想が採用されている。そのため建物の床面積当たりの開口率は17.7%、実開口部は8.4%と、全エコハウスの中でも最も小さく、開口部はトリプルガラスの木製サッシにより断熱・気密が優れている。

日射エネルギーや通風など自然の力を大いに利用することを前提とし、建物の基本性能、すなわち断熱性能を強化し、気密層の施工をしっかり監理するとともに、全エコハウスで唯一の顕熱交換換気システムが導入されている。

・配置、平面、断面計画

自然エネルギーを有効に使うために建物の居住空間を正しく南面させ、中間期や午前、午後の日射をコントロールするために庇を伸ばされている。また、通風のシミュレーションを行い、2階北側にトップライトを設け、重力換気を促すような断面計画がなされている。しかし、実用上の開口面積が小さいため中間期の通風は、季節により不足することもある。

・断熱設計

断熱性能は、熱交換換気を含まない建物ではQ値1.14W/㎡Kと算定されるが、換気を含めての実測値でQ値0.7W/㎡Kで、U_A値は0.32W/㎡Kと平成25年基準の0.75W/㎡Kの半分以下となっている。温熱環境が安定し、大きな空間でもエネルギーの消費量を少なくすることができることから、吹抜け空間をつくり、空気を循環させるべくワンルーム化されている。

木造で気密を保つには

木造住宅で気密を保つには、施工者への意識の徹底と、施

リビングからサンルームを望む

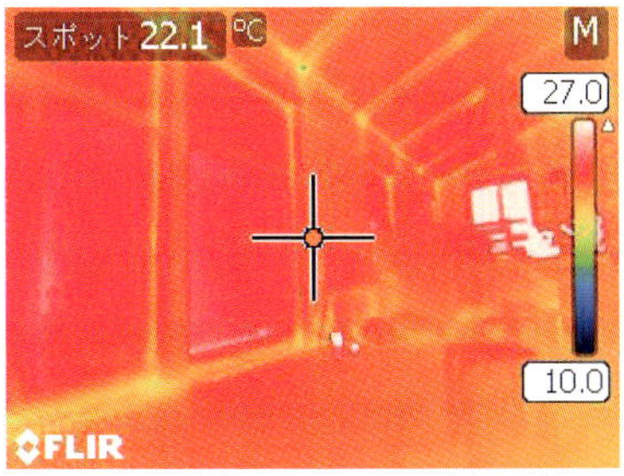

冬期昼間の熱画像（2012年3月16日16時ごろに撮影）

通風・温度差換気が十分でないため、1階の窓付近は冷えているものの2階に熱がこもる

開口部（ドレーキップ窓）により夜間の防犯性能は確保されるが、開閉角度が小さく通風効果は限定的

工時の監理が極めて重要である。山形県エコハウスのC値0.96cm²/m²を実現させるために、外皮の気密シートなどの施工時には、厳しい監理が行われた。

・設備設計

高断熱・高気密の室内の空気環境を良好に保つためには、優れた換気設計が不可欠である。顕熱交換式の集中換気システムは熱交換率が90%と優秀で、換気量を絞ることなくQ値を向上させており、カートリッジ式のフィルターは交換が極めて容易である。

建物内で必要な給湯、暖房は、液式太陽熱集熱とペレットボイラーを熱源として蓄熱され、暖房は温水を循環するコンベクターとしている。

山形県エコハウスの特徴のひとつは、木製サッシ、顕熱交換換気扇、ペレットボイラーなど、環境基本性能を確保する要点となる部分に、海外製品が厳選されていることがあげられる。日本でこれらの優れた製品の開発が急務であると設計者は考えている。

2階の自然採光と重力換気のためのトップライト

これまでの活動とこれから

山形県エコハウスは、平日および土曜日に、見学者へのエコハウスの説明や省エネ住宅に関する相談を行っている。また、省エネ住宅や木質バイオマスに関する研修会、緑のカーテン講座やエコキャンドル作りなど様々なテーマの講座等を開催している。

山形県エコハウスの建築当初から連携して活動している東北芸術工科大学では、建築の様子や性能情報などをインターネット上で公開しているほか、エコハウスの普及に向け、プロトタイプの設計・建築に取り組んでいる。

設計者のコメント

東日本大震災以降、エネルギーを取りまく状況は大きく変わってきている。

日本における住宅は暖房に大部分のエネルギーを使うが、今までの日本の家は、エネルギーに対してあまりに無自覚であった。エネルギーを使うことが当たり前のように思われていた。しかし、地球温暖化の抑制のためには、化石燃料の使用を抑え、二酸化炭素の排出量を抑えなければならない。EUでは、2021年にはすべての新建築物にゼロエネルギーに近い性能を義務付けるべく、各国で取組みがなされている。日本の住宅では、そこまでのレベルを求められてはおらず、世界と比較して遅れているのである。

山形県エコハウスは世界標準の性能を有し、夏涼しく冬暖かい、心地よい空間づくりを目指した。

「木で家をつくる」、「住宅を省エネルギー化する」、「自然のエネルギー（再生可能エネルギー）を使う」の3つのコンセプトのもと計画が進められ、建物の性能の計算や自然エネルギーの有効利用のシミュレーションを行い、断熱材の厚さや庇の出、通風を考慮した窓の位置等が決められた。庭も山形県の里山の原風景を想起させる樹木を、夏には緑陰をつくり冬には日差しを通すよう効果的に配置した。

住宅をつくる材料としては、豊かな山形県の森の木材を利用した。林業による地場の木材、それを使う住宅の建設。地域の産業を循環させることで環境負荷の低減につながり、地域のエネルギーの問題を解決し、地場産業の活性化を高めることを意図した。

結果として、山形県エコハウスはエネルギープラスの住宅となり、カーボンニュートラルを実現している。

山形県エコハウスの杉板張りの外観は、経年変化とともに人々に印象を深く刻んでいくであろう。

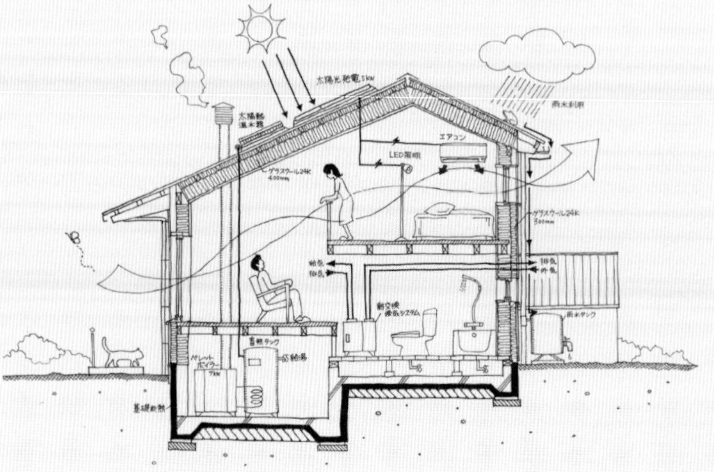

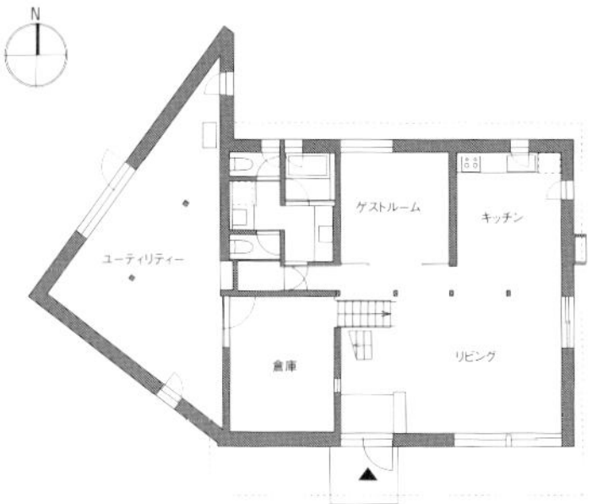

1階平面図 1/400

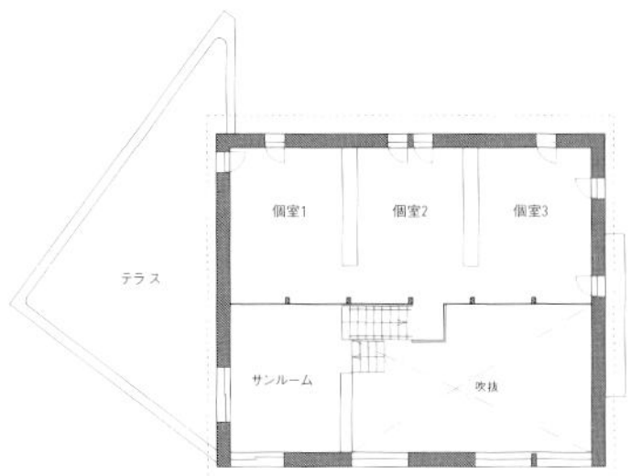

2階平面図 1/400

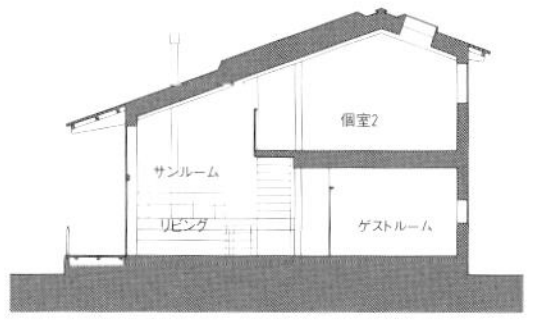

断面図 1/400

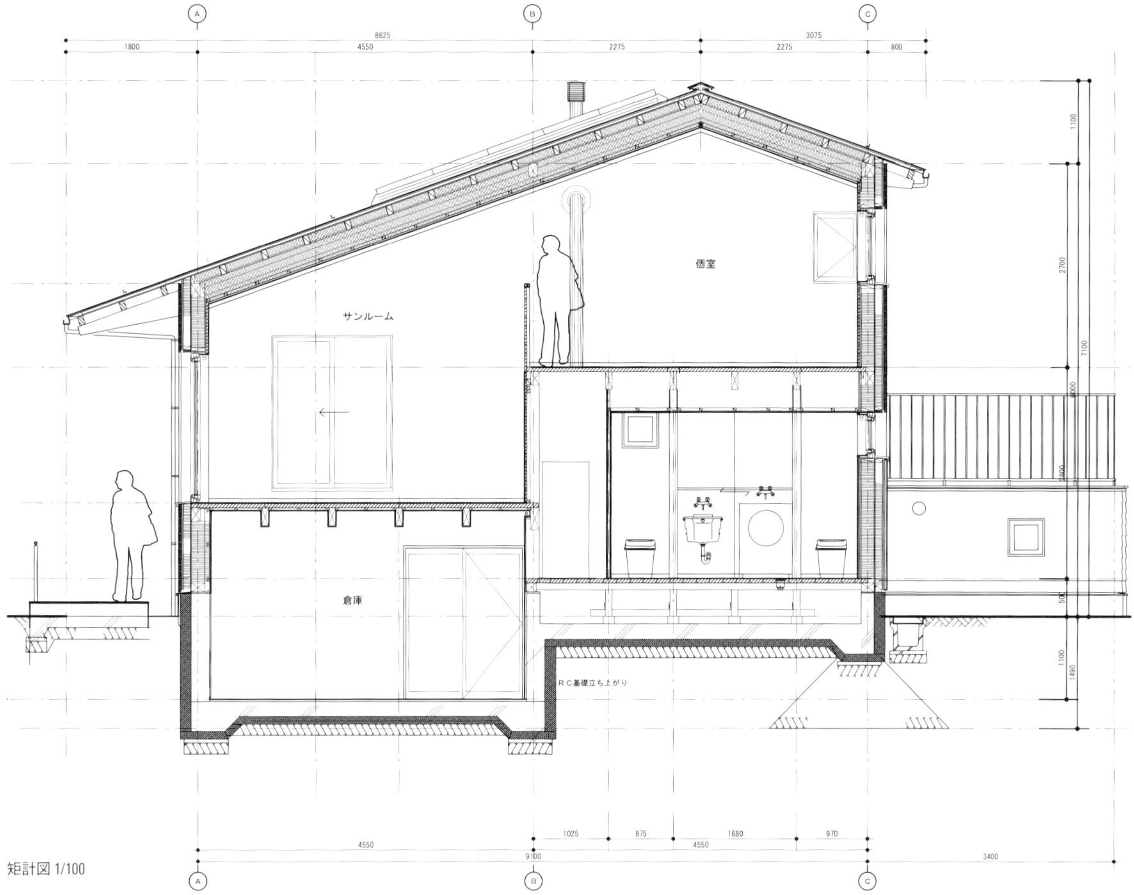

矩計図 1/100

構造・階数	木造軸組・2階建・ベタ基礎
敷地面積	567.83㎡
建築面積	149.54㎡
延べ面積	208.15㎡
外皮面積	525.61㎡
屋根〜天井	鋼板0.4・透湿防水シート・構造用合板12・通気層36・透湿防水シート・構造用合板12・グラスウール24k400・気密シート・せっこうボード9.5・EP塗装
外壁〜内壁	杉板30・木毛セメント板15・通気層18・透湿防水シート・グラスウール24k100・構造用合板9・グラスウール24k200・気密シート・杉板張り30
床〜地盤面	杉板50・床下空間550・土間コンクリート200・断熱材カネカライト100・防湿シート・砕石150
建具の構成	既製木製断熱サッシ
ガラスの仕様	トリプルガラス(アルゴン封入)
実開口面積比率・開放面積比率	8.4%・17.8%
Q値	0.7W/㎡K(2.4)
μ値	0.042(0.07)
U_A値	0.32W/㎡K(0.75)
m_C値	9.93W/㎡K
m_H値	13.13W/㎡K
C値	1.0㎠/㎡
太陽光発電	5kW・屋根面設置
太陽熱利用	①:屋根液集熱式ソーラーシステム(太陽熱集熱パネル6㎡・貯湯槽650L)
電気	②:エアコン 2階(冷房能力4kW:COP=4.5、暖房能力5kW:COP=5.1)、展示室(冷房能力2.2kW:COP=5.4、暖房能力2.5kW:COP=6.0)
バイオマス燃料	③:ペレットボイラー(7kW)・①の太陽熱用貯湯タンクの補助用として使用/④:ペレットストーブ(定期更新しているため能力不明)
主に展示用の機器	④のペレットストーブ
暖房方式	①・③により貯湯槽(650L)に貯めた温水を循環し、床下のラジエーターから放熱
補助暖房	④のペレットストーブ
蓄熱 床下空間利用	暖房時に貯湯タンクより温水が供給され、床下ラジエーターから自然対流により放熱
冷房方式	②のエアコンによる冷房
全般換気方式	第1種換気(顕熱交換)
給湯方式	①と③を組み合わせた給湯システム(暖房にも併用)
施工者	(株)たくみ

矢板市

Ⅲ　は

4　H3　A3

矢板市道の駅エコモデルハウス

所在地｜栃木県矢板市矢板字川原田114-2
設計者｜(株)フケタ設計 永田英雄、和氣文輝、(有)ZO設計室 柿沼整三、布施安隆

- CO_2排出量が0.3トン/年
- 実開口率が大きく通風性能が高い
- 4.8kWの太陽光パネルの発電量が多い
- 誰でも親しめる家らしさと高い環境性能

なぜ「道の駅」にエコハウスが?

関東平野の北端に位置する矢板市は、東北との鉄道や道路の幹線が集まる要衝であり、森林資源や自然環境にも恵まれている。市では環境改善に向けた地域密着型の情報発信基地としての機能をもつ「道の駅」とエコハウスを隣接させ、環境意識の向上と、環境改善への実践的取り組みの相乗効果を求めた。

「道の駅」に求められた伝統的な住宅

設計者選定プロポーザルでは、基本計画について、地域の特性に応じた要素技術の徹底活用についての提案が求められた。プロポーザルには県内から14の提案が寄せられ、内6者からヒアリングを行って設計者が選定された。

「地域性」から導き出されたコンセプト

設計者の掲げたコンセプトは、「民家の知恵」「自然エネルギーの有効活用」「屋外環境と室内環境の一体感」である。地域の環境の中で長年培ってきた、技術を生かしながら、最新の技術を盛り込み自然と一体となったライフスタイルが提案された。

検証

矢板市エコハウスでは、夏期は深い軒と土間や廊下といったバッファーゾーンを利用した日射遮蔽と通風計画によりエアコンなしで過ごすことを意図している。通風実測では南から取り入れた風を北側へ流すことができていた。これは、流入側の開口だけではなく流出側の北側の窓も大きく開けることができ、南北に適切な大きさの窓が設置されていたことによる。冬期の暖房についてはベース暖房としての太陽熱利用に加えて、薪ストーブの排熱を利用した床下暖房システムとなっているが、朝に薪ストーブに火を入れてからの室温の立ち上がりも早く日中は20度程度で安定した室内環境を作りだすことができている。なお通風の有効利用のために開口部を多く引戸とした反面、気密性・断熱性はそこまで高くないと考えられ、熱画像からも南側土間に接する外部建具まわりの温度が低いことが確認された。ただし、開口部まわりの土間廊下がバッファーゾーンとなり居室の床は土間から立ち上がっていることで、居室の足元に浸入する冷たい空気を防いでいた。プランニングの工夫により居室の快適性は担保されていると考えられる。

建物のデザインは、自然エネルギーをより享受でき、また地域の風景に馴染む計画とされている。素材は、地域の材料とし自然に還るものやリサイクル可能なものが採用された。また一般の方々に選択肢を広げられるよう、多くの環境配慮事項が盛り込まれている。

・地域性

この地域には、多くの典型的な田の字型プランの農家住宅だけでなく伝統的な蔵も多く残る。そういった民家の自然(水・緑・土)を利用したランドスケープや土間を用いたプランニングなどを参考に計画がされた。また、たかはら産材である杉や桧などの地域の資源を活用することで、この地域に根付くエコモデルハウスとなっている。

・環境性

太陽エネルギーを利用するハイブリットソーラーシステム・雨水利用システム・バイオマスエネルギーを利用する薪ストーブ・自然の風を有効に取り入れるための平面計画と断面計画により、自然再生エネルギーの有効活用が徹底されている。

安定した卓越風に合わせて給気と排気のバランスに優れた開口計画により1、2階ともに良好な通風が得られている。伝統的な深い軒と土間や廊下は、日射遮蔽に有効であり、冷房なしで夏期を過ごせることが確かめられた。

・ライフスタイル

半屋外空間の土間を活用しての、野菜等の種分けや乾燥に利用するなど庭に設けた菜園との一体的な使い方、休憩の場や近隣の人達とのコミュニケーションの場など多目的な利用ができ、庭と一体的な生活空間を確立できることで屋外環境と室内環境の一体感を図っている。

・「技術」を前面に出さない知恵

矢板市エコハウスは、環境への注文が特に多くはない一般的な建主による注文住宅にしか見えない。しかし設計において考えられる環境要素を突き詰めることで、通年でのCO_2排出量が0.3トンと非常に少ないエコハウスを実現している。

リビングの吹抜けと薪ストーブ

土間から和室とリビングを望む

・民家の知恵を生かした計画

地域の気候に根ざした建築要素は多くのエコハウスで活用されている。しかしどれほどの効果が得られたかの検証は十分ではない中で、防風林の植栽、一つながりの空間

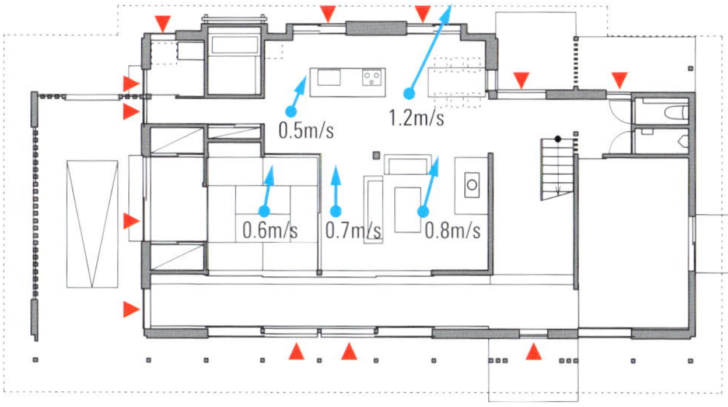

夏期の通風実測結果(赤矢印は開放した外部建具)／風上・風下ともに適切に開口があることで、室内でスムーズな風の流れが確保されていた

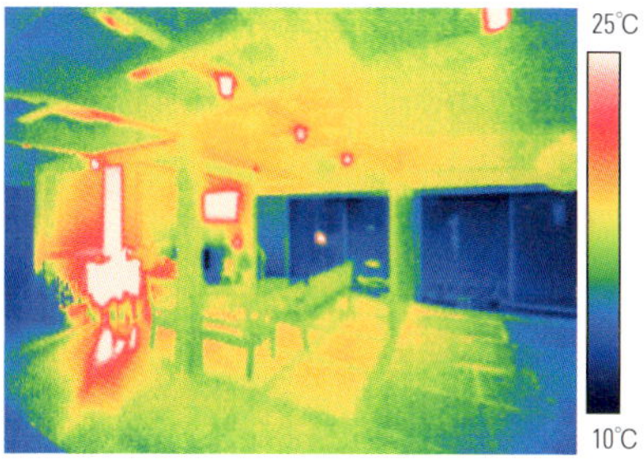

リビング／薪ストーブまわりの熱画像(2011年2月8日22時撮影)

としての一体的利用と通風計画により、土間や廊下による日射や風の制御などの効果が明らかになった。

通風については、186ページで詳しく分析している。

・自然再生エネルギー活用について

バイオマス燃料と太陽熱を組み合わせるシステムは、多くのエコハウスで試みられたが、矢板市では太陽熱と薪ストーブを組み合わせた独自の設計が行われた。太陽熱と薪ストーブのエネルギーを建物内部に最大限に回収するシステムと室内・床下へ投入する熱量のバランスが良く、省CO_2で快適な温熱環境に寄与している。

屋根は2階が太陽光発電、1階は太陽熱集熱に当てられているが、日積算日射量が11.05MJ/日m^2と、他のエコハウスに比べて多くない地域にもかかわらず、年間の太陽光発電量は47.8GJ/年と優秀であり、薪ストーブと相まって冬のCO_2排出量は2kg/日を達成している。

住まいと住まい方について

道の駅という立地を活かし、見学者は毎年約1万人と矢板市周辺の広い範囲から見学に訪れる人が多い。そこでは住宅メーカーのモデルハウスとは異なり、見て廻るのではなく体感する時間が流れているのが印象的である。

エコハウスに見学に訪れる人たちからは、環境共生住宅への関心は高いものの、高コストや自分が住むには抵抗があるという声も少なくない。そうした中で、矢板市エコハウスは、抵抗なく住まいと住まい方に親しめるような環境共生住宅の方向性を、住み手となる市民だけでなく、多くの設計者や施工者にも静かに問いかけている。

設計者のコメント

建築の機能性

自然や気候風土と一体となったパッシブ型のライフスタイルにふさわしい形式として土間空間、吹抜け、建具によるダブルスクリーン等、住む人の家族構成やライフスタイルの可変性に対応できるようなプランとした。土間空間は、室内環境を保つバッファーゾーンとして計画されている。

レイヤー1:日射遮蔽／レイヤー2:木製断熱サッシ(断熱)／レイヤー3:格子網戸(防犯＋通風)／レイヤー4:障子両面(断熱)

まちづくりへの貢献

地場の素材として、たかはら産の杉、桧を中心に益子の再生タイル、大谷石、芦野石、烏山和紙、市内にあるメーカーの太陽光発電パネル等を積極的に採用し地域資源の再生、活性化を目指した。

環境性／夏期における環境機能

南側には、高木の落葉樹の植栽やグリーンネットを設置することにより夏の日射を遮蔽する計画とした。建物の庇は太陽の高度等を考慮し直射日光が建物内に入り込まないように計画し、南側からの卓越風を上手く取り込めるように建物の南北に開口部を設けた。外部木製サッシの内側に木製格子戸を設け、格子戸と網戸のみとし通風と防犯性を確保した。また、1階から2階への風の流れがスムーズになるよう吹抜けやスノコを設けた。夜間や朝方の冷えた空気を床下蓄熱層に給気し床下に蓄えた冷気を放出する。

環境性／冬期における環境機能

南側は、土間タイルによる蓄熱床として昼間の蓄えた熱を夜間に放出する。また、空気の流れを少なくするために2階のスノコには畳を敷く。1階屋根東側と西側の太陽熱集熱温水パネルは1階下部に設けた地中蓄熱槽と給湯用熱交換器で結ばれている。地中蓄熱槽は秋から春先まで太陽熱を長期に蓄熱して暖房負荷の軽減を目的としている。暖房の補助熱源は薪ストーブとし、給気用外気は全熱交換換気扇により取り入れ、薪ストーブの2重ダクトに入り煙突と熱交換し地中蓄熱槽に吹き込む。これにより、室内上下の温度差をなくしてコールドドラフトを防止し、室内温度分布を均一にする。ストーブを焚かない時でも地中蓄熱槽からの太陽熱で室内は真冬でも室温が15度前後で維持される。

夏期　6月～9月（南中時55～78度）

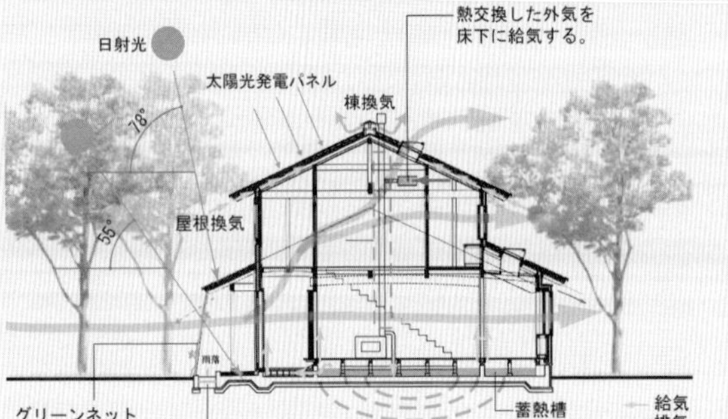

冬期　11月～1月（南中時30～34度）

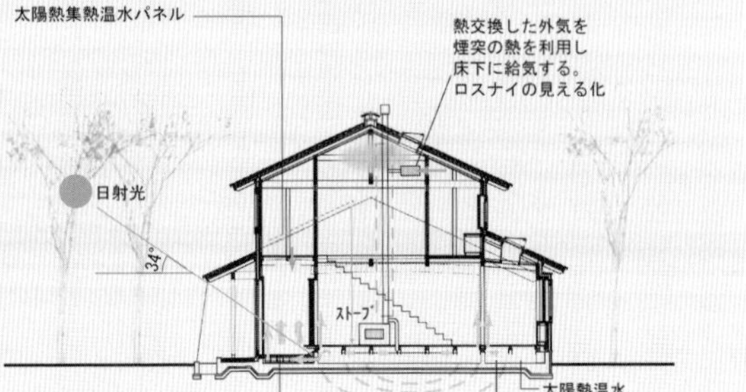

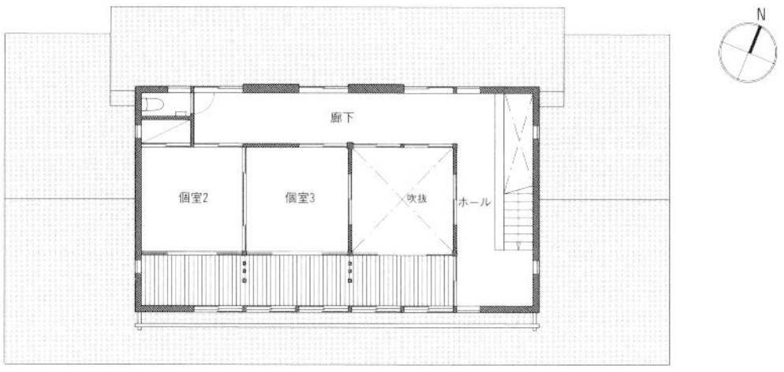

2階平面図 1/400

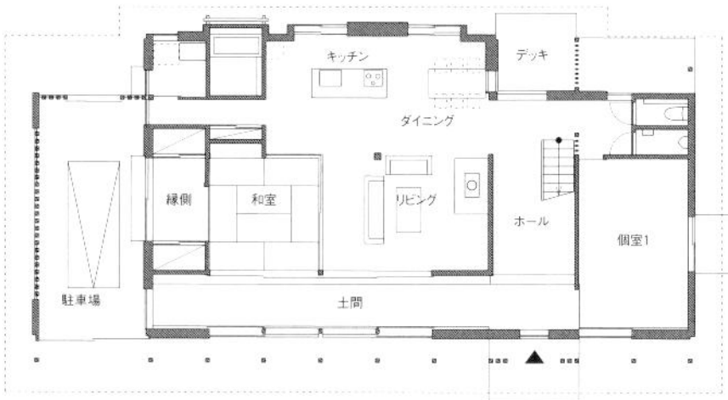

1階平面図 1/400

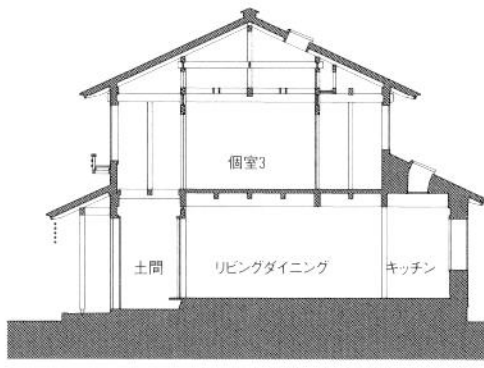

断面図 1/400

構造・階数	木造軸組・2階建・ベタ基礎
敷地面積	500.05㎡
建築面積	208.52㎡
延べ面積	264.02㎡
外皮面積	593.23㎡
屋根～天井	和瓦・アスファルトルーフィング940・杉板24・通気層18・硬質ウレタンフォーム45・杉板30
外壁～内壁	杉板24・通気層18・硬質ウレタンフォーム40・空気層40・杉板張り40
床～地盤面	杉板40・床下空間400・蓄熱栗石40・土間コンクリート200・捨てコンクリート50・砕石100
建具の構成	木製断熱サッシ
ガラスの仕様	ペアガラス
日射遮蔽部材	木製ルーバー　グリーンカーテン
実開口面積比率・開放面積比率	25.9%・30.9%
Q値	2.2W/㎡K(2.4)
μ値	0.072(0.07)
U_A値	0.75W/㎡K(0.75)
m_C値	17.58W/㎡K
m_H値	23.55W/㎡K
C値	2.8㎠/㎡
太陽光発電	4.8kW・屋根面設置
太陽熱利用	①屋根液集熱式ソーラーシステム(太陽熱集熱パネル11.5㎡・空気熱源HP給湯器・給湯用貯湯タンク420L・暖房用貯湯タンク200L)
電気	①の空気熱源HP給湯器
バイオマス燃料	②:薪ストーブ(13.9kW)
暖房方式	②の薪ストーブと①の太陽熱利用
蓄熱 床下空間利用	①のソーラーシステムと②の薪ストーブからの温水を床下空間の砂利に蓄熱
冷房方式	なし
全般換気方式	第1種換気(全熱交換)、薪ストーブ煙突から熱回収によりさらに給気を予熱
サーキュレーター	シーリングファン
給湯方式	①のソーラーシステムによる
施工者	東昭建設(株)(建築工事)、(有)山口建設(外構工事)

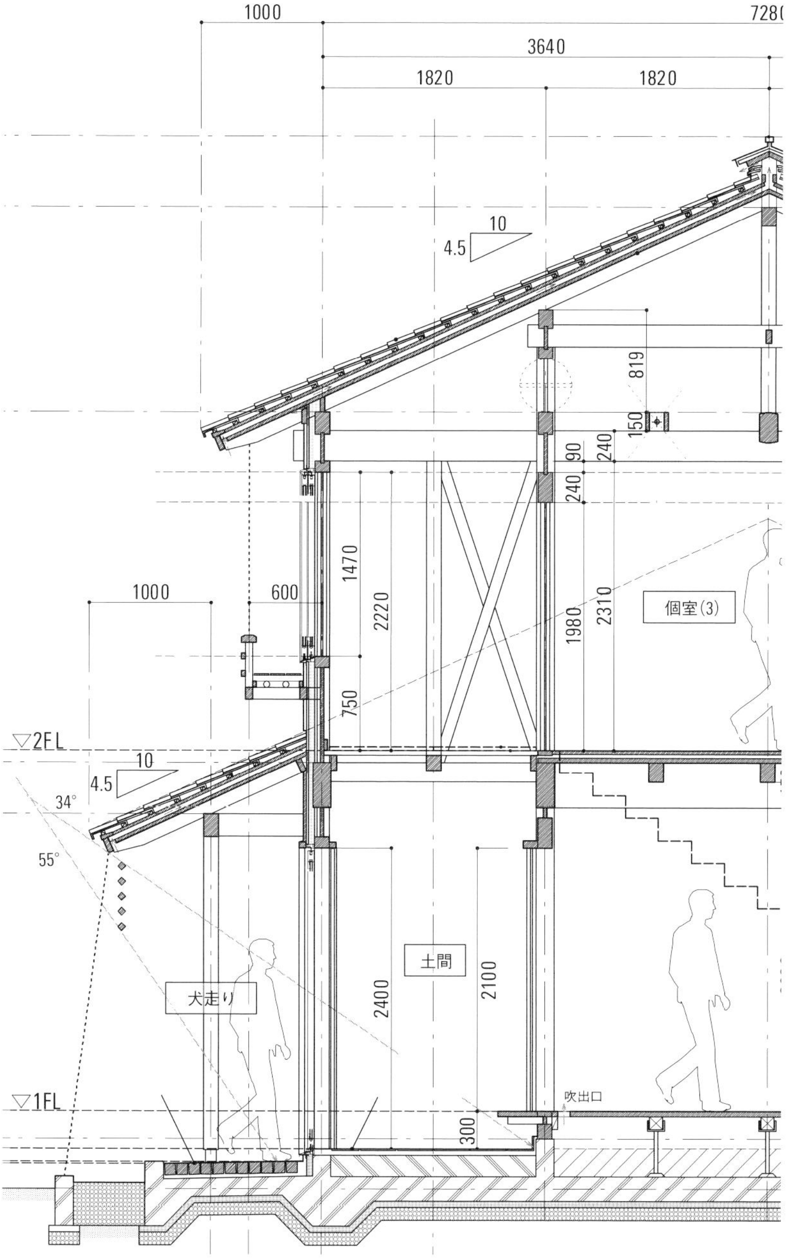

矩計図 1/60

都留市

Ⅲ　に
4　H3　A3

小水力発電のまちのエコハウス

所在地｜山梨県都留市上谷1-2-3
設計者｜(株)馬場設計 奥村一利、伊東大吾

- 自然な形態による日射取得
- 十分な開口部と高窓による通風
- 各種の建材を地産地消する
- 小水力発電の活用

水力発電所が廻るまち

都留市は富士山の北東に位置する人口32,000人の山間のまちである。「持続可能な定常社会」を目指すべき地域社会像に掲げた施策を積極的に推進して、平成15年には「都留市地域新エネルギービジョン」を策定した。市民グループの活動をきっかけに市中心部の家中川に建設された家中川小水力市民発電所「元気くん1号」は全国的にも注目を集め、小水力発電を市民の環境意識の向上につなげるため、環境学習フィールドの整備なども併せて実施している。市の資源である水をさらに生かすとともに、本市の豊かな自然を生かした住まい方やライフスタイル、新エネルギーや環境負荷の軽減のための住まい設備を市民に積極的に普及するためにエコハウス事業を実施した。

検証

都留市エコハウスでは、暖房・給湯において屋根空気集熱式ソーラーシステムが採用されており、晴れた日には屋根面で集熱した温風を立下りダクトを通じてリビング床下に吹き出し、住宅の床下空間全体を暖めるシステムである。しかし、屋根での集熱面積が住宅の規模に対して小さいために、太陽熱だけでは僅かに室温を上げるのみの効果であることが実測により明らかになった。そこで、床下空間の基礎に間仕切りを追加してリビング床下空間のみに集熱空気を吹き出すように改修したところ、晴天日にリビングを太陽熱集熱と窓からの日射取得のみで暖房が可能となった。通風に関しては、昼間は当初の設計段階で想定された南風ではなく北から風が吹き、夜間には南側から風が吹くことが多かった。四面の外壁にまんべんなく通風利用可能な窓があり、高窓による温度差換気の効果もあり良好な通風計画であるといえる。夏期の日射遮蔽については、玄関・南面リビングまわりのブドウ棚によって庇の出が小さい点をカバーするという計画であったが、ブドウの育ちが悪く日射は防ぎ切れてはいなかった。

環境意識普及のためのエコハウス

都留市エコハウスは、小水力発電施設と一体化した自然エネルギー自給率の高いエコハウスという考えで、「元気くん1号」と同一敷地内にある市役所横に建設された。小水力市民発電所「元気くん1号、元気くん2号、元気くん3号」で発電した電力は、市役所に供給されているため、同じ敷地内で同一系統にすることで、エコハウスでも発電した電力を利用することができ、自然・再生可能エネルギーをより活用している。

また、市役所は市中心部にあり富士急行谷村町駅より徒歩1分の場所。「歩きたくなる城下町」をキャッチフレーズに歩くことを通じて、市内の文化財や歴史、芭蕉の俳句などを巡る「都留ウォーキングトレイル」のルート上にあり、市民、観光客、更には水車の見学者等にエコハウスを広くPRできる場所である。

エコハウスの設計について、プロポーザルに際して立ち上げられた都留市エコハウス推進地域協議会から出された具体的提案は次の3つである。環境に配慮した暮らしを学ぶことができ、それを効果的に展示し、普及することができる普及機能をもつこと。モデルハウスとしてだけではなく、環境学習活動・研修等が行える集会機能をもつこと。そして、エコロジー活動や本市をアピールできる場とするビジターセンター的機能をもつこと。これらの機能をもち、エネルギー、材料、デザイン、活用方法、環境教育の5つの分野における普及教育事業を展開するために、プロポーザルを実施し都留市エコハウスが完成した。

日射遮蔽のブドウ棚

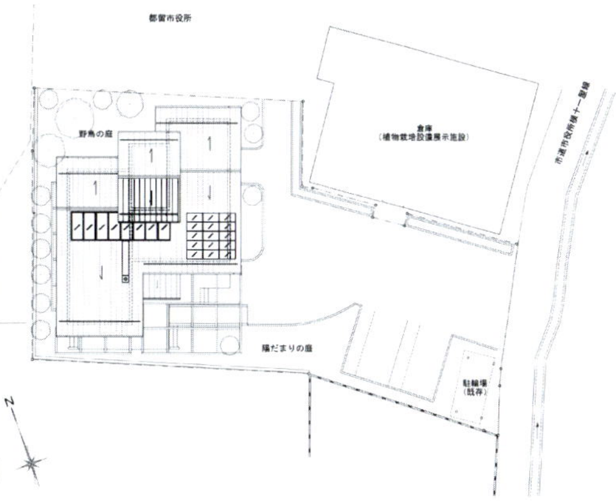

配置図

自然エネルギー利用／太陽の恵を享受して風を感じるエコハウス

外観の特徴の一つである大きな面積の南向きの屋根は、屋根面での太陽熱利用（空気集熱式太陽熱暖房）と太陽光利用（太陽光発電パネル）に優れた形である。また、この大屋根は建物中央を南北に貫く吹抜けのエントランスホールの形でもあり、吹抜けはライトウェルとして2階窓からの採光を1階に落とし、最上部頂側窓による重力換気で通風を確保している。断熱はウッドファイバー120㎜を採用して開口部は木製サッシである。断熱気密の性能が高

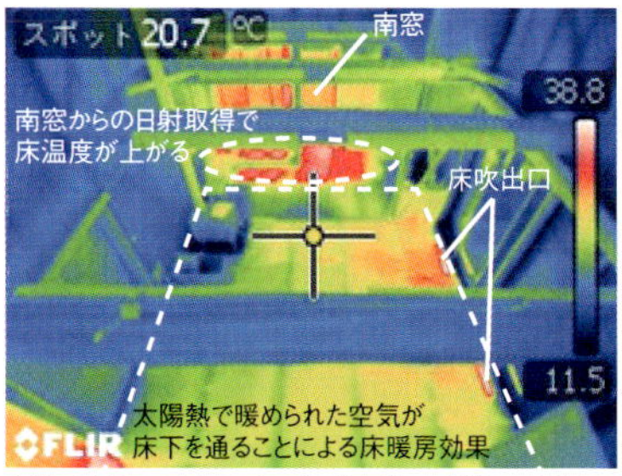

吹抜け上部から見たリビングの熱画像／改修した結果、リビング床下に集熱した温風を吹き出すことで穏やかな床暖房効果が認められた

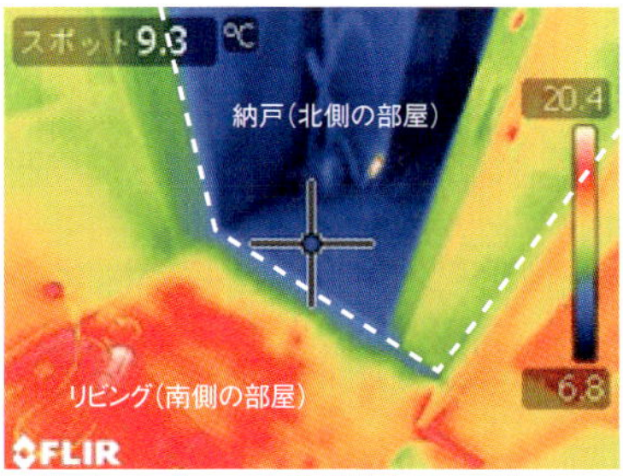

リビング・納戸の床温度を比較した熱画像／非暖房室である北側の納戸では温度が低いが、リビングでは太陽熱集熱により10度以上高い温度となる

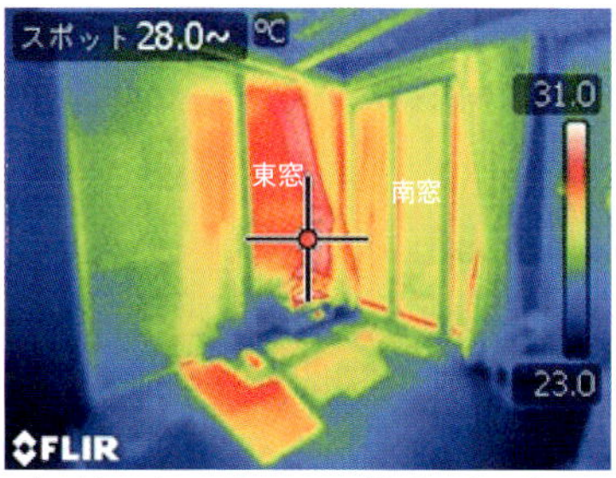

リビング東面・南面の開口からの日射の侵入（2013年7月25日10時頃に撮影）／ブドウ棚は上まで育たず、夏期の日射は防げない

いため、吹抜けが大きい空間であるが上下温度差は最小限に抑えられている。また、開口部周辺のコールドドラフトも計測されなかった。

南面開口は冬期の日射取得のために大きくなっている。開口際の床はタイル貼りにして蓄熱を意図している。冬期の計測ではタイル面での蓄熱が検証された。床下は空気集熱式太陽熱暖房の集熱空気の通り道にもなっているが、屋根の集熱面の大きさとのバランスが悪く床が暖まりきらない状態になっていた。集熱空気を送る範囲を小さくする改修を行い、その部分の温度が十分に上がることが検証された。

地産地消のエコハウス

都留市の特徴を活かすため、小水力発電「元気くん1号／下掛け水車」、「元気くん2号／上掛け水車」、「元気くん3号／らせん水車」が発電した電力を引き込んでいる。前述の南面の大開口は山梨特産のぶどうを水平に這わせたぶどう棚による夏期の日射遮蔽が試みられている。また、建材の地産地消に配慮して、溶岩サイディング、県産木材、炭化間伐材ボード等が使われている。

エコロジカル・バランスタウン

都留市エコハウスでは、小水力発電のまちにふさわしいエコハウスのコンセプトづくりや施工を市民協働により実施し、広く市内外に関心を呼び起こした。完成後は、体験生活などを通じて、エコハウスを核とし暮らし方まで普及啓発が進むように5つのポイント（100の目標）により取り組みを進めている。

「エコ・カフェ」は、その活動のひとつで、市内にある都留文科大学の学生が、エコハウスを拠点に環境学習を行い、また自らが案内役となって市民や来訪者への啓発・普及活動の場である。温暖化対策を簡単に体験・経験できるエコハウス主催のイベントも定期的に開催しており、これらをきっかけに、エコハウスを利用して、都留市の産業振興や温暖化対策のための活動を行う市民グループが増えてきている。

また、都留市では小水力発電所やエコハウスの設置をきっかけに、環境を守り活かすことで、産業振興や環境学習へとつながる事業を展開している。豊かな自然を守り、育て、後世に継承し、地域資源として積極的に活用していく中で、健康的で環境の持続性を大切にする市民のライフスタイルを確立し、環境をテーマとする地域産業の振興に繋げていく「エコロジカル・バランスタウン」は、環境保護と地域産業振興の両立のモデルケースとして期待されている。

東面の溶岩サイディング

設計者のコメント

自然の大切さに気づく家

樹木の芽吹きや、小鳥のさえずり、風や雲の動きなど、自然を感じることができ、冬はカーディガンを羽織り、夏はシャツ1枚で過ごす。季節の移り変わりを感じ、自然と共に生き、自然の大切さに気づく家にしたいと考えました。南勾配の屋根を大きく取り、日射量の多い地域なので屋根に空気集熱式太陽熱暖房設備を設置し、ふりそそぐ日射を最大限利用します。東および南面の外壁には窓を大きく取り、冬はダイレクトゲインにより太陽の恵みを享受します。夏はぶどう棚によるグリーンカーテンや、溶岩サイディングにツタを這わせて壁面緑化により遮蔽します。冬の日差しに暖かさを感じ、ぶどうやツタの芽吹きに季節を感じる家です。

また、建物中央を貫く吹抜けをもつエントランスホールは、空からの光が差しこむライトウェルです。この吹抜けの圧力差で風を起こし、光と風を感じられる建物にしました。

普及活動の拠点としてのエコハウス

プロポーザルの設計条件として、環境学習やNPOの集会などが行える機能を求められました。そのため、1階西側に「リビング」、吹抜けのエントランスホールをはさんで2階東側に「大きめの個室」を離して設け、それぞれが独立して同時に集会や展示イベントなどが可能な平面計画にしています。視察者が多い小水力発電「元気くん」のビジターセンターとしても使われます。NPOが開催しているワークショップ「緑のカーテン」「エコキャンドル作り」などのイベントや、地域の人たちの環境意識向上のための集会、小学生の環境授業など、多くの人に利用してもらい普及活動が盛んに行われています。

1階平面図 1/400

2階平面図 1/400

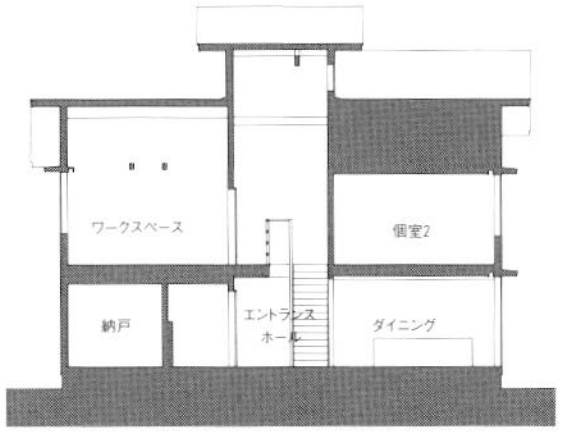

断面図 1/400

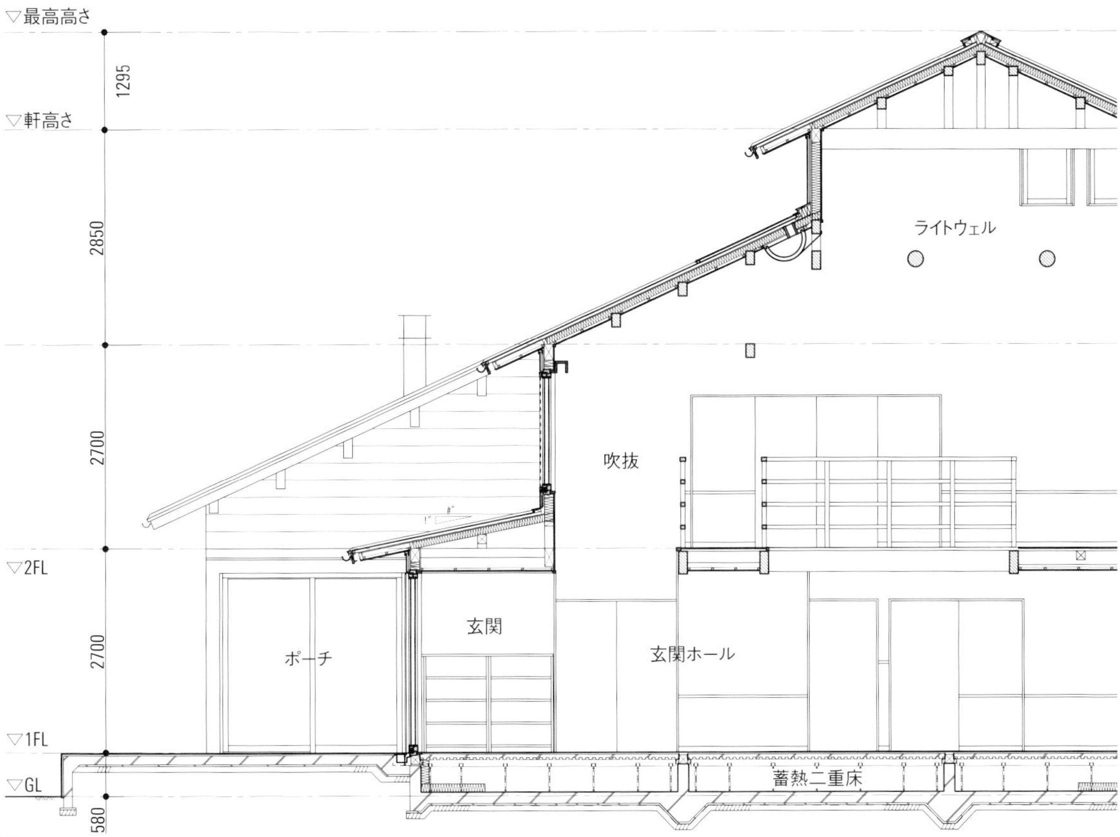

矩計図 1/100

構造・階数	木造軸組・2階建・ベタ基礎
敷地面積	593.89㎡
建築面積	122.55㎡
延べ面積	191.42㎡
外皮面積	572.82㎡
屋根～天井	鋼板0.4・集熱通気層40・ルーフライナー・構造用合板12・ウッドファイバー100・遮熱シート・木羽目板12
外壁～内壁	木下見板15・通気層18・透湿防水シート・木毛セメント板15・ウッドファイバー20・せっこうボード12.5・漆喰
床～地盤面	蓄熱タイル・コンクリート・キーストンプレート(蓄熱二重床)・蓄熱コンクリート150・捨てコンクリート25・防湿シート・砕石75
建具の構成	既製木製サッシ
ガラスの仕様	ペアガラスLow-E
日射遮蔽部材	パーゴラ
実開口面積比率・開放面積比率	21.6%・37.3%
Q値	1.7W/㎡K(2.4)
μ値	0.127(0.07)
U_A値	0.77W/㎡K(0.75)
m_C値	25.05W/㎡K
m_H値	33.40W/㎡K
C値	3.3c㎡/㎡
太陽光発電	1.13kW・屋根面設置
太陽熱利用	①:屋根空気集熱式ソーラーシステム(屋根全面集熱・空気熱源HP給湯器・給湯用貯湯タンク460L)
水力発電	小水力発電20kVA
電気	①の空気熱源HP給湯器／②:エアコン 1階リビング・2階個室(冷房能力5kW:COP=3.7)、1階家事室(冷房能力2.5kW:COP=6.3)
バイオマス燃料	③:薪ストーブ(能力は不明)
暖房方式	①による空気集熱式太陽熱暖房と②によるエアコン暖房と③による薪ストーブ暖房の併用
蓄熱 床下空間利用	①による床下空間での空気搬送
冷房方式	②のエアコンによる冷房
全般換気方式	第1種換気(①による集熱稼働時)、第3種換気(①による集熱非稼働時)
給湯方式	①のソーラーシステムによる
施工者	奥秋建設(株)

寒冷地における換気について

隙間風防止から始まった北海道の防寒住宅

北海道では、防寒住宅追求の過程で木造ではうまくいかない寒さの元凶・隙間風退治を、戦後の不燃建築化の流れで登場したブロック造・RC造工法に見出した。が、そこには隙間だらけの木造建築には無縁だった甚大な結露被害を伴うことが、気密・断熱・暖房・換気を複合的に捉える方向へ導いた。

何せ、商品化された断熱材は未だなく、とにかく隙間風退治と、ストーブ・暖炉・ペチカなど強力な暖房装置の開発に躍起になっていた時代だった。大正時代に函館で発祥の手作り火山灰ブロックは、コンクリートより暖かいとされ、断熱なしの造りがじわじわと全道に広まった。また、東京からもち込まれたRC造二階建共同住宅標準設計も当然断熱材はなし。これが見るも悲惨なすさまじい結露被害を露呈し、渡辺要らによる寒冷地結露の研究が北海道の冬期実態調査から始まり、全国に向けて断熱の必要を説いた「防寒構造」が発刊されたのが1957年のことである。

つまり、断熱の役割・価値を認めて断熱工法が発展したのではなく、目に見えるすさまじい結露対策・回避手段として始まったことを明記しておく。今なおRC建築の標準である30㎜厚程度の内断熱は、この名残であって断熱の価値追及とは全く無縁である。

その後、断熱材の開発と並行してアルミサッシや気密シート材の普及で気密性能が向上し、断熱性能と結露発生の追いかけっこが開始。暖房設備で乏しい断熱を補えることも分ってきて、三つ巴の戦いに突入した。換気は、結露問題を施主の住まい方に押し付けるかっこうの的にされた。今日に至る北海道住宅の発展は、結露撲滅運動が牽引したのである。

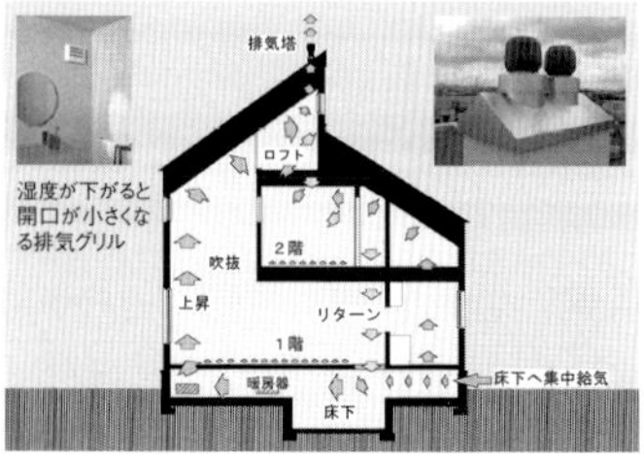

給気口という隙間風問題と熱交換換気扇

1960年代には、断熱材・アルミサッシ・設備機器等の急速な普及が、木造住宅もひけをとらぬ存在になり、構造形式に関わらず、台所・便所・(少し後に)浴室に排気扇、各室に入気口を設ける3種換気方式が定着した。が、まだまだ乏しい断熱・気密性能、窓のコールドドラフト、暖房方法などが絡み合って、満足な暖かさを得られていなかったから、冬には冷気侵入口となる入気口を塞ぐ、排気扇は極力止める、となった。それは、高齢者が多い市町村公営住宅において顕著で、ほどほどの断熱でかろうじて押さえられていた結露がぶり返し大問題になる。

日本最寒の街・陸別町や名寄市などは、公営住宅に外断熱工法の採用や換気方法の改善に早速取り組み始めた。一方、北海道は、1970年に商品化された高価な熱交換換気扇に入冷気対策を託して公営住宅の標準仕様に組み込んだ。が、フィルター交換・保守問題、高い電気代に運転停止、機器凍結……、様々な問題が噴出した実験場となった。

基礎断熱床下利用のパッシブ換気暖房

換気計画の課題は、入気の冷たさをいかに緩和するか、居住者に煩わしさを負わせることなく換気を維持するか、に収斂された。それらを統合したのが、福島明(北方建築総合研究所)のパッシブ換気システム理論で、基礎断熱した床下空間を入気バッファーとし、高所の排気口から抜く重力換気。建築そのものが換気装置、という視点である。下川町エコハウスでは福島の指導で、温水床暖房と組み合わせ床下設置の温水加熱ユニットに外気を押し込み(2種換気)自然排気とする展開も示し、美幌町エコハウスではシンプルに床下給気で加熱し、吹抜けを通じて高窓排気を用いている。

早くから外断熱・床暖房に取り組んでいた私は、1995年の陸別保育所の設計で、床暖房の床下空間に、外気を強制入気する方法で成果を得た。続く、1997年の陸別町公営住宅では、町担当者の熱意と福島明の指導を得て、パッシブ換気システムを実現した。

パッシブ換気蓄熱暖冷房へ

2012年設計の保育所・福祉施設では、地中熱熱源ヒートポンプ夜間電気(5時間通電)利用の温水蓄熱床暖房を敷設した床下に入気し、厨房・便所等から機械排気する手法を用いた。居室の床温度は24度程度。夏期は、約10度に下がる地中熱をヒートポンプを経由せず循環させるだけのフリークーリングで好環境を得ている。

また、安価な空気熱源ヒートポンプ壁掛けエアコンを床下吹き込みにし、床下入気の新鮮空気とミックスするパッシブ換気暖房住宅も数年前から北海道で広まり始めた。

重要なポイントは、蓄熱体となる床下の活用に尽きる。パネルヒーターであれエアコンであれ、放射熱・暖冷風を直に室内に・人体に供給するのではなく、ワンクッション挟むことで、床表面温度も制御する穏やかな室温環境を生み出すことを換気方法と合わせて解決することにある。

これらは、高い外皮性能を有する器の追求と共に到達した手法であり、性能特性を鵜呑みにした設備依存ではなく、設計者の采配との協調であることに意味がある。もう一点、これらの発想は、ほどほどの建築性能の中で間歇運転、部分採暖・採冷、局所換気という設備運転のやりくりでその場を凌ぐ生活習慣からは生まれはしない。住宅は一つの房であり、その房の中の空気は一繋がり、という空間全体を考える思考に至らせたのは、厳しい自然環境以外の何ものでもない。　(北海道建築工房 小室雅伸)

参考文献
遠藤明久「北海道住宅史話」(住まいの図書館出版局、1994)
荒谷登「住まいから寒さ・暑さを取り除く」(彰国社、2013)
小室雅伸「寒さ暑さに負けない建築設計手法」(彰国社、2013)
福島明「環境時代の住宅設計」第4回地球環境時代のすまいに思う換気の未来(建築士2011.2)

3章｜温暖地におけるエコハウス

寒冷地、蒸暑地と比較すると温暖地の冬の寒さや夏の暑さは穏やかなので、これまで設計技術の確立が遅れてきた。しかし、温暖地では夏冬両方の季節へのバランスのよい配慮が必要なので、むしろ設計が難しいといえる。加えて温暖地では暖冷房設備のいずれもが不可欠なので、建築のみならず設備も含めた広範囲な知見をもってバランスのよい設計を行うことが求められる。また、関東、中京、阪神の大都市圏はすべて温暖地にあり、好ましい自然環境に期待できない都市型の住宅での設計技術も必要である。全人口の約80%が居住することから、この地域の設計施工技術のレベルアップが急務といえる。

22のエコハウスの内10箇所が温暖地にある。恵まれた条件を反映して、太陽光発電・太陽熱給湯暖房設備の設置と併せ、夏期の日射遮蔽・通風・冬期の日射取得等によるいわゆるパッシブな自然エネルギー利用でエネルギー消費を極力少なくすることを意図した計画が多い。また、より積極的な再生可能エネルギー利用のために、薪・ペレットなどのバイオマスや地熱など、その地域毎のさまざまな工夫が試みられ加えられている。しかし、これまでの調査ではその効果が万全に発揮されていないケースもあることが指摘されている。温暖であるがゆえに問題が顕在化しにくく、設計法と同時に施工技術の確立と普及も遅れている。

温暖地における設計のポイント

温暖地では平成11年住宅・建築物の省エネルギー基準の断熱と太陽光発電パネルやエコキュートを組み合わせればエコハウスになるといった楽観的な設計者も多い。通風と庇やゴーヤのスクリーンで冷房がいらないと、いささか無謀な発言をする向きもある。思い込みをやめて、外皮性能確保と本当に効果のある日射制御、通風計画と冷暖房設備設計の複合的でバランスのよい設計が必要である。最近では、温度や湿度の測定とデータ蓄積の可能な計測器は設計者にとっても使いやすい安価なものが入手可能である。そのような機器を数台使えば、設計した住宅の通年の環境測定も容易なので、設計事務所の通常の設計業務として前向きに行い、住まい手とデータを共有しよりよい住まい方、操縦法を模索してライフスタイルを議論することも大切であろう。「自立循環型住宅への設計ガイドライン」は温暖地でよりどころにできる指針の第一歩といえるが、今後の確実な性能向上のためには客観的な検証に基づいた設計法の継続的な改善と普及、およびそれをサポートする簡易なシミュレーション技術の普及が望まれる。

外皮

外皮性能の断熱性能については平成11年住宅・建築物の省エネルギー基準はほぼ周知されていると言えるだろう。しかし単に壁の断熱仕様を満足しても開口部や空間の形状大きさに対する配慮が十分でなく、建物全体の性能が十分ではない事例があった。特に大開口部が設置されるのが長時間滞在する居間であることが多いため、冷放射やコールドドラフトにより本来一番快適であるべき主居室の温度環境が悪化することが多い。また、吹抜けなどの大空間では上下温度差が大きくなりすぎる事例も見られた。平成25年10月に改正施行された同基準では一次エネルギー消費量基準導入とともに、住宅の外皮(壁や開口部)の熱性能に関する部分も改正された。平成11年基準では、外皮の熱性能を単位温度差あたりの総熱損失量を床面積で割る熱損失係数(Q値)と、単位日射強度当たりの総日射熱取得量を床面で割る夏期日射取得係数(μ値)で規定していた。平成25年改正基準では、それが単位温度差あたりの総熱損失量を外皮表面積で割る外皮熱貫流率（U_A値）と単位日射強度当たりの総日射熱取得量を外皮表面積で割り100を掛けた数値で示される冷房期の平均日射熱取得率（η_A値）に変更された。除する数値を床面積から外皮表面積に改正された主旨を十分に理解して、外壁断熱性能のみならず開口部性能、空間の大きさにもバランスよく配慮した設計をしなければならない。

気密性能については、温暖地は寒冷地と比較して地域の設計者施工者の留意が低く、気密性能の考え方や性能確保が曖昧になっている場合がある。近年の猛暑の都心部では極端な外気温度になることもあるが、そこで冷房を使うと壁内夏型結露の可能性もある。簡易で安価な結露シュミレーションソフトもあるので、設計段階での確認が必要である。

日射制御

温暖地では夏への対応を重視して日射遮蔽を優先する傾向があり、深い庇を設け日除けの建具を工夫することが多い。庇はおおむね適切に機能しているが、西日に対する配慮が欠けたり、逆に夏期の日射遮蔽を優先するあまり、冬期の日射取得が困難になっていることもある。温暖地ではすだれ等による簡易な遮蔽を臨機応変に利用することも有効である。また、エコハウスでは太陽熱のダイレクトゲインによる蓄熱を試みた事例も多かった。しかし、蓄熱はそのコストの割に効果が得られない事例があった。設計段階での定性的な検証を行い、コストに対する効果や、エネルギーコストの削減量のデータを得て住まい手と共有し判断することが必要である。

通風

温暖地では通風による夏期の室内温度調節機能は特に重要でかつ効果的である。エコハウスの検証では、風速0.2m/s以上で、通風効果で涼感を得ることができる状態として評価したが、調査において十分な風速が計測されなかった事例も多い。南側の大きな窓と北側に小さな窓を配置すると、南側から入った風が北側の窓で風速があがり涼感が得られると考えている設計者は多い。しかし実際は風上側と風下側の両方に開口をバランスよく設けなければ十分な風量が流れず、北側開口部付近で部分的な涼感は得られても室温調節までの効果はないことがわかった。また、猛暑の熱い外気を取り入れても、皮膚表面での涼感はあっても快適な室温にはならないことも自明である。設計者の思い込みが多い部分であるので気をつけたい。

エアコン暖房・冷房

壁掛け型のエアコンは我が国が世界に誇りうる高性能機器であり、コストもこなれた汎用機機でもあるが、その意匠性や風が当たる不快感から設置を嫌ったり隠したりする設計者が多い。設置位置も安易に決めてしまうことがあるが、家具などで風が十分に届かないことがある。近江八幡市エコハウスではエアコン吹出し口直近のキッチンカウンターが温風の障害になって十分な性能が得られなかったので、エアコンを増設することでエネルギー効率が改善された。

性能が高い住宅であれば1台でも十分な温熱冷熱が得られる機器であるが、その熱搬送が本体組み込みのファンだけでは十分できないことが問題である。ダクトを使って熱搬送する住宅用全館空調システムもあるが、一般的な住宅に採用するには重装備すぎる。コストのこなれた壁掛けエアコンとDCファンを使って全館空調する試みも行われている。エアコンは効果的に使えば大きな省エネルギー効果が得られる機器なので、設計者の工夫で使いこなしたい。

太田市

IVa に

5 H2 A4

太田市21世紀環境共生型モデル住宅／太田市エコハウス

所在地｜群馬県太田市上強戸町2079-3
設計者｜(株)須田建築計画工房 須田睿一

- 大規模な調湿蓄熱の試み
- 大屋根での様々な太陽熱利用技術
- 越屋根による高窓からの換気
- 南面大開口で日射通風を確保

群馬県太田市は、関東平野が山岳部に接するところに位置している。水量豊富な利根川と渡良瀬川に挟まれ、冬期の北風が厳しく年間を通じ日射量に恵まれた地域である。

環境基本性能を備えたエコハウス普及をめざして

太田市は、環境にやさしいまちづくりを政策の基本とし、低炭素社会の実現に向けた取り組みを展開してきた。その結果、市民の環境意識は高まり、特に家計に影響する省エネに関して関心が高くなっている。しかし市民に対するエコハウスに関する知識や技術の普及は十分とはいえず、太陽光発電や太陽熱利用等の省エネ設備の導入は進んでいるものの、環境基本性能を備えたエコハウスの普及には至っていない。

太田市エコハウスが建設された北部運動公園は市北部の八王子丘陵南端にあり、森林に囲まれた自然豊かな環境である。広大な園内には遊歩道やスポーツ広場が整備され、春には芝桜をはじめとする花々が一面に咲き、冬はイルミネーションで公園全体が彩られ、毎年多くの市民や観光客が訪れる。このような立地のエコハウスで、環境やエコハウスに関心のなかった人にもエコハウスの心地良さを実感してもらい、低炭素なまちづくりに繋がることが期待されている。

検証

・夏期における温度変動

地下(蓄熱・調湿装置)への夜間外気の導入により、地下給気口の空気温度は22時頃から7時頃まで外気より約1度高い温度まで低下している。その間、給気口に近い東側は0.5〜1.0度程度の低下が確認できる。給気口から遠い西側は殆ど変化がない。また、地下上部にある研修室の空気温度への影響も明確には見られない。

地下と研修室間の換気口の風速が夜間外気の導入時には上昇していることから、地下から研修室への空気の流れは確認できるが、建物全体に対する外気導入量として不足している可能性がある。また、地下の湿気排出ファンから外部へ漏出している可能性もある。夜間外気の導入による冷熱の殆どは、地下の壁面と素焼煉瓦の熱容量に吸収されていると考えられる。

(68ページへつづく)

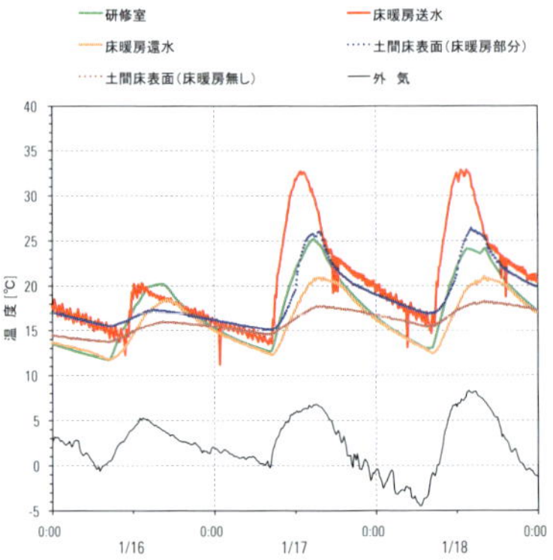

太陽熱利用の床暖房に関する温度変動

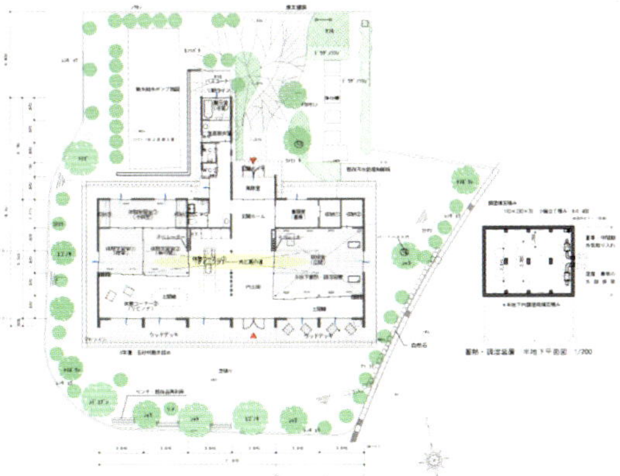

配置計画図

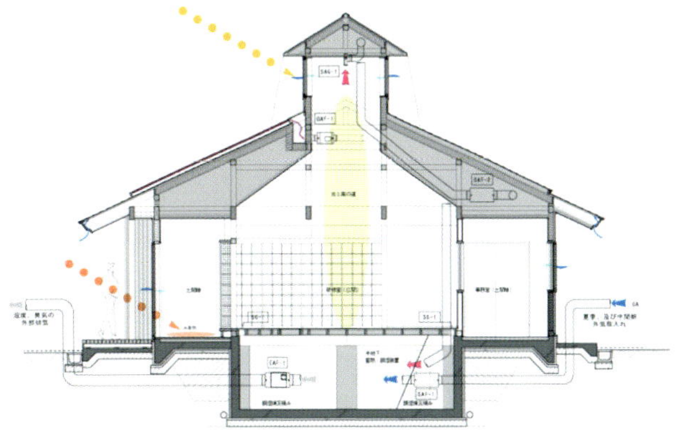

調湿煉瓦と重力換気の断面図

設計者選定プロポーザルでは以下の点に留意した提案が求められた。

①地域性〜風土、伝統、文化、微気候、環境との調和

②環境基本性能〜パッシブ環境基本性能

③自然エネルギー活用〜再生可能エネルギー、高効率機器

④エコライフスタイルと住まい方〜多世代のライフスタイルに対応する建築や設備、エネルギー効率のよい住まい

⑤普及啓発〜イベント等でのエコハウス活用と啓発

太田らしいエコハウス

積極的な技術普及、ライフスタイルの啓蒙の場として計画された太田市エコハウスは、大屋根の下を展示や研修用の大空間として水廻りは北側に出している。そのため、他のエコハウスと比較して住宅らしくないともいえる。しかし、地域の民家に特有の田の字型プランや内土間、地域に古くからある養蚕農家の屋根の特徴を取り入れた外観は地域本来の住宅をイメージしたもので、周辺環境に馴染んでいる。

自然エネルギー利用

越屋根が設けられた大屋根と大きな半地下空間が太田市エコハウスの建築的特徴である。当初は養蚕農家に倣い2階建ての計画が検討されたが、施設としての利便性やわかりやすさの観点から平屋になった。南面は大きなテラス窓が連続して内部空間と公園の環境が一体化している。また、南面開口の各スパン毎に約60㎝の袖壁が直角に設けられて、東西に振れた風を効率よく取り込む工夫がなされている。

ここでは、既製の設備機器の導入だけではなく、建築計画と一体になった大きな考え方の自然エネルギー利用が試みられ検証された。傾斜のある地形を利用して計画された半地下室に蓄熱と導入外気の調湿を目的に3トンの素焼有孔煉瓦が並べられた。冬期は太陽光発電パネル下で暖められた空気をダクトで半地下に導入している。ファンの運転はパネル下のセンサーによる自動運転である。また換気の外気もこの半地下室を経由して室内に送っている。グラフのとおり一定の効果があったが、問題点とその解決の方針も確認できた。

冬期の蓄熱では、越屋根から半地下室への暖気ダクト吹出口の反対側でも温度上昇は確認されているが、ダクト吹出口付近とは温度差が生じていた。蓄熱容量を活か

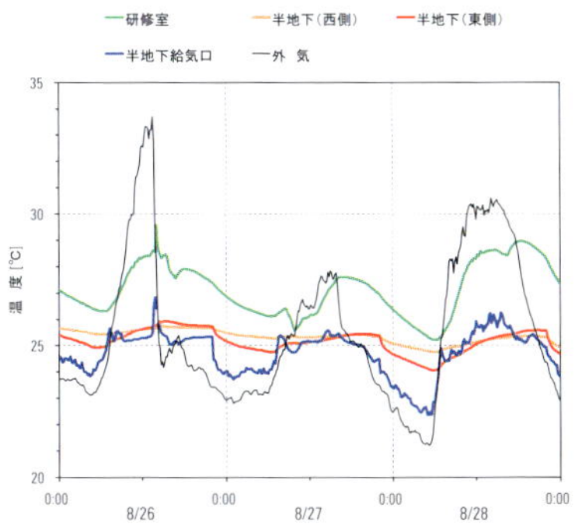

夏期における温度変動

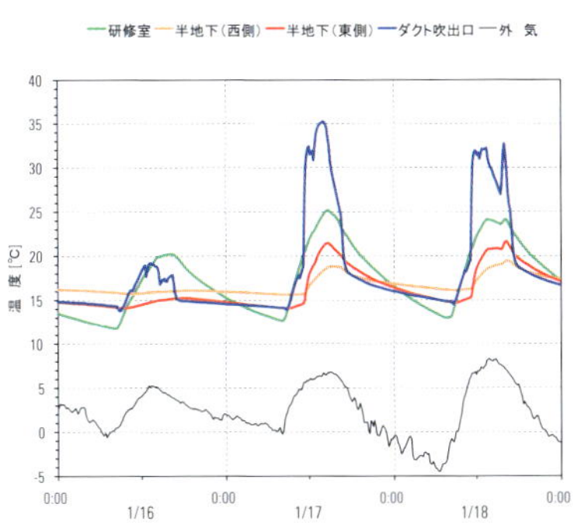

冬期における温度変動

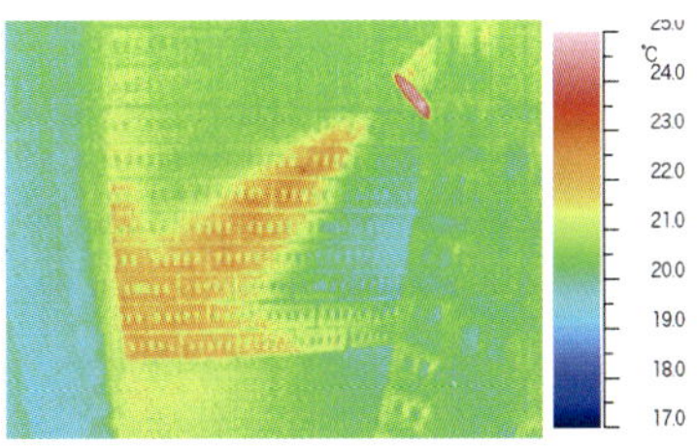

冬期における地下内のダクト吹出口付近の熱画像/ダクトからの温風で湿度が上がっている範囲は小さいことがわかる

すためには、地下室内の空気を撹拌するかダクトを複数に分岐し温度の均一化をはかることが必要と思われる。また、閉鎖空間でのショートカット対策のために各ダクトの配置にはよりいっそうの配慮が必要であろう。

夏期夜間の外気導入の際に、給気ファンと湿気排出のための排気ファンが停止していると各ファンの開口から外気が侵入、もしくは漏出していることが確認された。逆流防止弁により気密性能を上げることで一定の性能向上がはかれるであろう。大きな蓄熱量を活かす手法の確立には、今後の継続的な試みと検証が必要である。

体験型施設

暖房設備は太陽光発電パネル部の空気集熱式床暖房に加えて、液式太陽熱集熱床暖房、空気熱源ヒートポンプ式床暖房、エアコンの4種類が併設されそれぞれ体験できる。また、ヒートポンプ式給湯設備、LED照明器具などの機器も設置された。体験型施設として半地下の蓄熱を体感できるように土間に立てられたコンクリート列柱や地下の覗き窓等が設けられた。

普及啓発活動

エコハウスには専属の職員がいて休憩施設として一般開放している。芝桜まつり等のイベントでは多くの人々がエコハウスを訪れ、「木のよい香りがする」「木に囲まれ落ち着く」「なんとなく涼しい」「なんとなく暖かい」等、エコハウスの良さを実感した感想が寄せられている。太田市ではエコハウス推進地域協議会(H21 ～ 24年度)による様々な活動やHPによる情報発信、イベントを通じてエコハウスの啓発を行っている。また、当初から前橋工科大学の協力によりデータ収集を行い環境性能の検証を行っている。

設計者のコメント／つむぐ家、たおやかに暮らせる住まい

群馬では冬は「からっ風」と呼ばれる強い北風が吹き、夏には南東の風が吹き1年を通じ日射量に恵まれている。冬の北風を和らげるためこの地域特有の景観である「カシグネ」と呼ばれている防風林を北西に配し、南側には落葉樹を植え、夏にはそよ風が吹き込むクールスポット、冬には太陽光が注ぎ込む微気候の効果をねらっている。

またこの地方には越屋根を載せた民家がよく見られる。明治から少し前までこの地域の重要な産業であった養蚕のための農家の典型的なスタイルである。私たちは現在も息づくこの養蚕農家から多様性のある間取りと住まい方、人と人とを繋ぐ内土間・縁空間そして越屋根を利用した換気システムを学び、現代のエコハウスに活かすことをコンセプトとした。

このエコハウスの最大の特徴は、越屋根を利用した集熱・換気・採光システムと地形を利用した半地下の蓄熱・調湿装置にある。夏期、外気を半地下に取り入れ、調湿煉瓦で湿気を和らげた涼風感のある空気を室内に吹き出し、越屋根から重力換気で排出する。冬期には太陽光パネル下の暖まった外気をチャンバーに取り込み半地下に導入蓄熱し、暖まった空気を室内に吹き出し循環させる。そしてこれらのシステムの駆動は太陽光発電(5.8kW)でまかなわれている。更に太陽熱コレクターによる土間蓄熱式床暖房も取り入れた。

太田市は全国でも日照率の高い地域である。気候特性も十分に配慮し古くから人の知恵で培われた住まいとライフスタイルを次世代に継承していければと考えている。

・冬期における温度変動

太陽光発電パネル下で暖められた空気がダクト経由で地下へ導入される様子が確認できた。その時間帯は、日射量の多い1月17～18日の11時から15時頃までの約4時間で、ダクト吹出口の温度は30～35度となる。それに伴って吹出口に近い東側の空気温度は約7度上昇し、給気口から遠い西側も約3度上昇する。地下上部の研修室の空気温度は、この時間帯にかかわらず南面開口からの日射熱取得と太陽熱を利用した床暖房の効果により、日の出とともに上昇している。

・太陽熱利用の床暖房に関する温度変動

太陽熱利用の床暖房を利用している東側の土間の床表面温度は日射量の多い1月17～18日では約26度まで上昇しているが、床暖房のない西側の土間では日中で17～18度であり、その差は約7度である。また、床暖房への送水温度は約33度、還水温度は約21度で、その差は12度程度である。

このように定性的には地下への夏期の夜間外気導入による冷却、冬期の屋根部で加温された空気の導入による集熱効果は認められるものの、それによりどの程度の防暑防寒効果、暖冷房エネルギー消費および光熱費の低減が期待できるのかについて設計段階での評価が必要であろう。それにより代替案との比較や初期コスト増分の回収年数などの判断情報が得られるからである。

(前橋工科大学 三田村輝章)

1階平面図 1/400

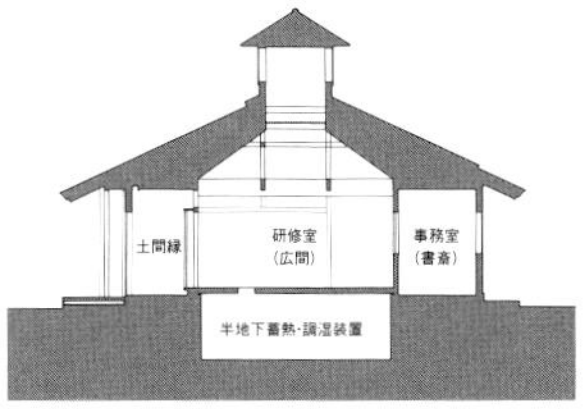

断面図 1/400

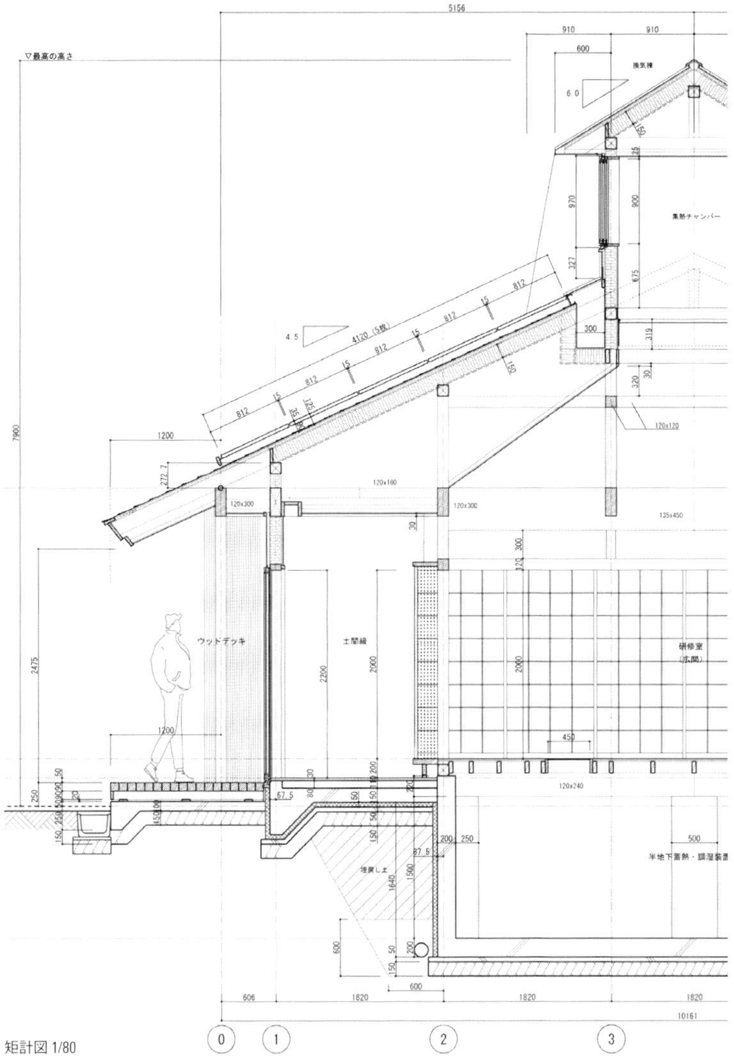

矩計図 1/80

構造・階数	木造軸組・1階建・ベタ基礎
敷地面積	180724.95㎡
建築面積	259.67㎡
延べ面積	233.90㎡
外皮面積	822.15㎡
屋根〜天井	鋼板0.4・アスファルトフェルト22kg・構造用合板12・通気層18・MDF12・ロックウール断熱材75+75・杉羽目板12
外壁〜内壁	透湿塗装・繊維入りセメント板14・通気層18・透湿防水シート・MDF9・高性能グラスウール85・せっこうボード12.5+9.5・漆喰
床〜地盤面	ナラフローリング15・杉12・半地下蓄熱調湿室1870・コンクリート200・捨てコンクリート50・砕石150
建具の構成	既製アルミサッシ
ガラスの仕様	ペアガラスLow-E
実開口面積比率・開放面積比率	16.8%・24.9%
Q値	2.6W/㎡K(2.7)
μ値	0.075(0.07)
U_A値	0.61W/㎡K(0.87)
m_C値	17.69W/㎡K
m_H値	27.22W/㎡K
C値	未測定
太陽光発電	5.8kW・屋根面設置
太陽熱利用	①:屋根空気集熱式換気・暖房システム/②:屋根液集熱式ソーラーシステム(太陽熱集熱パネル12.5㎡・空気熱源HP給湯システム・暖房用貯湯槽300L)
地中熱利用	半地下空間で蓄熱、調湿
電気	③:エアコン 1階書斎(冷房能力2.2kW:COP=4.6、暖房能力2.2kW:COP=5.7)、1階子供室(冷房能力2.5kW:COP=5.2、暖房能力2.8kW:COP=5.8)、1階子供室と1階広間×2台(冷房能力6.3kW:COP=5.6、暖房能力6.3kW:COP=4.7)、1階土間と1階リビング×2台(冷房能力7.1kW:COP=4.1、暖房能力8.0kW:COP=4.4)/④:空気熱源温水HP熱源×4台(6.0kW:COP=4.0)/⑤:空気熱源HP給湯器・貯湯槽450L
暖房方式	①による床暖房、③によるエアコン、④による床暖房
蓄熱 床下空間利用	①によって集められた温風を床下レンガに蓄熱
冷房方式	③のエアコンによる冷房
全般換気方式	第1種換気(全熱交換)
給湯方式	⑤による
施工者	石橋建設工業(株)
設計協力	共同提案者(株)核建築研究所 石川純男、(有)イー・テクノ 前橋工科大学 関口正男

山梨市

IVa に

5 H3 A4

エコハウスやまなし

所在地｜山梨県山梨市上神内川1246-1
設計者｜(有)メイ建築工房 星野正男、設計室すばる 雨宮秀記、浅葱設計 中澤幸子

丁寧な開口部配置による通風計画

自然素材断熱材と木製サッシ

コミュニティを育む工夫

吹抜けの空気循環システムの試み

山梨市は山梨県の東北部、甲府盆地の東に位置し、南を富士山、南アルプスに北を長野県と埼玉県の山に囲まれている。中央高地式気候に区分されるは盆地特有の内陸型で、年間の日照時間は約2100時間で全国平均を大きく上回る。一方、降水量は全国平均を下回り、日照条件に恵まれた地域といえる。また、甲府盆地は夏の猛暑日が多いが冬の冷え込みも厳しく寒暖の差が大きい地域である。

このような地域特性の中、山梨市では、「山梨市地域新エネルギービジョン」を策定している。有限な資源やエネルギーを有効に活用し再利用することのできる地球環境に配慮した循環型社会の構築を目指し、新エネルギーについて、見て、触れて、理解を深めてもらうための「山梨市次世代エネルギーパーク計画」を推進している。

生活の中で新エネルギーが活用される省エネ・省資源・地産地消を基本とした「次世代型ライフスタイル」の普及啓発を目的に、次世代エネルギーパークの中心的な施設として、エコハウスやまなしが計画された。

山梨市内の住宅の特徴は、「一戸建て住宅」の割合が81%（全国56.5%、山梨県74.0%）、「持家」の割合が75%（全国64.5%、山梨県68%）と全国平均よりかなり高く、「世代同

検証

山梨市エコハウスは「越屋根」を取り入れた大きな吹抜けが特徴であり、越屋根に溜まる暖気を冬期には室内循環ダクトで床下に導き、夏期には窓から重力換気で逃がす計画である。冬期は吹抜けに置かれたペレットストーブからの暖気が上昇し、上下温度ムラができることが報告されている。エコハウスの運用では室内循環用ファンはあまり運転されないということであったが、風量が小さいこと、騒音が気になることなどが原因として考えられる。一方、夏期は越屋根による通風促進効果が確認された。建物上部に越屋根を含め開放可能な開口が東西南北にバランスよく配されており、卓越風のみならず様々な風向の風を取り入れられるように工夫されている。リビングの南面主開口、越屋根の開口部を共に開放した条件で風速を測定したところリビングの主開口部からは0.5〜1.0m/s程度の風が吹き込んでいる様子が確認され、同時に越屋根の北側開口部から風速0.7m〜1.8m/s程度の風が外に吹き出していた。1F南開口から流入した風が吹抜けを上昇し、越屋根北側から抜けていくような風の流れになっていたと考えられる。

内観

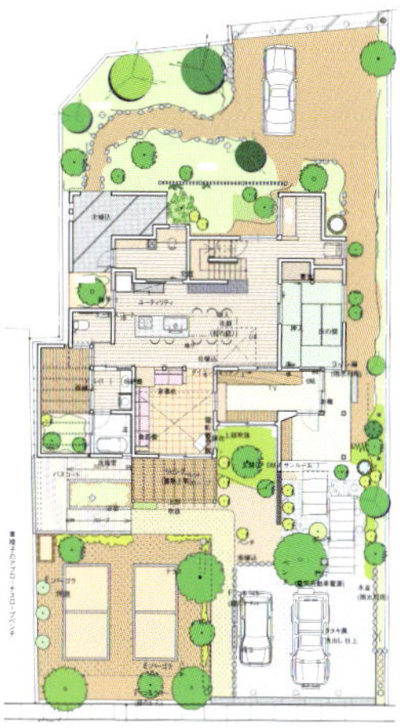

配置図

居型」の家庭が多いことである。エコハウスでの活動をきっかけとして、エアコンに頼らずに年間を通じて快適に過ごせる性能をもち、県産の建材の地産地消、シックハウスの予防対策等にも配慮した住宅の普及が進むことが期待されている。

駅前のエコハウス

「エコハウスやまなし」は、JR山梨市駅から徒歩2分の市の中心地に建設された。敷地は周辺に大型スーパーマーケットや金融機関、郵便局等があり商業と住宅が混在する地域である。およそ150m西方を流れる笛吹川両岸の遊歩道、対岸の万力公園、50m東方に位置する地域交流センター「街の駅やまなし」等、駅前中心市街地一帯が市民の憩いの場として整備されている。

これらの地勢を考慮し、駅前中心市街地に来た市民だけでなく、市外からの来訪者、観光客も訪れやすいようアクセスに配慮して敷地が選定された。

設計者選定プロポーザルでは、次の点が設計者に求められた。

・化石エネルギーfreeで暮らせる家
・エアコンに頼らず健康に暮らせる家(快適さの見直し)
・プライバシーを保ちつつ家族がつながる家(現代型の間取りの見直し)
・廃棄物にならない家(自然に還る、リサイクルできる建材)
・市街地でありながら山梨市らしい郷土色を感じる家
・地域の資源を活用した地産地消の家

自然の恵みと暮らす家

山梨市エコハウスは比較的小さな規模で、大掛かりな仕組みは少ないが自然エネルギーを丹念に取り込む工夫が随所に見られる。恵まれた日照条件を活かすために南面開口が大きく南に開いたプランになっている。プロポーザル段階までは北玄関で設計が進められていたが、コミュニティのあり方について議論が進み、南側の土間玄関に変更され竣工している。アプローチやパーゴラの印象も加わり開放的なエコハウスになっている。

1階は少人数の井戸端会議ができるような土間玄関が東南角にある。南面開口からの日射による蓄熱を意図したリビングとキッチンを中心としたプランニングはコミュニティへの提案を盛り込んだものである。

2階には寝室と子供室が設けられている。子供室は個室ではなく、家族のフリースペースと一体となり吹抜け

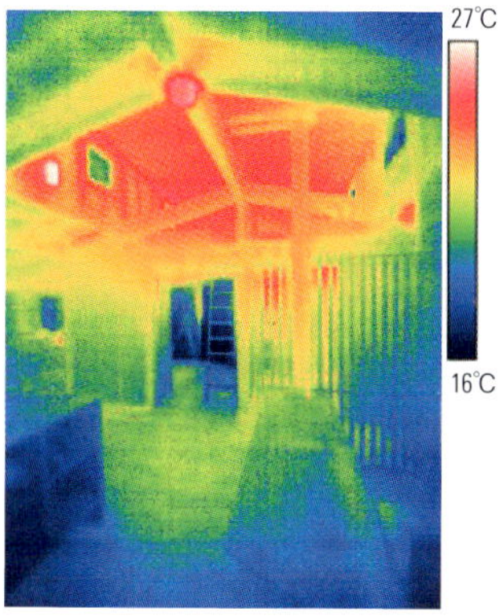

冬期は越屋根部分に暖気が集まるために、室内循環ダクトで1階に暖気を回す計画となっている。しかし、風量が小さいなどの理由でその効果は小さいと考えられる。また、運転時の音も課題であった。

越屋根の上には南北に比較的大きな側窓があり、越屋根の側窓での風速は1m/sを超え通風促進に有効であることが確認された(2013年7月25日15時ごろ調査)

ともつながった広々とした空間である。

各部の性能、空気循環、開口部の設計

家全体がつながって一体の空間となっている家である。吹抜けを通じて高さのある空間だが、屋根外壁の断熱は羊毛断熱材120㎜で、Q値(2.2W/㎡K)の十分な性能をもっている。屋根にはアルミ遮熱材も加えているので、夏期の上下温度差は少なく2階の暑さはない。

各部の窓は高性能な木製サッシが採用されている。木製サッシはアルミサッシに比べて大きな断面で重い印象になることが多いが、隠し框の製品を採用して丁寧に納められているのでとてもすっきりとした開口部になっている。坪庭に開く浴室の窓や、和室の東面の窓の断熱障子等、部屋ごとに暮らし方に対する細かい提案が心地よい。

2階の排熱に関しては、随所に設けられた大小様々な窓と上部の越屋根が有効に働いている。越屋根は一面だけではなく南北面にあるので、細かく変わる風向に有効に対応できる。加えてサーキュレーションダクトが設けられて強制的に上下間の温度差解消が行えるようになっているが、風量設計や騒音対策が今後の課題であろう。

内外装材には県産材縁甲板、シラス火山灰塗壁、えごま油塗料、羊毛断熱材等、自然素材と地域産材が積極的に採用されて健康配慮の提案がなされている。また、日射遮蔽パーゴラ、雨水利用のワイン樽、家庭菜園等のライフスタイルに対する楽しい提案も多い。

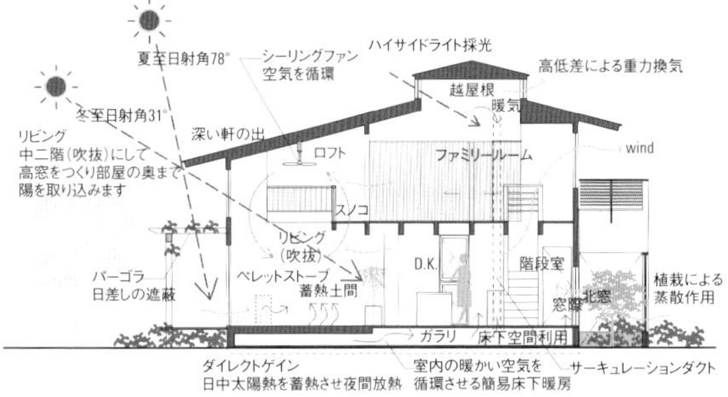

越屋根・吹抜けのある断面計画

完成後の活動

・地域推進協議会

市内の建築士会・建設業組合・宅建協会などの関係諸団体の構成によるエコハウス地域推進協議会を設置し、年2回程度会議を開催している。この協議会では、新築や改築をしようとしている人への普及活動等を検討するだけではなく、供給サイドへの普及啓発に関し協議会員がそれぞれの関係諸団体内への働きかけも行っている。

・イベント等

「エコハウスやまなし」では、エコハウスについての知識やエコライフの普及啓発のために、年間を通じて勉強会やイベントを開催している。イベントの一例としては、緑のカーテン教室・マイはし作り教室・生ごみのたい肥化教室などがある。また勉強会では、「エコハウスやまなし」の設計者や、JIAの関係者を講師に招き、市民・学生のエコハウスに対する知識の普及啓発に努めている。

・エコハウスだよりの発行・広報やまなしへの掲載

「エコハウスやまなし」の紹介や、春夏秋冬のエコな暮らし方などの情報を掲載する「エコハウスだより」を、年に2回程度発行している。また、当市広報誌である広報やまなしにも、「はじめようもっとエコ生活」と題して、環境関係の情報について毎月2ページの掲載を行っている。この記事中に登場するキャラクターである「笑幸家(えこけ)」は、エコハウスやまなしに住んでいる設定であり、ここでもエコハウスの紹介を行っている。

設計者のコメント

「自然の恵みと暮らす家」というメインのテーマを決め、自然エネルギーを活かしコストをかけない、暮らし心地のよいエコハウスを目指している。また、省エネルギーで地球環境に優しい建物を作っていくことは、未来に向けて大切なことだと考えるが、この建物では、さらに環境要素以外に、これからの住まいへの提案として「風土と立地」「コミュニティとコミュニケーション」の2つのテーマを設定し"住まい"として細部まで丁寧に作り込んだ。

「風土と立地」

外観は一般的な切妻屋根とし、山梨市の古い民家に見られる「越屋根」という2階の屋根から飛び出した高い屋根を踏襲している。この越屋根内部に溜まる暖かい空気を、夏期には重力換気により窓から逃がし、冬期にはサーキュレーション(循環)パイプを通して床下に導き、足もとをほのかに暖める床下暖房としている(現状では、夜間の生活がないため生活熱の蓄熱がなく、充分な効果は発揮できていない)。2階の2つの子供部屋には、山梨市から見える山々を望むバルコニーを作り勉強や遊びの合間に、季節を彩る古里の風景に触れることでの「情操教育」を考えている。

「コミュニティとコミュニケーション」

生活して行く上で大切な要素として「コミュニティ」も大きな柱として考えている。プランは家族の気配が感じられるオープンなプランとし、家族間のコミュニケーションを作れる空間としている。広く明るい人の集まりやすい玄関は「DOMAサンルーム」と名付け、井戸端会議など、家族と地域とのコミュニケーションの取れる場を想定した。

1階平面図 1/400

2階平面図 1/400

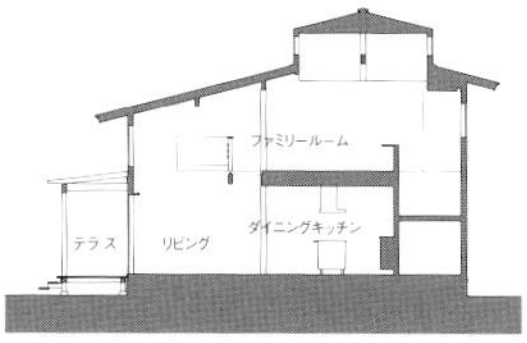

断面図 1/400

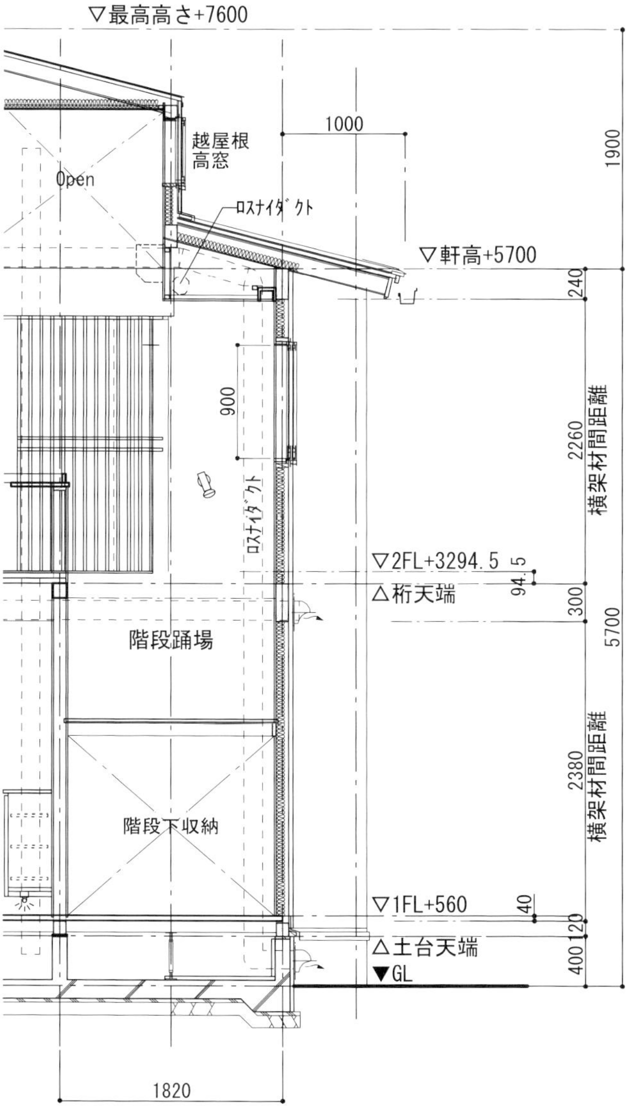

矩計図 1/60

構造・階数	木造軸組・2階建・ベタ基礎
敷地面積	408.720㎡
建築面積	101.38㎡
延べ面積	160.94㎡
外皮面積	421.50㎡
屋根〜天井	鋼板0.4・アスファルトフェルト22kg・構造用合板12・通気層30・遮熱フィルム・構造用合板12・空気層55・羊毛断熱材60・杉羽目板12
外壁〜内壁	シラス火山灰塗壁20・透湿防水シート・ザラ板・空気層60・羊毛断熱材60・火山灰漆喰・土佐和紙
床〜地盤面	磁器質タイル6・モルタル30・デッキプレート50・床下空間・基礎周囲押出ポリスチレンフォーム30・蓄熱コンクリート150・押出ポリスチレンフォーム30・砕石100
建具の構成	既製木製断熱サッシ
ガラスの仕様	ペアガラスLOW-E(高断熱タイプ、高遮熱タイプ)
日射遮蔽部材	パーゴラ
断熱補強部材	断熱障子、断熱ブラインド
実開口面積比率・開放面積比率	16.5%・34.9%
Q値	2.2W/㎡K(2.7)
μ値	0.066(0.07)
U_A値	0.81W/㎡K(0.87)
m_C値	10.92W/㎡K
m_H値	15.37W/㎡K
C値	未測定
太陽光発電	2.2kW・屋根面設置
太陽熱利用	①:屋根液集熱式ソーラーシステム(太陽熱集熱パネル2㎡・空気熱源HP給湯器・貯湯槽460L)／床モルタルへのダイレクトゲイン
電気	②:エアコン　ファミリールーム(冷房能力4.0kW:COP=3.7、暖房能力5.0kW:COP=4.3)、リビング(冷房能力5.0kW:COP=3.1、暖房能力6.3kW:COP=3.9)
バイオマス燃料	③:ペレットストーブ(最大9.3kW)
暖房方式	②のエアコンと③のペレットストーブの併用
冷房方式	なし
全般換気方式	第1種換気(全熱交換)
サーキュレーター	シーリングファン、室内循環ファン
給湯方式	①のソーラーシステムによる
施工者	(株)佐藤建設工業

近江八幡市

近江八幡エコハウス

IVa は

5 H1 A3

所在地｜滋賀県近江八幡市小舟木町733-21
設計者｜(株)片淵建築事務所 片淵良

- 土間縁側などの中間領域の利用
- 大小の開口部吹抜けによる効果的な通風
- 葦簾を利用した効果的な日射取得遮蔽
- 冷暖房エアコンとヒートポンプ給湯で省エネ

「湖国の風土に寄り添う暮らし」

豊かな水をたたえる琵琶湖をはじめ、四季折々の表情をみせる湖辺の野山に囲まれた、水と緑が織りなす美しい自然に恵まれた滋賀県近江八幡。この地に新たに環境共生型住宅「小舟木エコ村」を誕生させ、環境意識の高い住まい手が集まり環境配慮型住宅のまとまった需要がつくり出されている。この村にエコハウスを建設することで、地域工務店による環境配慮型住宅の集中的な立地が見込まれ、住宅からのCO_2排出量の削減において地域のモデルエリアとなることが期待される。

地域社会や周辺環境との関係を意識し、季節や天候、素材や色彩を含め五感で感じることのできる仕掛けや工夫をし、日々の暮らしの中で、太陽・水・土等自然の恵みを感じ取ることのできる持続可能な住まい方・暮らし方ができるエコハウスを目指している。

計画の理念

・パッシブな環境基本性能を基本に、自然エネルギーを上手に利用することで、エネルギー自立型の住宅を目指す
・住宅に係わるライフサイクルCO_2排出量の削減を目指す
・雨水を有効利用し、また排水を敷地内で処理できるシステムを目指す

・滋賀(近江八幡)らしさについて

・環境配慮型製品を積極的に採用する

検証

近江八幡市エコハウスでは、夏期の通風については卓越風向に向かって開口部を設けていることから非常に良好であった。また、日射遮蔽については深い庇の出が確保されているとともに、庇の先にすだれを取り付けることで夏への備えは十分である。一方で、冬期については、夏期のための対策が裏目に出ている部分もあり、南東に向いた大開口と深い庇の出によって窓からの日射取得による効果は小さく、午後はエアコン暖房に頼らざるを得ず、室内照度も低めであった。温暖地においてエアコンは省エネルギーの点から推奨される暖房機器であるが、近江八幡市エコハウスではエアコン配置に問題があった。2011年2月の測定ではキッチン西側の壁に設置された1台のエアコンのみでの暖房計画であったために大きな温度むらが測定され、主居室である1階リビングが最も暖まらない結果となった。そこで、2012年2月に改修を行い、リビング側にエアコンを1台追加した。暖房負荷を2台のエアコンで分担して賄うことで平面的な温度むらを抑えることが可能となり、大きな一室空間という特徴を活かすことができるようになった。

琵琶湖の影響による風の通り道をうまく計画している

土間をはさんで「近江東屋」を設け、地域コミュニティの醸成をはかる

・風景的な価値を高めるデザイン、仕様とする
・地域の自然資源を有効利用し、地産地消を実践する家づくりを目指す

・超寿命・コストバランスについて

・より持続可能に暮らせるライフスタイルを反映し、長く愛され、超寿命な家を目指す
・地域への普及の可能性が高いモデルを目指す

・コミュニケーション性について

・エコハウスのメリットを来訪者に実感・体感してもらえるモデル整備を目指す

全体計画

近江八幡市エコハウスは通り土間をはさんで東側に「近江東屋」と呼ばれる近隣とのコミュニケーションを図る棟と、大きな吹抜け空間をもつ居住棟とに分かれている。

近江東屋は3面大きな開口部となっており、通り土間側の開口部を開くと居住棟と一体として使うことができる。また南の土間、北の縁側等中間領域を通して、ゆるやかに外部の庭、菜園とつながり、近隣とのコミュニケーションを生み出すことを期待しているが、居住棟との関係では、東屋は少し孤立しているように感じられる。

居住棟については「湖国の風土に寄り添う暮らし」のテーマのもと琵琶湖からの風を効率よく取り入れるべく様々な風の道が計画されている。いろいろなところに大小の開口部を設け、そして大きな吹抜けにより効果的な風通しのよい住宅となっている。土間の建具を開放し土間を通して外部と居間とを一体としたとき、特に中間期から夏期にかけては、2階とのつながりも含めて気持ちのよい一室空間になることが予想される。ただ冬期においてダイレクトゲインによる土間の蓄熱効果があまりなく、土間があることにより居間側への日射取得が少なくなっている。しかしそれにも増して土間、居間、2階と一

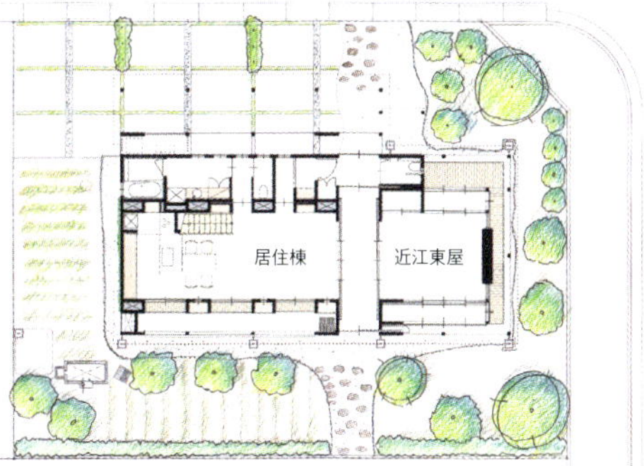
居住棟
近江東屋

配置図

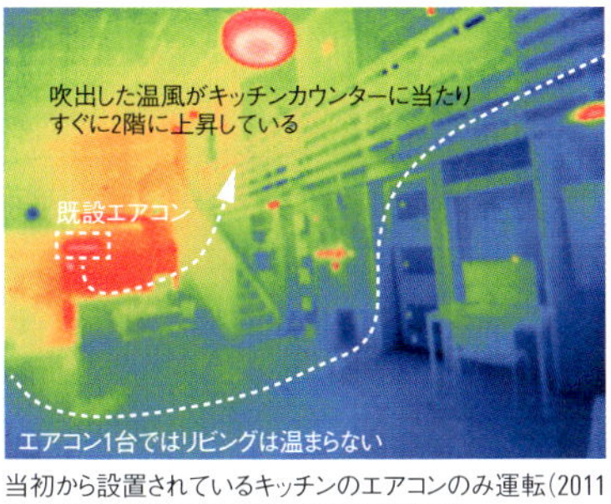
吹出した温風がキッチンカウンターに当たり
すぐに2階に上昇している
既設エアコン
エアコン1台ではリビングは温まらない

当初から設置されているキッチンのエアコンのみ運転(2011年12月22日19時・運転開始から5時間経過後)

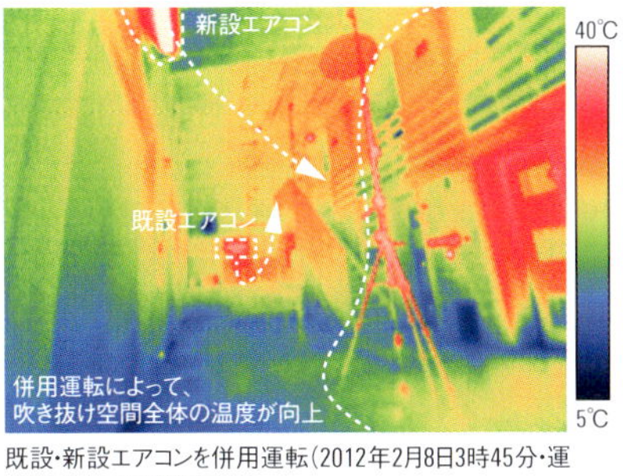
新設エアコン
既設エアコン
併用運転によって、
吹き抜け空間全体の温度が向上
40℃
5℃

既設・新設エアコンを併用運転(2012年2月8日3時45分・運転開始から4時間経過後)

体となったシンプルで、壁の少ない大きな一室空間は魅力的であり、フレキシブルな部屋となっている。そしてシンプルな構造と地元産の杉材や塗り壁を使った仕上げが一層心地よい住宅となる要因となっている。

パッシブデザイン

・自然風の利用

・中間期～夏期の自然通風……琵琶湖の方向に行き来する湖陸風が吹く向きを考慮し、南東からの風を取り込む配置計画
・重力換気（ナイトパージ）を活用する

・日射遮蔽手法

・効果的な軒の出や庇計画
・西側葦（よし）パネルによる壁面緑化
・屋根、外壁の通気措置
・落葉樹による日射コントロール
・地域の特産である葦簾（よしず）による日射遮蔽

・日射熱の利用

・南側のダイレクトゲインによる土間蓄熱

構造・仕上げ

・施工性の容易性、シンプルな構成
・設備ゾーンを集約し、メンテナンスしやすい構造
・スギ・ヒノキの無垢プレカット材（滋賀県産材）を主要構造材とし、構造用合板（国産材利用）を採用
・外装の焼杉や内装は滋賀県産材を採用
・八幡瓦の廃材を花壇や畑の見切、排水溝の縁に利用
・葦（よし）を利用した建具
・地元企業開発のホタテ貝殻を再利用した調湿塗り壁
・1300リットルの地下埋設型雨水タンクを設置

土間や縁側のあるモデルハウス

完成後の中心的な普及啓発活動として土・日曜日の10:00～17:00の一般公開および、予約制にて平日の見学を行っている。平成22年5月の開館以来、平成25年3月末日までに延べ約800組、2800人が来場した。パネルや模型を用いながら、断熱仕様や仕上げ、設備機器、建具などについて説明を行っている。一般の方の来場に加え、地元自治会、市民団体、滋賀県立大学を始めとした近畿圏の大学や業界関係団体にとどまらず、海外からも視察者が訪れている。地域の設計者、工務店だからこそ可能な、自然素材などの素材を用いた環境共生型住宅およびそれが建築可能であることについて、普及啓発の場としての活用を継続中である。

設計者のコメント

地域の汎用性のある製品や素材、工法を採用し、建物の外皮性能（断熱性・気密性）を高めつつ、庇や軒、通風といった地域に根ざすパッシブデザインを設計に取り入れ、省エネ性能を確保したうえで、太陽光発電や太陽熱温水などの創エネ設備機器を組み合わせることで、エネルギーを多量に消費せずに快適に暮らせる空間とCO_2排出量の削減を両立することを目指した計画です。

また、この地域の先人たちが、自然の恵みに感謝し、季節の移り変わりの中で培ってきた暮らしの工夫や精神性を受け継ぎ、本来我々がもつ暮らし方を見直すことを最も重要に考えた提案をしています。

「つながり」を楽しむための工夫として、通り土間や縁側など、屋内と屋外の中間領域をつくることで建物の「中」と「外」の連続性を高めています。

建物の中のようでもあり外のようである空間は、日本の住まいで古くから設けられてきた、縁側や軒下のような空間で、畑で採れた玉ねぎを吊るして保存したり、切干大根を干すなど、自然と寄り添うライフスタイルを提案しています。

さらに、地域コミュニティを具体化する提案として、通り土間をはさんで、建物東側には、日常的な地域との接点になる「近江東屋」を設置しています。これは、現代的なエコハウスとの対比の意味も含め、琵琶湖の葦の木製建具や参加型施工による「版築壁」を設け、昔の家のつくりに近い工法を取り入れ、伝統的な建築要素の良さを体感できるような空間としています。

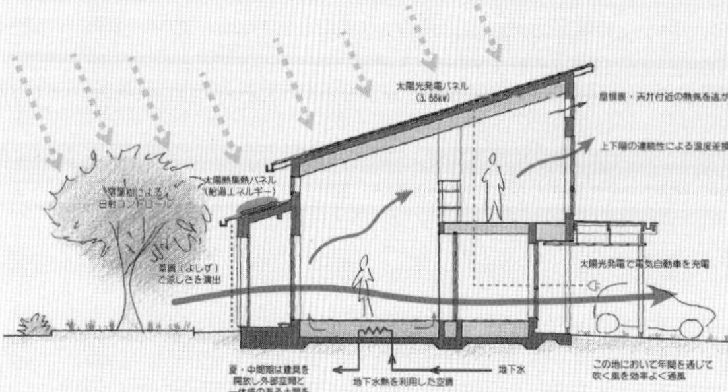

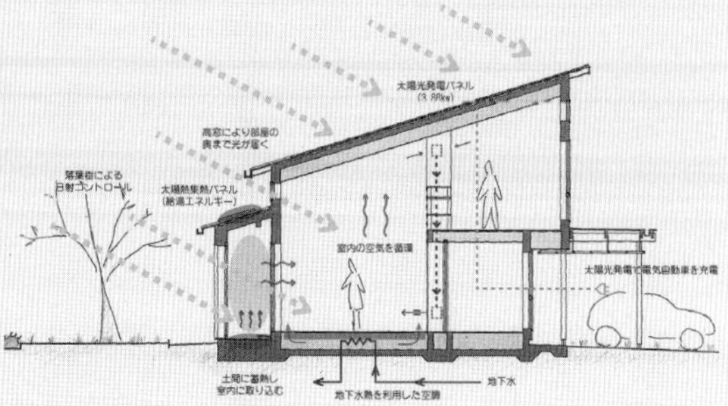

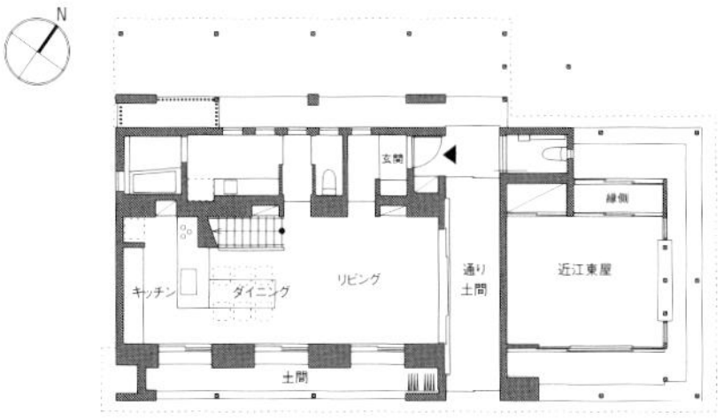

1階平面図 1/400

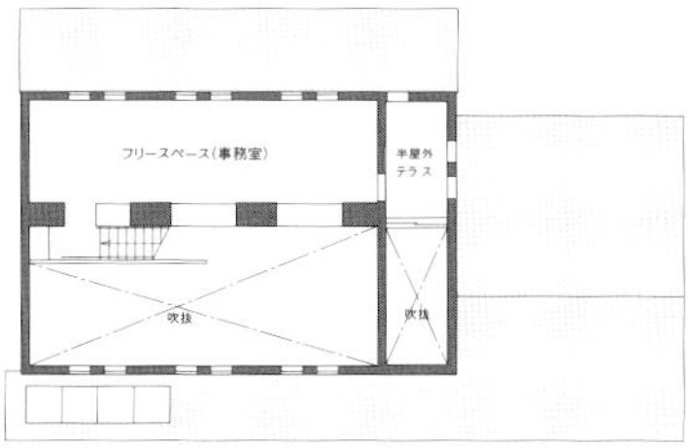

2階平面図 1/400

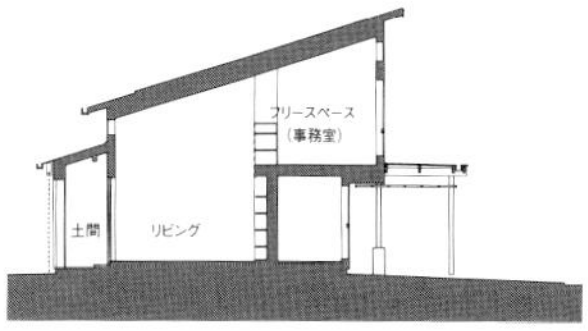

断面図 1/400

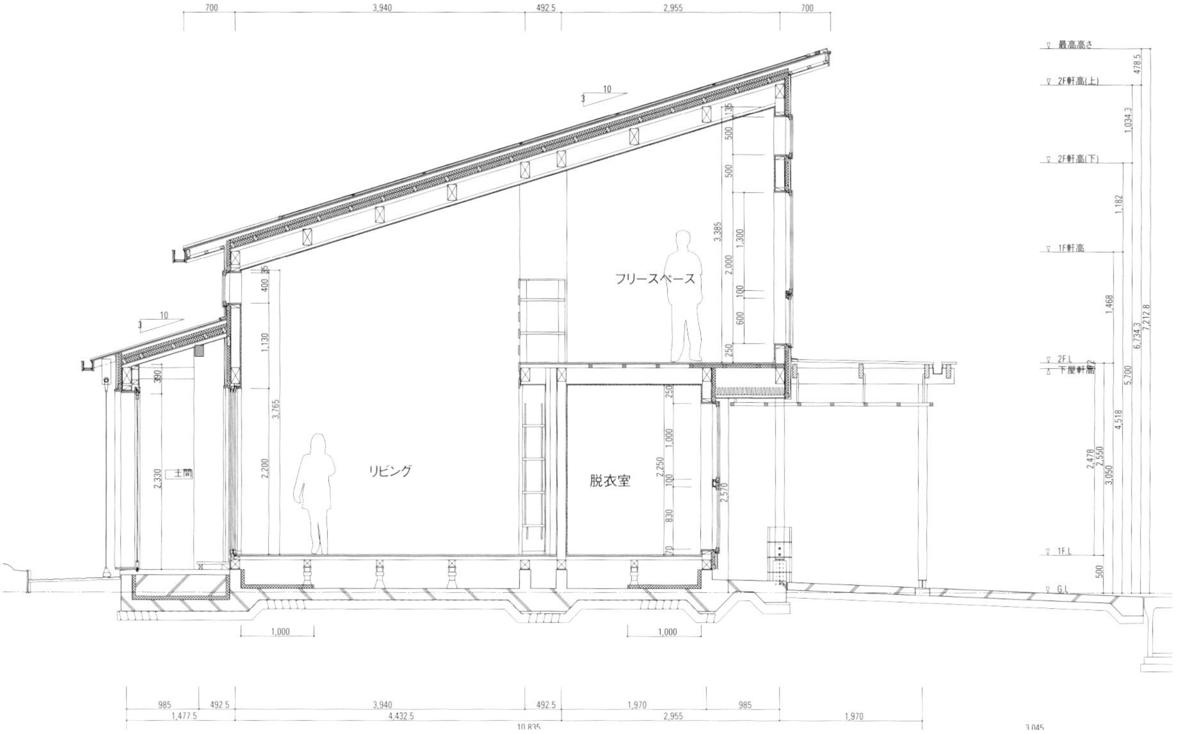

矩計図 1/100

構造・階数	木造軸組・2階建・ベタ基礎
敷地面積	487.13㎡
建築面積	178.52㎡
延べ面積	183.36㎡
外皮面積	441.03㎡
屋根～天井	鋼板0.4・アスファルトルーフィング40kg・杉板12・通気層90・押出式ポリスチレンフォーム3種50・押出式ポリスチレンフォーム3種65・杉板12・空気層45・杉板9塗装仕上げ
外壁～内壁	焼き杉板12・通気層21・押出式ポリスチレンフォーム3種50・防湿気密シート・構造用合板9・杉板9
床～地盤面	杉板15・構造用合板12・押出式ポリスチレンフォーム50・床下空間450・コンクリート150・基礎断熱押出ポリスチレンフォーム
建具の構成	既製アルミ樹脂複合断熱サッシ
ガラスの仕様	ペアガラスLow-E
日射遮蔽部材	ヨシパネル利用・西面緑化
実開口面積比率・開放面積比率	31.4%・36.8%
Q値	2.2W/㎡K(2.7)
μ値	0.058(0.07)
U_A値	0.82W/㎡K(0.87)
m_C値	9.41W/㎡K
m_H値	10.63W/㎡K
C値	1.1c㎡/㎡
太陽光発電	3.89kW・屋根面設置
太陽熱利用	①:屋根液集熱式ソーラーシステム(太陽熱集熱パネル4㎡・空気熱源HP給湯器・貯湯槽420L)/縁側土間空間へのダイレクトゲイン
地中熱利用	②:地下水利用床下空調
電気	③:エアコン 1階キッチン(冷房能力5.0kW:COP=3.7、暖房能力6.7kW:COP=4.6)/さらに、1階リビングエアコンを調査時に増設(冷房能力3.6kW:COP=2.8、暖房能力4.2kW:COP=3.7)
暖房方式	③のエアコンによる
蓄熱 床下空間利用	②の地下水利用床下空調
冷房方式	③のエアコンによる
全般換気方式	第3種換気
サーキュレーター	室内循環ファン
給湯方式	①のソーラーシステムによる
施工者	(株)辻正

豊岡市

豊岡市エコハウス

Ⅳa ろ
5 H1 A2

所在地｜兵庫県豊岡市城崎町今津1361
設計者｜(株)いるか設計集団 吉村雅夫

- 南西向きの厳しい配置条件へのいろいろな対策
- 越屋根、土壁や木格子の伝統的要素利用
- 土壁、紙障子など自然素材を多く使用
- 燃料電池と太陽熱+ガス給湯システムの併用

伝統を活かし自然と折り合う暮らしを提案する家

兵庫県豊岡市は、「コウノトリと共に生きる」を合言葉に、「様々な分野で環境を意識し、市民みんなが環境行動をあたりまえのこととして実践し、地域経済が活性化しているまち」の実現を目指している。

住環境についても「豊岡の気候風土にあった住宅を建て、大切に維持管理をされながら100年後にも市内のあちこちに残っていて、暮らしている市民が環境に優しい暮らしをおくる。家を管理するのは100年変わらぬ地元の事業者」という考え方を基本に、生活の拠点となる「住まい」づくりにおいて、できるだけ、化石エネルギーの使用を抑えるための工夫、地元産材を利用することによる森林の保全、合理性や効率性を追求した生活スタイルの見直しなどについて、建築関係事業者や市民のみんなで考え、豊岡の伝統と未来をつないでいくことを目的としている。

21世紀の豊岡に根ざす住まいのモデルとして戸島沼地に新しい景観を生み出す

敷地は、豊岡市城崎町戸島のハチゴロウの戸島湿地に隣

検証

豊岡市は、5(旧Ⅳa)地域に位置するものの日本海側の多雪地帯であり、冬期日射の少ない場所である。ところが豊岡市エコハウスでは冬期日射取得のために南西面開口を非常に大きく設けており、延べ床面積に対する南西面開口面積の比率は20.6%と大きい。躯体の全熱損失のうち開口部からの割合は65%を占め、冬期に日照の少ない地域のため日射取得より熱損失の影響が大きくなると予想される。特に吹抜けには非常に大きい開口が配されており、冷輻射やコールドドラフトの影響が感じられる。暖房時には暖気が吹抜けを介して上昇してしまうが、吹抜けには開閉可能な水平折れ戸が設置されており、暖房時に暖気が2階より上へ拡散するのを防ぐことができる。また、吹抜け周りには循環ダクトや屋根通気層など、空気の循環に配慮した計画がなされているが、実際には問題点も多く見受けられた。屋根通気層は室内側に屋根裏通気口をもつが、気密性能が十分でないため、通気口を閉じた状態でも冬期において冷気が侵入してくる様子が確認されている。通気口が断熱境界・気密境界をまたぐように設置されているため、この部位が熱的な弱点となってしまっている。床下通気口や「風のこたつ」も同様に断熱境界・気密境界をまたぐように設置されており、冬期には床下からも冷気が侵入してくることが観測された。

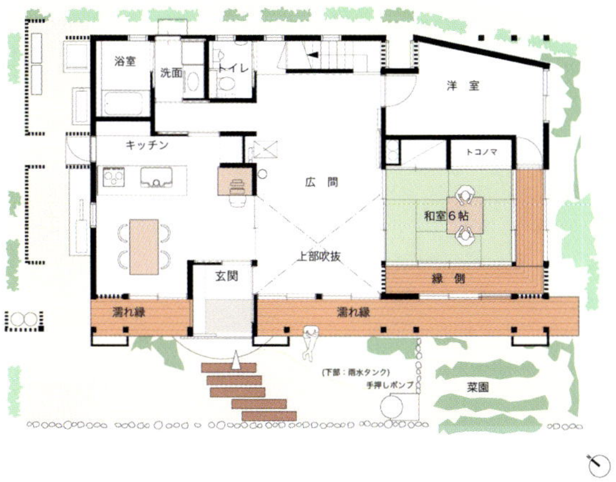

配置図

西日除けの耐震木格子

接し、豊岡市の特徴的自然環境である円山川の汽水域であり、コウノトリの生息できる生物多様性を取り戻す回復事業を進める豊岡市や市民の活動拠点である。自然との共存を目指す社会、さらに、歴史的デザインを色濃く残し、美しい自然環境を残した地域に豊岡市エコハウスを建設することは、豊岡の未来を育ててゆく拠点づくりであると豊岡市は考えている。

環境、景観のコンテクストを重要視した現代のデザイン

・伝統を活かし、自然と折り合う家

豊岡市エコハウスは、環境共生型住宅を体感し学ぶことができるモデルであり、市民学習の場となるとともに自然回復の活動拠点ともなる。敷地内の豊かな生態系をできる限り保存すると同時に、豊岡の伝統的民家の空間構成や意匠を規範としつつ、現代的デザイン・技術を加え、自然景観、豊岡のもつイメージと調和を図っている。雄大な山々と川に囲まれた湿地に、新しい豊岡の景観を生み出している。

・吹抜けの広間を中心とした但馬の町家

かつての但馬の町家には、大きな吹抜け空間が家屋の中心部に存在し、空間構成の軸となっていた。この「吹抜け」は豊岡の気候的特徴を解消する機能を有していた。

・伝統デザインと現代デザインの融合により環境性能を高める

この「吹抜け空間」を現代のエコハウスに活かし、空気の循環、熱のコントロールの中心として再解釈し、家の象徴的空間としている。暑気・湿気の排出ルートとするとともに、いつも家族の気配を感じることのできる開放的な内部空間を創出し、現代的で豊かなエコライフをおくることができる。

また環境性能を追求するだけでなく、地場材料を積極的に採用することにより地産地消を心がけ、より地域に溶け込む建築を目指している。

・熱と風をコントロールする吹抜け

木造の柱・梁、土壁や障子が生み出す伝統的な空間の中に、循環ダクトや屋根通気口、床下通気口、水平折れ戸、風のランマ、などをさりげなく取り込み、自然の力を使いながら、熱の循環をコントロールし、1年を通して快適な環境を創り出そうとしている。冬期においては、水平折れ戸は効果的であるが、開閉作業がさらに容易であれば効果も増大すると思われる。また屋根裏通気口、床下通気口、

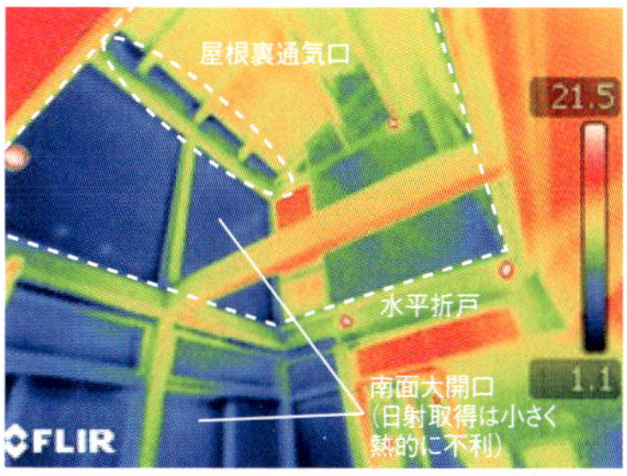

吹抜けの熱画像(2011年2月11日22時撮影)／南面開口部が大きく、日射量の少ない日本海側では昼夜を問わず熱的な弱点となるので注意が必要

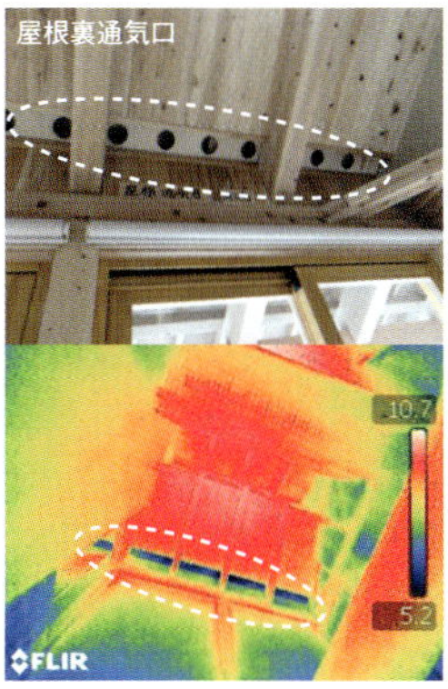

屋根裏通気口／断熱・気密が途切れて熱的弱点となった

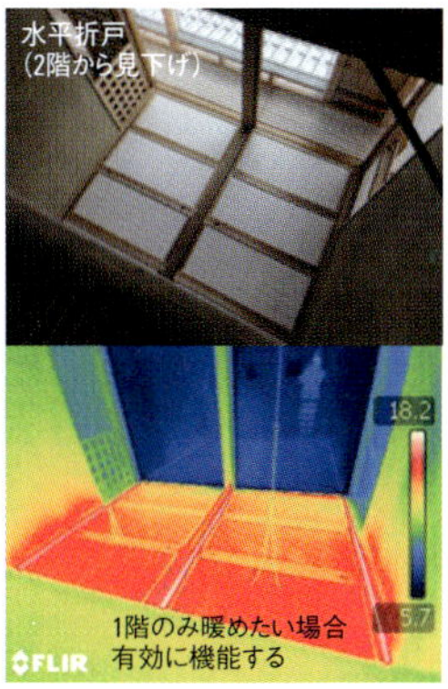

水平折れ戸／暖房時の暖かい空気が2階に広がるのを防ぐ

特に新しい試みである風のこたつから冬期には冷気の侵入が多少心配される。

・光をコントロールするライトシェルフと木格子

夏の強い日差し、西日を遮り、冬の暖かな光を部屋の奥まで取り入れ、土壁で蓄熱する目的で、伝統的な木格子、すのこ（ライトシェルフ）で光をコントロールしている。

・省エネ、創エネ

家庭用燃料電池と空気熱源ヒートポンプ給湯機を採用し、省エネを図った。木質バイオマスエネルギーを利用したペレットストーブ、太陽光発電を採用している。

・豊岡における長寿命対策

湿度の高い気候のため、床下に敷き詰められた炭、土壁の調湿効果などの自然素材により、空気の循環経路において湿度コントロールを行っている。外壁側は通気層を設け、湿気除去を図り、木造躯体の長寿命化を図っている。土壁の下地には竹小舞パネルを使い工期短縮とローコストを図っている

円山川の氾濫が懸念されることから、外壁には見切りを設け、床下には泥と水が抜けるエスケープパイプを設けている。

・地域性を映し出す

豊岡の伝統的民家の形態を継承し、三州瓦屋根、杉板、土壁漆喰、木格子などを使用した外観デザインとし、豊岡特産の柳行李や県産木材、紙、土など、自然素材を多用し、廃棄時に土に返る素材を使用している。

外観

本物に直に触れ身近なものに

エコハウスに使われている漆喰や土の話、漆喰を用いた「ピカピカどろだんご教室」、珪藻土を用いた「手形アート」などを通して、こどもたちに本物の自然材料や左官技術などを身近に触れてもらう活動を行った。また、市内の建築業者を集めたエコハウスの研修会など、活動は、実際に自然材料でできたエコハウスの中での体験型とすることで、より身近なものとなっている。

常時、エコハウスにおける工夫をパネル展示し、材料の特徴や原理がその場でわかるほか、見学者には解説員による解説も行い、魅力を伝えることと技術の普及を促している。このような活動を基に、次の世代へと豊岡の家づくりや風土を伝えていく活動の拠点となっている。

設計者のコメント

豊岡市エコハウスの敷地は、コウノトリの棲む城崎町戸島のハチゴロウの戸島湿地に隣接する豊岡を表象する場所でした。また豊岡市は、歴史的デザインを色濃く残し、コウノトリの飛来する戸島湿地やそのすぐ横を流れる雄大な円山川に代表されるような美しい自然環境を残した地域です。

このような地域の環境、景観のコンテクストを重要視しながら、現代のエコデザインと最先端技術のエコシステムを積極的に導入することが求められました。省エネ、創エネなどの現代技術はもちろんですが、古くから民家で使われている土壁や木格子などの伝統的要素、光や風、建築的工夫による熱のコントロールなどで得られる居住空間の快適性をデザインすることが、21世紀の豊岡ならではの豊かな住まいの提案だと考えました。

豊岡の歴史的意匠にエコを取り入れたデザインは、21世紀の豊岡に根ざす住まいのモデルとして、戸島湿地に新しい景観を生みだしています。

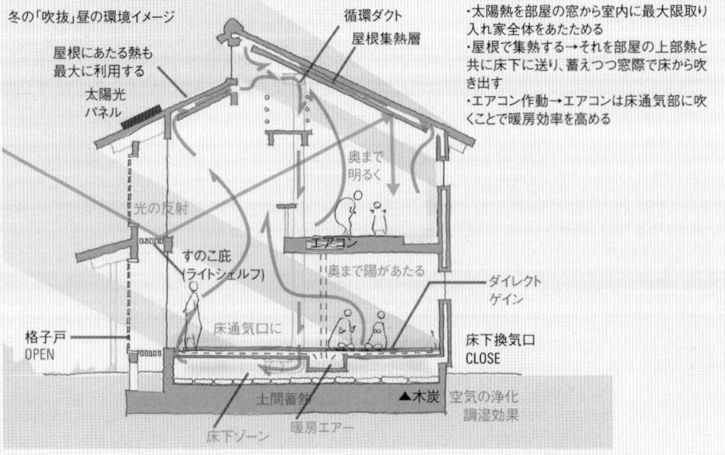

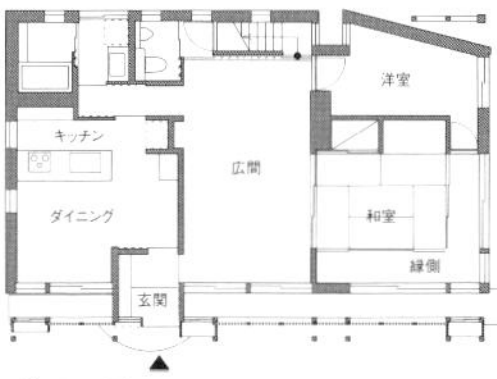

1階平面図 1/400

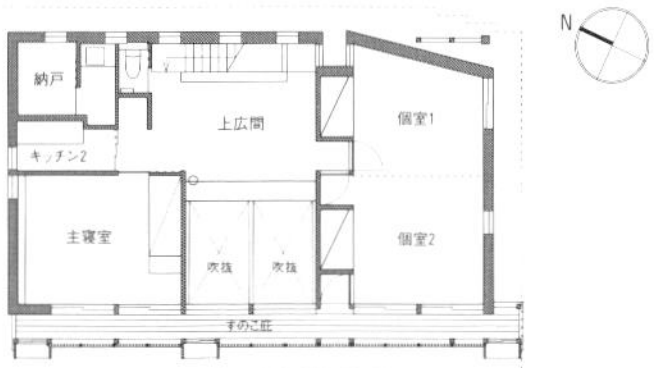

2階平面図 1/400

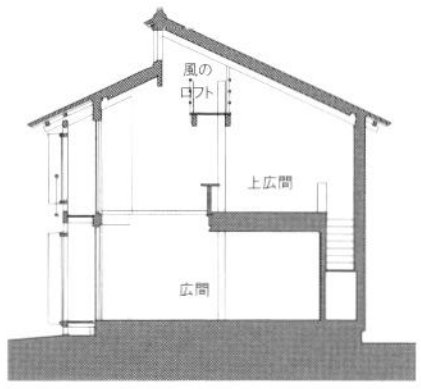

断面図 1/400

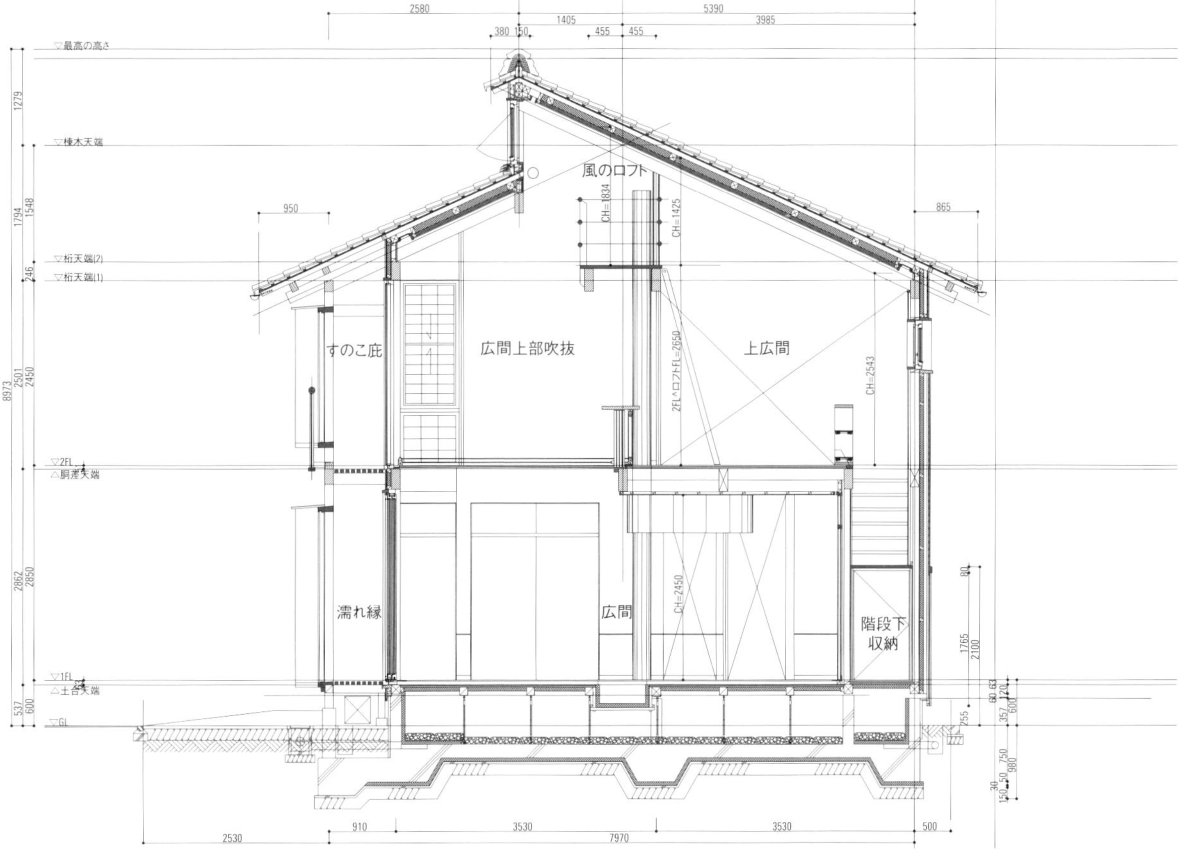

矩計図 1/100

構造・階数	木造軸組・2階建・ベタ基礎
敷地面積	1282.72㎡
建築面積	109.49㎡
延べ面積	168.4㎡
外皮面積	418.80㎡
屋根～天井	和瓦・アスファルトルーフィング22kg・杉板12・通気層60・押出型ポリスチレンフォーム3種90・押出型ポリスチレンフォーム3種45・PB9.5和紙調クロス
外壁～内壁	漆喰塗り・ラスモルタル15・アスファルトフェルト・バラ板12・通気層45・透湿防水シート・木質繊維断熱材80・高耐水MDF板9・荒壁パネル26・中塗り仕上げ
床～地盤面	ナラフローリング15・通気層45・ポリスチレンフォーム50・基礎断熱ポリスチレンフォーム50・木炭敷き詰め100・コンクリート200・ポリスチレンフォーム50・砕石100
建具の構成	既製アルミサッシ
ガラスの仕様	ペアガラス
日射遮蔽部材	西日遮蔽格子戸
実開口面積比率・開放面積比率	20.6%・36.3%
Q値	2.6W/㎡K(2.7)
μ値	0.067(0.07)
U_A値	0.89W/㎡K(0.87)
m_C値	11.74W/㎡K
m_H値	17.10W/㎡K
C値	7.4㎠/㎡
太陽光発電	1.76kW・屋根面設置
電気	①:マルチエアコン (冷房能力14.0kW:COP=3.2、暖房能力16.0kW:COP=4.1)/②:床下吹出し用エアコン(冷房能力3.2kW:COP=3.8、暖房能力4.5kW:COP=4.1)/③:空気熱源HP給湯器・貯湯槽370L
ガス	④:家庭用燃料電池(プロパンガス使用・発電能力700W・貯湯槽200L)
バイオマス燃料	⑤:ペレットストーブ(14kW)
主に展示用の機器	④の家庭用燃料電池
暖房方式	①のマルチエアコンによる各室暖房と②エアコンによる床下吹出し暖房と⑤のペレットストーブの併用
補助暖房	④による温水床暖房
蓄熱 床下空間利用	②エアコンによる床下吹出し暖房
冷房方式	①のエアコンによる
全般換気方式	第3種換気
サーキュレーター	室内循環ファン
給湯方式	③の給湯システムによる。④の燃料電池に切り替えて使うこともできるが主な給湯システムではない。
施工者	ヤマヤス建設(株)

備前市

IVa は

5 H2 A4

備前市環境共生型住宅／大屋根の家

所在地｜岡山県備前市畠田20-1
設計者｜岸本泰三建築設計室 岸本泰三

- 特徴的な方形屋根
- 大きな屋根の軒下空間の活用
- 木格子による光の調整
- 太陽光発電パネルを3方向に設置

晴れの国岡山／豊富な自然エネルギーを活用

備前市の特色を最大限に活かせる場所との考えで、自然の恩恵を受け、自然と共存し、自然エネルギーを積極的に活用できる郊外型のエコハウスとし、周辺にある保育園、小学校の次代を担う子どもたちに“自然と環境に調和した新たな暮らしのあり方”を具体的に提案している。

温暖、少雨、多照型地域でのエコハウス

備前市は瀬戸内海性気候に属し、温暖、少雨、多照型の気候である。災害の少ない温暖な場所であり、地域性を建築的に特徴づけることが困難であった。ここでは、計画地の周辺環境の読み取りが大きな手掛かりとなった。敷地に南面する小山の豊かな緑、その山がつくる冬期の日影、夏期の厳しい西日への対応からこの計画はスタートした。

大屋根の家

この建物の特徴はなんといってもシンプルな大屋根である。設計者の言によると大屋根は茅葺き屋根に鋼板をかぶせた民家をモチーフとし、大きな軒下空間をつくり、1年を通して風雨から外壁を守りその下で沢山の人の暮ら

検証

備前市エコハウスは大きな方形屋根が特徴である。東南西の3面に合計5kWの太陽光発電パネルを搭載している。2011年度の夏期に実測したシステム発電効率（3面のパネルに入射する日射量に対するシステム発電量）は10.93%であった。一方、冬期には太陽高度が低くなるため東西面での発電量は大きく低下してしまう点に留意が必要である。しかし、通年を通してみると、パネル面積を大きめに確保できているためエコハウス全体の消費電力量の75%を賄うことができていた（備前グリーンエネルギー株式会社による計測結果。太陽光発電による余剰電力分も含む）。また、地中熱利用換気システムを採用しているが、地中のパイプは垂直に5mの深さがあるものの、地中での横引き距離が短いため、地中入温度と地中出温度の差は夏期で0.3度冷やす程度（6～8月のデータは欠測）、冬期で1度加温する程度と効果は小さい。特に冬期は外気温と地中入温度の差が6度程度あることから、室内空気からの熱回収による効果のほうが大きい結果となっていた。

しが育まれることを思い描いたということであった。日本建築の特徴である軒下空間を積極的に活用しこの地の気候風土の中で四季を楽しみいかに快適に過ごすことができるかという提案である。確かに東と南にある広いテラスは贅沢な空間であり、中間期は居心地のよい場所となっている。外観はシンプルな方形の大屋根であるが、機械的な屋根という印象が強く、民家はもっと優しくあってほしいと思う。コンペの審査委員の方が、こういった屋根ばかりの集落が果たしていい景観をつくるか少し疑問であるという講評をされていた。

配置計画

・冬期の日影にならない範囲を航空写真、隣地幼稚園の配置より推測し、南端を決定
・緑地帯：建設工事で出る残土を道路との間に集積し築山をつくり、北側設備ヤードの目隠しや道路との穏やかな距離感をつくる装置とする
・菜園と芝：隣地幼稚園の「菜園体験」に提供。園児の休憩用に芝床を配置

平面計画

・配置計画より敷地の北端に必要諸室をコンパクトに配置
・南側の菜園、小山に向けて開放
・家族構成、生活スタイルの変化等使い勝手にあわせて間仕切りを簡単に移動できる構造
・構造用格子の配置／南と東側の壁を開放的にし、なお基準法の2倍の壁量を確保するため開放性の高い構造用格子の採用。テラスに大きな軒を支えるように配置。建物に軽やかさとリズムを与え、格子の影が床に写り込む

断面計画

・軒下空間のデザイン／日射遮蔽、日射導入、構造格子
・地中熱利用換気システム／空気の循環
・通風／天候に左右されず開放できる開口部

2階子ども室／テラスのトップライトを通して、外の景色が見える。格子床は、1階への採光と空気の循環の役目をする

配置図

❶緑地帯／建設工事・敷地整備で出る残土は全て集めて、これを廃棄処理するのではなく、エコハウスと前面道路との間に集積させて、緩やかな距離感を創る起伏のある緑地帯を計画する
❷菜園・芝庭／植物の蒸散作用と気化熱で心地良い空気を、夏の南風が運んでくれる。家庭菜園には広すぎるが、隣の幼稚園児の「菜園体験」の場所に提供して、「芋ほりの後の休憩は芝の上で」と思い、芝と菜園の腐葉土を交互に配置している

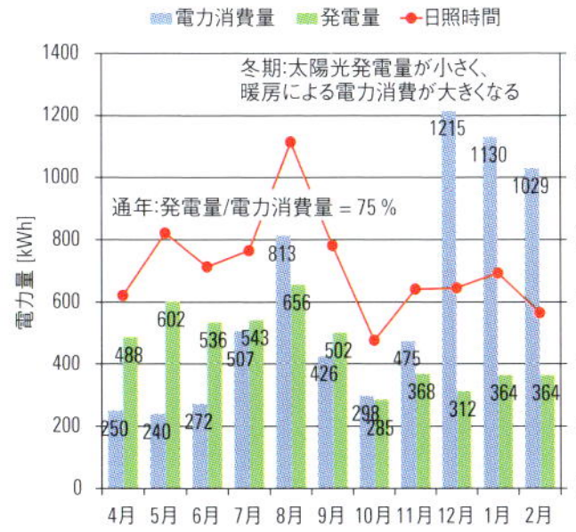

消費電力量と太陽光発電量の推移（2010年4月～2011年2月）

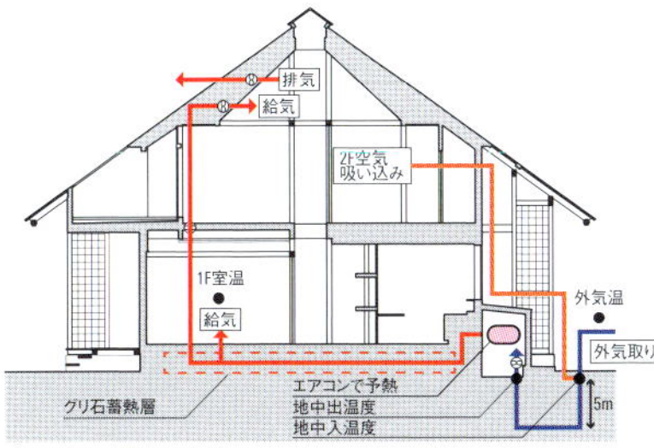

地中熱利用換気システム図／2階からの還気と地中熱・床下エアコンで外気を予熱

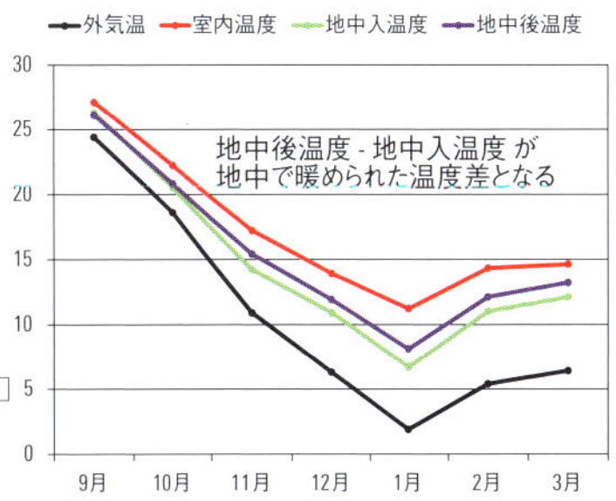

各測定点での月平均温度の推移／（2010年9月～2011年3月）

自然エネルギーの活用

・地中熱利用換気システム／地中にφ200のアルミパイプを2本埋設(深さ5m)し、その中に循環空気を通して地中の温度との熱交換を行い、その空気が住宅の床下に敷き詰めたグリ石(蓄熱帯)を通って、1階、2階、天井裏へと室内を循環する。システムの基本設定は10分/時間の外気(新鮮空気)取り入れと、50分/時間の蓄熱帯で加温された空気の循環で建物の基礎空調を行う。

エコハウスでは竣工以来、その温度測定のデータ(2回/h、1日48回)が記録されている。温度測定点は外気温湿度・室内温湿度・地中入口温湿度・地中出口温湿度の4点である。外気を取込みの時間・循環のみの時間との関係は不明確であるが、各所の温度変化は確認できた。しかし、加温された空気の吹き出し口の温度と室温環境の関係についてはデータがないため、体感温度でしか報告できない。

夏期のデータからは、日中の室内温度は外気温度より1度～2度低いが、夜間の温度は外気温のほうが低い値を示している。春先にダイレクトゲインと補助暖房で室温が上がってきた時間帯に、床下から出てくる循環空気は室温より低い温度であった。中間期には、蓄熱された空気と外気の関係に逆転現象が起きていることが分かった。この現象はそのまま1日の気温変化の中でもいえると思われる(夏期、昼間の暑い温度が蓄熱され、夜になって外気温が下がっても、昼間の蓄熱が出され室内温度が下がらない。冬期、夜間の寒い温度が蓄熱され、昼間太陽が出て外気温が上がっても、夜間の蓄熱が出され室温が上昇しにくい)。また、冬期には1階の温度が上がらず寒いという報告を受けている。このシステムで必要な、住まい全体の空気の循環のために設けたペリメータの格子床から、暖気が2階に上がってしまい、空気の循環が計画通りに行えていないことが原因と考えられる。

・方形屋根の東南西の3面に太陽光発電システム(5kW)を導入。電力使用量を軽減し、CO_2排出量を抑制する

・給湯ソーラーシステム／給湯は、太陽熱温水器を導入してガス使用量を軽減、CO_2排出を抑制する

親子木工教室、不用品交換会などの定期イベントが好評

1年を通して多くの方が来館している(平成24年度来館者数:約1,300人)。休日になると、隣接する西鶴山小学校の生徒が来館し、"環境カードゲーム"や"環境かるた"、"木のおもちゃ"などで楽しく遊んでいる様子が見受けられる。

イベントとしては、平成24年度中に27回開催し、前年度を大きく上回る、延べ350人が参加した。岡山県建築士会東備支部と備前市エコハウスとの共同開催による「親子木工教室」、「住宅よろず相談会」、「不用品交換会」が定期的に行われ人気を博している。

南側外観／太陽光発電パネルは南側だけでなく東側および西側にも設置

居間・食堂／テラスのトップライトからの光が、居間の床まで届く。構造格子が、大きな軒を支える

2階トップライト部分

設計者のコメント／建築的な環境要素技術としての大屋根の計画

大きな軒下空間は、日射遮蔽・日射導入を繊細に行うことを可能にした。テラス上部に開けたトップライトから入る太陽光は、軒下を通過して、外壁の開口部から2階の居室に導かれる。さらにその日射は、ペリメータに設けた地中熱換気システム用の床格子と強化ガラスの床を通過して1階へと導入される計画である。太陽高度によって、深い軒の大屋根から通常では届かないところまで太陽光を導入している。部屋の明るさ、直接光への欲求(光の遮蔽・導入)は季節や天気、また、個人によって全く異なる。2階の窓上端の高さは1.7mと低く抑えて、手軽に窓回りを操作できるスケールを用いている。

また、夏期の西日対策は、外壁の木格子もその一部であるが、諸室のゾーニングによる西日の緩和を考えている。エコハウスの西側にリニアに並んだ玄関ポーチ、玄関土間、便所、坪庭が居室との緩衝地帯になっている。

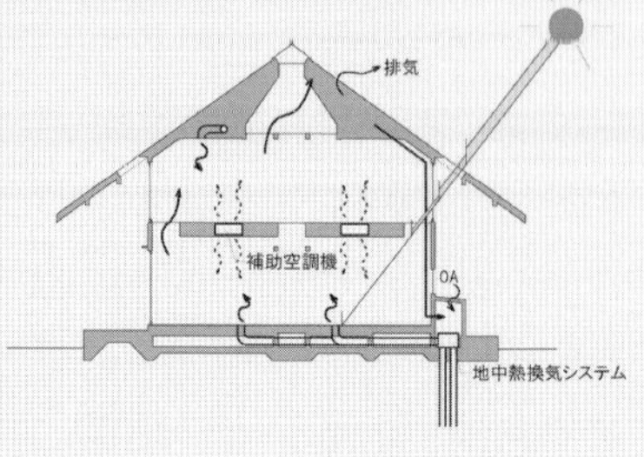

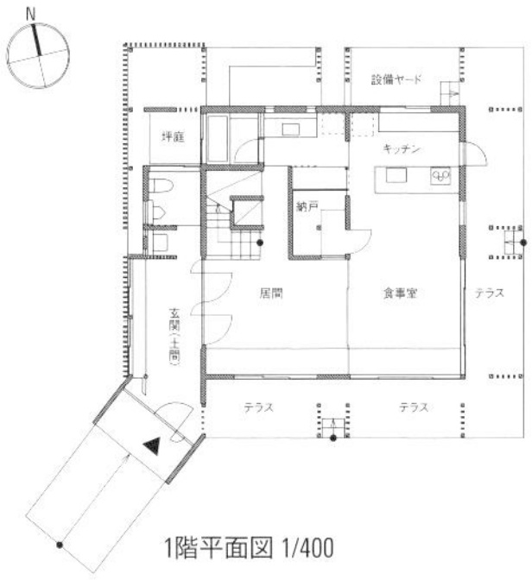

1階平面図 1/400

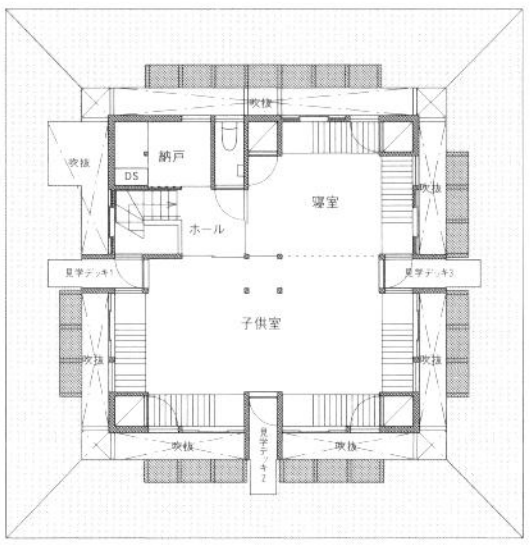

2階平面図 1/400

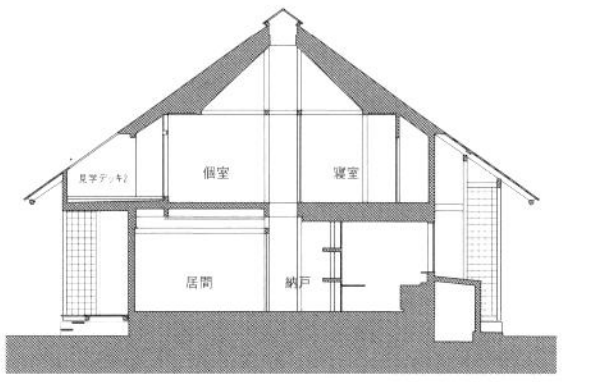

断面図 1/400

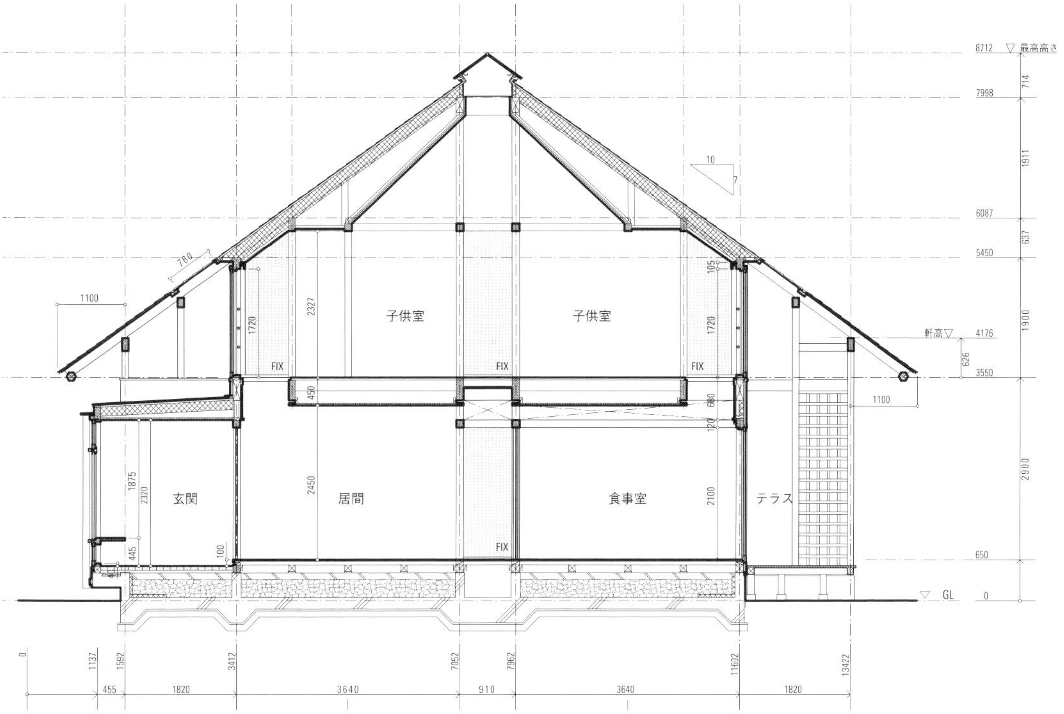

矩計図 1/120

構造・階数	木造軸組・2階建・ベタ基礎
敷地面積	1231.00㎡
建築面積	148.17㎡
延べ面積	177.80㎡
外皮面積	477.04㎡
屋根～天井	鋼板0.4・アスファルトルーフィング22kg・耐水合板24・ロックウール185・PB9.5・ウッドチップ壁紙塗装
外壁～内壁	杉板15・通気層21・透湿性防水シート・構造用合板12・ロックウール100・PB9.5・杉野縁36×36
床～地盤面	桧フローリング15・床下空間400・土間コンクリート100・ぐり石288・基礎断熱押し出し発泡ポリスチレンフォーム板3種B50・べた基礎180・捨コンクリート30・砕石100
建具の構成	既製アルミサッシ
ガラスの仕様	ペアガラス
日射遮蔽部材	軒下空間と木製格子
実開口面積比率・開放面積比率	22.9%・44.7%
Q値	3.5W/㎡K(2.7)
μ値	0.083(0.07)
U_A値	0.95W/㎡K(0.87)
m_C値	12.17W/㎡K
m_H値	16.42W/㎡K
C値	未測定
太陽光発電	5.12kW・屋根面設置
太陽熱利用	①:屋根液集熱式ソーラーシステム（太陽熱集熱パネル4㎡・潜熱回収型ガス給湯器・貯湯槽330L）
地中熱利用	地中熱パイプによる換気負荷低減
電気	②:マルチエアコン　（冷房能力14.0kW:COP＝3.2、暖房能力16.0kW:COP＝4.3）／③:給気の予熱用エアコン（冷房能力2.8kW:COP＝4.3、暖房能力4.2kW:COP＝3.9）
ガス	①の潜熱回収型ガス給湯器
暖房方式	②のマルチエアコンによる暖房
蓄熱 床下空間利用	地中熱等の床下砕石槽への蓄熱
冷房方式	②のマルチエアコンによる冷房
全般換気方式	第1種換気、地中熱パイプと③のエアコンの併用により給気の予熱を行う
給湯方式	①のソーラーシステムによる
施工者	（株）クレックスタツミ

石川県

Ⅳb ろ
6 H4 A2

いしかわエコハウス

所在地｜石川県金沢市鞍月2丁目1番地
設計者｜(株)金沢計画研究所

- Q値1.5W/㎡Kで高断熱な外皮
- 日射遮蔽に優れた外壁と開口部の工夫
- 安定した性能の地中熱利用の換気
- 屋根の景観を損なわない太陽光発電パネル

県庁の隣りにエコハウスが建った

応募する自治体の規模を問わなかった本事業で、選ばれた自治体では石川県と山形県が人口約120万人で最も大きい。家庭部門のCO_2排出割合が全国平均よりも高い石川県では、地球温暖化対策を、日常の住まい方中心のソフト対策に加え、住宅本体の省エネ化へと更に促進することになった。

建設地は、金沢市の県庁に隣接する石川県地場産業振興ゾーンで、県の工業試験場や各種団体が集まり建築関係者の来訪者も多く、県庁やコンベンション施設での会議や研修に訪れる多くの県民の目にも触れる一等地である。周辺には多くの住宅メーカーや住設メーカーの展示場があり、新築やリフォームを考える県民に、また設計者や施工者への研修に、県がお膝元でプレゼンテーションや活動を行う拠点として位置づけられた。

普通の住宅とは異なる機能が求められた

こうした目的で、住宅地ではない敷地に建設されることになり、いしかわエコハウスの担うおもな機能は、環境基本性能の確保と、完成後の政策具体化への対応、となった。

プロポーザルでの要点は、環境基本性能では、①省エネルギーへの配慮、②気象条件・暮らし方など本県の風土との調和、③リサイクル等3Rの観点、④自然環境との共生、⑤県産材活用など県内産業育成、今後の施設活用方針では、①環境教育・学習機能、②産業創出・雇用創出支援機能、③NPO等の活動拠点機能、④相談機能、とされた。

検証

石川県エコハウスは、親の家、子の家が吹抜けをもつ共用リビングで接続され、大きな一室空間となっている住宅である。設計段階から通風や自然採光といったパッシブ手法に配慮してシミュレーションを活用しながら計画された点は特筆に値するが、暖房設備計画等については課題も残る。子の家のリビングに敷設されている床暖房は、延べ床面積に対する敷設率は8.1%と小さく、周囲の壁面温度が上がっておらず、床からの放射の影響を温熱環境にうまく利用できていないことが熱画像からわかる。

冬期の地中熱パイプの効果については、吹き出し温度の計測結果から、日中の最も暖かい2～3時間を除いて常に地中熱パイプからの吹き出し温度の方が外気温よりも高くなっていた。特に夜間においては外気温より10度近く高い日もあることから、地中熱利用の換気システムが有効に機能していることが確認された。

こもれびリビング

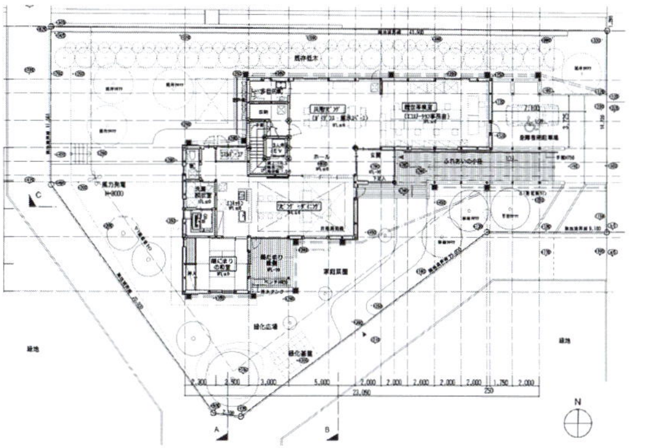

配置図

気候・風土・文化を基本として

選定された設計案は、石川県の多雨多雪、湿潤の気候・風土・自然環境の中で適正な環境基本性能を確保して、自然と共生するコンセプトが評価された。同時に、最新のエコ技術機器の設置やクリーンエネルギー、再生可能エネルギーの活用、県内産業の活性化、住民へのエコライフスタイル提案と県内のエコネットワークの中心としての役割を果たす機能をもたせ、小中学生・主婦・専門家・建築業者が見学・学習・体験できる施設とするため、住宅部分と事務所部分が玄関で結ばれている。

・気候・風土との調和

多雨多雪で夏は蒸し暑く冬は雪が多い年間を通して湿度の高い湿潤な気候のため、適切な換気・通風を行うことで、快適性の向上と建物を結露から守る。冬はしぐれ現象により湿った雪が降るぐずついた天気が続くため、陽だまりの縁側といった冬の生活を豊かにする工夫がされた。

建物中央の玄関までの動線、ふれあいの小径は雁木とよばれる伝統的な手法が採用され、多くの利用者へのアプローチとして機能している。陽だまりの縁側では、ガラス屋根＋オーニングにより夏の日射遮蔽と冬の日の取り込みを行いつつ、雪の積もらない半屋外空間とされた。

・外壁のダブルスキン化

外観は、切妻の東西の外壁面とコーナーのダブルスキン化に大きな特徴がある。断熱された外壁の外側にある木製ルーバーは、日射による熱負荷低減に加え、積雪による外壁劣化を防ぐ役割も担っている。

・開口部の工夫

断熱・気密性能を確保し、開口部は、外部ブラインドや庇を深くするとともに、高い位置の窓、南側に配置した開口部により、冬期は日射を有効に取り込み、深い庇や外部ルーバー、オーニング等により夏期の日射を遮蔽している。卓越風を考慮した開口部の配置・形状として、夏期の冷房負荷の軽減を意図している。しかし床面積あたりの実開口率は山形県エコハウスの次に少ない11.5%で、通風の性能は必ずしも良くない。

・自然環境との共生

敷地内は芝等で緑化し夏の照りかえしの防止を図り、グリーンカーテンをつくることで室内へ涼風を導く。また、雨水はタンクに集め敷地内の散水に利用している。

・再生可能エネルギーの利用

太陽光発電システム、小型風力発電、太陽熱利用システムなどが満載され、すべてが寄与している訳ではないが、住宅全体のエネルギー低減とともに子ども達の環境を学ぶ

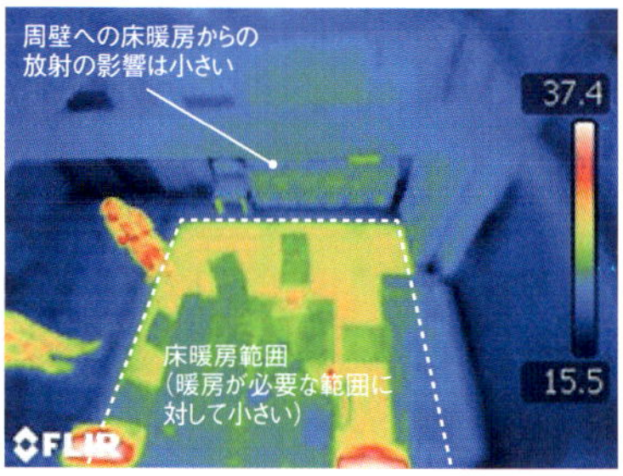

床暖房使用時の熱画像（2011年4月26日14時20分撮影）／敷設範囲が小さく、周壁まで温めることができない

クールチューブからの1F吹き出し給気温度の推移（2011年2月）／10度前後で安定しており、晴天時の日中以外は給気の予熱のために地中熱利用が有効であることがわかる

西面の外壁ルーバーと窓の外付けブラインドによる日射遮蔽

陽だまりの縁側

深い庇による玄関アプローチ

きっかけとしている。

換気の給気は、地中を経由させて安定した熱を有効に利用し、夏は涼しく、冬は暖かい新鮮な空気を供給する地中熱パイプにすることで、室内の熱負荷を低減している。

・街の景観との調和

金沢市内には屋根による景観を守るために、太陽光や太陽熱の集熱器を屋根に乗せることが制限されている地区がある。その是非を議論する具体例として、いしかわエコハウスはあえて和瓦と平板瓦の2種類の瓦で葺かれ、屋根一体型や景観に配慮した太陽光パネルが採用された。また平屋の屋根には太陽熱温水システムが設置された。これを見学して、県庁やいしかわエコハウスを訪れる多くの人たちの意見が集約される。

・省エネルギー設備

暖冷房は、高効率エアコンによる個別方式とし、吹抜けのリビングには、ヒートポンプ式床暖房を敷設している。

給湯は、住宅全体に占めるエネルギー消費割合が大きいことから、太陽熱温水器とヒートポンプ式電気給湯器の2種類の給湯設備を設けて比較している。

活動の拠点としての存在感

・多様なニーズへの対応

休館日の月曜と祭日以外は、平日から土曜、日曜まで、専任の案内員2名が、館内の案内をはじめ一般の相談から専門的なアドバイスまでの幅広いニーズに対応して、開館から3年間で23,000人の来館者に情報を提供している。

・マニュアルによる支援

エコハウス利用者から、現状の住宅への省エネ改修に対する質問が多く寄せられたことから、省エネにつながる改修方法や効果を「エコ住宅改修マニュアル」に取りまとめ、見学者や地元工務店等に配布を行っている。

・技術者の養成

エコハウス建設で培った技術や実際の効果を、「自立循環型設計ガイドライン」、「既設住宅の省エネ改修ガイドライン」と一体的に講習会を開催し、県内技術者のスキルアップを図っている。これまでの受講者は延べ1,432人となっている。また、講習会を受講した建築士を「石川県エコ住宅アドバイザー」に認定し、県のホームページで名簿を公開している。

・県のプレゼンは続く

石川県が取り組んでいる、環境に関する施策、産業の育成、人の育成、住民からの相談、活動の拠点として、いしかわエコハウスは、その存在感を年々高めている。

設計の意図

北陸・石川県の気候は多雨多雪、冬は小日照、夏は高温多湿という特徴がある。冬の北陸で快適に暮らすための、雪に対する先人の知恵として、外部と内部をつなぐ雪のない外部空間(半屋外空間)を確保する「雪囲い」が上げられる。この知恵を取り入れ、雪から建物を守り快適に暮らすためのしつらえが、入り口アプローチに深い庇を設けた「ふれあいの小径」やガラス屋根とオーニングを組み合わせた「陽だまりの縁側」である。また、卓越風を考慮することにより、自然風を積極的に取り込む工夫や、太陽光・熱の活用、地中熱を活用した換気など、いしかわエコハウスでは、季節に応じた自然エネルギーの取り込みと遮蔽を切替え、エネルギー負荷の抑制と、暮らしの快適性確保の両立を目指している。

いしかわエコハウスは、見学者に対してエコハウスの建物(ハード面)がもつ、機能や効果の紹介に加え、住まい方の工夫(ソフト面)の啓発の場としても活用されている。また、設計者や施工者への研修による技術の向上を通じて、県の全域で総合的にエコ住宅の普及を図る拠点でもある。

いしかわエコハウスの建設が契機となって、石川県では、「エコ住宅アドバイザー制度」や「いしかわ住まいの省エネパスポート制度」を創設した。モデルハウスとしてのみならず、エコ住宅普及に向けた取り組みを加速させている原動力でもある。

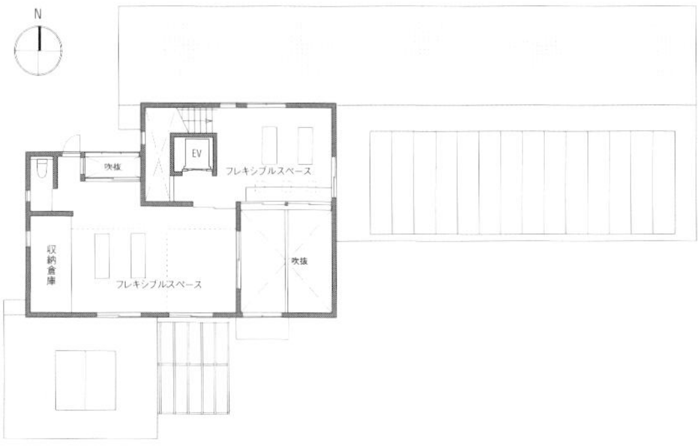

2階平面図 1/400

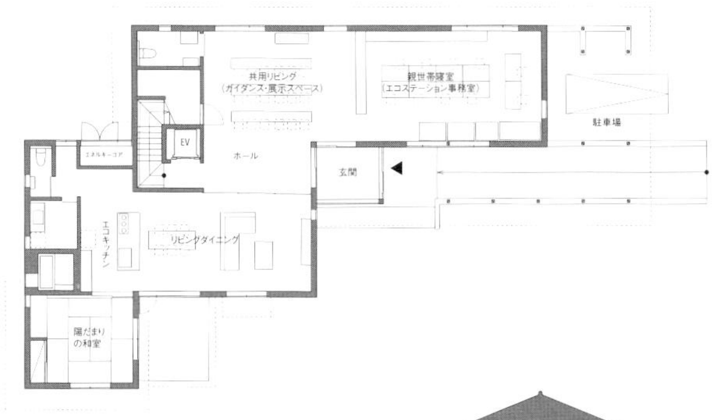

1階平面図 1/400

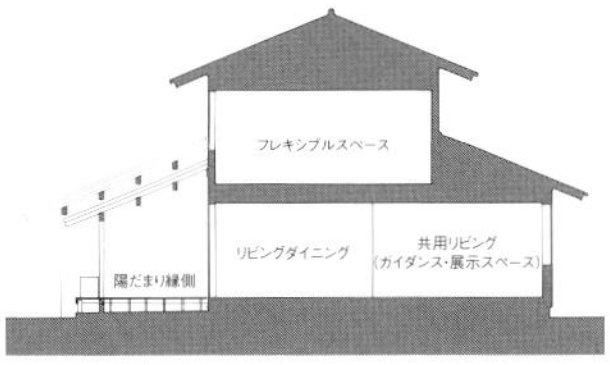

断面図 1/400

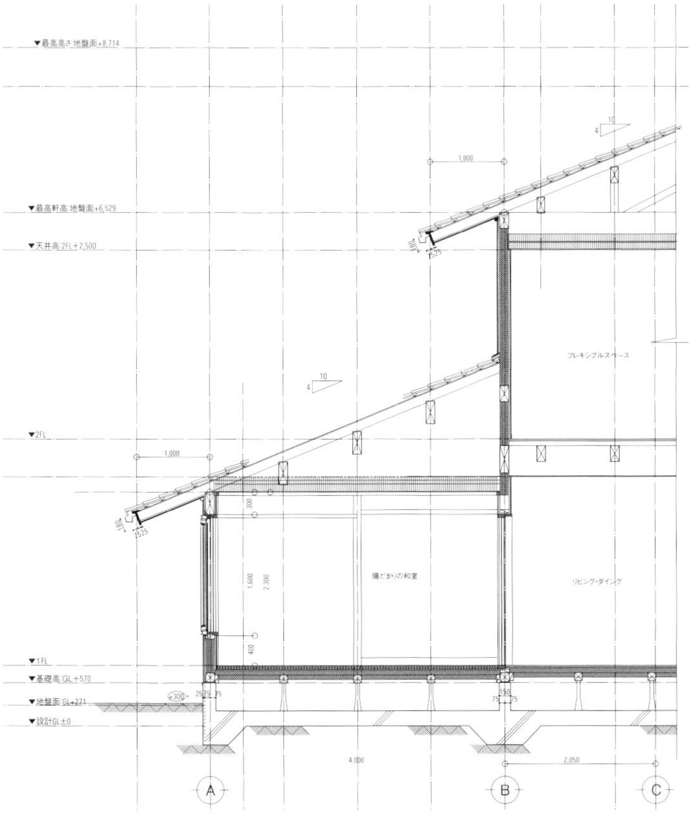

矩計図 1/100

構造・階数	木造軸組・2階建・ベタ基礎
敷地面積	835㎡
建築面積	258.91㎡
延べ面積	307.61㎡
外皮面積	713.09㎡
屋根〜天井	和瓦・アスファルトルーフィング22kg二重張り・構造用合板12・小屋裏空間・防湿気密シート・高性能グラスウール16K 100+100・不燃PB12.5・不燃調湿クロス貼
外壁〜内壁	吹付3・ベースコート下地3・両面ガラス繊維ネット貼セメントモルタル板12.5・通気層18・透湿防水シート・A種押出ポリスチレンフォーム3種70+30・防湿気密シート・不燃PB12.5・不燃調湿クロス貼
床〜地盤面	フローリング15・構造用合板12・防湿気密シート・A種押出ポリスチレンフォーム3種60+60・床下空間500・土間コンクリート150・砕石100
建具の構成	既製樹脂製サッシ・既製木製断熱サッシ
ガラスの仕様	ペアガラスLow-E
日射遮蔽部材	東西面外壁に外付木製ルーバー
断熱補強部材	西面サッシに外付けブラインド
実開口面積比率・開放面積比率	11.5%・22.1%
Q値	1.5W/㎡K(2.7)
μ値	0.028(0.07)
U_A値	0.47W/㎡K(0.87)
m_C値	8.07W/㎡K
m_H値	11.32W/㎡K
C値	1.9c㎡/㎡
太陽光発電	8.068kW・屋根面設置
太陽熱利用	①:屋根液集熱式ソーラーシステム(太陽熱集熱パネル4.2㎡・空気熱源HP給湯器・貯湯槽370L)
地中熱利用	地中熱パイプによる換気負荷低減
風力発電	小型風力発電 1kW
電気	①の空気熱源HP給湯器/②:エアコン 1階和室と2階子供室と2階フレキシブルスペース(冷房能力2.2kW:COP=5.5、暖房能力2.5kW:COP=6.3)、1階ダイニング(冷房能力2.8kW:COP=4.8、暖房能力3.2kW:COP=6.0)、1階共用リビングと1階親世帯寝室(冷房能力2.2kW:COP=5.6、暖房能力2.5kW:COP=6.9)/③:空気熱源温水HP熱源(暖房能力6.0kW:COP=4.0)
暖房方式	②のエアコンによる暖房
補助暖房	③の熱源による温水式床暖房
冷房方式	②のエアコン
全般換気方式	第1種換気(全熱交換)、さらに地中熱パイプによる外気の予熱を行っている
給湯方式	①のソーラーシステムによる
施工者	ほそ川建設(株)

浜松市

IVb ほ
6 H3 A4

浜松市エコハウスモデル住宅／きづきの家

所在地｜静岡県浜松市西区大平台3丁目21-18
設計者｜(有)住環境研究所 藤田昌弘

- 太陽の恵みを有効に利用
- 年間の一次エネルギー消費量が13.4GJ
- CO_2排出量がマイナス0.6トン/年
- 冬の西風対策と、風の道の確保

浜松の気候を考える

浜松市の気象の特徴として、気温は年間を通して1日の温度差が少なく年間平均気温が17.4度と温暖な気候である。端境期は本当に過ごしやすい地域だが、真夏昼間の過去最高気温が39.3度で、最低気温も高く熱帯夜になりやすく、昼間の日射対策、夜の風の取り入れ方はこの地域では大切なことである。

冬の過去最低気温は－5.5度だが、平野部では雪が積もることや氷が張ることはほとんどなく、また、年間降水量は1,800ミリ前後とかなり少なく、逆に年間日照時間は2,400時間と全国でもトップクラスであることから、浜松版エコハウスはこのふんだんにある太陽熱、太陽光の太陽の恵みを有効に利用することとした。

先取り精神をエコハウスに

このような気象条件を踏まえ、冬以外の昼間は、南西から心地よい風が吹くこの地には、閉鎖型の高気密高断熱仕様としながらも、パッシブ的な先人の知恵を現代に置き

検証

浜松市エコハウスでは、夏期の通風については南面の開口部に対して横向きに流れてくる風を袖壁によりキャッチすることで室内に導入するという計画であった。卓越風は東西方向であるが、東西にはかなり強い風が吹くので東西面には窓を設けないのがこの地域の特徴であるため、このような計画となった。また庇による日射遮蔽効果も大きく、夏期の通風・日射遮蔽計画は良好であった。冬期には、浜松市が温暖かつ日射量が大きいという特徴を活かし、屋根液集熱式ソーラーシステムとペレットストーブを併用した給湯・暖房システムを採用したことにより、冬期のエネルギー消費量は他のエコハウスと比較しても小さかった。暖房は屋根面のソーラーパネルで集熱した温水を床下のファンコイルユニットに流し、床下から各室の床吹き出し口を通じて温風を居室に供給するシステムである。しかし、南のリビングでは晴天時にはダイレクトゲインによって日中に十分に暖まることとなり、床下からの熱供給は過剰なものであった。そこで、南北室の温度差を平準化するための改修を行った。ダイレクトゲインの見込めない北側の居室に床下ファンコイルユニットからの温風を優先的に流すことで寝室を積極的に太陽熱で暖めることが可能となった。

換えた開放型住居を提案した。

浜松市のある遠州地方は「ようし、やろうぜ」「やってやろう」という意味の「やらまいか」精神が浸透しており、文化をいち早く吸収する「先取り精神」に富んでいる。

このエコハウスは先人たちの足跡の延長線上にあり、エコ文化をいち早く吸収する「先取り精神」に富んだモデルハウスとして成長が期待される。

自然と共存する家

・自然素材の利用

地域材の天竜杉を活かした柱や梁、三方原赤土を混ぜた外壁、内壁には無垢の木に調和した砂しっくいを使っている。こうした自然素材は、空気の出入りがあり、木や土が本来もっている湿度調節機能を活かすことができる。

また、積極的に地域材の天竜杉を使うことで、地域の林業に貢献し、健全な森林の育成にもつながり、木材の輸送エネルギーも削減できる。

・セルロースファイバーの断熱材

天然木繊維(古新聞)を原料とした高性能の断熱材を使用している。この断熱材は、木質繊維地特有の吸湿性および防湿性により、適度な湿度を保ちながら、壁内の結露を防ぐことができる。

・日射遮蔽・日射導入

軒や庇を深く取ることで、夏場は日射を遮蔽することができる。

一方、太陽の高度が低くなる冬場は大きく開いた南面の窓から日射を積極的に室内に取り込み、床材にタイルを使うことで床に熱を溜めておくことができる。

・自然風の利用(通気・換気)

建物を2棟に分割することで、風の道を確保している。

1階南面には防犯上のガラリ戸を設置することで、夏期(主に夜間)または中間期に窓を開口し、積極的に外気を取り入れることができる。

また、空気の自然な流れを利用して室内を快適に保つ工夫として、1階と2階の間に通気口を設けている。

2階子供室

・太陽エネルギーを活かす設備

浜松市の特性である全国トップクラスの日照時間を活かすため、太陽光発電システム(3.294kW)と太陽熱利用システム(6㎡)を設置している。

発電した電気はエコハウスで利用し、余剰分は売電している。また、集められた熱は温風式床暖房や給湯設備で利用している。

・木質ペレットストーブ

ペレットストーブは、製材副産物などを圧縮し成型した小粒の固形燃料(木質ペレット)を利用するストーブである。輻射熱で部屋を暖めるほか、不凍液を暖め循環させることで床暖房の補助熱源としても利用している。

・蓄熱

1階床下のコンクリートのべた基礎部分に蓄熱し、日中は熱を吸収して屋内の温度上昇を防ぎ、夜間は吸収蓄熱した熱を放出して室温の低下を防いでいる。またペレットストーブ周りには、大谷石を敷きストーブの熱を蓄えている。

・植栽・雨水利用

植栽は生け垣だけでなく、常緑樹や落葉樹の高木を家の周りに植栽し、夏場の日射遮蔽や秋から冬の日射導入を

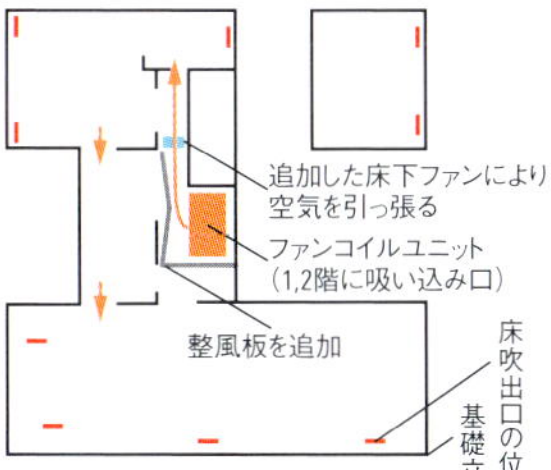

床下空間での空気流れ

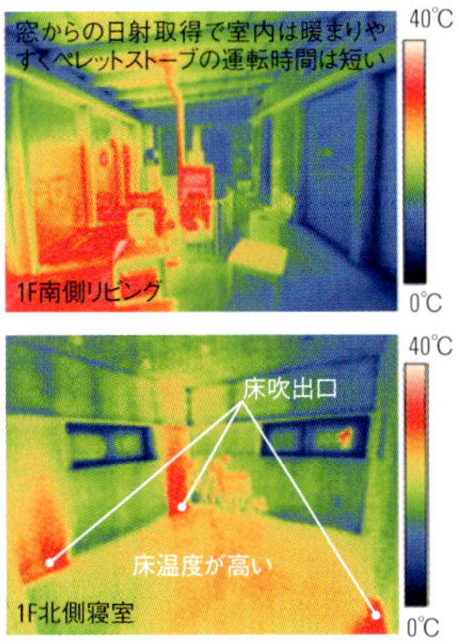

ダイレクトゲインを得られない北側居室にも暖気を送る

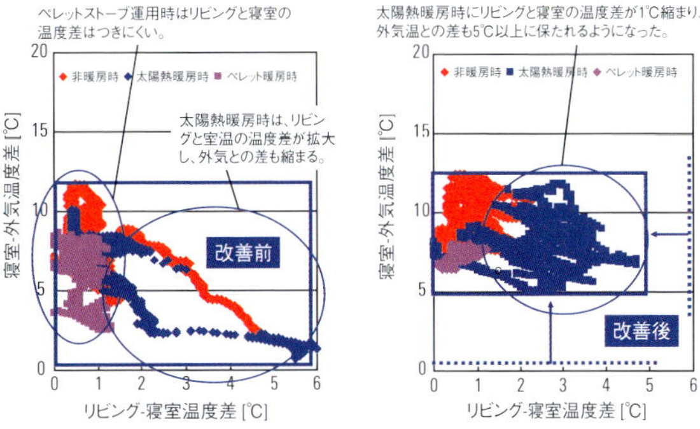

改修によって寝室の温度は向上し、リビング・寝室間温度差が小さくなったことが確認された

はかっている。紅葉する樹木があることで季節感ももたせている。また雨水を溜め樹木への散水に利用し、さらに浸透枡・透水性舗装を採用し、雨水を地下に浸透させることにより、地下水の涵養に寄与している。

はままつエコハウスをきっかけとして

このエコハウスは先人たちの足跡の延長線上にあり、エコ文化をいち早く吸収する「先取り精神」に富んだモデルハウスとして成長が期待されている。そのため、この『きづきの森』は市民が工夫できる余地を残し、維持管理しながらエコのある暮らしを実践して学ぶことができる勉強会や、浜松の地元産業界による異業種交流会議などを行い、自動車や楽器、農業などの知恵を成長するエコハウスに引き続き活かし続けることが、地元に溶け込んだ本当の意味での浜松版エコハウスになると設計者は考えている。

また平成24年度から、浜松市の気候特性を活かし、省エネで環境負荷が少なくなるように工夫を凝らした、「はままつエコハウスコンテスト」を開催している。

居間

屋根／集熱器のまわりに発電用パネルが設置されている

設計者のコメント／「き」についての思い

浜松市エコハウスは「きづきの森の家」と呼ばれ、「気」、「木」、「寄」、「基」、などいろいろな「き」を含んでいます。

「木(き)」の家に暮らす、と心が落ち着きます。朝は「おはよう」と声を掛けながら、太陽の光が優しく差し込む森の小道のような階段や廊下を抜けて、開放的な食卓に向かいます。

冬はソーラー床暖房でほんのり暖められた無垢材の床を裸足で歩きます。太陽で暖められた「気(き)」空気の流れに気づき自然の恵みに感謝します。

中間期や夏は、夜間冷却されたコンクリートからのほのかな冷気による足裏から感じる温度差が心地良く、パッシブな「気(き)」空気の流れに自然と共に生きていることを実感します。空気を感じ、つくづく、「生きている」のではなく、「生かされている」ことに感謝します。

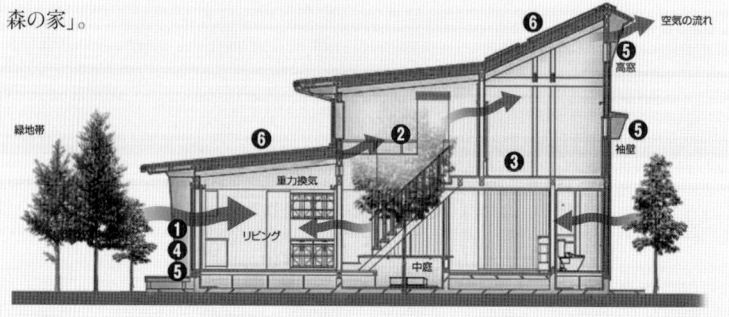

文明機器に頼り切った暮らしは自然に感謝するこころをなくしてしまいました。自然を見つめて、自然を利用して、工夫して暮らすという「きづき」のある暮らし、「感謝」のある暮らし方があります。自然に同化し、太陽熱を利用する、環境にやさしいパッシブ的な「機(き)」機械を備えた家という「器(き)」うつわは、環境にも技術にも「来(き)」未来に「希(き)」希望や「期(き)」期待を与えます。人が「帰(き)」帰り、人が「寄(き)」寄る。先祖に「祈(き)」感謝し人が集まる「基(き)」基となる「きづきの森の家」。

エコロジーとは、ハードな環境である自然の中にあって、人は生かされているという視点に立つことで、人や自然を思いやる心から生まれる、安らぎや癒しといった精神性であることに気づきます。

人がそれを心からの喜びとして社会的機能の中に定着させていくことが基本であり、 ハードとソフトの双方の視点から創る環境づくりを実践していくことが大切です。

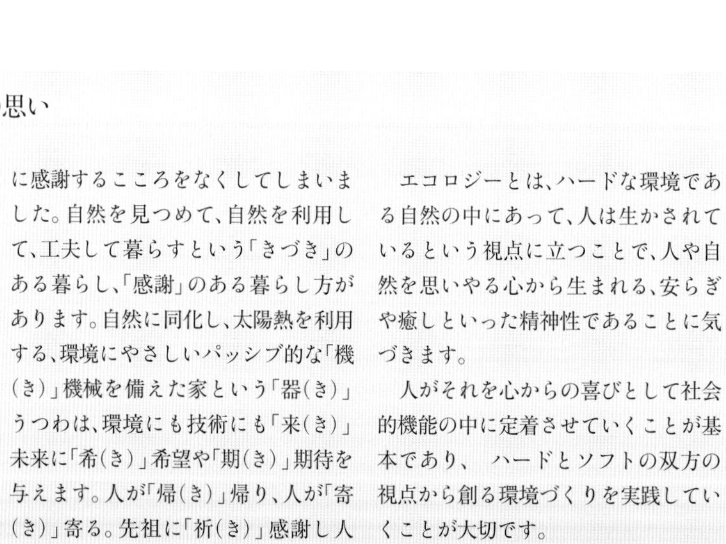

1階平面図 1/400

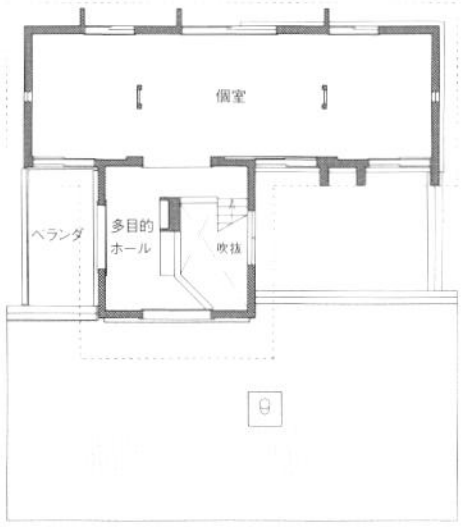

2階平面図 1/400

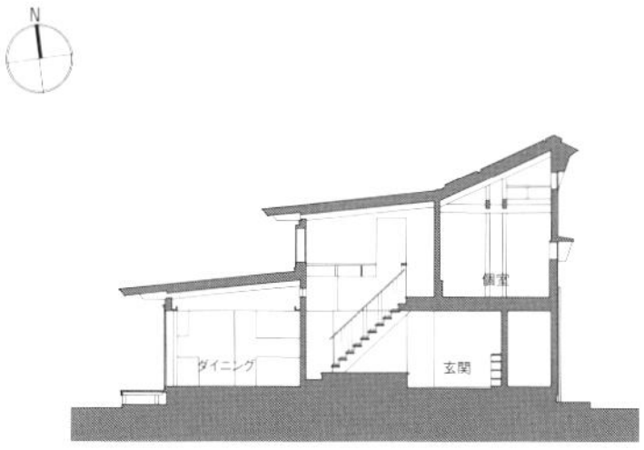

断面図 1/400

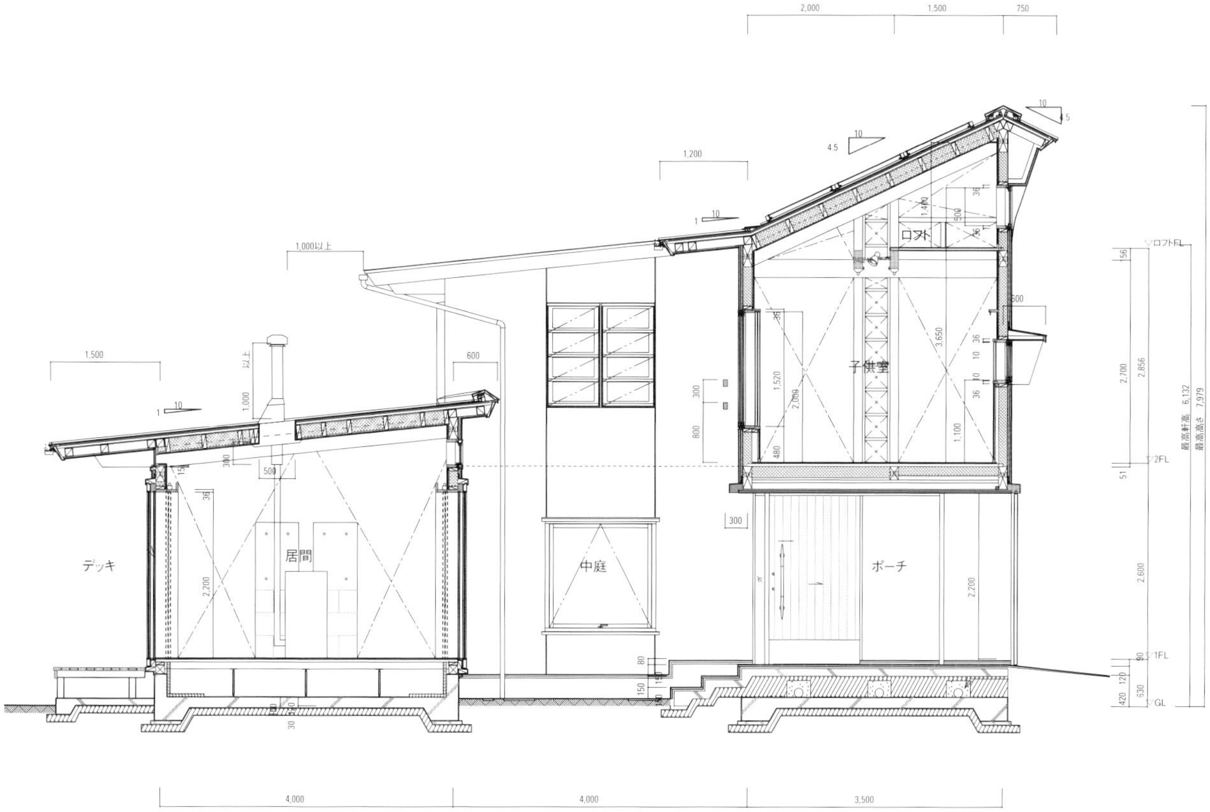

矩計図 1/100

構造・階数	木造軸組・2階建・ベタ基礎
敷地面積	596.02㎡
建築面積	113.00㎡
延べ面積	147.50㎡
外皮面積	502.08㎡
屋根～天井	鋼板0.4・アスファルトルーフィング・PB12.5・構造用合板12・通気層45・遮熱シート・構造用合板12・空気層85・セルロースファイバー100・杉板12
外壁～内壁	モルタル下地20石灰系三方原土入左官塗装・アスファルトフェルト・通気層18・遮熱透湿防水シート・構造用合板9.5・セルロースファイバー100・漆喰塗り9
床～地盤面	ナラ縁甲板15・杉板36(3層)・床下空間510・コンクリート150・基礎断熱フェノールフォーム40
建具の構成	既製アルミ樹脂複合断熱サッシ・木製サッシ
ガラスの仕様	ペアガラスLow-E(アルゴン封入)
実開口面積比率・開放面積比率	33.2%・35.5%
Q値	2.0W/㎡K(2.7)
μ値	0.064(0.07)
U_A値	0.58W/㎡K(0.87)
m_C値	9.54W/㎡K
m_H値	14.02W/㎡K
C値	4.1c㎡/㎡
太陽光発電	3.294kW・屋根面設置
太陽熱利用	①:屋根液集熱式ソーラーシステム(太陽熱集熱パネル6㎡・空気熱源HP給湯器・貯湯槽420L)
電気	①の空気熱源HP給湯器/②:エアコン 2階オープンスペース(冷房能力7.1kW:COP=2.6、暖房能力7.5kW:COP=3.8)、1階事務室(冷房能力2.2kW:COP=5.4、暖房能力2.5kW:COP=6.0)
バイオマス燃料	③:ペレットボイラー(最大9.5kW)
暖房方式	①のソーラーシステムと③のペレットボイラーから温水を床下ファンコイルユニットに循環させる床吹出し暖房
蓄熱 床下空間利用	①による床下空間での空気搬送
冷房方式	②のエアコン
全般換気方式	第3種換気
給湯方式	①のソーラーシステムによる
施工者	(株)杉浦組

北九州市

北九州エコハウス

IVb は
6 H5 A4

所在地｜福岡県北九州市八幡東区東田2丁目2番6号
設計者｜北九州市建築都市局住宅部住宅整備課、(株)醇建築まちづくり研究所 牧敦司

- 太陽熱+水素コージェネの床暖房
- 多様な市内産エコプロダクツの採用
- 金木犀の香り付き地中熱チューブ
- 「エコ縁側」による日射コントロール

環境モデル都市のエコハウス

光化学スモッグ、洞海湾の汚染、気管支喘息患者の多発など、かつて、深刻な公害問題と戦ってきた北九州市は、市民・企業・行政が一体となり公害対策にとりくんだ結果、今や環境は大きく改善され、国から環境モデル都市としての認定を受けるに至っている。その経験をもとにしたエコハウスの計画をすすめることとした。

環境ミュージアムとの連携施設

北九州市エコハウスは年間10万人以上が訪れる北九州市環境ミュージアムの敷地内にある。ミュージアムの屋外展示施設として計画されており、通り抜けの土間や、エコ縁側、屋外の設備機器展示スペース等が小中学生等の団体見学コースを想定した構成となっている。環境ミュージアムを運営するNPO法人のスタッフ数名がガイドとして常駐しており、総合的な環境共生住宅の技術を見学に訪れる市民に説明する仕組みが確立されている。この条件を活かして、北九州市らしいエコハウスの提案が求められた。

様々な環境要素技術を導入・展示

内部空間は南面中央の階段とロフトが特徴で、いずれも風

検証

北九州市エコハウスは、ガラス張りの土間空間「エコ縁側」や地中熱パイプといったパッシブ技術を意欲的に取り入れている。エコ縁側は冬期のダイレクトゲインと土間蓄熱、夏期は開放時の通風促進と土間による蓄冷を意図した空間であるが、冬期において開口部の立ち上がりが影となり、有効に日射を受熱できない箇所が見られた。またエコ縁側の室温は日中において隣接居室と比べて4度程度高くなるが、夜間は隣接居室に比べて4度程度低くなっており、エコ縁側の蓄熱量は不足していたと考えられる。夜間には冷気がエコ縁側からリビングに侵入している挙動も確認されたが、これは間仕切りである障子が十分な断熱・気密性能を有していないことによる。一方で夏期においてはすだれを設けて日射遮蔽に配慮しているものの、すだれの設置が室内側のため日射が室内側まで侵入し、すだれとガラス面の間に熱がたまっている様子が見られた。加えて夏期には地中熱パイプの冷却効果が報告されている。夜間から朝方にかけては冷却熱量が負となる時間帯があるが、朝から夕方にかけては常に外気温度より地中熱パイプ吹出し温度の方が低く、冷却効果が確認された。

1階リビング

2階アトリエ展示スペース

多目的土間・玄関ホール

の道として考えられている。風の道を軸に、コンパクトでシンプルな空間の中に様々な環境要素技術が盛り込まれている。屋上緑化テラスには雨水タンク、外部空間には地元の工場で生産している木片チップの再生材エコウッドによるテラスやパーゴラ、開口部には断熱サッシの上に遮熱塗料・ハニカム形状のブラインド、壁断熱の木質性断熱材に加えて遮熱シートで外皮をくるんでいる。温熱環境の要素技術としては「エコ縁側」と称した温室空間、屋根空気集熱式ソーラーシステム、地中熱パイプなどがある。しかし、展示施設としての性格が強く、要素技術が複雑に組み合わせられており、個々の要素技術の効果や住宅としての温熱環境を総合的に検証するには困難な面が多い。また、環境首都を標榜する北九州市のモデル地域である東田地区に立地しており、ガス燃料電池に加え、近隣の工場から供給される水素を用いた水素燃料電池も設置されている。これらの要素技術がコンパクトで端正な空間の中にバランス良く盛り込まれていることが北九州市エコハウスの特徴である。

地中熱パイプの効果

北九州市エコハウスでは、深さ1.5m、延長10mの地中埋設パイプによる地中熱パイプが設置されている。検証調査では外気温よりも予熱されて給気されていることが確認できた。北九州市立大学の調査によると、冬期は冷気が室内に入りこむが、夏期は、昼間の冷却熱量が大きく、昼間の温度上昇の抑制に寄与している結果が確認されている。パイプの埋設深さや、総延長などに制約の多い中でも一定程度の効果が確認されることから、地熱エネルギーの利用技術として有効な手法である。例えば、十分な日照がある時は屋根空気集熱式ソーラーシステムを単独で動かす方が室温が安定するが、曇天日などは地中熱パイプを活用することで、外気より暖かい空気を取り入れることにより暖房負荷を抑える効果が期待できる。また、北九州市エコハウスでは、給気側には金木犀が植えられており、香り付きの地中熱パイプとなっている。

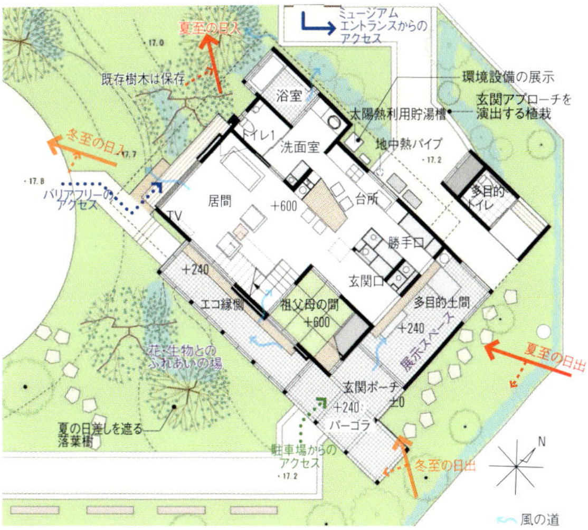

配置1階平面図

エコ縁側(熱容量が不足したため、昼間に室温が上がるが夜間は低い温度となる)

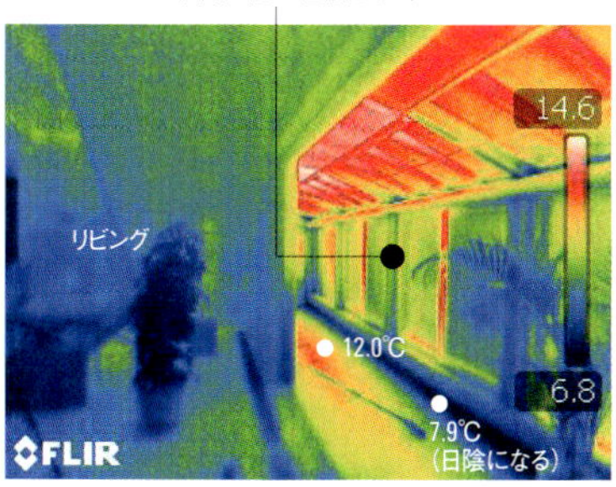

エコ縁側のガラス部分の断熱・気密・日射遮蔽性能(2011年3月10日11時撮影)

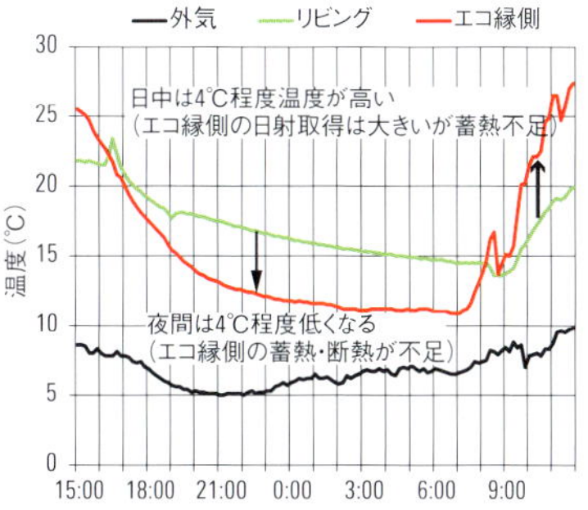

エコ縁側での温度推移(2011年3月10日〜11日)／断熱・気密・熱容量の不足から温度変動が大きい(資料提供:北九州市立大学龍研究室)

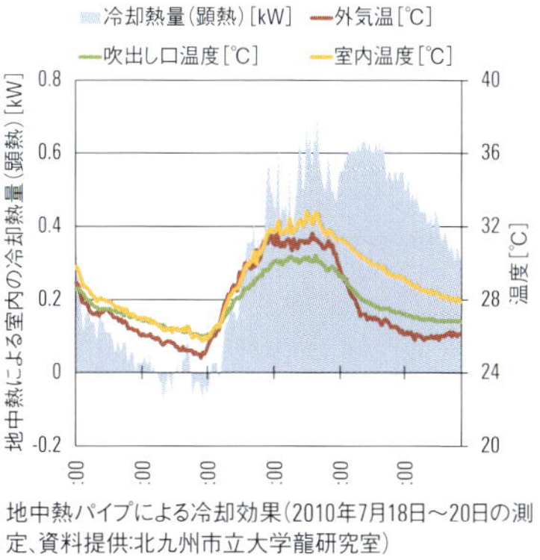

地中熱パイプによる冷却効果(2010年7月18日〜20日の測定、資料提供:北九州市立大学龍研究室)

エコ縁側

北九州市エコハウスの空間構成の特徴となっている「エコ縁側」は縁側空間を内部化した空間である。冬期は温室として日射を積極的に取り入れ、夏期は窓を開放し外部的に取り扱うことを意図したものである。しかし、サーモカメラ画像で土間床の蓄熱の状況を確認すると、外壁側近傍の土間床の立ち上がり部分では有効に日射を受けることができない箇所がある。また、日射遮蔽の対策として簾を設けている。操作性の良さや視覚的には内側であるが、日射遮蔽の効果を考えると外部の対策が必要である。このエコ縁側とリビングの間の障子は十分な断熱境界とはなりえない状態においては、ダイレクトゲインで得られた土間の蓄熱を効率良く利用するのは困難である。

改善・進化するエコハウス

北九州市エコハウスでは、竣工翌年にエコ縁側の日射遮蔽改善のため、可動式の日射遮蔽テントを設置し、夏期対策を行いその効果を確認した。また、翌々年には縁側南面の開口部の遮蔽効果実験として植物による緑のカーテンと葦簾、遮熱スクリーンの比較調査を行った。更に現在、新たな設備を導入し、V2Hの実証実験調査の場としても活用している。環境ミュージアムの説明ガイドが中心となって市民向けの企画を頻繁に行っており、改善、進化するエコハウスを目指している。

設計者のコメント

環境共生に関する普遍性の高いデザインの採用

一般的に年月の経過とともに住宅内の諸設備等の陳腐化は否めない。しかし、屋根・壁・開口部など住まいのつくりそのものは普遍的であるべきと考え、自然風の享受、太陽光熱など自然エネルギーの利活用、断熱性の確保など基本性能を重視した計画とした。特に自然風については、南北に開口部を計画的に確保し、室内の空気の流れを意識して「風の道」を設けている。太陽光熱の利活用については、ダイレクトゲインなどのパッシブソーラーだけでなく、アクティブ太陽熱集熱器等を採用しており、その仕組みが見えるように工夫している。断熱性の確保については、断熱に加え遮熱を重視し、木質系断熱材と遮熱シートを外壁に採用し、開口部にも遮熱塗料、障子や遮熱扉、遮熱スクリーンなどを設えている。また、外壁については壁体内結露を防止するために通気工法を適用した技術を紹介することとした。

古くからある技術と新しい技術・製品の融合活用

古くからある技術については、温熱の調整空間で旧家にみられた土間的玄関、温熱のペリメーターゾーンとしても活用できるエコ縁側、日射遮蔽に効果的なすだれ、調湿機能のある塗り壁などを採用している。また、木造であるが架構は柱勝ち工法とし、金物工法と併用することで堅牢で自在な空間づくりを実現している。一方、新しい技術・製品は環境首都を目指す北九州市が認定したエコプレミアム製品を積極的に採用し、産業振興に寄与することをアピールしている。

隣接する北九州市環境ミュージアムと連携

環境ミュージアムは年間10万人以上の来館者がある環境学習施設で、北九州市の公害克服の歴史や、身近な環境問題から地球環境問題まで総合的に学ぶことができる。エコハウスはこの施設とハード・ソフト両面で連携を図ることで、来訪者に対して効率的で効果的な情報発信・体験の場を提供している。エコハウス運営開始後も継続的な見直しなどでスパイラルアップさせることを意図しており、北九州エコハウスが新鮮であり続けるための重要なポイントであると考えた。

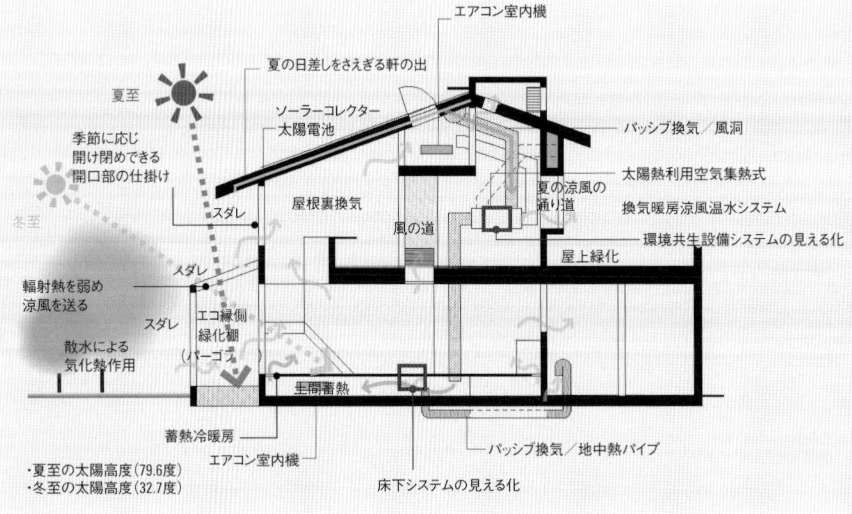

1階平面図 1/400

2階平面図 1/400

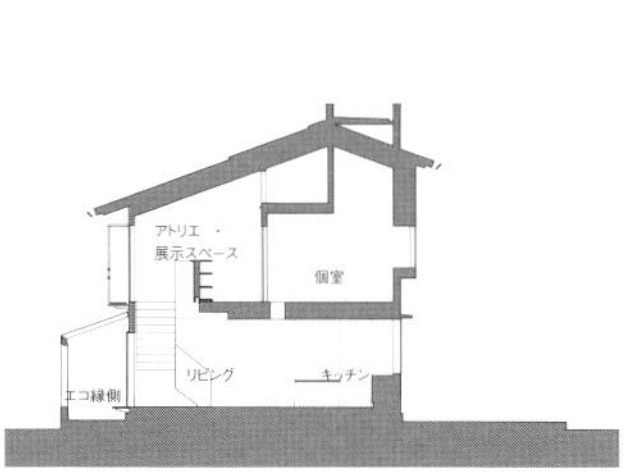

断面図 1/400

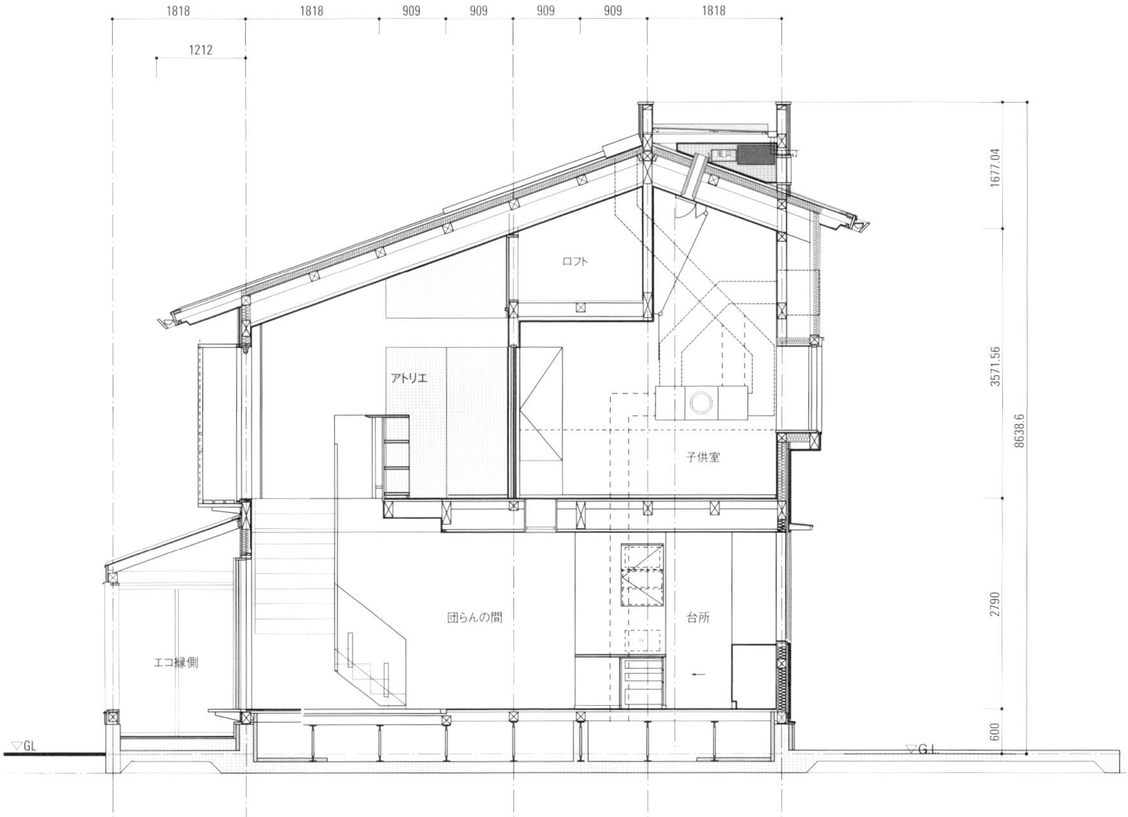

矩計図 1/100

構造・階数	木造軸組・2階建・ベタ基礎
敷地面積	4100.03㎡
建築面積	130.83㎡
延べ面積	183.43㎡
外皮面積	444.68㎡
屋根～天井	鋼板0.35・防湿シート・合板15・通気層30・防湿繊維板9・木質断熱材80・遮熱シート4・空気層120・塗装下地用壁紙EP-G・プラスターボード9.5下地
外壁～内壁	シラス素材塗壁上塗り8下塗り10・透湿防水シート・合板12・遮熱シート4・通気層18・調湿繊維ボード4.5・木質断熱材100・可変透湿シート・シラス素材塗壁金コテ仕上げ5・プラスターボード12.5下地
床～地盤面	杉床フローリング15・床合板12または床暖房パネル12・デッキ材28・床下空間645・耐圧版コンクリート150・防湿シート・砕石150
建具の構成	既製アルミ樹脂複合サッシ
ガラスの仕様	ペアガラス
日射遮蔽部材	木製ガラリ戸・すだれ
実開口面積比率・開放面積比率	12.9%・37.0%
Q値	3.5W/㎡K(2.7)
μ値	0.135(0.07)
U_A値	1.37W/㎡K(0.87)
m_C値	23.16W/㎡K
m_H値	31.49W/㎡K
C値	未測定
太陽光発電	2.4kW・屋根面設置
太陽熱利用	①:屋根空気集熱式ソーラーシステム(屋根全面集熱・空気熱源HP給湯器・給湯用貯湯タンク460L)
地中熱利用	在来型クールアンドウォームチューブ/地中熱パイプによる換気負荷低減
電気	②:2階ロフトエアコン1 (冷房能力5.5kW:COP=3.3、暖房能力4.1kW:COP=3.7)/2階ロフトエアコン2(冷房能力6.6kW:COP=3.1、暖房能力5.7kW:COP=4.1)
ガス	③:ガスエンジンコージェネレーション(都市ガス使用・発電能力1000W・貯湯槽200L)/④:家庭用燃料電池(水素ガス使用・発電能力700W・貯湯槽200L)
主に展示用の機器	④の家庭用燃料電池
暖房方式	①による空気集熱式太陽熱暖房と②によるエアコン暖房と③・④による温水床暖房の併用
蓄熱 床下空間利用	①による床下空間での空気搬送及び地中熱パイプ(地下1.5m長さ10m)
冷房方式	②のマルチエアコン
全般換気方式	第1種換気(①の集熱時)と第3種換気(①の非集熱時)で切り替わる。地中熱パイプによる給気の予熱あり
給湯方式	③のガスエンジンコージェネレーションと④の家庭用燃料電池の併用
施工者	(株)瀬口組

豊後高田市

Ⅳb　に

6　H4　A4

豊後高田市1エコハウス／徳六の風舎

所在地｜大分県豊後高田市西真玉4334-1
設計者｜徳永敬之設計工房 徳永敬之

- 丁寧な開口部計画による良好な通風
- 景色と風を取り込む大開口の建具
- 土壁内断熱で断熱性能を確保
- ゆとりライフを演出する分棟型浴室

伝統工法の継承・地域のコミュニティーの活性化をめざして

豊後高田市は「昭和の町」で知られる日本の古き良き風景を残す町で特に六郷満山文化ゆかりの国宝「富貴寺」など気候風土にあった木造建築が多く今も残っている。

この地域の歴史・文化、そして地域の気候風土や地域の特性を反映させたエコハウスの整備により、過疎化が進行している集落の再生や持続可能な地域コミュニティーの形成が図られる交流の場となるような住まいのあり方について、情報発信や体験・体感してもらい自然環境と共存することのできるエコハウスの普及促進をめざした。

Iターン希望者のための用地

昭和の初め、豊後高田市の農村地域の住宅で多くあった「土壁と土間のある家」にふさわしい自然環境に恵まれた敷地の中から、Iターン希望者が望む里山の風景が残る徳六地区を選定した。

検証

豊後高田市1エコハウスは平屋で比較的小さい規模のエコハウスであるが、冬期の検証において重要な課題点が抽出された。まず断熱・気密性能が低く、薪ストーブによる平面方向および上下方向での温度むらが大きいことが確認された。また、薪ストーブの正面にテーブルがあり、このテーブルを挟んで薪ストーブ側では暑く、反対側ではストーブからの放射熱を受けにくいといった配置上の課題もあった。上下温度差の課題については和室に室内循環ダクトが設置されていたが、ファンを運転すると、窓まわりおよび他室から冷気を和室内に取り込んでしまうために全体に室の温度は低下していた。空気循環を有効活用するには、断熱・気密性能の確保も必要といえる。

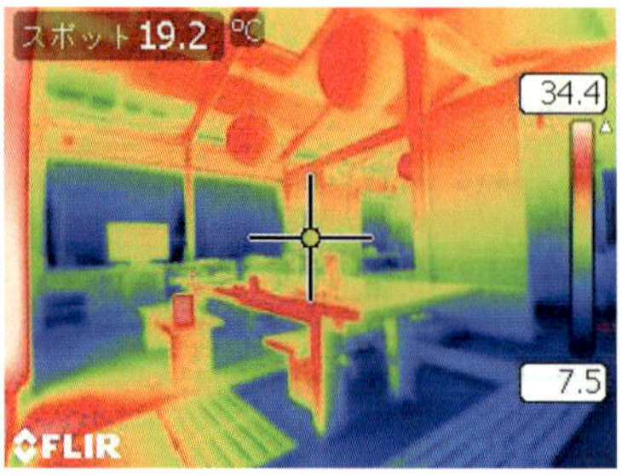

薪ストーブ使用時のリビング熱画像（左手に薪ストーブがあるが、断熱・気密性能が低いために暖気が上昇しており上下温度むらは大きい）

自然との共生

自然がおりなす原風景の中で、近くの山の木などの自然素材で家を建てる。自然エネルギーを活用して、周辺の環境や景観と調和させることにより自然との共生が図れる住まいを計画している。自然エネルギーは主に「自然風」「日射熱」「太陽熱」を利用している。「自然風の利用」は敷地周辺の風向を詳しく調査。昼夜、晴雨天日にわたり計測した。周辺の人に風向の状況を聞いてデータを集め、それをもとに、夏風を取り込むための袖壁を設け、開口部の形状、配置を決めている。「日射熱の利用」は南側に広い開口部を設けて日射熱を取り込んで、蓄熱効果のある土壁と土間を活用している。「太陽熱の利用」は屋根に集熱パネルを載せて太陽の熱を利用する蓄湯式の太陽熱利用給湯システムを設置している。補助給湯機として電気温水器を組み合わせている。

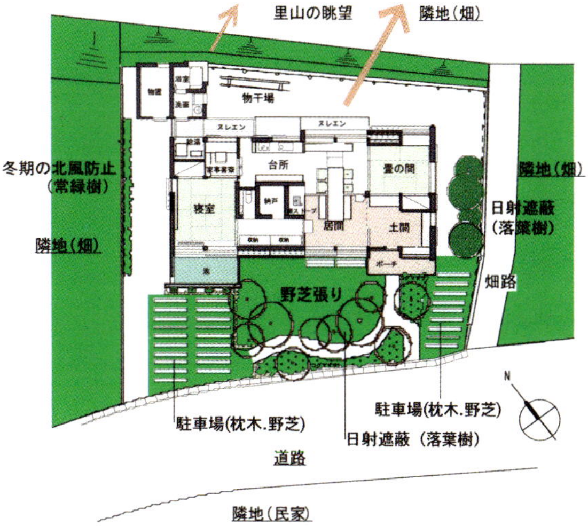

配置図・1階平面図

伝統的工法と手法の継承

日本のすぐれた伝統木造建築技術を使って「快適で健康な暮らしができる住まい」「建設から建替えまでのライフサイクルにおいて環境負荷の低減が図れる住まい」を計画している。構造は手刻み加工で、竹小舞組み土壁の貫構造となっている。南側は軒を長く出して夏の強い日差しを遮蔽している。東と西が妻面となっている。妻側の開口部は太陽の日射角度が小さく軒による遮蔽ができないので庇を設けてスダレを掛けている。壁面は内外ともに大壁の土壁（厚さ24cm）として、土壁による遮熱効果を少しは期待しているが、土壁のみでは断熱性能が低いので壁の中に断熱材を入れている。間仕切りの建具は摺上げ引障子になっている。障子は開閉操作、開口広さの調整が簡単にできる。

北側全景／北側景観をパノラマ的に眺望できる

内外ともに開放

大きな掃出し窓の建具は戸袋に引き込んで全開放できる。通風については186ページで詳しい分析を行っている。光を内部に取り込み明るい空間を得る。景観をパノラマ的に眺望できる。そして、この開放は地域の人達との交流を活発にする。寝室の南面にある大きな窓前には道路からの視線を遮るための土塀を設けている。土塀には蓄熱効果を下げるために山ツタを絡ませている。側面は塀を設けずに開放して風を取り込む。土塀と窓の間には水場を設けている。窓際まで人が寄りつけないので寝室のプライバシーを確保している。建物中心部の広い開放は

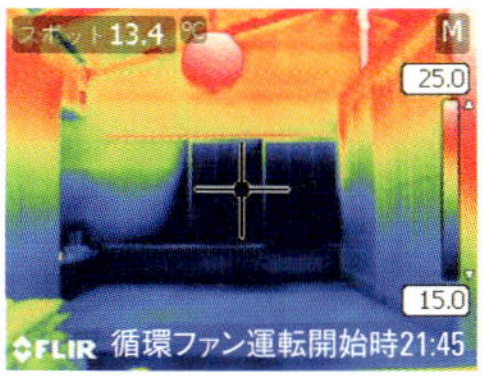

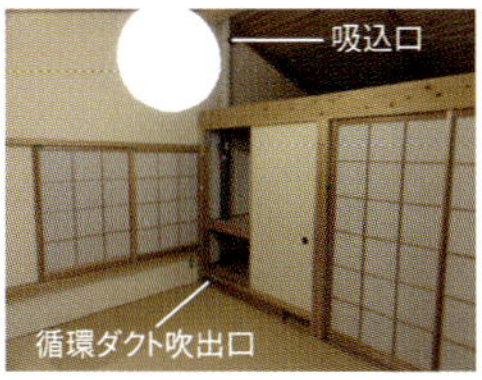

和室の循環ファンを運転したところ、室温は下がっていくこととなった。天井付近の暖気は循環ファンによって床上に吹き出されるが、窓からの冷気と混ざることで室内では全体的に温度が低下していることがわかる

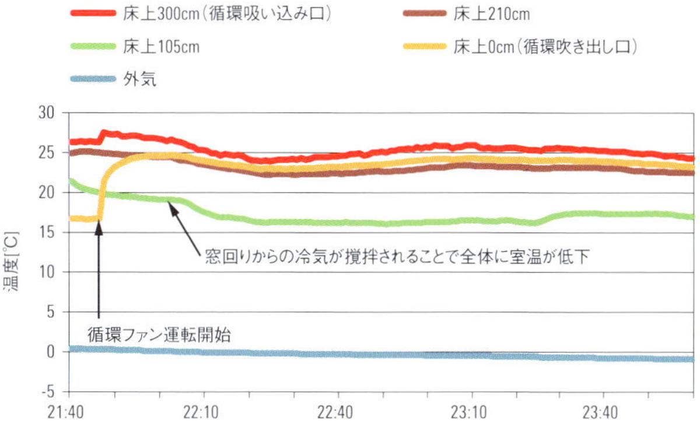

2013年1月13日の和室室温の推移（熱画像と同じ日時）

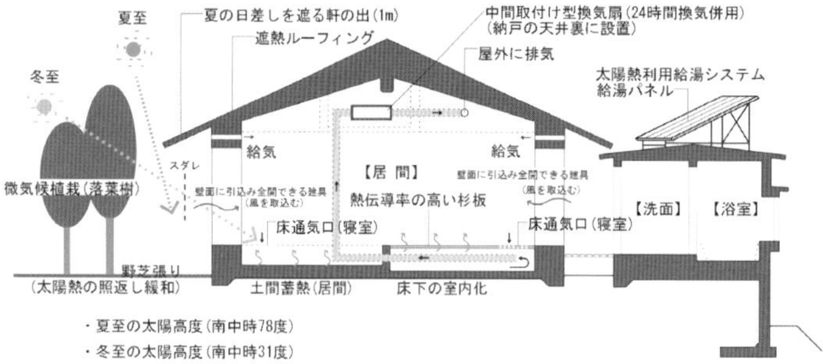

断面構成図

つどい土間広場

構造的に中心部の剛性がなくなり、また壁量不足をもたらす。そこに厚い土壁造りの耐震コアを設けて構造的弱点を解消する。その土壁コアは薪ストーブの熱を蓄える蓄熱体にもなっている。

換気計画と冬期の室内温度

豊後高田市1エコハウスでは、給気口を居室の最も高い位置に配置し、排気口を屋根裏に納めている。排気の経路は、床下から吸い上げた空気を小屋裏のダクトを通して外部排出することとした。しかし、室内の表面温度の分布をみると(98ページ、検証参照)暖気が天井面に留まっており、上下の温度差が10度以上の暖気が常に天井面にあり、床面はそれに比べると低い。

薪ストーブの性能

暖房設備は、居間にある薪ストーブのみである。Iターン夫婦が田舎暮らしを希望して、自然エネルギー活用技術で、エアコンなどの機械設備に頼らない暮らしができることを想定している。従って、暖房設備も二人住まい向けの局所暖房でよいと考えられるが、薪ストーブによる暖房では、住まい全体でとらえると放射むらや、温度むらの解消は難しい。

大開口による効果的な自然光利用

南面に大きな開口部のある徳六の家では、午前中から夕方までの間で1500ルクスの照度が得られた。北面にも同じほどの大開口部があり、採光面では極めて有効に作用している。また、そこからの眺めはまさに田舎暮らしを希望したIターン夫婦が望む景色となっている。

和室全景

設計者のコメント

伝統工法や自然素材を取り入れた昔ながらの住まいに、省エネのヒントがある。地域の気候風土や敷地条件に合った風や光といった自然エネルギーを最大限に活用して電気やガスなどのエネルギー消費を最小限に抑える住宅を考える。藁葺き屋根の古民家をイメージする。高温多湿の日本の風土に合った開放的で通気性のよい家をめざす。建物の前(南)、後面(北)に大きな掃出し窓を設けて、自然風が吹き抜ける造りになっている。外部から風を誘い込むため、袖壁や引き戸を設置。それは住むことで発生する湿気も解消する。長い軒や、すだれを下げる設備、落葉樹の庭の植栽は日差しを遮り風雨をよけるための昔ながらの工夫。屋根、天井には厚い断熱材を入れて藁葺き屋根の断熱性を再現している。

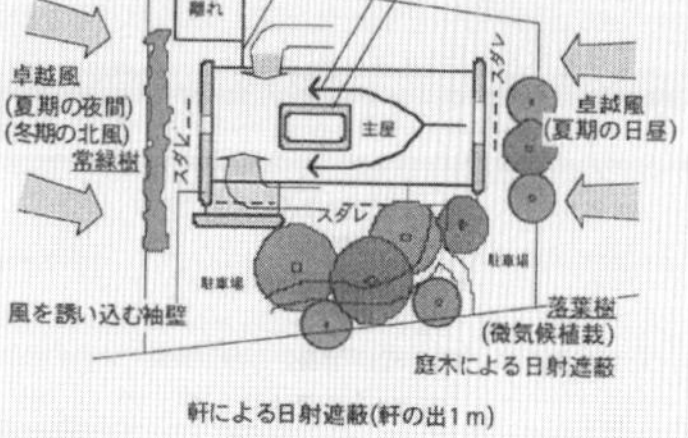

壁には木、土、竹といった自然素材を使用する。屋内中央には薪ストーブを設けて、それを取り囲むように造った分厚い土壁は耐震強度を高め、ストーブの熱を逃がさない役目を果たす。暖気が床下を通って外に出る換気システムは床下暖房効果をもたらす。

四季が感じられ、住む人と地域の人達とのコミュニケーションが活発になるような明るい空間づくりを意識した。

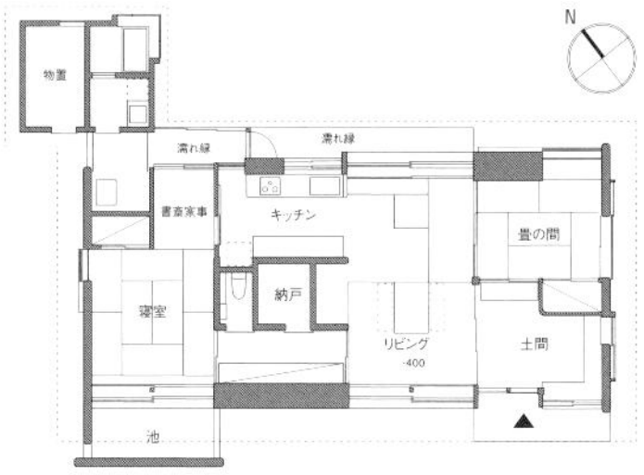

1階平面図 1/400

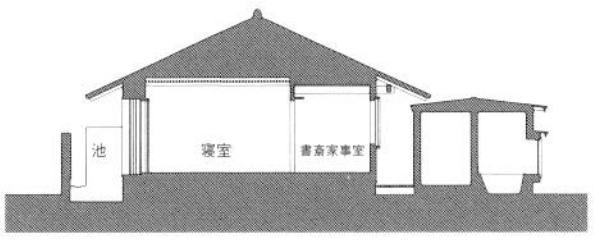

断面図 1/400

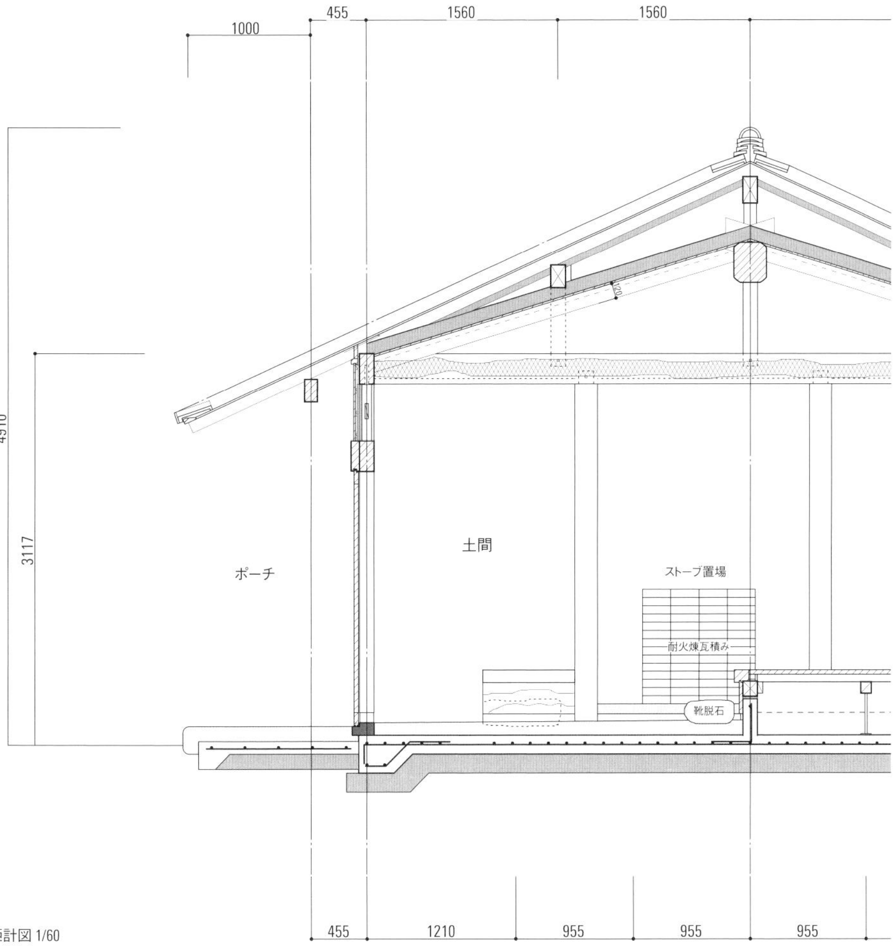

矩計図 1/60

構造・階数	木造軸組・1階建・ベタ基礎
敷地面積	377.00㎡
建築面積	123.22㎡
延べ面積	117.04㎡
外皮面積	299.03㎡
屋根〜天井	和瓦・アスファルトルーフィング(遮熱塗料付)・杉野地板15・ポリスチレンフォーム50・小屋裏空間・ポリスチレンフォーム100・防湿シート・杉板15
外壁〜内壁	杉板15竪羽目・防湿シート・ポリスチレンフォーム20+20(二重張り)・竹小舞土壁塗漆喰仕上80(真壁)または漆喰塗り・竹小舞土壁60・ポリスチレンフォーム30・竹小舞土壁90・竹小舞土壁塗漆喰仕上60(大壁
床〜地盤面	杉板30・床下空間490・一部三和土叩き仕上げ120・べた基礎コンクリート150・防湿シート・砂利150
建具の構成	木製製作建具
ガラスの仕様	ペアガラス
日射遮蔽部材	庇・すだれ
断熱補強部材	断熱建具
実開口面積比率・開放面積比率	40.3%・45.9%
Q値	2.8W/㎡K(2.7)
μ値	0.057(0.07)
U_A値	0.77W/㎡K(0.87)
m_C値	5.43W/㎡K
m_H値	6.40W/㎡K
C値	未測定
太陽熱利用	①:屋根液集熱式ソーラーシステム(太陽熱集熱パネル4㎡・給湯器接続なし・貯湯槽200L)
電気	②:電気温水器(4.7kW、貯湯槽370L)
バイオマス燃料	③:薪ストーブ(14.6kW)
暖房方式	③の薪ストーブ
冷房方式	なし
全般換気方式	第3種換気
給湯方式	②の電気温水器による
施工者	(株)菅組

豊後高田市

IVb に

6 H4 A4

豊後高田市2エコハウス／田染荘の家

所在地｜大分県豊後高田市田染小崎2803-1
設計者｜(株)安藤剛設計室 安藤剛

- 越屋根と塔屋による重力換気
- 土壁内断熱の採用
- 自然素材を多用した通り抜け土間
- 限界集落を再生させる装置としての試み

歴史･自然を活かしたエコハウスをめざして

豊後高田市は六郷満山文化ゆかりの国宝「富貴寺」や宇佐神宮の荘園跡で中世の原風景を残す「田染荘」など豊かな自然と歴史文化に恵まれた地域である。

この豊かな自然を活用したエコハウス建設を通じて、地域の建築事務所や工務店にエコハウスに対する知識や技術を高めてもらい、環境負荷の少ない住宅建築を促進するとともに、地域の木材等の自然素材を使用した省資源･省エネルギー化の住宅の普及による家庭部門からのCO_2排出量の削減を目的に本事業に応募した。

800年の歴史が残る田染荘

昭和の初め、豊後高田市の農村地域の住宅で多くあった「土壁と土間のある家」にふさわしい自然環境に恵まれた敷地に建設を計画した。

建設地周辺には800年前の荘園の姿が残りその周辺には、棚田や神社、鎮守の森やお寺など国東の六郷満山文化を醸し出す環境が多数ある。また、小川や里山などの自然環境にも恵まれており、自然エネルギーを多く活用できることから、豊後高田市田染小崎地区を一つの建設地とした。

検証

田染荘の家は、伝統工法を採用しつつなるべく断熱性を高めたうえで、土壁と土間の蓄熱性を利用している。冬期にはダイレクトゲインによる集熱と蓄熱によって室温を高く維持し、夏期には高蓄熱性による恒温性を利用して室温を安定させ冷房が不要となる住宅をめざしている。冷房機器は設置していない。しかし、2010年度から調査を進めるにつれ、2階は小屋裏よりも相対的に室温が高く、南の下屋からの照返しもその要因になっていると考えられた。本住宅は深い庇で日射遮蔽を行っているものの、断熱が強化された住宅においては室内に侵入した熱が逃げにくいため、2階のような、照り返しによる日射取得が大きい部屋ではより一層、日射遮蔽を慎重に計画する必要があることがわかった。そこで、よしず(1階)、日射遮蔽シート(2階)を設置した2012年の最暑期には1、2階の温度差が縮まり、ピーク時の室温低減効果も高まった。8月27日の夜まで窓の開放を行わなかったが、外気温の変化に対して居室の温度変化は小さく、外気温が最も高くなる30℃を越すピーク時でも室温はそれほど上昇していない。これは日射遮蔽と土壁･土間の蓄熱性能によるところが大きい。また、PMVで評価したところ、2階でも室内は快適な環境に近づいており、これにナイトパージ(夜間のみ窓を開放する)を用いることで、ほぼ全日快適域に含まれた。

(北九州市立大学 福田展淳)

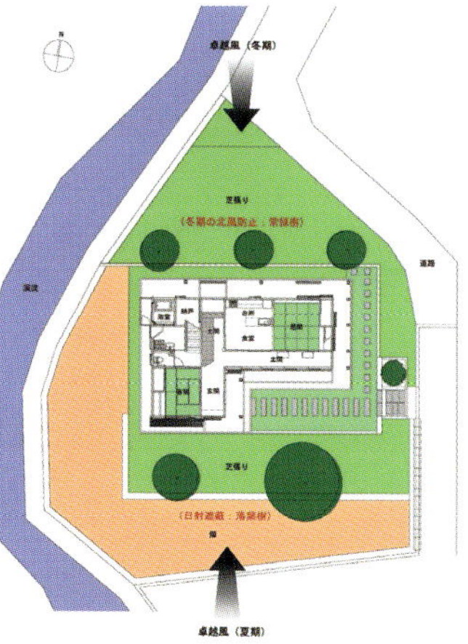

配置・1階平面図

玄関ホールと塔屋吹抜け

玄関から中土間

Uターン世帯向の地域性と省エネ性を優先して

豊後高田市のエコハウス事業は、市の定住政策に基づいた居住者イメージを想定している。田染荘の家ではUターン世帯が里山で田舎暮らしができる住まいとした。形としてのデザインよりも「地域性」と「省エネ性」を基本的な評価基準とし、環境基本性能を引き出す技術や方法論を重視した。

地域性については、建設地の気候、風土、敷地の周辺環境をどう解釈して、快適で長寿命の住宅に結び付けるか、建材や各種の工法、材料が地域の特性に合致しているかを設計者選考にあたっての大きなポイントとした。

省エネ性については、①環境基本性能の確保、②自然・再生可能エネルギー活用、③エコライフと住まい方に、いかに応えているかを評価した。

設計のコンセプト

田染荘といわれる800年の歴史をもつ荘園があるこの地域にUターン者(子育て世代〔夫婦と子ども2人〕)が里山で田舎暮らしができる住まいとして、健康を脅かすことのないように自然素材を多用した住まいづくりを想定。また、日本の伝統工法である木造軸組工法を採用し伝統的な木組みを表現した構造としている。

・平面計画・断面計画

夫婦と子ども2人のUターン家族の生活を想定し、主寝室と子供室を2階に、1階には地域との交流と家族の団欒空間である居間・食堂・客間そして土間空間からなる構成とした。

・里山における自然風の活用／冬期と夏期の卓越風を考慮し、南北から吹き込む風を季節に応じて取り込む構成として、玄関から南北軸に通り抜け土間を配置。
・排気塔と導光手法としての塔屋／夏期は温度差換気を有効に利用するため、塔屋開口部において開口部の高低差を大きくし、換気量を増大させた。そのための装置として吹抜け部に畳2畳分の手動開閉扉を設けている。夏は通風のため積極的に開放し、冬期は塔屋の開閉扉を閉じることにより、暖気の流出防止を行う仕掛けである。また、吹抜けによる導光で奥行きの深い空間への視覚的な快適性を向上させることを意図している。

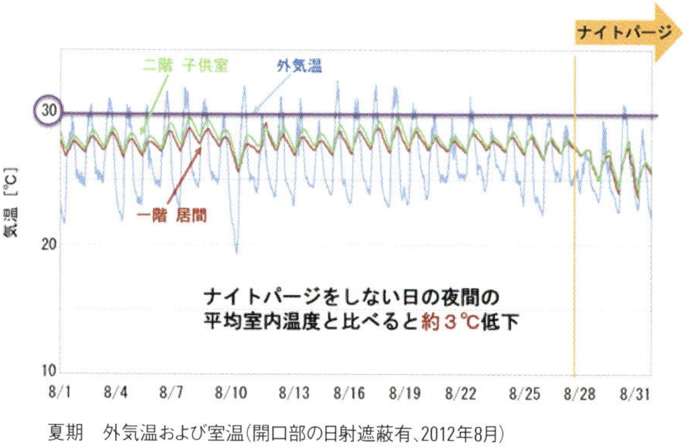

夏期　外気温および室温(開口部の日射遮蔽有、2012年8月)

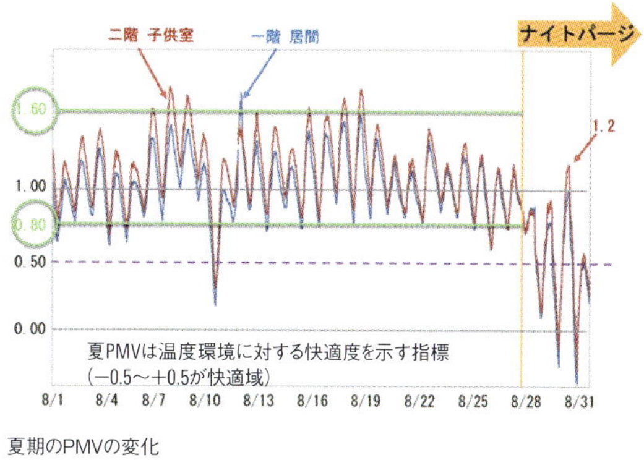

夏期のPMVの変化

南側全景

居間・食堂・台所

・ダイレクトゲイン方式の採用と断熱性能の向上／通り抜け土間と直交し、居間・食堂の南側に設けた土間空間はUターン世帯が地域の住民達と交流する場として設定しているだけでなく、南面の開口部（全面）からの日射熱を土間・土塗り壁に蓄熱し、断熱性能を高めることにより、熱損失を抑え暖房エネルギーの削減を行うための装置としても計画した。

完成後の活動

・エコハウスの展示見学会

豊後高田市2エコハウスでは、だれでも気軽にエコハウスモデル住宅を訪れて見学できるようにしている。また、見学者によりエコハウスを理解してもらうため、外壁の断面模型の展示や、施設の概念図の展示、自立循環型住宅のパンフレット等を配布している。

・エコハウスの体験・体感

さらにエコハウス設計手法に関する要素技術の情報提供だけでなく、エコハウスに対するイメージとライフスタイルが融合できるようエコハウスでの居住体験を行っている。居住体験を通じて、豊後高田市の豊かな自然環境とエコハウスに対する理解をより深めてもらい、市への移住促進とエコハウスの建設普及促進を図っている。

・研究教育活動

北九州市立大学ではエコハウス建設後から、豊後高田市の2つのエコハウスを活用した住宅の温熱環境の調査研究を継続して実施している。

設計者のコメント

気候風土を重視した長寿命設計

豊後高田市の気候を考えると、何よりも夏の過ごしやすさへの配慮が求められる。地域の卓越風は南北方向で季節によって変わる。南北に均等に開口部を設け自然通風で夏を過ごせるように考えた平面プランとした。

また、南側に設けた土間空間は深い庇との組み合わせで居間・食堂への強い陽射しを遮る緩衝スペースとした。

地域性を考慮した工法、材料の採用

豊後高田は昭和の町で知られている。市内には在来木造の住宅がまだ多く残り、木材、石、土、竹などの地域の自然素材でつくった家が多い。エコハウスもこの地域に多い建築様式である伝統工法と材料でつくるように心掛けた。但し、小舞壁の中に硬質ウレタンフォームの断熱材をサンドイッチし、住宅の省エネルギー性能を高めた。

自然エネルギーの活用

環境共生住宅の手法としては、自然エネルギーの活用に心掛けた。蒸し暑い夏は、重力換気を利用し開閉式の天井板を介して塔屋から風を抜く手法を、冬は居室の前の中土間にダイレクトゲインで日射熱を蓄える手法がそのための取り組みである。

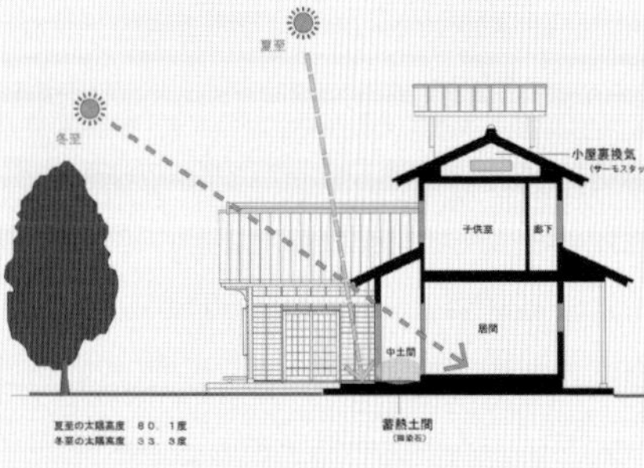

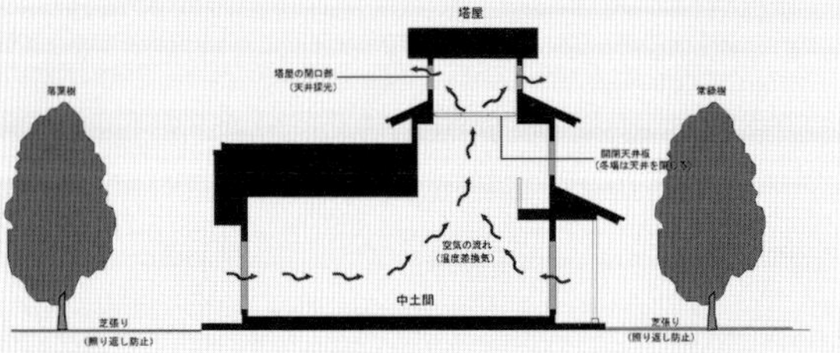

1階平面図 1/400

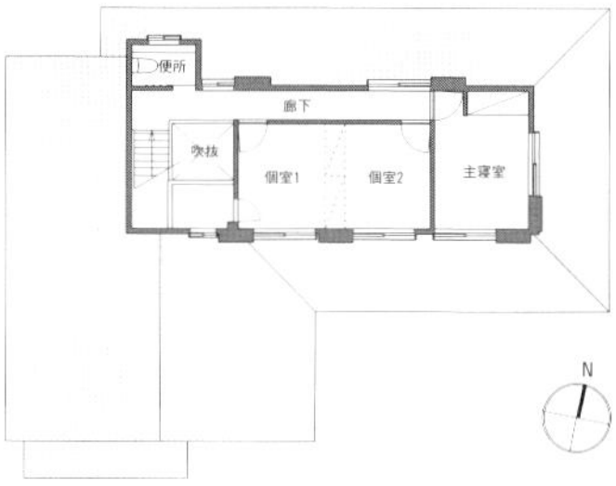

2階平面図 1/400

構造・階数　木造軸組・2階建・ベタ基礎
敷地面積　851.63㎡
建築面積　113.95㎡
延べ面積　148.00㎡
外皮面積　—
屋根～天井　和瓦・アスファルトルーフィング22kg・杉板15・ポリスチレンフォーム100・杉板12・小屋裏空間・高性能グラスウール16K 200・杉板15
外壁～内壁　漆喰塗り・ラスモルタル15・透湿防水シート・下地板12・空気層18・高性能グラスウール16K 50・竹小舞土壁塗漆喰仕上70
床～地盤面　桧板15・杉板12・ポリスチレンフォーム60・杉板12・床下空間250・土間コンクリート150・防湿シート・砕石120
建具の構成　木製製作建具
ガラスの仕様　ペアガラス
日射遮蔽部材　木製ガラリ戸
実開口面積比率・開放面積比率　15.9%・31.8%
Q値　3.5W/㎡K(2.7)
μ値　0.082(0.07)
U_A値　1.00W/㎡K(0.87)
m_C値　12.23W/㎡K
m_H値　21.55W/㎡K
C値　未測定
電気　①:電気ストーブ
ガス　②:従来型ガス給湯器(プロパンガス使用)
灯油　③:開放型石油ストーブ
暖房方式　なし
補助暖房　①の電気ストーブと③の石油ストーブ
冷房方式　なし
全般換気方式　第3種換気
給湯方式　②の従来型ガス給湯器による
施工者　(株)三明工務店

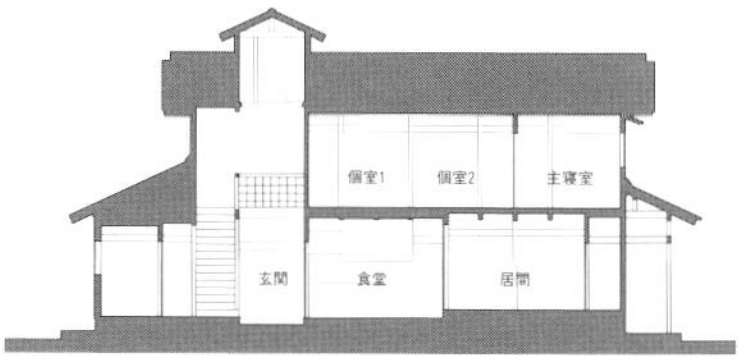

断面図 1/400

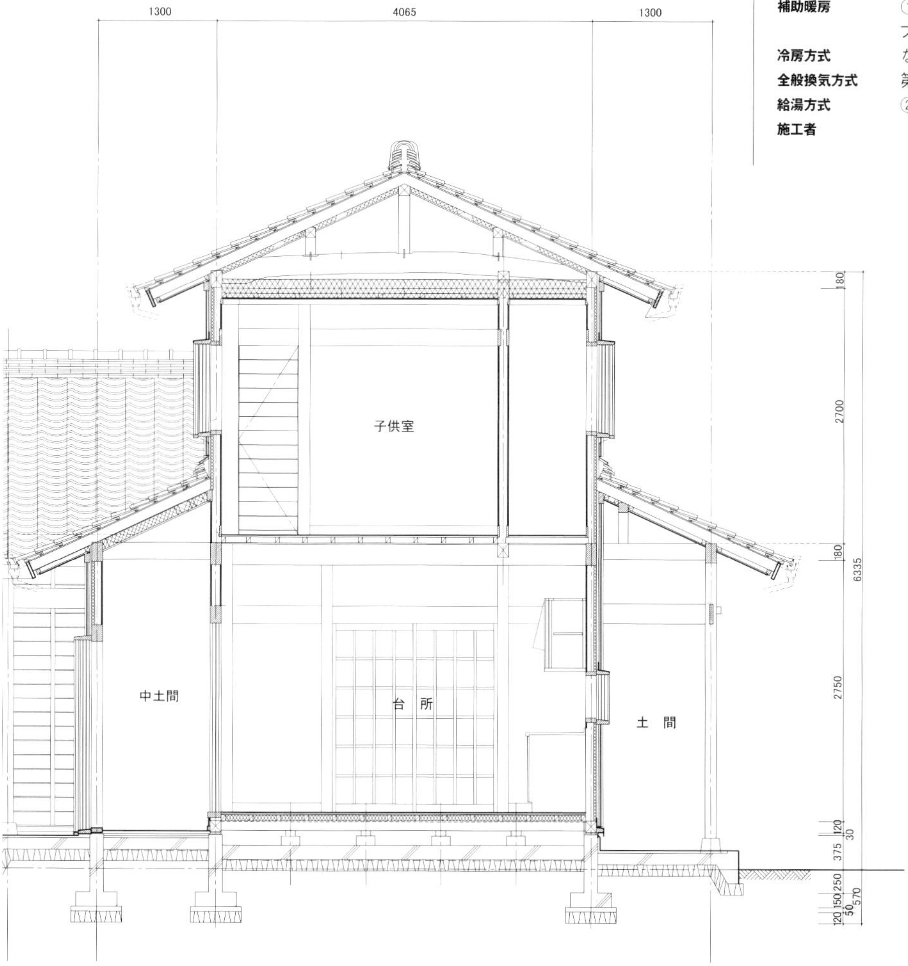

矩計図 1/80

空気循環システムの事例から

室内の温度むらの緩和

「室内空気循環システム」とは「温度むらの解消」「有効に利用されていない暖かい空気の利用」を目的にファンを用いて室内の空気を循環させるしくみ。高知県および山梨市エコハウスほかの事例をここで紹介する。一方「パッシブ換気システム」は空気の温度差を利用して住宅の全般換気を行うしくみ。循環と換気は異なるが、2つのシステムは、温度むらの緩和を実現している点で共通しており、エコハウスを考える上で有益な情報となるので併せて紹介する。

パッシブ換気システム

平成15年に「シックハウス対策に係る改正建築基準法」が施行された。機械換気設備設置の法制化は、空気の流れのデザインという、設計者には魅力的な工夫の要素を減じたという見方もあった。その中で温度差を動力とする自然換気、いわゆる「パッシブ換気システム」の研究は北海道立北方建築総合研究所などにより熱心に進められた。パッシブ換気・床下暖房システムの紹介にその成果が表れている[図1]。寒冷地で注目されたパッシブ換気であるが、住宅の断熱化が進み、室内外の温度差をつくれるようになった今日では温暖地でも積極的に研究する動きが生まれている。夏期に不足する換気量の確保などに工夫を要するが魅力的なシステムである。

空気循環システム

高度な断熱・気密性能とこれに相応しい暖冷房計画が施されている建物では、室内の上下温度差や温度むらの極めて少ない環境をつくることが技術的に可能である。一方、設計与条件から、高度な断熱・気密性能というレベルに届かないケース、吹抜けや大きな開口部、また高温を発するストーブの設置など、温度むらの原因となる要素を含んだ設計となるケースもある。こういったケースでは「空気循環設備」が一定の効果を発揮する。そのような空気循環システムが、高知県エコハウス・山梨市エコハウスで用いられている。同時期に筆者が設計したS邸の空気循環システムでは、その後の自立循環型住宅・実証研究により計測結果が得られている。3棟の実例を紹介する。

写真1　高知県エコハウスの空気循環用ダクト

・3層分の吹抜けのある二世帯住宅

まちに開く・閉じるのメリハリ、家族の繋がりを重視する設計意図。3層分の吹抜けを核とし、仕切の少ない部屋構成に2組の暖冷房換気システムを設置。高い断熱性能の窓を採用してもなお生じる吹抜けの上下温度差への対処として、縦ダクト（200φ）とファン（630～450㎥/h）を設置。その効果で冬期1階床下内は5度ほど上昇し、19～20度の冷たくない床になった。ポイントは、①騒音や振動防止対策、②断熱ダクトの採用、③消費電力の小さいファンの選択など。室内が静寂なため、「音や振動が気になる」との住まい手の指摘により竣工後にファンを洗面所の床下に移設した[図2]。

・高知県エコハウスの空気循環

親世帯の棟において基本設計進行中に基礎断熱化の方針が決まり、同時にペレットストーブの暖気を天井付近から床下へ送る縦ダクトが計画された。傾斜地に建ち、吹きさらし部分のある基礎空間だが、断熱化・暖気送風により冷たくない床を実現できた[写真1]。

・山梨市エコハウスの空気循環

バイオマス燃料の普及に熱心な山梨市の推奨により、居間に設置されたペレットストーブの暖気は、吹抜けを介して2階の頂部空間に集まる。これを縦ダクトで床下へ送風。ファンは床下に設置され、騒音を一切感じさせない。展示・解説目的を重視した仕様のため、ダクトに断熱がない。床下に到達する途中、暖気の室内空間での放熱が推測される。

躯体の断熱・気密性能の重要性

今日「パッシブ換気システム」や「空気循環システム」の研究が温暖地でも盛んになっている理由は、断熱・気密性能の向上や消費電力の小さいDCファンの普及が考えられる。空気の流れの計画が可能な、断熱・気密性能の優れた躯体であることが基本条件となる。今後の温暖地での研究の蓄積が期待される。

（（株）寺尾三上建築事務所 寺尾信子）

図1　「パッシブ換気システム」リーフレット（監修＝北海道立北方建築総合研究所）＊抜粋

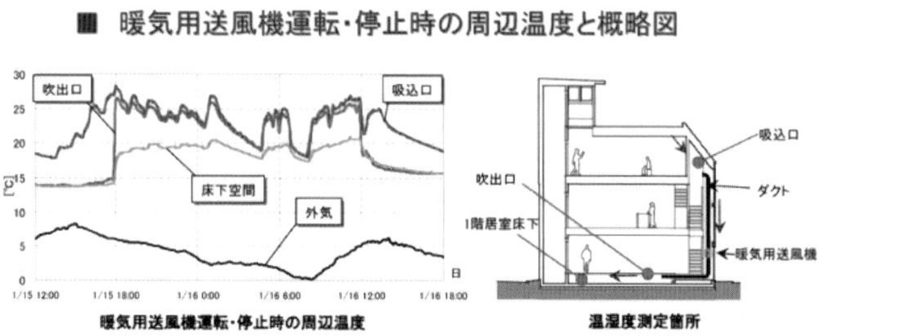

図2　2011年度日本建築学会大会報告、「住宅密集地に建設された二世帯住宅におけるエネルギー消費量に関する評価（その2）、大島光生、佐藤務、田島昌樹、峰野悟、桑沢保夫、河野由美子、秋元孝之、による

4章｜蒸暑地におけるエコハウス

夏期の蒸し暑い気候条件が特性の蒸暑地でも、住宅省エネルギー基準で、7(旧Ⅴ)地域に規定されている水俣市や高知県と、8(旧Ⅵ)地域に指定されている宮古島市とでは大きく気候風土に差があり、生活スタイルも異なる。7(旧Ⅴ)地域においては冷房負荷と同じくらいの暖房負荷が存在するのに対して、8(旧Ⅵ)地域では暖房負荷は極めて少なく冷房負荷が卓越している。

水俣市エコハウスでは、「足るを知る住まい」をキーワードに夏期の冷房負荷を極限迄少なくする視点から、通風を重視し、冷房設備のないエコハウスとして設計されている。こうちエコハウスにおいても同様の試みがなされている。そのための手法として、大開口のサッシで風通しのよい環境を目指している。

宮古島市のエコハウスは夏期の蒸し暑さ対策について通風よりも日射遮蔽に重きが置かれている。

沖縄地方特有の「花ブロック」を日射遮蔽素材とし、複数の外皮を重ね、「グラデーション」と設計者が称した開口部を「閉じつつ開く」手法で、見事に強い日射を柔らげ、あわせて通風をも確保している。

夏の冷房が設備機器に頼らない設計を行っているのに対し、冬の暖房についてはそれぞれのエコハウスで異なった提案がなされている。冬期の気温が10度を下回ることが殆どない宮古島市においては暖房設備が不要であることはいう迄もない。高知県エコハウスでは暖流による温暖な気候に依拠し、特段の暖房設備はないが、水俣市エコハウスにおいては、薪ストーブによる局所暖房をとりいれている。水俣市エコハウスでは地産地消の暖房エネルギーを裏山の薪に依拠している。

このように、同じ蒸暑地でもエコハウスとしての取り組みが異なる地域における性能設計の在り方を4つのエコハウスの事例をもとに整理する。

1. 8(旧Ⅵ)地域では、夏期を旨として外皮の設計を行うべきであり、宮古島市エコハウスではそれが実践されている。一方、7(旧Ⅴ)地域では6(旧Ⅴb)地域以北に比して総量は小さいものの暖房エネルギーの削減が考慮されるべきであり、冬期の室内温熱環境の改善のためにも外皮設計における考慮が不可欠である。水俣市エコハウスでは後者については深い軒庇と窓など開口部設置の配慮によって通風通気が促進されている。しかし、冬期のための断熱材の確保、隙間防止対策に関しては課題が見られる。自然素材を活用した躯体の断熱化や地元の建具業者の制作した木製建具と断熱補強部材の活用に関する試みは伝統的木造住宅や地方の建設業界が今後試行錯誤により「省エネ義務化」に向けて技術的な工夫が求められる重要事項の一つである。

2. 蒸暑地では7(旧Ⅴ)地域においても8(旧Ⅵ)地域にあっても夏期の日射制御の設計手法は重要である。宮古島市1エコハウスの花ブロックによるダブルスキンの構造において、日射遮蔽は地域の伝統的な技術であるとともに、その有効性が今回の取り組みで確認された。また、7(旧Ⅴ)地域の水俣市エコハウスでは、台風対策や夏の日射遮蔽のために1mを超える深い軒の出と長い庇が設けられており、夏期の日射遮蔽には有効に機能し、また、日中の十分な照度も確保している。しかし、冬の日射取得率が落ちる傾向にあることから主開口方位設定とあわせて、簾などの日射遮蔽部材と窓仕様の計画が他の地域にも増して重要であり、蒸暑ならではの技術開発が求められる。

3. 蒸暑地では夏を旨とし、開口部を大きくとり夏期や中間期の通風を重要視したエコハウスが多く見られる。模擬居住調査において卓越風を考慮し日射遮蔽を行いながら室内に風をとりいれた宮古島市1エコハウスでは、通風により室内の温度ムラが解消されることが確認された。しかし、水俣市エコハウスのように風上側に比べ風下側の開口部を小さくし過ぎると通風経路が限定されリビング居住域でも涼感が得られない場所ができやすくなり、通風が排熱程度に留まる恐れもある。蒸暑地においても卓越風向を考慮した開口部、通風経路を阻害しない開口部、風上と風下の開口バランス、居住域の通風経路の短縮化などの設計手法が求められる。

4. 夏を旨とした蒸暑地では、窓を大きく開放することを前提としており、機械換気に頼らない設計手法が求められる。建築基準法で定められている0.5回/h以上の換気量を確保しつつ、自然素材など内装材の工夫で住宅内の空気環境を安全・快適に保つことを目指した水俣市エコハウスの事例など蒸暑地ならではの設計手法が重要である。

5. 8(旧Ⅵ)地域の宮古島市の2つのエコハウスには暖房はなく、7(旧Ⅴ)地域の水俣では薪ストーブによる暖房のみである。しかし、蒸暑地でも冬期の暖房を必要とする地域は多い。一次エネルギー消費量に占める冷暖房の占める割合から見ると7(旧Ⅴ)地域においては省エネルギーの視点からの冷暖房設備の選定は重要であり、適度な暖房性能を確保しつつ、通風重視の開口部設計を考慮した全国一律でない蒸暑地向けの冷暖房システムの整理が望まれる。

6. 蒸暑地は晴天日が多く、太陽光・太陽熱など、自然エネルギーの活用が期待される。宮古島市1エコハウスでは給湯に太陽熱を利用しており、一日当たりの給湯用消費エネルギーはゼロである。太陽光発電については、台風の影響を考慮して、また、需要側のCO_2排出量が少ないこともあってパネルを非搭載であったが、設置条件によっては1400から1500kW/hの年間発電量を確保できるため、相当量の太陽光パネルを搭載していれば大きな発電量が期待できる。水俣市エコハウスでは、台風時の被害を避けるため、屋根ではなく地盤面に設置している。この場合は自己日影も含め、十分な日照時間を得られる位置の選定が重要である。

蒸暑地では、総じて太陽エネルギー利用に有効な地域である。屋根面積や傾斜角など設置条件を整理し、積極的な太陽光・熱など自然エネルギーの活用が望まれる。

高知県

こうちエコハウス

V ほ
7 H5 A4

所在地｜高知県南国市緑が丘1丁目1201-5
設計者｜(株)細木建築研究所 細木茂

ローテクとハイテクの2棟構成による試み
伝統的な自然素材の活用
通風によるエアコンなしの試み
傾斜地を利用した配置と断面計画

年間降雨量の多い地域高知

高知県は高温多湿の気候であり、全国有数の年間降雨量の多い地域である。また、冬期は極寒という訳ではないが、1日の最高気温が10度を、最低気温が0度を下回る日が少なくない。そして、地形は山地が多く森林面積の割合が84%と、全国一である。そのため、植林が盛んに行われ、森林の3分の2が杉、桧といった人工林となっている。以上の理由により、高知の住宅には、雨風から建物自体を守ること、夏の暑さ、冬の寒さに対応することが求められ、高知県の豊富な木材を利用することが地域性を活かした建築につながってくる。この「こうちエコハウス」は、高知の地域性を活かしながら、CO_2排出量を極力抑えた建築としている。

風土に適した住宅の普及

高知県では、木材や土佐漆喰、土佐和紙などの伝統的な自然素材をふんだんに取り入れ、高知県の風土に適応した、夏は涼しく冬は暖かい住宅を建築する技術が発達した。

こうした建築技術を取り入れた「こうちエコハウス」の普及により、低炭素社会の実現と併せて、県産木材や伝統的な自然素材の活用促進による地場産業の振興、また太陽光発電などのエコ技術の導入による環境関連産業の振興、さらにはエコ住宅の建築需要の増加による住宅関連産業の振興につなげることを目的としている。

検証

高知県エコハウスは、南側に1階建てのバイオマス棟、北側に2階建てのソーラー棟を並行配置し、玄関ホールでつなぐ構成が特徴の二世帯住宅である。分棟とすることにより、両世帯での採光や通風を確保することを狙っている。しかし中間期の照度計測において、バイオマス棟1階リビングの照度に対しソーラー棟1階子供室の照度は日中常に2割程度しか得られていなかった。子ども室は意図的に北側採光とし、落ち着いた部屋となっている。一方でソーラー棟2階リビングにおいてはバイオマス棟1階リビングと同程度の照度が得られており、豊富に太陽光を取り込んでいる。また実測での室温変動を見ると、屋根空気集熱式ソーラーシステム稼働時にソーラー棟2階リビングで最高28.3度、1階子供室で最高27.1度、またペレットストーブ稼働時にはバイオマス棟1Fリビングで最高27.1度と、オーバーヒートの挙動が見られる。本物件はQ値3.4W/㎡Kと平成11年基準（V地域:2.7W/㎡K）は満たしていないが、そもそもの暖房負荷は小さいためにオーバーヒートしやすく、大出力の暖房設備の導入については留意する必要がある。夏期も日射侵入時に冷房負荷が増加する可能性もあり、日射制御は重要となる。

バイオマス棟／居間食堂

ソーラー棟／居間食堂

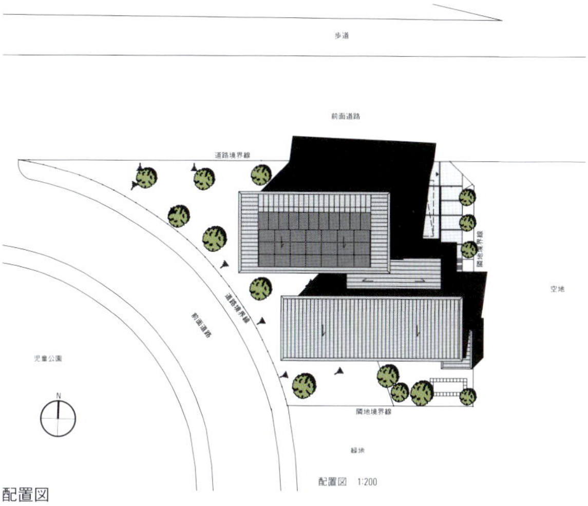

配置図

ローテクとハイテクの組み合わせ

バイオマスを用いたローテクなシステムからなる南棟、ソーラーシステムを採用したハイテクな北棟、それを玄関ホールでつなぎそれぞれを自由に比較体験できる提案が、コンセプトも明快で、地域へのアピール性も高いと評価された。

光、通風、断熱の3つの要素を満たすことを基本とする

構造は木造在来軸組工法とし、内部、外部ともに県産木材をふんだんに使用した。構成は、建物を大きく北棟と南棟に分け、両方の棟を玄関ホールでつなぎ、2世帯住宅、核家族で住む住宅、夫婦2人で住む住宅として対応できるよう、それぞれのシミュレーションを可能としている。北棟は太陽光熱ハイブリッドシステムを用いたソーラー棟とし、南棟は木質ペレットボイラーとペレットストーブを用いたバイオマス棟とし、北棟、南棟はそれぞれの南面、北面に大きく開口部を設け、通風採光を確保する。ともに庇を大きく設け、十分な断熱を施す。これにより、自然光、自然風を最大限に活かし生活することが可能な建築としている。なお、深い庇は風雨から建物を保護する役目をもつ。また、玄関の土間スペースに十分な面積を確保し、玄関土間空間とポーチとを一体化させ、地域の人々が集まってコミュニケーションをとることが可能な空間を設けている。また、エアコンは取り入れることを避け、エアコンなしでどれほどの住環境を整えることが可能かを試みている。

平面計画

敷地は自然豊かな住宅地内にある不整形をした傾斜地である。この場所で採光と通風を最大限確保するため、平面

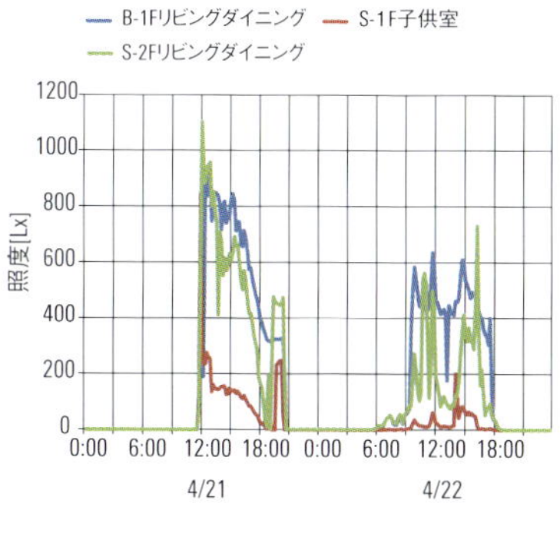

昼光利用時の室内照度の推移（2011年4月）／ソーラー棟1階では昼光を得にくい

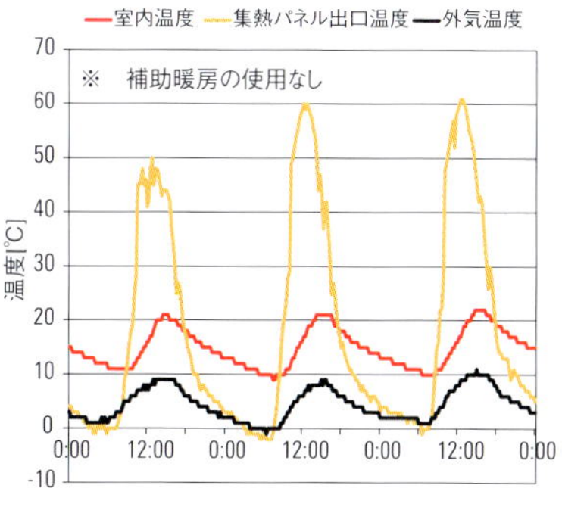

ソーラー棟室温（2013年1月26日～28日の厳冬期）／ソーラーシステムによりピーク時の室温は20度に到達

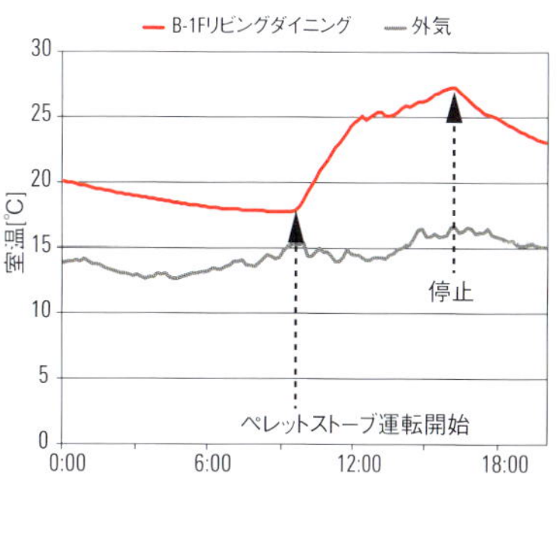

バイオマス棟の室温変動（2011年4月22日）／ペレットストーブを運転すると急激に温度が上昇

形状を東西に長くとり真南にむけ、北側の棟をソーラー棟、南側の棟をバイオマス棟としている。それぞれの棟には大きく開口部を構え採光、通風を確保している。

南北面の開口部

南北に大きな開口部を構え、1.2mの出の庇を備えている。この庇は四季の日射量を調節する役目とともに、高知の激しい雨風から外壁を保護する役目を兼ねている。窓はLow-Eガラスを使用し、断熱アルミサッシとしている。南のバイオマス棟は内障子を設け、北ソーラー棟1階寝室はハニカムスクリーンを設けている。その他はバーチカルブラインドとし、それぞれの温熱環境に与える影響を比較した。これらにより、夏期の通風と冬期の日照確保を試みている。ソーラー棟北面の木製ルーバーは、内部のプライバシー確保とともに、夏期の西日を遮断する役割をもつ。

断熱計画

断熱材は、屋根、壁はセルロースファイバーを用いた充填断熱としている。天井面は上り梁の間に185㎜、壁は90㎜としている。床は、基礎断熱。基礎の内側にポリスチレンフォーム3種100㎜を敷き詰め、床下の空気と室内の空気を循環させている。

西外観

太陽光熱ハイブリッドシステム

北側のソーラー棟には、太陽光熱ハイブリッドシステムを配備。これは、太陽光発電パネルと空気集熱式ソーラーシステムを組み合わせたもので、太陽光発電パネルと屋根面との間に通気層を確保し、そこから熱を回収しその回収熱を暖房、給湯に利用している。これにより、発電パネル裏側の温度上昇を抑え発電効率の低下を防ぐ。

バイオマス利用

バイオマス棟にはペレットストーブを備え、高知県産の木質ペレットを燃料としている。そして、ストーブによって温められた空気を、ファンによりダクトを通して床下に送り込んでいる。

バイオマス棟は、木質ペレットボイラーによる給湯を試みている。

「エコ建築カフェ」

これまでに多くの見学者があり、エコ技術の体験や、エコ建築工法などの普及が行われている。また、建築や環境に関する勉強会やイベント等の会場としても利用されている。平成25度からは、若手建築家が土曜日に常駐し、見学者への案内や相談に応じている。地元テレビ局の番組で紹介するエコ建築住宅をテーマに、設計者や施工者、建築の専門家などを囲んで気軽にエコ建築やエコ技術について語り合う「エコ建築カフェ」も第二・第四日曜日の午後に開催されている。さらに、Facebookを活用した情報発信や交流など高知県では、「こうちエコハウス」の広報に力を入れている。

設計者のコメント

高知県環境共生型住宅モデルハウスは、「こうちエコハウス」と名付けられ、モデルハウスとしての機能の他に、建築や地域に関するセミナー、イベント事、展示会、などが行われている。これらにより、地域とのコミュニケーションをはかり地域に馴染んでいくこと、建築やエコの勉強会などを通して新たな試みや展開が期待される。また、自然素材を主として使用したこの建築が、これから年月を経ていき、どのように内部外部ともに変化をしてゆくのかが検証されることとなる。実際に目のあたりにした人々に、深みを帯びてきたと感じられるのか、単に古びて汚いと感じられるかは今後の楽しみでもあり、不安な部分でもある。この建物が大事に使われてゆくかどうかということや、このエコハウスの建築としての意匠が時代の流れに対応しうるものなのかどうか、などが重要な要素ではないだろうか。

その地域に根付いた素材を扱い、その地域の環境に適した形状、形態をもち、その時代の要求に応えることのできる建築が最も必要な建築ではないかと考える。そういったものは、地域性、住み手、作り手それぞれのオリジナリティーを自ずと反映したものとなるだろう。

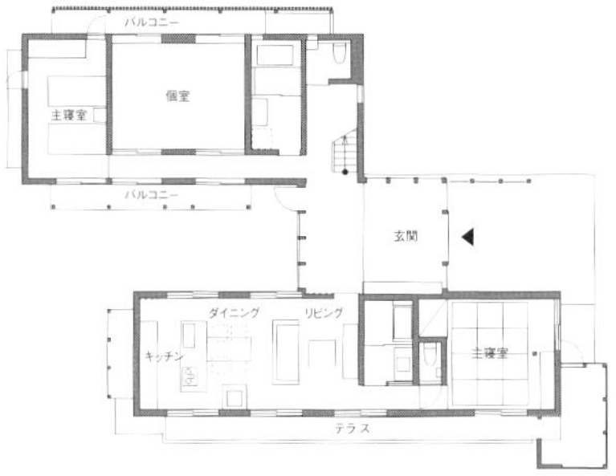

1階平面図 1/400

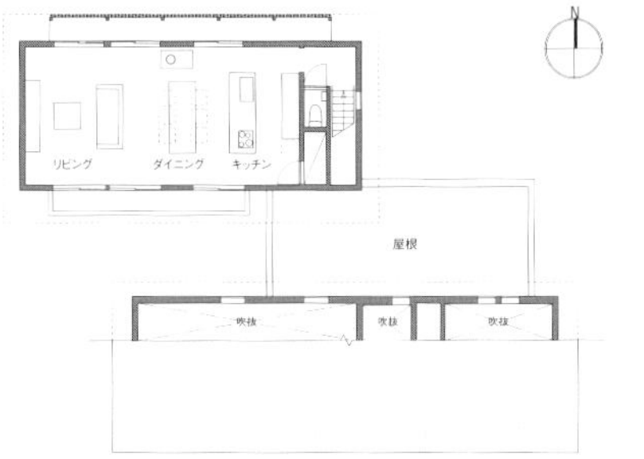

2階平面図 1/400

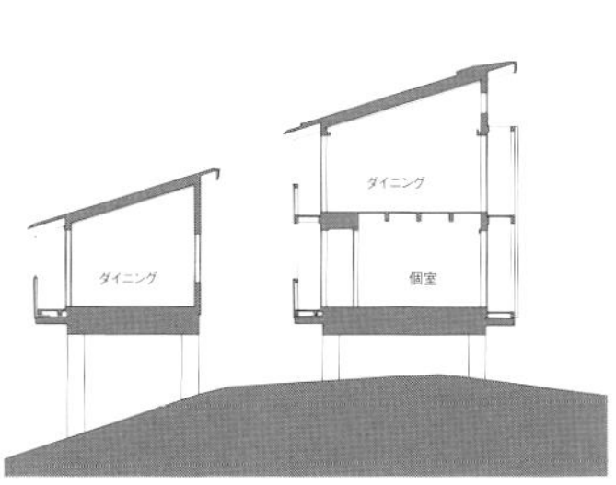

断面図 1/400

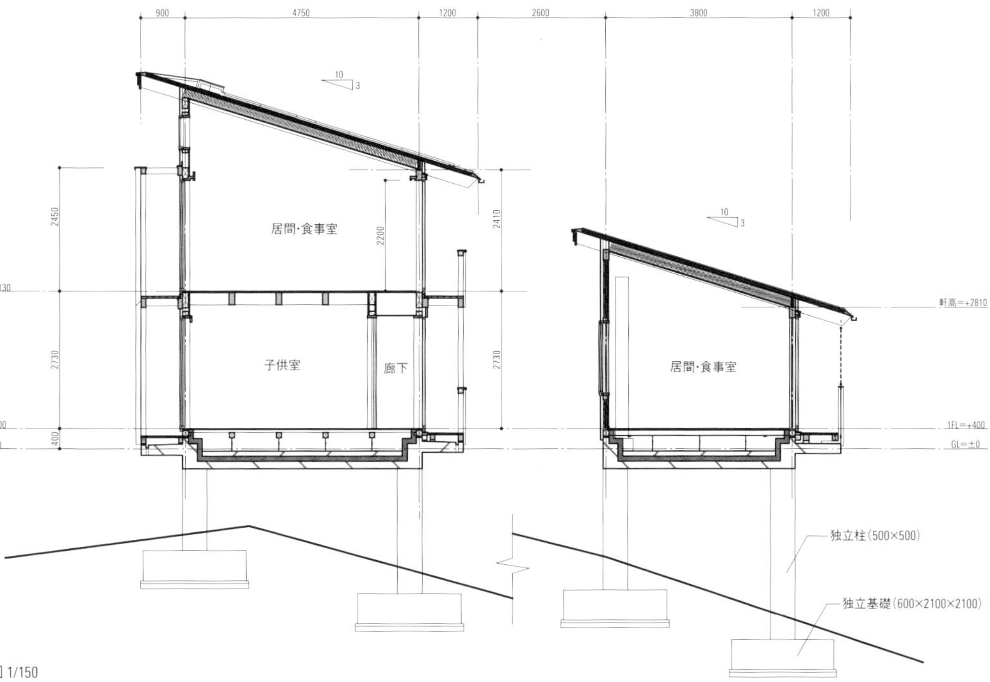

矩計図 1/150

構造・階数	木造軸組・2階建・柱梁構造
敷地面積	500.01㎡
建築面積	158.09㎡
延べ面積	202.70㎡
外皮面積	562.90㎡
屋根～天井	鋼板0.4・アスファルトルーフィング・PB12.5・構造用合板12.5・通気層45・遮熱シート・構造用合板12.5・セルロースファイバー185吹込み・杉板12
外壁～内壁	石灰系三方原土入り左官塗り壁・モルタル20・アスファルトフェルト・通気層15・遮熱透湿シート・構造用合板9.5・セルロースファイバー90湿式充填・砂漆喰塗り10
床～地盤面	ナラ縁甲板15・杉板36・床下空間445・ポリスチレンフォーム100・土間コンクリート150
建具の構成	既製アルミサッシ
ガラスの仕様	ペアガラスLow-E
実開口面積比率・開放面積比率	22.8%・35.9%
Q値	3.4W/㎡K(2.7)
μ値	0.071(0.06)
U_A値	0.95W/㎡K(0.87)
m_C値	12.75W/㎡K
m_H値	22.12W/㎡K
C値	未測定
太陽光発電	2.6kW・屋根面設置
太陽熱利用	①:屋根空気集熱式ソーラーシステム(屋根全面集熱・空気熱源HP給湯器・給湯用貯湯タンク460L)
電気	①の空気熱源HP給湯器/②:空気熱源温水HP熱源(暖房能力6.3kW:COP=4.1)
バイオマス燃料	③:ペレットストーブ(最大6.5kW)/④:ペレットボイラー(30kW・貯湯槽200L)
暖房方式	ソーラー棟:①のソーラーシステム(悪天候時には、①システムのダクト内に設置されたコンベクターに②の熱源による温水が循環することで暖房)/バイオマス棟:④のペレットストーブ
蓄熱 床下空間利用	①による床下空間での空気搬送
冷房方式	なし
全般換気方式	バイオマス棟:第3種換気/ソーラー棟:第1種換気(①が集熱時)と第3種換気(①が非集熱時)が切り替わる
サーキュレーター	バイオマス棟:室内循環ファン
給湯方式	ソーラー棟:①のソーラーシステムによる/バイオマス棟:④による
施工者	(有)勇工務店

水俣市

V に

7 H4 A4

水俣エコハウス

所在地｜熊本県水俣市月浦台地福祉ニュータウン内
設計者｜すまい塾古川設計室 古川保

RC地中梁基礎の伝統木造構法

土壁・三和土・漆喰など自然素材の採用

エアコン・冷房なしにチャレンジ

深い庇による十分な日射遮蔽

環境モデル都市の一環としてのエコハウス

水俣市は海山に囲まれた温暖な気候で、年間降雨量は約2200㎜と多く、高温多湿な地域である。水俣病を経験した水俣市では、人と人の繋がりを重視した「もやい」思想が生まれ、そこから自然との「もやい」にまで発展し、持続可能な社会の形成を目指している。平成4年に「環境モデル都市づくり宣言」を行い、平成13年には水俣エコタウンプランが国の承認を受け、リサイクル関連企業の立地が進むなど、市民と一体となったまちづくりを進めている。こうした背景の中で、市民一人ひとりが生活や暮らしの中で「環境」について自分達ができることを一つひとつ積み重ね、形づくっていく基盤となる「住まい」のモデルを示す為に水俣市エコハウスの事業に着手した。

水俣市月浦台福祉ニュータウンの中に

水俣市エコハウスは市の南部に位置する地域の高台にある「月浦台福祉ニュータウン」に建設されている。この地では、みかん栽培が盛んであったことから、蜜柑園と防風

検証

水俣市エコハウスは7（旧V）地域において、高くない断熱性能が故に生じる温度ムラを許容し、気密性能を低くすることで自然換気を行う設計である。大きな吹抜けに設置された薪ストーブで暖房を行うが、暖気が上昇して吹き抜け上部にたまり、上下温度ムラが生じている。性能検証調査では床上750㎜温度を20度に維持する条件で薪ストーブを焚いたが、床上2500㎜では25度程度と、5度程度の温度ムラが計測された。温度ムラの要因として、吹抜けの空間構成の他に、気密性と断熱性の低さが挙げられる。建築研究所による実測ではC値は22.8㎠/㎡と大きく、平成11年基準値の5.0㎠/㎡の4倍以上である。隙間の内訳としては木サッシ周りが合計約35%を占め、部位ごとの測定で特定できなかった隙間は54.1%に上った。気密測定時に室内を減圧し強制的に隙間から外気が入る状態としたところ、壁と床、壁と天井などの接合部から冷気侵入が見られた。先述の54.1%の多くはこうした細かな隙間によると考えられる。断熱性に関しては計算Q値3.9W/㎡Kとなっており、平成11年基準値の2.7W/㎡Kを満たしていない。また、夜間に障子を閉めることによる窓の断熱補強を考慮した計算Q値を算出すると3.1W/㎡Kとなるものの、やはり平成11年基準値を満たすことはできないことがわかっている。

家族室(リビング)全景

濡れ縁より南面外観

林が地域の原風景となっている。そうした豊かな自然に囲まれた用地は地域コミュニティー再生のシンボルとして再開発されており、エコハウスの立地としてもふさわしい。

水俣らしいエコハウスとして求めたこと

水俣市では、当初エコハウスの構想を策定するにあたり、①温室効果ガス削減に貢献する住まいづくり②生態系に配慮した住まいづくり③自然・風土と共生する住まいづくり④地域の産業が生産する住まいづくり⑤全ての人にやさしい住まいづくり⑥もやいを大切にしたコミュニティーづくりを、エコハウス設計の基本方針とした。

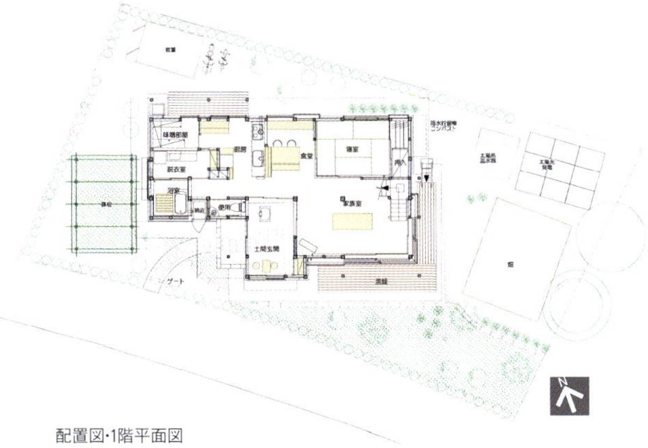

配置図・1階平面図

『足るを知る普通の家』の提案

水俣市エコハウスは前記の6つの方針を具現化する住まいとして『足るを知る普通の家』の考えを採用した。すなわち ①地域性：地元の建材で、地元の職人で、地元の人々に合う、家づくりと暮らし方 ②環境性：自然に対し何も足さない、何も引かない、CO_2排出量の少ない家 ③住まい方：夏は暑くない程度、冬は寒くない程度、昔の知恵から学ぶ日本の家の暮らしである。自然に対して、「何も足さない何も引かない」の精神を基本として必要以上の性能を追求していない。水俣の取り組みは少しの不自由さを楽しみに変えて、次世代もかれることなく自然と共存しながら繋がりを大事にした自立した循環社会の生活ができる新たなチャレンジである。

伝統工法のエコハウス／未来に建築伝統文化をつなぐ

水俣市エコハウスは、南の軒の出を2mと深くし夏期の日射をさえぎりながら、風は南側の大きな開口部から入り

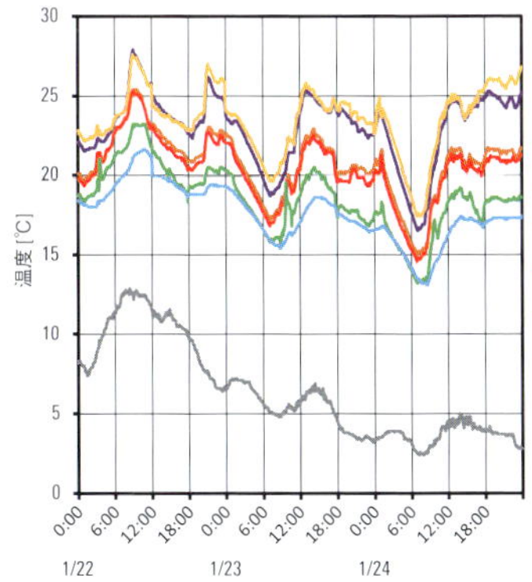

2012年1月の薪ストーブ終日運転時の室温変動低い断熱性能のため上下温度むらは大きい

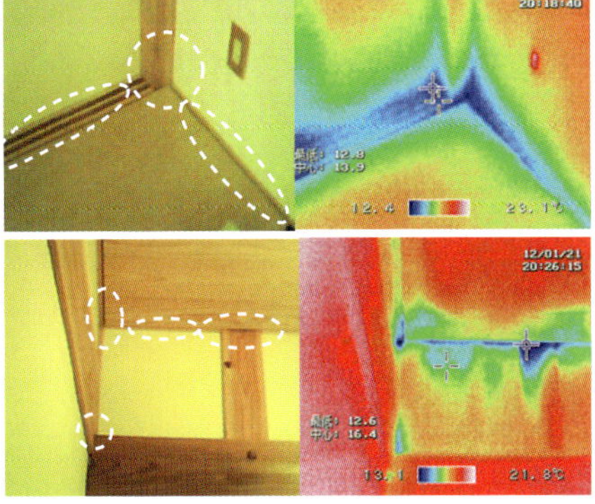

構造材の取り合いで断熱・気密が途切れている箇所が多く見受けられた

北側の窓からぬけることにより爽やかな微風が流れる。土壁のもつ調湿性と蓄熱性も合わせると、夏期は風を採り入れながら吸湿効果で涼感を得、冬期は近くの山で調達できる薪で焚くストーブの熱を蓄熱することで、暖かさが持続することをめざしている。1本1本異なる木を適材適所で使い、木と木を伝統的な仕口や継ぎ手を用いて込栓で留め、金物に一切頼らない地元の職人による手刻みの伝統構法の家は、台風や地震においても粘り強い力を発揮し、将来にわたってメンテナンスも容易で長持ちできる。また床下を開放することで風通しをよくし、白蟻の被害も防いでいる。自然の恵みである水俣の木や竹、土、稲藁、紙でつくられ、それらは役目を終えれば自然へと還り、未来にゴミを残さないなどが設計者の意図である。

体験・体感・学び・実践

水俣市エコハウスの建設過程から、「伝統こども体験会（土壁ぬり）」や「木材見学会」「お月見会」「夜のエコハウス体験会」「建築材料の展示会」など様々な体験・体感イベントを行った。また、「セルフビルド事業」として水俣工業高校の生徒に木材加工から物置建設までを体験・実践してもらった。その他、灼熱セミナー・水俣エコライフスタイルセミナーなど様々な学びの場を設けている。住まいの性能も継続的に実測している。

1階寝室

2階子ども部屋

設計者のコメント

省エネのためには「家のつくりようは冬を旨とすべし」という意見が近頃多くなった。確かに寒冷地では暖房エネルギー費用が20万円/年ほどかかり、省エネのために冬を主体に考えなければならないが、南国熊本では暖房エネルギー費用は2万円/年程度である。費用対効果を考えると、寒冷地と同じように外皮性能を上げるより、6万円/年以上かかる家電や給湯エネルギー費用の削減を優先した方がよいと思う。

夏は風通しを考え、軒は深く、エアコンなしで、扇風機と団扇で暑さをしのぎ、冬は近くの山の木から薪を入手し薪ストーブで暖を採る。

ここ水俣では地下資源のエネルギーをあまり使用せずとも生活できる。昔の日本の暮らしの知恵を生かし、少しの不便さは楽しみに変え、暑さ、寒さを適度にしのぎながら季節を感じるのがよい。室内だけの完成度をあげるのではなく、外部へつながりながら、家庭菜園、縁側での日向ぼっこ、味噌部屋への動線と、暮らし感を体験できるモデルとしての水俣エコハウスである。

断熱性能はあえて平成4年基準（設計Q値は4.3W/㎡K）を目指した。気密性能の数値はやや低く、障子や戸を閉めて換気1.2（回/h）である。温暖地では不自由さは感じない。気密性能をあげると機械換気が必要となり、換気エネルギーが増大するので、兼ね合いが問題だ。

省エネは、運転時のエネルギーだけでなく、生産時や処分時のことも考えなければならない。

木材を資源と考えると日本は資源大国である。竹、土、稲藁は有り余るほどある。木、竹、土、稲藁で造る伝統的な工法の家は、断熱・気密性能において石油製品に若干劣るが、役目が終われば土に戻るか燃やせば煙になる建材では、環境問題など起こらない。生産時・処分時までも考えると伝統的構法は最高の省エネ住宅となる。建築材料を性能にだけ目を向けたらいけない。高性能な建材が環境汚染につながるなら本末転倒である。

特に建材に使われる重金属は、処分時に除去が高額になるので、生産時に処分費用を価格転嫁すべきと考える。処理しない廃棄物が原因で水俣病事件が起こった。2度と繰り返さないために水俣エコハウスから発信する。

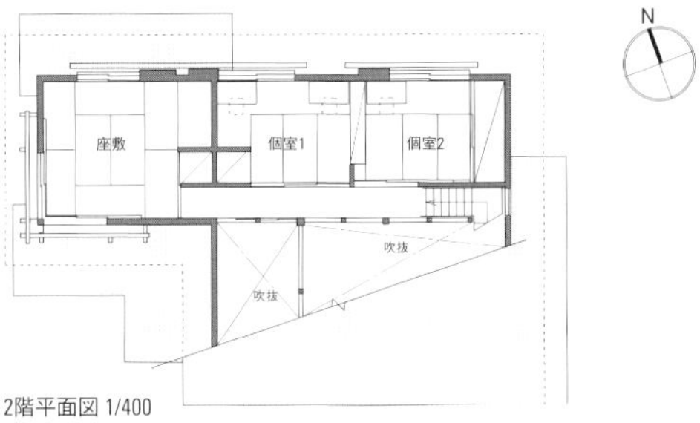

2階平面図 1/400

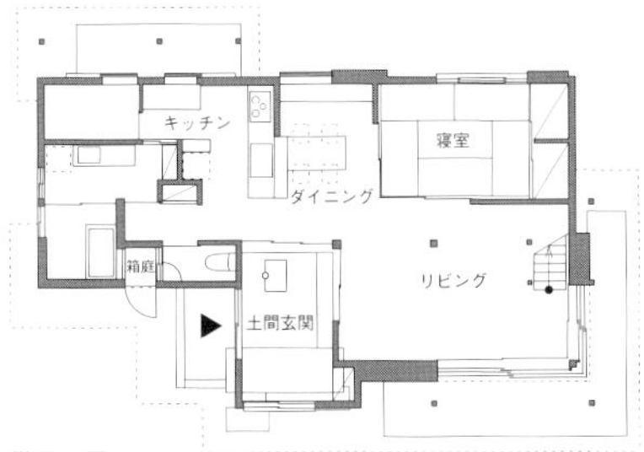

1階平面図 1/400

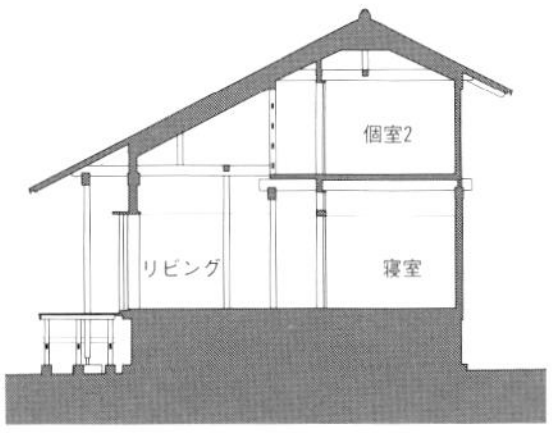

断面図 1/400

構造・階数	木造軸組・2階建・ベタ基礎
敷地面積	361.69㎡
建築面積	96.58㎡
延べ面積	130.61㎡
外皮面積	349.11㎡
屋根～天井	和瓦一部鋼板0.4・アスファルトルーフィング22kg・野地板12・小屋裏空間・鉋屑不織布詰100・杉板12
外壁～内壁	漆喰塗・ラスモルタル15・透湿防水シート・下地板12・杉樹皮断熱材30・竹小舞土壁塗漆喰仕上60
床～地盤面	杉板21・杉樹皮断熱材30＋30または藁畳60・杉板15・杉樹皮断熱材30・断熱境界外床下空間平均985・コンクリートベタ基礎150
建具の構成	木製製作建具・既製アルミサッシ
ガラスの仕様	単板ガラス5
日射遮蔽部材	木製雨戸
実開口面積比率・開放面積比率	16.1%・23.1%
Q値	3.9W/㎡K(2.7)
μ値	0.058(0.06)
U_A値	1.38W/㎡K(0.87)
m_C値	8.15W/㎡K
m_H値	10.20W/㎡K
C値	22.8㎠/㎡
太陽光発電	1.874kW・地上架台設置
太陽熱利用	①:地上設置液集熱式ソーラーシステム(太陽熱集熱パネル4㎡・潜熱回収型ガス給湯器・貯湯槽200L)
ガス	①の潜熱回収型ガス給湯器
バイオマス燃料	②:薪ストーブ(15.2kW)
暖房方式	②の薪ストーブ
冷房方式	なし
全般換気方式	機械換気なし
給湯方式	①のソーラーシステムによる
施工者	坂田建設(株)

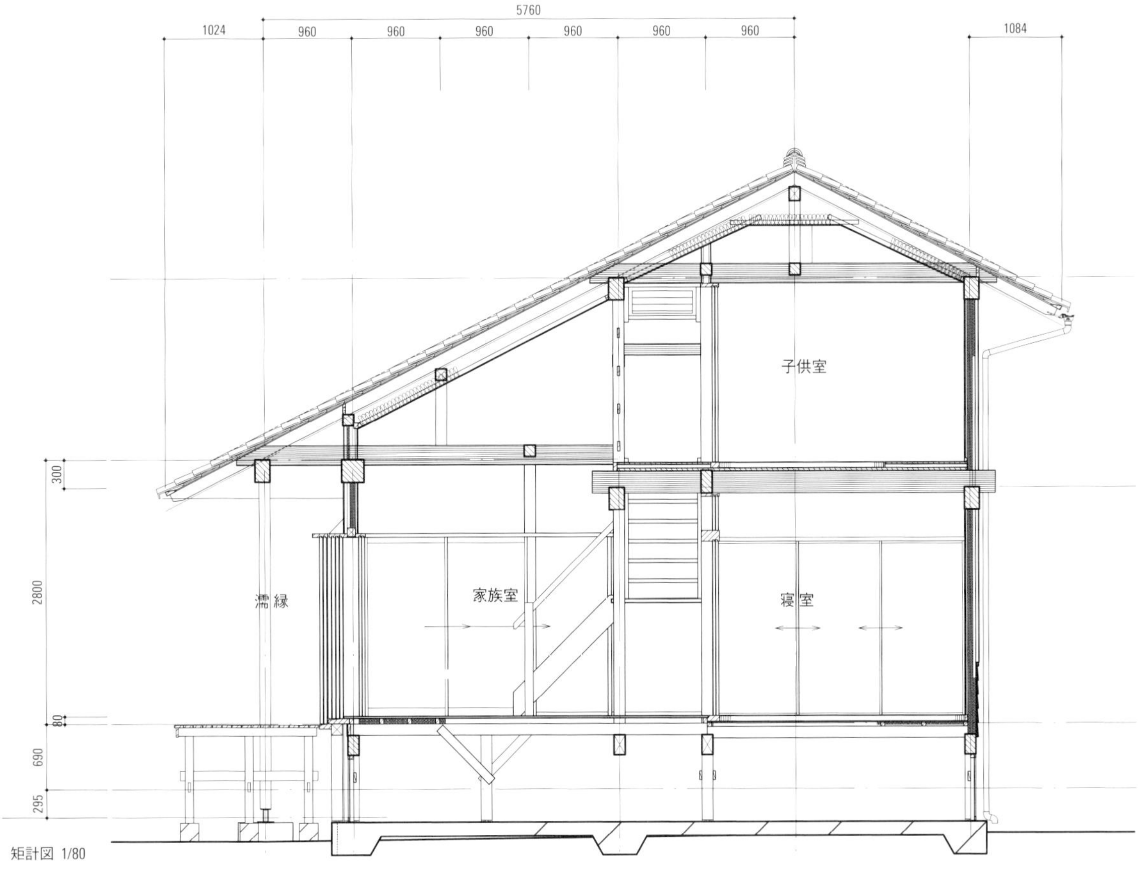

矩計図 1/80

宮古島市

VI ―
8 ― A5

宮古島市1エコハウス／市街地型

所在地｜沖縄県宮古島市平良字西里255-5／255-6
設計者｜NPO蒸暑地域住まいの研究会 伊志嶺敏子

RC造の陸屋根と花ブロックのエコハウス
屋根通気・花ブロックによる日射遮蔽
大きな実開口率で通風性能を確保
エアコン・冷房なしのエコハウス

「台風銀座」と呼ばれている宮古島

宮古島は「台風銀座」と呼ばれる島である。通年で26個前後の台風が発生するが、そのうち7〜8個は毎年宮古島に接近している。台風の進路はまるで宮古島を転向点にしているかの如き経路を描き北上していく。さらに、その台風の威力は沖縄県内での最大瞬間風速の上位の記録が宮古島で占められる程凄まじい。

一方で、島の気象は、年平均気温23.1度、平均湿度79.0%と、今回選出された地域の南端であり、最も蒸し暑い環境条件にあるエコハウスとなった。

台風と共に暮らすためのエコハウス

台風に襲われない年の宮古島では、干ばつ、農作物に被害を及ぼす害虫の大量発生、海水温の上昇による珊瑚礁の

検証

宮古島市1エコハウスは、蒸暑地特有の設計が特徴的なRC造住宅であり、夏を旨とした設計である。北東・北西面に配された花ブロックは日射を防ぎつつ風を通す工夫であり、地窓は足下の通風により涼感を得ることを意図している。夏期の風向が南〜南西と安定しているため卓越風向に合わせた開口配置が重要であるが、現地調査では通風時間帯(7:30〜22:00)においてリビング平均風速0.3m/s、最大風速1.0m/sと十分に風を取り込めていることが確認された。夜間は微風となるが0.2m/s〜0.4m/s程度の風が得られている。上下方向の温度むらがほとんどないのも通風による効果と考えられる。また、屋根にベンチレーションブロックを用いて夏期の屋根遮熱に配慮している。ブロック表面では炭酸カルシウムペレットによる遮熱塗料が日射を反射し、さらにブロックと躯体の間に通気層を設けることで、室内側に熱が伝わるのを防ぐ。夏期晴天日において、RC剥き出しの屋根表面は52度程度であるのに対し、ベンチレーションブロック表面は45度程度となり、遮熱塗料の効果がうかがえる。またベンチレーションブロック裏の屋根表面は39.5度、室内側の天井表面は33.2度と、通気層の効果も良好である。一方で、遮熱塗料やベンチレーションブロックの効果を得にくい梁では熱橋となっている様子も確認された。

「花ブロック」による緩衝壁

玄関の格子戸・リビングの地窓で通風効果

白華現象などが起こることを考えると、台風による思わぬ恩恵を享受しているともいえる。特に、隆起珊瑚礁からなる表土が浅く痩せた土地の多い宮古島では、暴風により倒れる樹木が後々の土壌を作って来たのだと考えると、宮古島はまさに、「台風と共にある」といえる。

こうした地域性・環境条件を踏まえ以下のような原則的な考えをもとに、蒸暑地の、南島型のエコハウスのモデルとなる提案がなされた。

南島型環境共生住宅の3つの原則

・緩衝帯／人と自然との緩やかな関係調和

「台風と共にある」という考えのもとでも「耐台風」のシェルターを計画することは必須の条件である。一方で蒸し暑い夏を快適に過ごすには、アメニティ性を高めるために開放性の高い計画とすることが求められる。そのため、台風を前提とし、自然環境と人の暮らしとの間に様々な緩衝帯を設けることで閉じつつ開く設計を試みた。

・プライバシーのグラデーション／人と人との緩やかな関係

人と自然の緩やかな関係を保つため、強風を弱めたり、涼風を引き込んだり、集住や住まいの中にはプライバシーのグラデーションと暮らしの秩序が必要である。

・広がる共有空間／プライバシーをグラデーション化する手法

プライバシーのグラデーションを空間構成としてより具体化するためには、プライベートスペースを最小にし共有スペースを最大化する、伝統的空間構成からそれを学ぶことができる。

平面計画

計画敷地は角地に位置する細長い南アクセスの用地である。従って平面計画は南に公室、北に私室の主要居室を配し、廊下・水廻りなどの共用空間とインナーテラスでこれらを結ぶ構成となっている。

夏は南南西、冬は北北東から吹く風を考慮し、また、台風の北上に伴い吹く乾いた風をサービスコートという「緩衝帯」を介して室内に導くように工夫している。

この緩衝帯は強い西日を柔らげるために、南島特有建材である「花ブロック」で日射遮蔽を行っており、適度に影のある柔らかい光が室内に入るようにしている。

住戸アクセス側は、駐車場の大きな下屋に沿って入り口に全面開放型の格子戸、網戸、硝子戸のレイヤーをもった三重構成の建具を、玄関横には土間空間を設え「閉じつつ開く」手法を用いている。主寝室は北側に配置しており、共用空間として位置付けたLDKとはテラス・廊下を

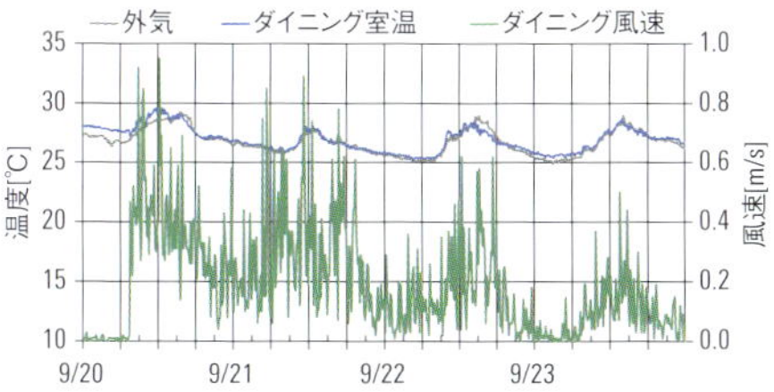

2011年9月20日～23日　通風実測データ

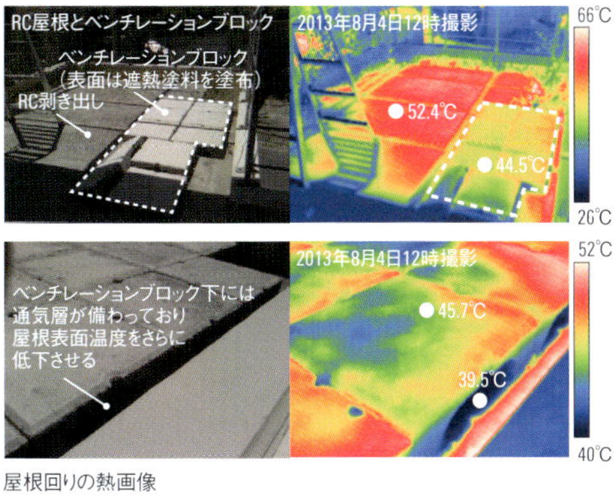

屋根回りの熱画像

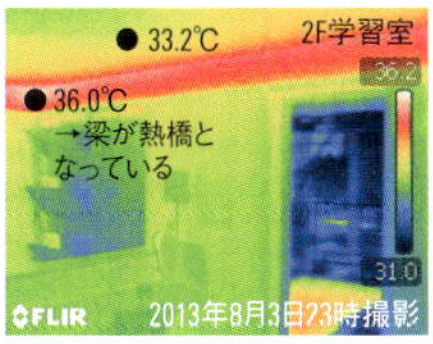

2階居室における室内熱画像

屋根において遮熱塗料と通気層の併用による遮熱効果が高い。なお、梁などが熱橋となっていることも確認された

組み合わせた空間を介して繋がっている。こうして、「プライバシーのグラデーション」を実現し、吹抜けに面して2階の学習室まで「広がる共用空間」を構成している。

吹抜けでつながる共同空間

内側から見る緩衝帯・サービスコート

断面計画

宮古島市は湿度が圧倒的に高いが、夏場の風には恵まれている。蒸暑地の宮古島市にあってはこの自然の風をどう室内に取り込むかが課題である。

1、2階を吹抜け状の階段で繋ぎ、1階に設けた地窓や居室の大きな窓から風がそれぞれの居室に導かれるような断面構成となっている。この地窓には通風に伴う床面の調湿機能ももたせ、足裏から快適さを感じることを狙いとしている。また、屋根には白セメントにペレットを塗り込んだベンチレーションブロックを設置しており、屋根スラブの表面温度を下げる外断熱構成としている。炭酸カルシウムペレットは隆起珊瑚礁の島である宮古島の硬度の高い地下水を硬度低減化する過程で排出されるカルシウムからなる自然素材である。

ベンチレーションブロックを敷きつめた屋上

ベンチレーションブロック(遮熱タイプ)

設計者のコメント

宮古島では住まいづくりをすすめる上でまず第一にあげられる条件は耐台風型であること、そして蒸し暑い夏を快適に過ごせることである。言い換えるとシェルター性を高めるためには閉じ、アメニティ性を高めるためには開く、つまり「閉じつつ開く」、という矛盾した課題を抱え込んでいることになる。

宮古島の先人達はこの難題に翻弄されていたであろう。非日常の台風災害に対応して閉じることを優先させてしまうと日常が快適ではなくなり、また、日常の快適さを優先して開いてしまうと台風の被害をこうむってしまう。実に悩ましいことである。先人達は、風水のよい場所を選び、集まって住み、環境集住体として「閉じつつ開く」手法を形にしてきたものだと思われる。そこには、あらゆるレベルのバッファーがある。強風を弱めたり、涼風を引き入れたり、集住の中にプライバシーのグラデーションがあり、暮らしの秩序をなしている。それは島空間のエコハウスそのものである。このような知恵の集積した環境集住体のDNAを引き継ぐことから現代のエコハウスを始めたいと考えた。一方、先人達の残した課題もある。その課題は、シェルターとしての住まいをつくるのに精一杯で以前の経済事情からするとアメニティ性の実現までは手が出ないという赤瓦葺き混構造の当時の家屋にそれを見る。そのシェルターに現代の経済力でアメニティ性をプラスすることで、住空間の豊かさを実現することを目指した。家というものは、その時代の「見える経済」といえるのかもしれない。

軒を深く張り出し、雨の打ち込むのを防ぎ、西日の強い軒先や、北風のあたる軒先に花ブロックを積む。いろいろなバッファーとしての半戸外空間、そして周囲をふく木をはじめとする防風林、環境集住の知恵がそこにはある。

エコハウス、かならずしも新しい試みではないことに気づかされている。

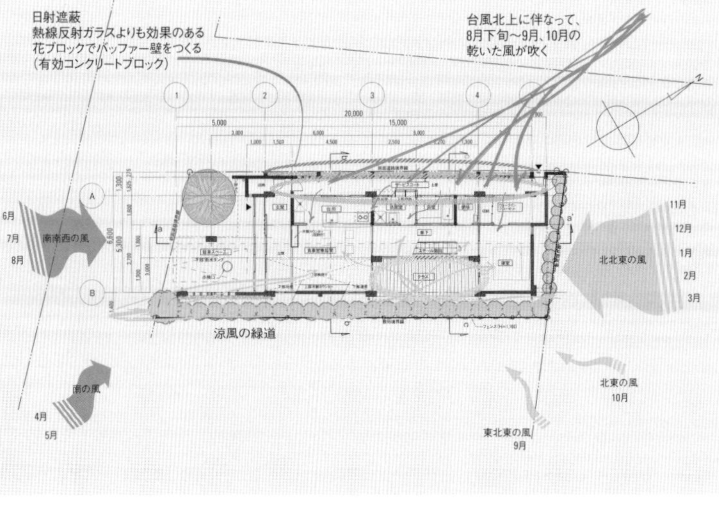

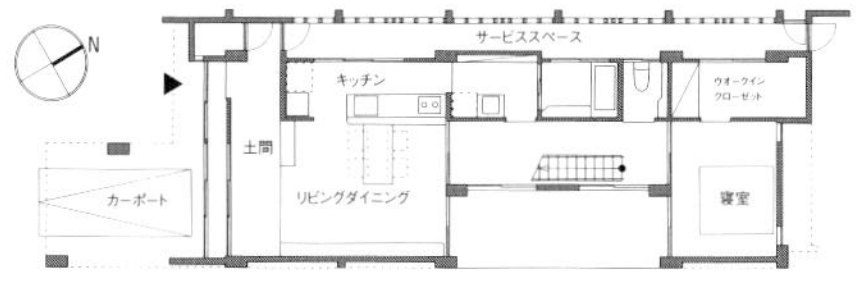

1階平面図 1/400

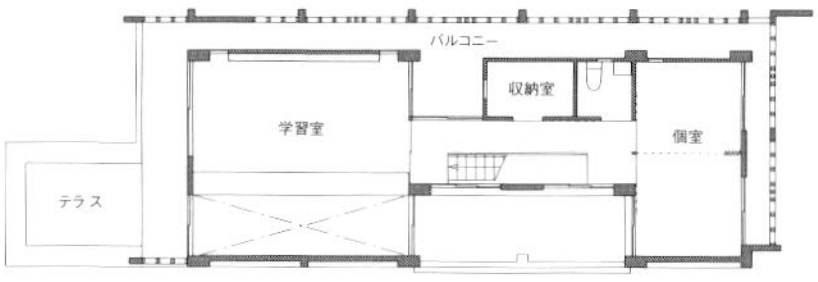

2階平面図 1/400

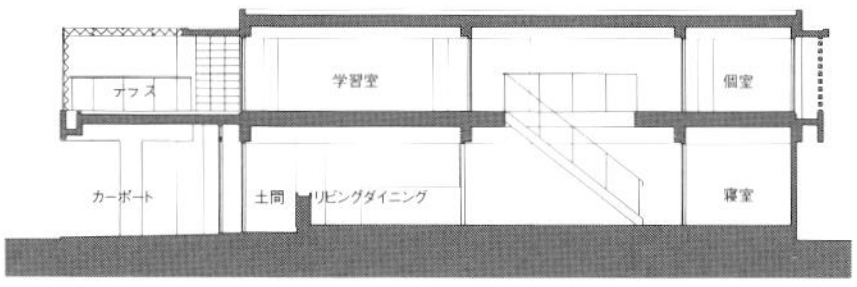

断面図 1/400

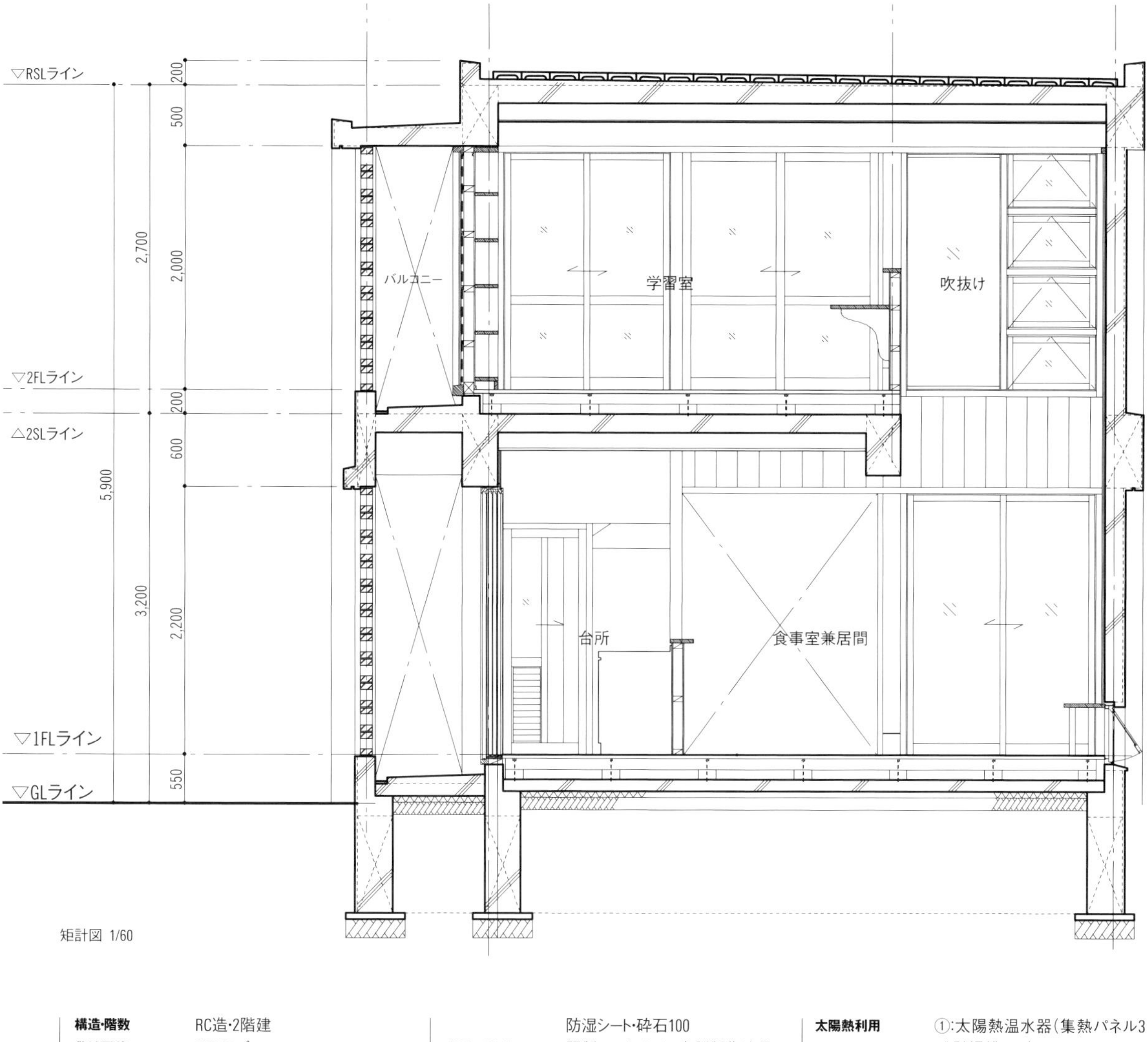

矩計図 1/60

構造・階数	RC造・2階建
敷地面積	173.35㎡
建築面積	111.16㎡
延べ面積	191.77㎡
外皮面積	403.54㎡
屋根～天井	ベンチレーションブロック100・空気層50・コンクリート床板150・小屋裏空間150・杉板15
外壁～内壁	コンクリート打放し180・空気層50・杉板15または花ブロック
床～地盤面	杉板30・床下空間170・土間コンクリート100・ポリスチレンフォーム50・防湿シート・砕石100
建具の構成	既製アルミサッシ・木製製作建具
ガラスの仕様	単板ガラス5
日射遮蔽部材	花ブロック
断熱補強部材	ベンチレーションブロック
実開口面積比率・開放面積比率	24.5%・53.7%
Q値	—
μ値	0.211(0.06)
U_A値	—
m_C値	29.02W/㎡K
m_H値	—
C値	未測定
太陽熱利用	①:太陽熱温水器(集熱パネル3㎡・貯湯槽227L)
ガス	②:潜熱回収型ガス給湯器(プロパンガス使用・33.3kW)
暖房方式	なし
冷房方式	なし
全般換気方式	第3種換気
給湯方式	①の太陽熱温水器と②の給湯器による
施工者	(株)久伸工建

宮古島市2エコハウス／郊外型

所在地｜沖縄県宮古島市城辺字友利58
設計者｜NPO蒸暑地域住まいの研究会 伊志嶺敏子

- 混構造･沖縄の伝統的住まいの復活
- 離れと母屋からなる懐かしい空間構成
- 深い庇･あまはじによる日射遮蔽
- 台風をやわらげ､涼風を招く屋敷林

農家･二世帯住宅の南島型伝統的住宅のエコハウス

郊外型モデルの建設地友利地区は農業地区で、高齢者が多く住む地域である。また、二世帯住宅のニーズの多い地域でもある。南島環境共生住宅の3つの原則を農家の二世帯住宅にあてはめて計画されている。

計画にあたっては「宮古島台風」として記録さてれいる台風被害の後、1959年に建設されたRC造＋木造の住まいをもとにリ･デザインを試みている。

平面計画･断面計画／離れと母屋からなる構成

二世帯住宅であることから、一番座、二番座、裏座で構成する伝統的スタイルの母屋と高齢者のための居室に収納とトイレシャワーのある離れからなる。2つの棟はRC造の屋根のあるテラスで繋がり、木造本体をRC造の半戸外空間で囲み、耐台風対策を意図した平面形は、それぞれ沖縄県の伝統的な住まいの構成をモチーフにしている。

断面的にはS型赤瓦葺きが特徴的であるが、十分な通気性の確保で居室部分への断熱を行っている。また、床下結露が白蟻による被害を招き易いことから、蒸暑地では布基礎には限界があると考え、土間コンの下に断熱材を敷き、床下換気口をなくし外気と遮断している。この手法は設計者による20年近くの実績があり、床面の乾いた感触が快適である。

一番座

縁側の通気天井

検証

宮古島市2エコハウスでは、母屋は片側開口のような構成であるのに対して、離れでは両側開口となるために通風時の室内風速に差が見られた。また、屋根の遮熱塗料については所々に汚れが見られ、効果がなくなっている部位もあった。実用上は掃除等のメンテナンスも留意の必要がある。

母屋は奥に水回りなどの仕切りがあり片側開口のようになっている

離れは両側開口となっているため、風通しが常によい

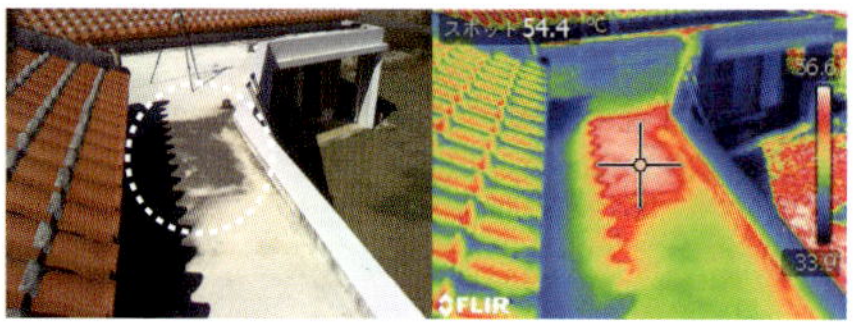

屋根が汚れている部分では遮熱塗料の効果が小さい

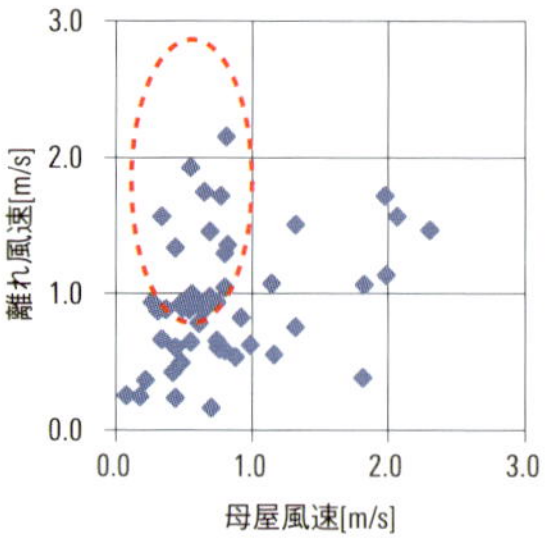

母屋と離れで同時に室内風速を測定したところ、離れに風が吹いていても母屋では風が弱くなっている場合が多いことがわかった

設計者のコメント

旧平良市松原地区に伝統的な沖縄赤瓦葺きでRC＋木造の混構造の家が多く残っている。木造からRC造へ移行する間の1960年代に造られた住宅群である。台風に耐えられるよう、四隅の壁をRC造で固めシェルター性を高めている。一方、強い日射しを除けるための庇の出は不十分で水切り程度の浅いものであり、アメニティ性が著しく低いことが外見でもうかがうことができる。そのような過渡期的な型の住宅をもとに快適さを実現するべく設計を進めてきたのがこの郊外型である。RC造の庇を深くすること、母屋と離れの間に半戸外空間を設けることで涼風を呼び込む。あの松原地区の人々が、当時の諸事情で手にすることができなかったアメニティ性をプラスして、あの混構造の赤瓦の家を環境共生住宅としての完成を願って設計した。

1950年代の松原集落の混構造

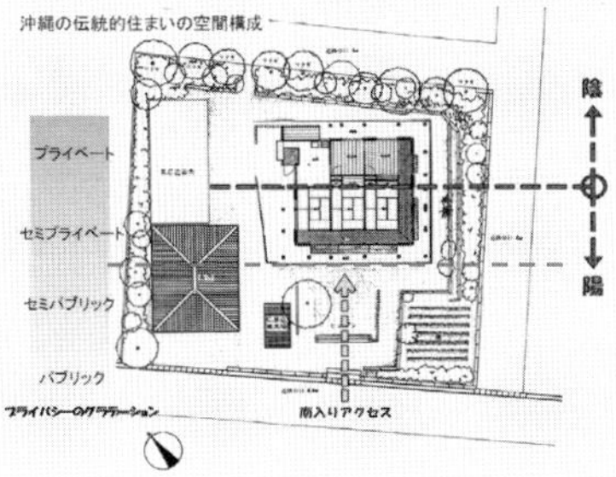

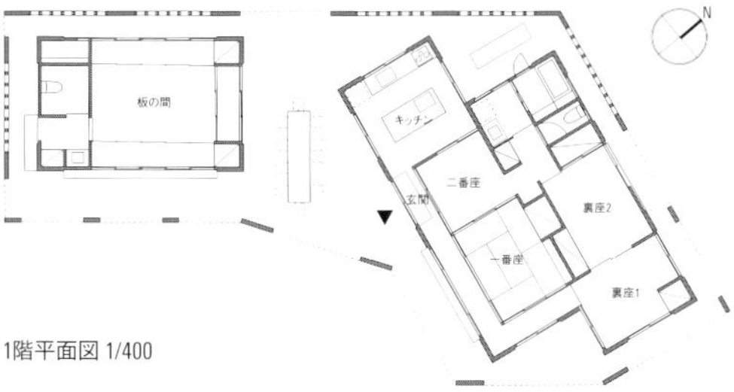

1階平面図 1/400

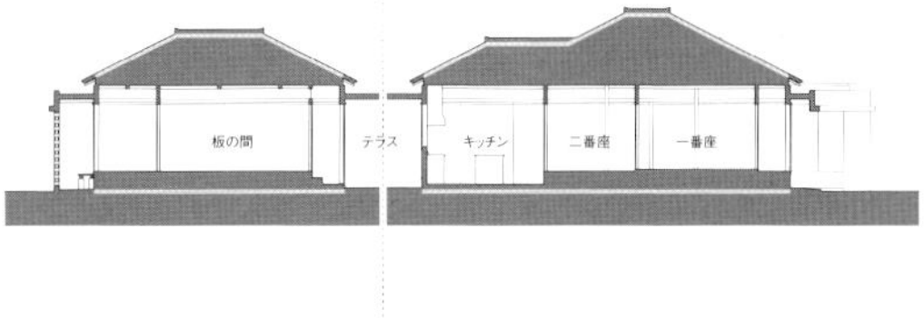

断面図 1/400

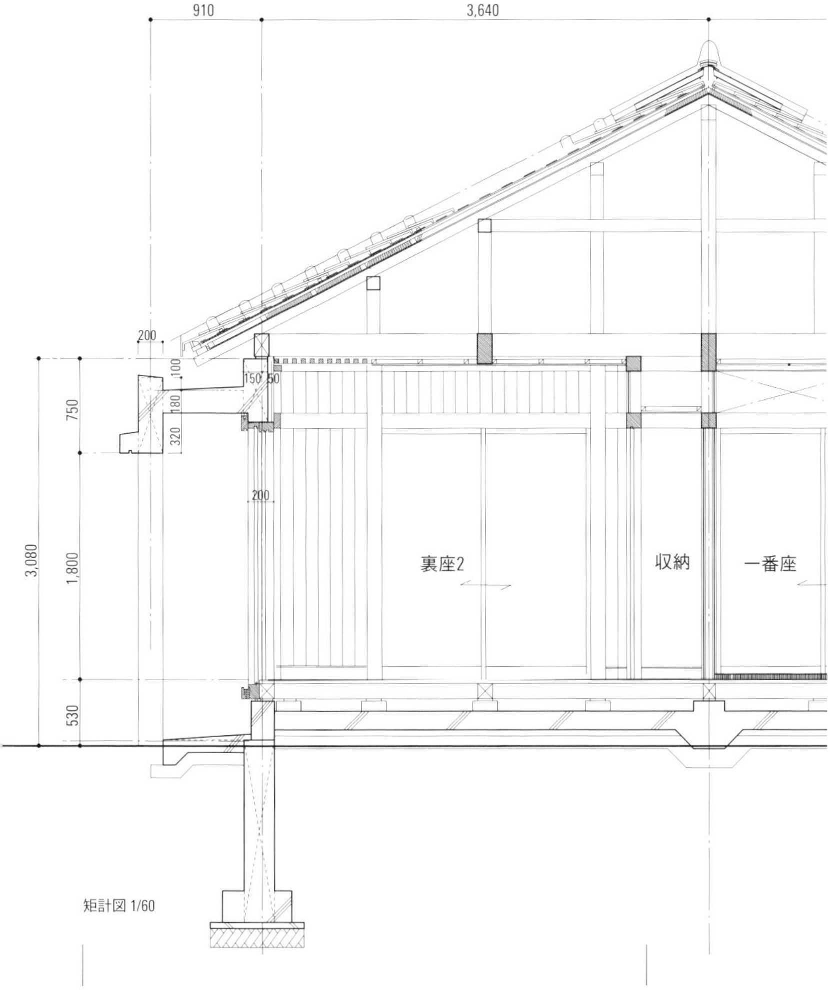

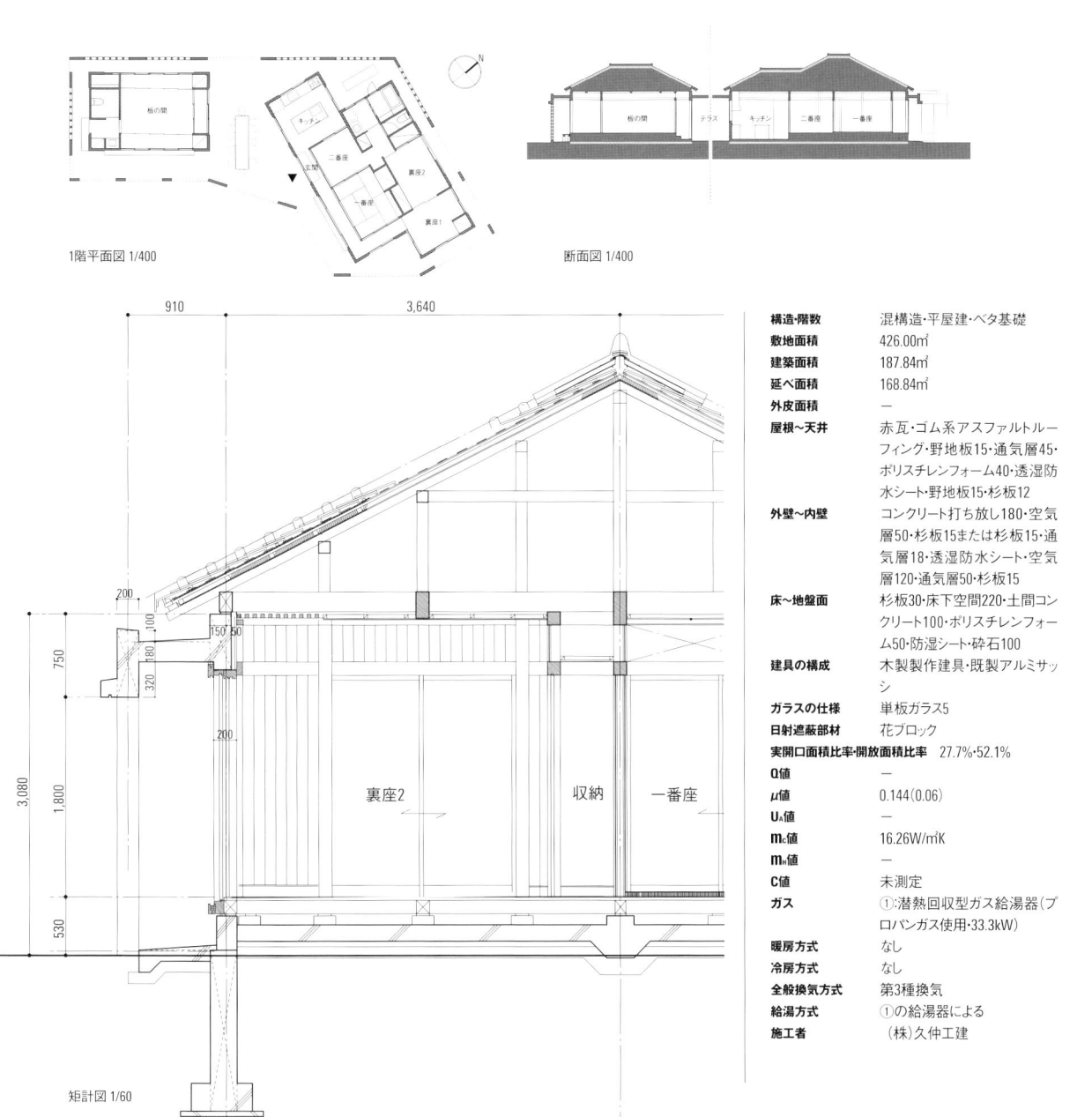

矩計図 1/60

構造・階数	混構造・平屋建・ベタ基礎
敷地面積	426.00㎡
建築面積	187.84㎡
延べ面積	168.84㎡
外皮面積	—
屋根〜天井	赤瓦・ゴム系アスファルトルーフィング・野地板15・通気層45・ポリスチレンフォーム40・透湿防水シート・野地板15・杉板12
外壁〜内壁	コンクリート打ち放し180・空気層50・杉板15または杉板15・通気層18・透湿防水シート・空気層120・通気層50・杉板15
床〜地盤面	杉板30・床下空間220・土間コンクリート100・ポリスチレンフォーム50・防湿シート・砕石100
建具の構成	木製製作建具・既製アルミサッシ
ガラスの仕様	単板ガラス5
日射遮蔽部材	花ブロック
実開口面積比率・開放面積比率	27.7%・52.1%
Q値	—
μ値	0.144(0.06)
U_A値	—
m_C値	16.26W/㎡K
m_H値	—
C値	未測定
ガス	①:潜熱回収型ガス給湯器(プロパンガス使用・33.3kW)
暖房方式	なし
冷房方式	なし
全般換気方式	第3種換気
給湯方式	①の給湯器による
施工者	(株)久仲工建

COLUMN

伝統木造が進むべき道

伝統工法でつくられた住まい（伝統木造）は日本の各地域の風土・文化・知恵に根づいており、日本の原風景を形成してきた。金物を使わない手刻みの技をはじめとする様々な職人の技術や、地域の循環した資源である木・土・紙・藁・竹を用いることによって、地域の環境と共生している。通風、調湿、蓄熱により穏やかな空気環境を体感でき、環境負荷が少なく、維持管理も容易な真の意味での長寿命住宅である。

一方、低炭素社会を目指して2020年に省エネ基準適合義務化の施策が国交省によって提案されている。伝統木造の土壁は、断熱材の厚みが25㎜しかとれないために断熱性能を高くすることが難しく、適合義務化の際の省エネ基準値によっては建てられなくなることが危惧される。伝統木造の定義とともに、省エネ基準の外皮性能について伝統木造の性能を検討し、特例とすることで法的に伝統木造の継承の道筋をつくるところが必要である。

JIAでは前記の課題解決のために「伝統的工法のすまいワーキンググループ」（以下、伝統WG）を伝統木造の実務者と環境専門家の共同体制で立ち上げ、伝統木造の省エネ性能・環境性能の検討を行っている。

伝統WGは国土交通省の補助事業「伝統的木造住宅の外皮等の仕様の実態把握のための調査」の調査依頼を受け、全国132事例の貴重な情報を集めた。132事例はどれも各地域の風土に根づいた美しい日本の住まいであり、今後もこれらの住まいが建て続けられる社会を目指すべきである。伝統WGとしてはこの情報を整理し、独自に結果をまとめる予定である。

また伝統WGのメンバーの設計した23事例について住まい手の暮らし方のアンケートと夏冬の室内温湿度調査を行った。加えて各事例の光熱水費から年間の実際のエネルギー消費量の算出も行い、それらと外皮性能Q値、U_A値より多面的に分析調査を行っている。

気密値（相当隙間面積C値）について

水俣エコハウスではC 値は22.8[s㎡/㎡]であり、設計のレビュー時の目標値である夏の15[s㎡/㎡]、冬には8[s㎡/㎡]よりかなり大きい値であった。ただそれをもってして伝統木造の全てがC値は20[s㎡/㎡]以上であるという認識が一人歩きをするのが心配である。

伝統WGでは、隙間のでやすい部位に決を入れ、床下を2重にするなどの工夫を行った一例について気密測定をしたところ、C値は7.8[s㎡/㎡]だった。この数値は、水俣エコハウスのレビュー時の気密目標値と同等の値である。納まりの工夫によって気密性能を高めることが確認された。開口部も性能のとりにくい部位だが、地元の建具職人のつくる木製建具で適正な決やピンチブロックで隙間を防ぐ工夫をしている伝統木造もある。気密性能は平成25年の改正省エネ法で削除されたが、今後、伝統木造に相応しいと思われる気密値の納まりを検証して気候の違う地域毎に目標を検討していく。その上で不本意な漏気を防ぐ工夫を実務者にぜひ実践してほしいと思う[図1]。

夏の過ごし方と電力消費量

季節依存エネルギーは夏と冬の暖冷房利用と給湯の温度変化による。一般的には夏冬の使用からグラフは二山になる。23事例のエネルギー消費の調査では電力消費量の各月データで夏のピークが非常に小さいまたはない、というデータは興味深いものである[図2]。2012年夏の調査では居間の温湿度測定と一緒にエアコン、扇風機、天井扇の利用と窓の開閉について調べたところ扇風機利用が15件、吹抜け部の天井扇利用は8件、エアコン設置は9件だった。エアコン設置であってもエアコンの利用頻度は少なく、外気温32度以上室内温度30度以上のときにも扇風機と天井扇の利用とあわせて2箇所以上の窓を開けて過ごし夏のエネルギーをできるだけ使わずに暑さを和らげる工夫で生活をしている[*1]。

猛暑時においては設備機器を運転しないで外気温より室内温が低い事例が大半である。22事例は土壁であり土壁の蓄冷が寄与していると思われる[*2]。モノの豊かさだけの時代を越えて、長く大切に維持できる住宅づくりとほどほどの生活を大事にする社会には、伝統木造の継承は欠かせない。

私たちは、調査で得られた客観的なデータを、緩和規定への提言だけでなく、前向きな改善のきっかけとして、50年後の社会に誇れる風景となるような伝統木造の住まいを現代の知恵によってつくり、継承への道筋にしていきたいと強く思っている。（篠設計工房 篠節子）

*1 （独）建築研究所、2012年夏の温熱調査報告参照

*2 建築ジャーナル2011年5月号〈土壁を生かす〉熊本県立大学細井昭憲

各種開口部の相当隙間面積αA及び建物全体のαAに対する比率

サッシ材質	No	開口部種類	開口面積（合計）[㎡]	S/[㎠/㎡]	建物全体に対する比率	C値[㎠/㎡]	備考
木	6	引違い戸（玄関）	3.29	59.63	5.3%	-	
	7	引違い窓	6.17	83.75	7.4%	-	
	8	横すべり窓	0.16	2.15	0.2%	-	
アルミ	9	引違い窓	12.83	48.73	4.3%	-	
	⑤	横・縦すべり窓	5.13	9.75	0.9%	-	
開口部合計			27.57	204.00	18.0%	-	
その他の部位			-	928.44	82.0%	-	
建物全体			-	1132.44	-	7.84	

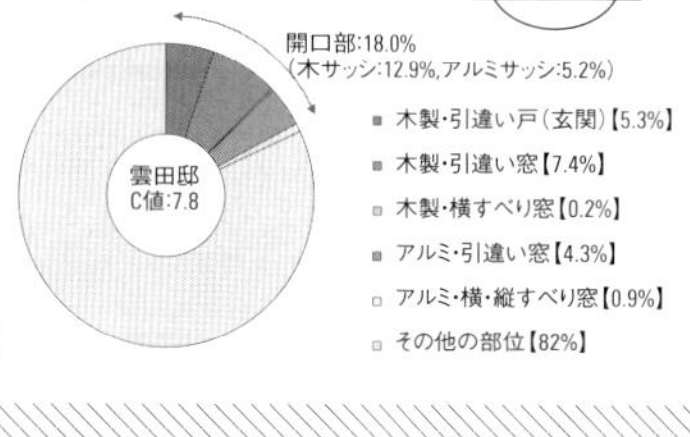

（参考）水俣エコハウスの気密性能

評価対象部位	面積（合計）[㎡]	S/[㎠/㎡]	建物全体に対する比率	C値[㎠/㎡]	備考
木サッシ（窓）	18.34	831	28.0%	-	雨戸は除外
木サッシ（玄関・勝手口）	5.76	211.3	7.1%	-	
アルミサッシ窓	5.54	91.8	3.1%	-	ジャロジー窓は除外
畳床（1階寝室）	11.06	157.3	5.3%	-	
本実加工の床	43.91	72.7	2.4%	-	
その他の部位	-	1607.6	54.1%	-	
建物全体	-	2971.7	-	22.8	

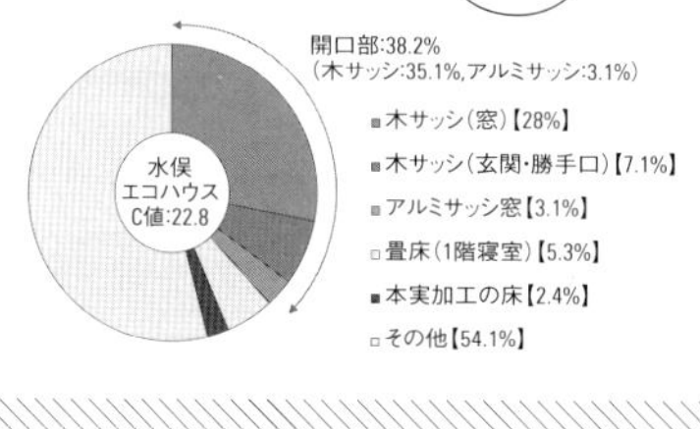

図1

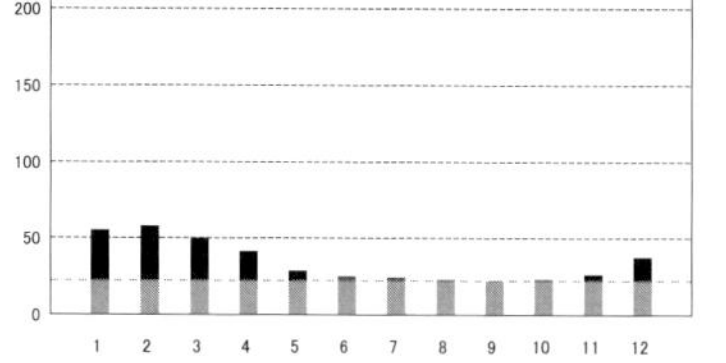

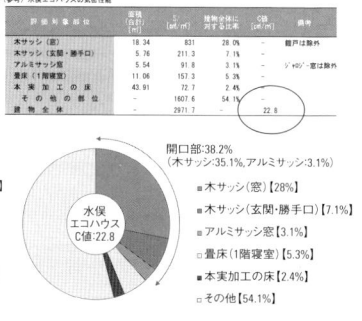

図2 月別床面積当り1次エ㎡ネルギー消費（MJ/）の一例

5章｜性能検証調査

1　性能検証調査の方法

調査の概要

本調査においては、表1に示すように冬期・夏期の2季節について、「測定調査」および「模擬居住調査」の2つを実施した。

「測定調査」は、エコハウスに1～3日程度滞在して、計測器による室内外の温湿度・通風・光環境などの計測、および遠赤外線カメラによる内外の壁面温度分布などの把握を行う。これにより、建物計画や外皮性能の影響および通常運用時の設備挙動を把握した。

「模擬居住調査」は、4人家族を想定した生活スケジュールを協力者が4日間にわたり再現し、空調・照明・給湯の制御を行う。計測期間中は外界気象・室内温熱光環境・消費エネルギーを詳細に計測することで、建物性能や暖房・冷房・給湯・換気・照明などの設備性能を全物件共通で比較することが可能となる。後述するエネルギー消費量等は、この模擬居住調査の結果に基づいている。

測定調査の詳細

測定調査における使用測定機を図1に示す。なお、計測時のエコハウスの運用は、当該物件における通常時の運用または設計時の想定にあわせて行われており、空調や照明などの運転状況はエコハウスごとに異なっている。

表1　本調査の概要

	測定調査	模擬居住調査
調査の目的	1～3日程度、通常時の運用 温湿度・通風・光など室内環境計測 壁面温度分布等のサーモ撮影	4日間4人家族の生活を再現 外部気象・室内温熱環境・エネルギー消費量を詳細に計測
冬期	2011年02月～05月22箇所	2011年11箇所・2012年1箇所
夏期	2011年08月～09月10箇所	2011年09月10箇所

表2　模擬居住調査の実施時期

エコハウス(気候区分)	冬期	夏期
下川町(1地域・旧Ⅰa地域)	2011/02/23-02/26*	2011/09/19-09/22
飯舘村(3地域・旧Ⅱ地域)	2011/02/20-02/23*	未実施
高山市(3地域・旧Ⅱ地域)	2012/01/16-01/19	2011/09/13-09/16
矢板市(4地域・旧Ⅲ地域)	2011/02/21-02/24	2011/09/06-09/09
都留市(5地域・旧Ⅳa地域)	2011/02/07-02/10	2011/09/07-09/10
近江八幡市(6地域・旧Ⅳb地域)	2011/02/14-02/17	2011/09/06-09/09
豊岡市(6地域・旧Ⅳb地域)	2011/02/14-02/17	2011/09/12-09/15
備前市(6地域・旧Ⅳb地域)	2011/02/28-03/03	2011/09/13-09/16
浜松市(6地域・旧Ⅳb地域)	2011/02/21-02/24	2011-09-19-09/22
豊後高田市1(6地域・旧Ⅳb地域)	2011/03/08-03/11	未実施
水俣市(6地域・旧Ⅳb地域)	2011/02/20-02/23	2011/09/23-09/26
宮古島市1(8地域・旧Ⅵ地域)	2011/02/21-03/24	2011/09/20-09/23

*暖房を終日運転

i. 温熱環境：温湿度計により空調・非空調時の室内温度の分布・時刻変動を把握することで、外皮や設備性能が十分に確保されているか検証した。あわせてサーモカメラにより室内壁面や開口部の表面温度分布を計測し、断熱遮熱や気密性能の程度を検証した。

ii. 風環境：窓のレイアウトや開閉機構は適切であったかを風速計により把握。一部のエコハウスでは、煙幕発生装置による通風の可視化を行った。

iii. 光環境：照度計により室内の光環境を計測し、窓のレイアウトや庇や建具・植栽などの日射が適切に設計されていたかを検証した。一部エコハウスでは輝度カメラによる輝度分布の把握、およびサーモカメラによる日

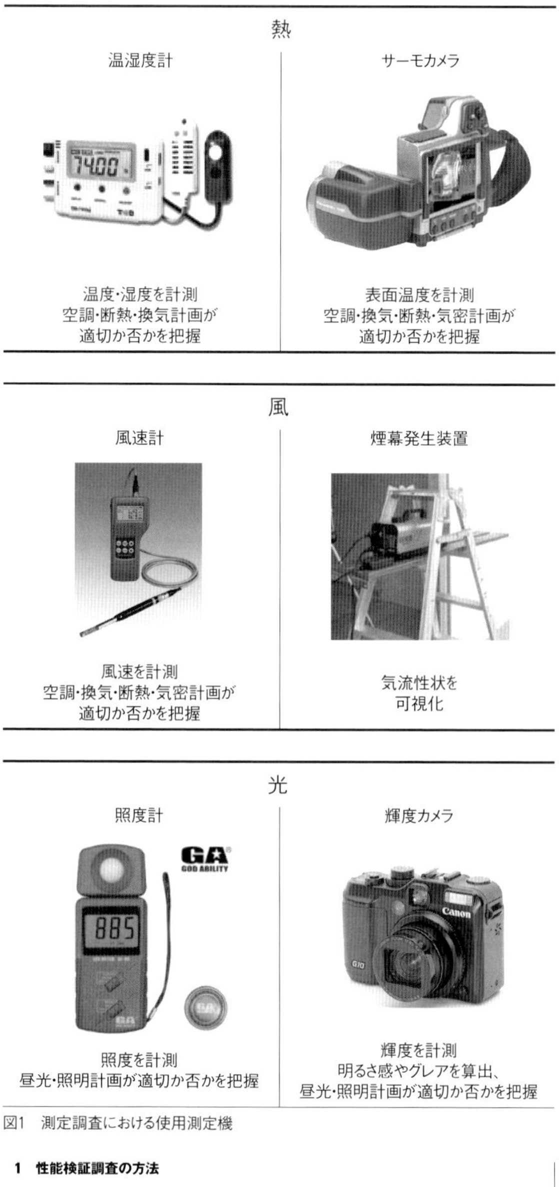

熱
温湿度計
74.00
温度・湿度を計測
空調・断熱・換気計画が
適切か否かを把握
サーモカメラ
表面温度を計測
空調・換気・断熱・気密計画が
適切か否かを把握
風
風速計
風速を計測
空調・換気・断熱・気密計画が
適切か否かを把握
煙幕発生装置
気流性状を
可視化
光
照度計
GA
GOD ABILITY
885
照度を計測
昼光・照明計画が適切か否かを把握
輝度カメラ
Canon
G10
輝度を計測
明るさ感やグレアを算出、
昼光・照明計画が適切か否かを把握

図1　測定調査における使用測定機

射制御状況の把握を行った。

模擬居住調査の詳細

模擬居住調査においては各エコハウスの性能をより詳細に検証するため、生活スケジュールを統一した上で、外部気象や消費エネルギー量の詳細計測を行っている。各エコハウスの調査時期を表2に示す。

調査期間は4日間とし、実験協力者が深夜以外は終日滞在する。標準的な4人世帯の生活を再現することとし、「自立循環型住宅への設計ガイドライン(国土交通省国土技術政策総合研究所・独立行政法人建築研究所監修)」における生活スケジュールをもとに、再現が容易になるよう簡略化した。全エコハウス共通である照明・給湯のスケジュールを、図2に示す。なお、テレビ等の家電については特に再現は行っていない。

暖房については、寒冷地では主暖房を24時間運転した[図3]。温暖地では主暖房を7:30～22:30、個室では20:00-22:30運転した[図4]。冷房については7:30～22:30の間に通風と併用しながら適宜運転することとしたため[図5]、日ごとに運転時間は異なっている。

場所		0:00～7:30	7:30	8:00	9:00	10:00	11:00	12:00	13:00	14:00	15:00	16:00	17:00	18:00	19:00	20:00	21:00	22:00	22:30	22:30～24:00
リビング	照明									20分～ON		ON	ON	ON	ON	ON	ON	ON	OFF	OFF
キッチン	照明												ON	ON	ON	ON	ON	ON	OFF	OFF
	給湯				10L	10L	10L		10L	10L	10L	10L	10L	10L						
ダイニング	照明												ON	ON	ON	ON	ON	ON	OFF	OFF
浴室	照明												ON	ON	ON	ON	ON	OFF		
	給湯														180L	湯抜き	180L	湯抜き		
洗面所・トイレ	照明												ON	ON	ON	ON	ON	OFF		
寝室	照明															ON	ON	OFF		
子供室	照明															ON	ON	OFF		

図2 照明・給湯スケジュール(全エコハウス共通)

熱源	暖房器具	0:00～7:30	7:30	8:00	9:00	10:00	11:00	12:00	13:00	14:00	15:00	16:00	17:00	18:00	19:00	20:00	21:00	22:00	22:30	22:30～24:00
地中熱ヒートポンプ	床暖房	ON	ON	ON	ON	ON	ON	ON	ON	ON	ON	ON/OFF				ON	ON	ON	ON	ON
	給気ユニット	ON	ON	ON	ON	ON	ON	ON	ON	ON	ON					ON	ON	ON	ON	ON
	床下コンベクター	ON	ON	ON	ON	ON	ON	ON	ON	ON	ON					ON	ON	ON	ON	ON
ペレットストーブ	ペレットストーブ	OFF	OFF	OFF	OFF	OFF	OFF	OFF	OFF	OFF	OFF	OFF	OFF	OFF	OFF	OFF	OFF	OFF	OFF	OFF

図3 寒冷地の暖房スケジュール例(下川町)(16:00～19:00代は融雪電力契約における断続通電)

熱源	暖房器具	0:00～7:30	7:30	8:00	9:00	10:00	11:00	12:00	13:00	14:00	15:00	16:00	17:00	18:00	19:00	20:00	21:00	22:00	22:30	22:30～24:00
ペレットストーブ	ペレットストーブ	OFF	ON	ON	ON	ON	ON	ON	ON	ON	ON	ON	ON	ON	ON	ON	ON	ON	OFF	OFF
ヒートポンプ	エアコン(リビング)	OFF	ON	ON	ON	ON	ON	ON	ON	ON	ON	ON	ON	ON	ON	ON	ON	ON	OFF	OFF
	エアコン(ダイニング)	OFF	ON	ON	ON	ON	ON	ON	ON	ON	ON	ON	ON	ON	ON	ON	ON	ON	OFF	OFF
	エアコン(和室)	OFF	ON	ON	ON	ON	ON	ON	ON	ON	ON	ON	ON	ON	ON	ON	ON	ON	OFF	OFF
	エアコン(寝室)	OFF	OFF	OFF	OFF	OFF	OFF	OFF	OFF	OFF	OFF	OFF	OFF	OFF	OFF	ON	ON	ON	OFF	OFF
	エアコン(子供室)	OFF	OFF	OFF	OFF	OFF	OFF	OFF	OFF	OFF	OFF	OFF	OFF	OFF	OFF	ON	ON	ON	OFF	OFF

図4 温暖地の暖房スケジュ ル例(豊岡市)

		0:00～7:30	7:30	8:00	9:00	10:00	11:00	12:00	13:00	14:00	15:00	16:00	17:00	18:00	19:00	20:00	21:00	22:00	22:30	22:30～24:00
冷房器具	1Fエアコン	OFF	OFF	OFF	OFF	OFF	ON	ON	ON	ON	ON	ON	ON	ON	ON	ON	ON	OFF	OFF	OFF
	2Fエアコン	OFF	OFF	OFF	OFF	OFF	OFF	OFF	OFF	OFF	OFF	OFF	OFF	OFF	OFF	ON	ON	OFF	OFF	OFF
窓開閉	1F	閉	閉	閉	開	開	閉	閉	閉	閉	閉	閉	閉	閉	閉	閉	閉	閉	閉	閉
	2F	開	閉	閉	開	開	開	開	開	開	開	開	開	開	開	閉	閉	開	開	開

図5 冷房・通風のスケジュール例(豊岡市、2011/09/12)

2　外皮・空間構成・日射制御

室内の温熱環境確保においては外皮性能の確保が不可欠であり、特に熱的に弱点となる開口部の選択は慎重に行う必要がある。また気密の確保による漏気の防止、長時間滞在する主居室の空間構成も重要である。開口部においては夏の日射遮蔽も重要となる。

表1　各地域のエコハウスのQ値

	H25年基準 地域区分	計算Q値 W/㎡K	H11年基準値 W/㎡K	H4年基準値 W/㎡K	延床面積*1 ㎡	他のQ値検討結果	備考
下川町	1地域（旧Ⅰa地域）	0.8	1.6	1.8	200		H11基準の2倍の断熱性能
美幌町		1.5			252		Q値1.0を満たす高い断熱性能
飯舘村	3地域（旧Ⅱ地域）	1.5	1.9	2.7	221		
高山市		2.3			240		H11基準値を満たしていない
飯田市	4地域（旧Ⅲ地域）	1.7	2.4	3.3	183		
山形県		0.7			208	実測Q値＝0.7W/㎡K	実測Q値は自治体からの提供
矢板市		2.2			264	実測Q値＝1.22W/㎡K	1年間運用後の床下温度が高い状態でのQ値実測値（東大で実施）
都留市		2.5			191		
太田市	5地域（旧Ⅳa地域）	2.6	2.7	4.2	234		
山梨市		2.2			160		
近江八幡市		2.2			169		
豊岡市		2.6			165		
備前市		3.5			177		H11年基準値を満たしていない
石川県	6地域（旧Ⅳb地域）	1.5			307		
浜松市		2.0			147		
北九州市		3.5			183		H11年基準値を満たしていない
豊後高田市1		2.8			95		H11年基準値を満たしていない
豊後高田市2		3.5			—		H11年基準値を満たしていない
高知県	7地域（旧Ⅴ地域）	3.4		4.6	202		H11年基準値を満たしていない
水俣市		3.9			130	実測Q値＝2.90W/㎡K	H11年基準値を満たしていない。実測時は障子を閉じた状態とした
宮古島市1	8地域（旧Ⅵ地域）	—	3.7	8.1	191		
宮古島市2		—			110		

＊1　延床面積は吹抜けを含まない

表2　開口部の比率

	1F 開口部面積/床面積	2F 開口部面積/床面積		合計 開口部面積/床面積	
		吹抜け含まず	吹抜け含む	吹抜け含まず	吹抜け含む
下川町	26.4%	68.5%	54.9%	45.1%	40.6%
美幌町	22.8%	45.1%	33.5%	28.1%	26.0%
飯舘村	21.7%	18.6%	9.6%	21.4%	19.6%
高山市	22.5%	44.7%	32.3%	28.4%	25.8%
飯田市	29.6%	38.9%	35.2%	33.3%	31.9%
山形県	21.9%	19.7%	14.0%	21.2%	18.6%
矢板市	29.6%	29.9%	28.3%	29.7%	29.2%
都留市	51.0%	40.2%	25.3%	47.1%	38.9%
太田市	24.4%	—	—	24.4%	24.4%
山梨市	35.9%	41.5%	34.0%	38.0%	35.1%
近江八幡市	29.4%	30.5%	15.3%	29.7%	23.6%
豊岡市	43.3%	36.0%	31.4%	40.0%	37.4%
備前市	33.0%	45.7%	45.7%	37.6%	37.6%
石川県	20.5%	21.4%	17.0%	20.7%	19.5%
浜松市	32.5%	35.8%	34.2%	33.6%	33.1%
北九州市	34.6%	35.4%	33.3%	34.9%	34.1%
豊後高田市1	45.5%	—	—	45.5%	45.5%
豊後高田市2	36.9%	24.5%	21.7%	33.1%	31.8%
高知県	27.6%	50.2%	49.9%	33.8%	33.8%
水俣市	27.9%	19.1%	12.8%	24.5%	20.5%
宮古島市1	38.7%	42.2%	42.2%	40.3%	40.3%
宮古島市2母屋	46.8%	—	—	46.8%	46.8%
宮古島市2離れ	70.3%	—	—	70.3%	70.3%

主居室の温熱環境

主居室となるリビングにおいて、吹抜け・大開口をもつエコハウスが多く見られた。特に、冷えた窓面からのコールドドラフトや冷放射などが冬期の温熱環境に与える影響は大きいものと考えられる。

実際のリビングの放射環境を示した例として、図1に各エコハウスでのリビング開口部周りの様子とサーモ画像を示す。なお矢板市・都留市・浜松市・水俣市は晴天日の日中に撮影しており日射の影響があるが、その他は夜間あるいは曇天時に撮影を行っている。都留市・浜松市の日射取得がない開口部、下川町・高山市・近江八幡市・豊岡市・備前市の開口部が他の部位と比較して温度が低い。また、断熱性能の低い水俣市は窓面だけでなくその周辺も低温にとどまっている。一方で、山形県は壁面・開口部(熱貫流率U値は0.7 W/㎡K)ともに高い断熱性能のため、表面温度むらが小さく抑えられている。

吹抜け・大開口を設けた主居室[図4]では、下川町のように高い断熱・気密性を有している場合には温熱環境が維持されていたが、高山市・豊岡市などでは温熱環境の悪化が見られた。豊岡市では吹抜け空間のためペレットス

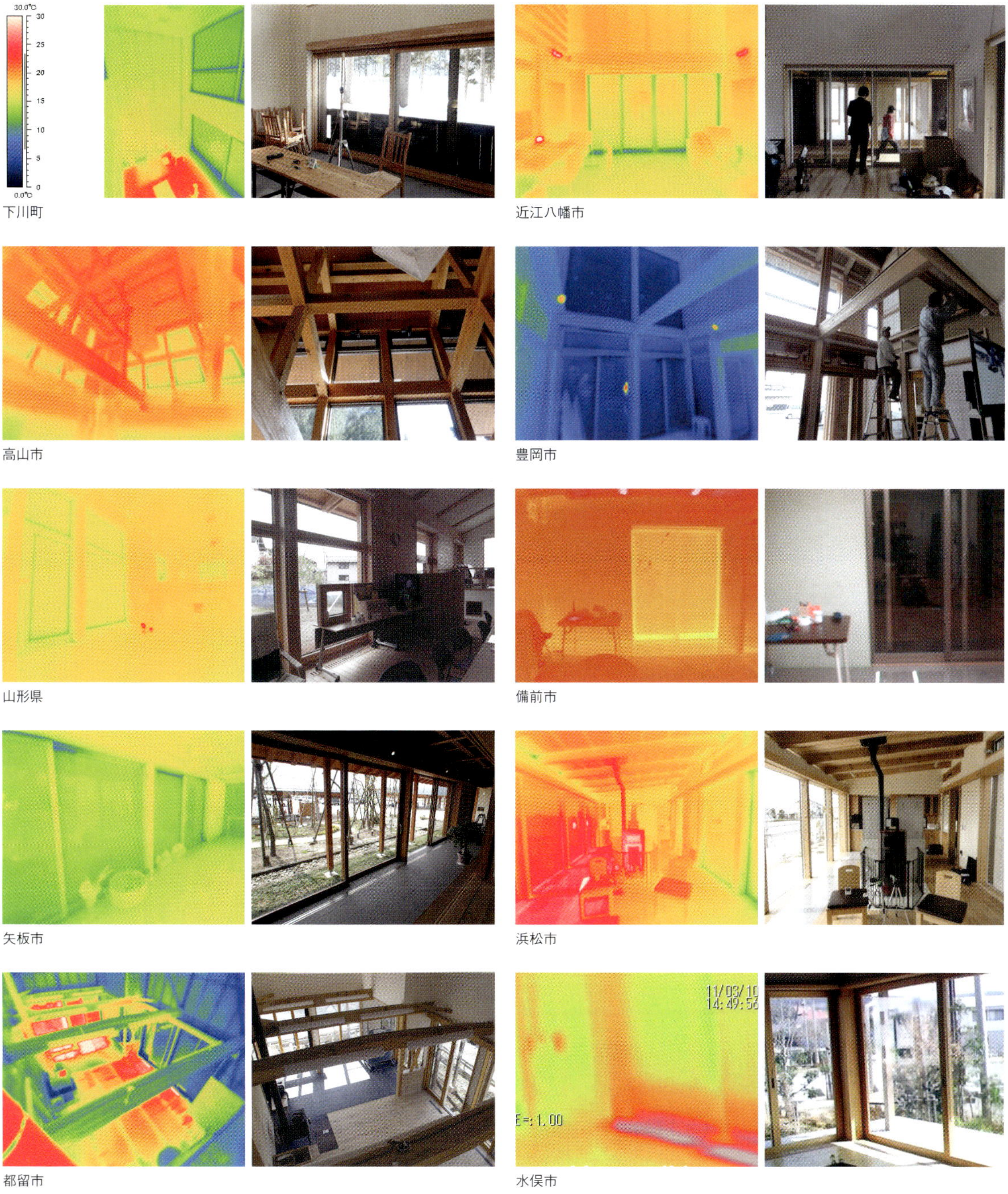

図1　室内温熱環境の分布

山形県		
外壁		
材料	厚さ(mm)	熱貫流率U値(W/㎡K)
天然木材1類	30	0.32
木毛セメント板	15	
通気層	18	H11年基準値(W/㎡K)
住宅用グラスウール24k	100	0.53
合板	9	
屋根		
材料	厚さ(mm)	熱貫流率U値(W/㎡K)
鋼材	0.4	0.15
合板	12	
通気層	36	H11年基準値(W/㎡K)
合板	15	0.24
住宅用グラスウール24k	400	
開口部		
仕様		熱貫流率U値(W/㎡K)
LE3-6Ar-ST6.2 木製サッシ (断熱材充填)		0.70
		H11年基準値(W/㎡K)
		2.33

都留市		
外壁		
材料	厚さ(mm)	熱貫流率U値(W/㎡K)
天然木材1類	15	0.34
通気層	18	
断熱木毛セメント板	15	H11年基準値(W/㎡K)
ウッドファイバー	120	0.53
屋根		
材料	厚さ(mm)	熱貫流率U値(W/㎡K)
アルミニウム合金	0.4	0.37
通気層	36	
合板	12	H11基準値(W/㎡K)
ウッドファイバー	100	0.24
開口部		
仕様		熱貫流率U値(W/㎡K)
FL5-Ar12-FL3 木製サッシ		2.91
		H11年基準値(W/㎡K)
		3.49

高山市		
外壁		
材料	厚さ(mm)	熱貫流率U値(W/㎡K)
天然木材1類	15	0.40
通気層	19	
フェノールフォーム	40	H11年基準値(W/㎡K)
硬質ウレタンフォーム	20	0.53
合板	12	
屋根		
材料	厚さ(mm)	熱貫流率U値(W/㎡K)
アルミニウム合金	0.4	0.30
合板	12	
フェノールフォーム	115	H11年基準値(W/㎡K)
合板	6	0.24
開口部		
仕様		熱貫流率U値(W/㎡K)
外側:FL5-Ar6-FL5、樹脂サッシ、(内側:木製サッシ+単板ガラス)		3.49
		H11年基準値(W/㎡K)
		2.33

水俣市		
外壁		
材料	厚さ(mm)	熱貫流率U値(W/㎡K)
漆喰	24	1.01
天然木材1類	12	
フォレストボード	30	H11年基準値(W/㎡K)
土壁	60	0.53
漆喰	20	
屋根		
材料	厚さ(mm)	熱貫流率U値(W/㎡K)
瓦	20	0.89
天然木材1類	10	
おがくず	120	H11年基準値(W/㎡K)
		0.24
開口部		
仕様		熱貫流率U値(W/㎡K)
FL5 木製サッシ(製作品)		6.51
		H11年基準値(W/㎡K)
		4.65

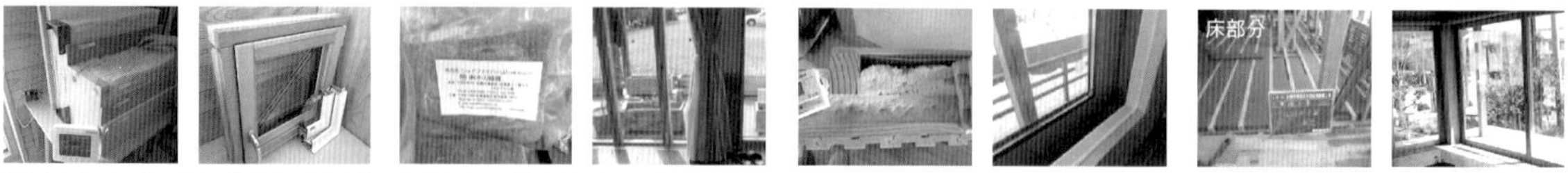

図2　壁・屋根・窓の断熱性能

トーブによる暖房効果が良好ではないことも懸念され、可動部材による空間の分離の試みが行われていた[図5]。

熱損失係数Q値と部位ごとの断熱性能

表1に示すように、エコハウスの断熱設計は平成11年基準(次世代省エネ基準 等級4)の仕様規定を想定したものが多い。下川町・山形県といった寒冷地では平成11年基準を大きく上回る断熱性能を目指している。一方で、備前市・水俣市・豊後高田市など温暖地では平成11年基準の性能を満たしていないエコハウスも散見され、夏の通風利用等を重視した設計がなされている。表2に示すように、開口部(フィックス窓を含む)の比率は各エコハウスとも大きく、開口部の性能が建物全体の熱損失に大きな影響を与えていた。

図2で壁・屋根・窓の断熱性能について示す。開口部に関しては、高山市では2重サッシであるが、内側サッシは製作品のため断熱性能・気密性能は担保できないものと考えられ、開口部の断熱性能は基準値を満たしていない。水俣市については、単板ガラスで製作品の木製サッシを使用しており、こちらも断熱・気密性能は低いといえる。

気密と漏気

気密性能(相当隙間面積C値。単位は㎠/㎡を指標とし、値が小さいほど高い気密性能)については、建物全体で平成11年基準(現在ではC値に関する基準は撤廃)相当であっても、特に建具周りやダクトなどが躯体に貫通する部分などで気密がとれていない例も見られた。

地域ごとの気密性能[表3]について、下川町・山形県といった高い断熱性能のエコハウスではC値は1㎠/㎡を下回る高い気密性能を確保していた。また、近江八幡市もC値は1.1㎠/㎡で気密性能が高い。矢板市・都留市・浜松市は、断熱性能と同様に平成11年基準相当は確保されているが、今日の新築住宅ではこの基準値5.0㎠/㎡を下回ることは比較的容易である。

熱損失係数Q値が平成11年基準を満たしていなかった高山市・豊岡市・水俣市では、C値も満たしていない結果となった。特に、水俣市については22.8㎠/㎡と気密性能は顕著に低い。図6に示すように、高山市・水俣市・豊後高田市1・豊岡市などでは漏気が多く発見されており、適切な温熱環境の確保における気密の重要性が再確認された。

表3　各エコハウスの相当隙間面積C値

		下川町	高山市	山形県	矢板市	都留市	近江八幡市	豊岡市	浜松市	水俣市
地域区分		1地域(旧Ia地域)	3地域(旧Ⅱ地域)	4地域(旧Ⅲ地域)			5地域(旧Ⅳ地域)		7地域(旧Ⅴ地域)	
測定値	㎠/㎡	0.70	4.63	0.96	2.80	3.27	1.10	7.37	4.10	22.8
平成11年基準値(現在は廃止)	㎠/㎡	2.0		5.0						

*高山市・都留市・浜松市・豊岡市は、23年度にWOOD ACによって測定された。水俣市は、23年度に建築研究所によって測定された。その他のエコハウスは、各自治体等の任意で測定された実験結果を使用した。

庇による日射制御

日射遮蔽の要とされる庇は、長すぎると冬の日射取得には不利となる。図7に地域区分が異なる、都留市(4地域·旧Ⅲ地域、庇長さ:小)、浜松市(6地域·旧Ⅳb地域、庇長さ:中)、水俣市(7地域·旧Ⅴ地域、庇長さ:大)の3地域において壁面に当たる日射量の分布と、窓面から入る日射量合計を示す。都留市は庇の効果により、夏の日射遮蔽が行えていない。浜松市、水俣市と庇長さが増すにつれ庇の遮蔽が窓面におよぼす影響が大きくなっている。

また図3は、庇長さにおける遮蔽と取得のバランスの地域差を表したものであり、10件のエコハウスを対象に、「日除け係数」という指標を用いて、庇が全くない場合に窓面が受ける日射量に比べ、庇があることで夏期には何%日射を遮蔽できるか(夏期日除け係数)、冬期には何%日射を取得できるか(1－冬期日除け係数)を示す。温暖地を中心に大きな庇を設ける例が多く見られるが、冬期の日射取得とのバランスを考慮した設計が望ましい。

庇以外の日射遮蔽

日射遮蔽は庇以外の部材でも庇以外の遮蔽部材でも可能であり、外付けルーバー·格子戸·簾·緑のカーテン·内付けブラインドや障子など、エコハウスごとに多くの工夫が見られた。

庇に追加で遮蔽部材を設けることで、冬期の日射取得は変えることなく、夏期の日射遮蔽の効果を上げることができる。また、緑のカーテンは十分に葉が生い茂った状態での効果を表しているものであり、葉の成長具合や種類、日の当たり方により緑のカーテンの密度が大きく異なり、遮蔽効果は必ずしも期待できない。

レースカーテン→内付けブラインド→障子→緑のカーテン→外付けブラインドの順に1—冬期日除け係数(縦軸)はそのままに、夏期日除け係数(横軸)が右にシフトし、向上する。

夏期において日射が室内に深く入り込まないように十分な長さの庇を設け、遮蔽を行ってしまうと、冬期の日射取得への弊害が大きくなるため、庇の長さはあまり大きくはとらず、適宜追加の遮蔽部材を設け、遮蔽効果を向上させるのが効果的である。

庇の効果がない西日

日中、南面から入射する日射に対し、西日は入射する日射の太陽高度が低いため、庇の効果はほとんどなくなる。夏期の日射遮蔽については、朝日のように外気温が比較的低い時間帯に入射する日射に比べ、14時頃の最も外気温が高くなる時間帯に入射する西日は、より遮蔽が重要になる。

西日に対する遮蔽は外部に設けた遮蔽部材では遮蔽しきれないものが多く、内部に設けたカーテンやスクリーンによる遮蔽が簡便で効果的な手法といえる。

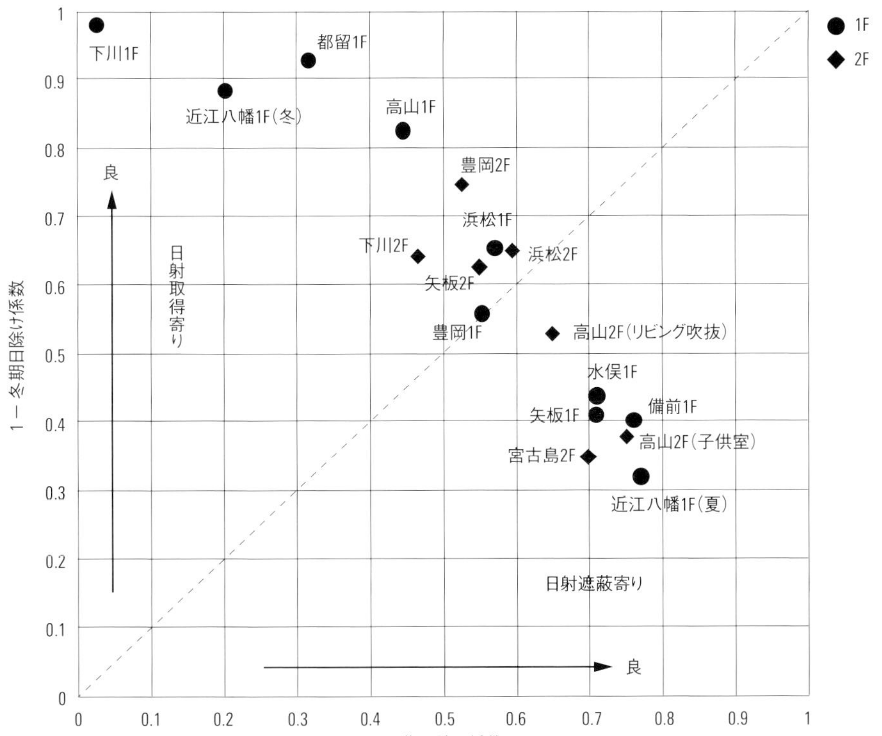

図3　夏期の日除け係数(横軸)と冬期の日除け係数(縦軸)のバランス

図4　吹抜け空間の温熱環境と開口部仕様

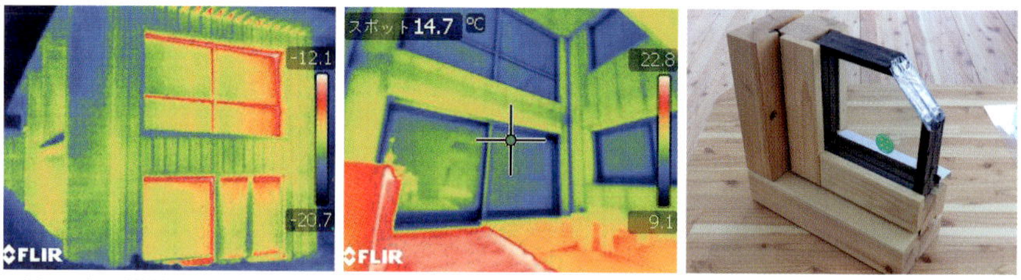

下川町／高い断熱性能の外皮と床暖房の組み合わせにより、上下階での吹抜け空間の温度差は小さい

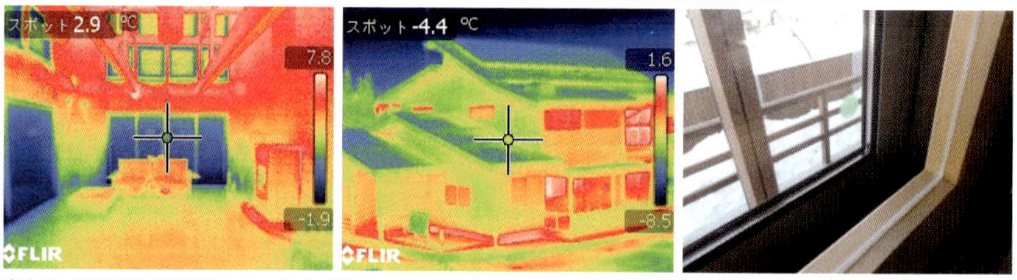

高山市／平成11年基準を満たさない外皮性能とペレットストーブの組み合わせにより、吹抜けでの上下温度差は大きい

豊岡市／曇天日が多く冬期の日射量が少ない地域であるが吹抜け南面に大開口があることで、熱的な弱点となりやすい

図5　吹抜け空間の空間区分の試み

豊岡市／1階のペレットストーブ・エアコンから吹抜け上部に暖気が上るのを防ぐため、可動間仕切りによって上下階を区切る工夫がされている

図6　漏気の発生事例

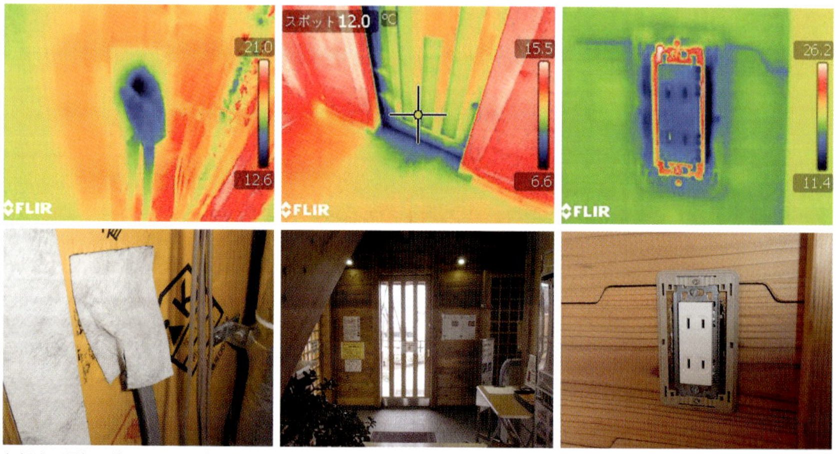

矢板市／電気配線・コンセントや玄関建具では、使用する製品や施工方法に注意しないと漏気の原因となってしまう

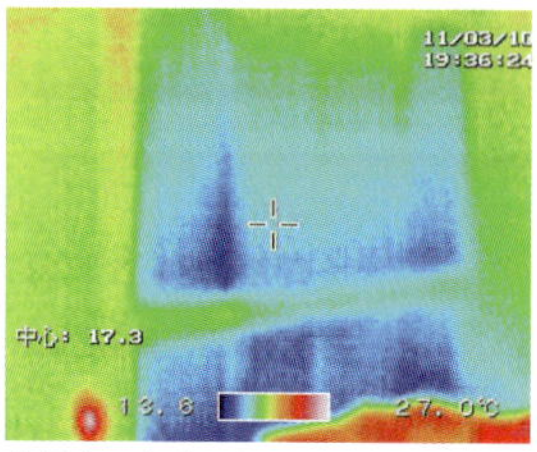

水俣市／木材同士の継目での漏気が目立った

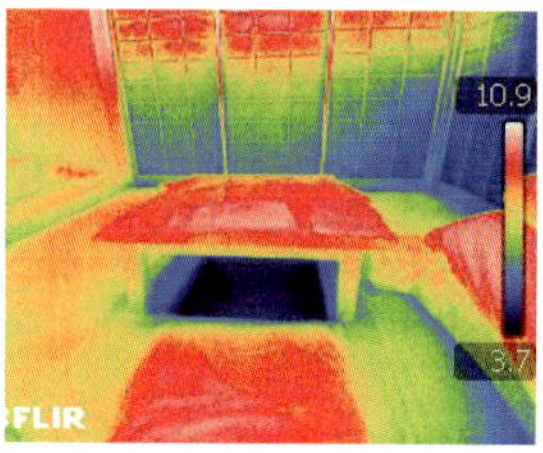

豊岡市／床下の「風のこたつ」が冬期には冷気の侵入箇所となっていた

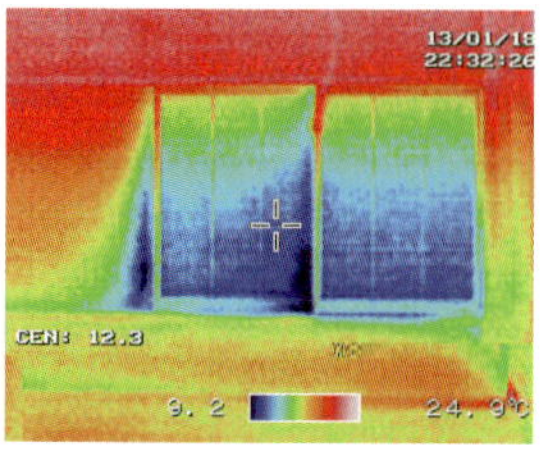

豊後高田市1／木製建具の気密性が不十分なことによる漏気が目立った

図7　庇の日射遮蔽効果

都留市／冬期に十分なダイレクトゲインが見込めるが、夏期にも日射熱を取得してしまう

浜松市／夏期には適切に日射遮蔽できており、冬期には十分に日射取得が可能でありバランスが取れていた

水俣市／特に深い庇となっているため夏期の遮蔽は十分である一方で、冬期の日射取得は見込めない

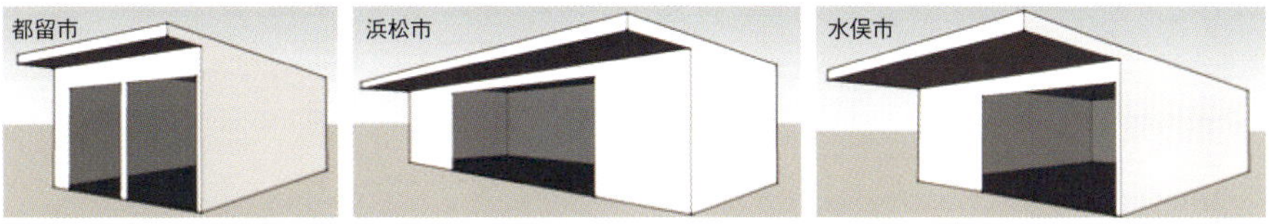

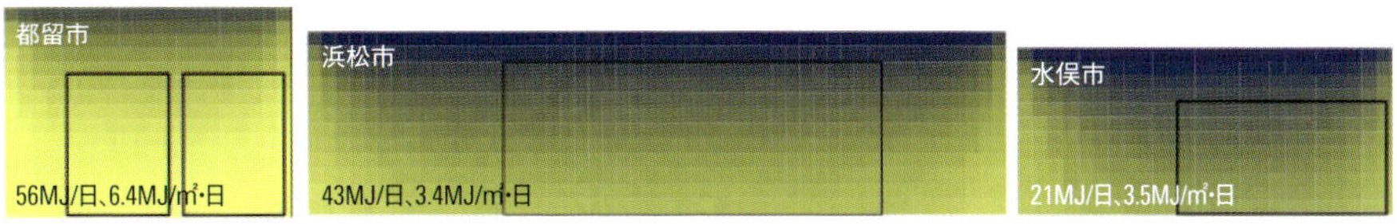

夏期(5/16-10/15)壁面日射量

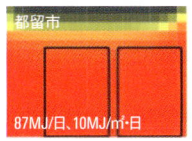

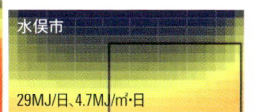

冬期(10/16-5/15)壁面日射量

近江八幡市

山梨市

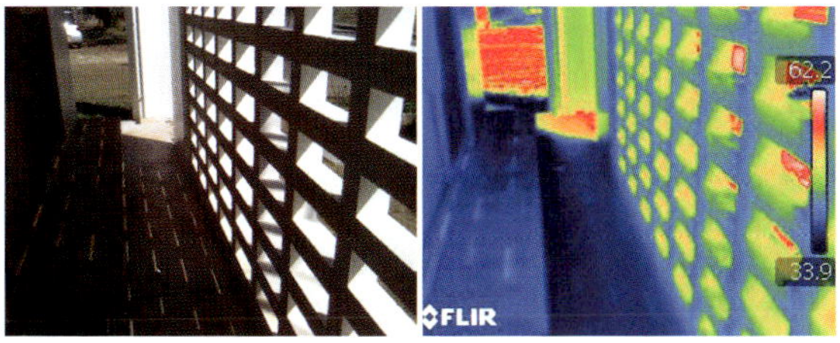

宮古島市

備前市

都留市

矢板市

図8　夏期における日射遮蔽の事例

3　通風·冷房

温暖地のエコハウスでは、夏期における冷房の省エネ、特に通風利用は重視されており、大きな開口部が配される場合が多く見られた。高知県·飯田市などのように冷房設備を設置していないエコハウスも多く見受けられた。

通風可能開口面積

エコハウスにおける、開放して通風可能な開口面積を表1に示す。開口部のうち、引違い窓や開き度合いの小さい回転窓などは面積の50%が開放可能として算出している。

1F·2Fを合計して8方位ごとの集計をしているが、通常の主方位を想定して南側(南東·南·南西いずれかの最大値)·北側(北西·北·北東いずれかの最大値)の値も示している。

床面積(吹抜けを含む)に対する通風可能実開口面積の割合(合計／床面積)は、温暖地になるほど大きくなる傾向がある。近江八幡市や浜松市や豊後高田市1や宮古島市2では30%を超えており通風を重視した設計がなされていることがわかる。また、南側に対する北側の通風可能実開口面積の比率(北側／南側)は、近江八幡市や宮古島市2の離れのように南北に同程度配されている場合も見られる一方で、豊岡市や備前市のように差が大きい場合も見られる。通風利用においては、風上·風下側の開口部比率はある程度近いことが望ましいことから、極端な面積差は通風利用の障害となる可能性がある。

模擬居住調査における通風·冷房の利用条件

通風利用の検証は、主に夏期の模擬居住調査において行われた。図1に示す冷房·通風マニュアルにしたがって、1時間前のリビング室温と外気温の関係から冷房·通風のいずれを用いるか決定した。外気温が低いなど条件がよい場合には、なるべく通風利用を行うこととし、夜には夜間換気を実施している。冷房を使用する場合には、外気温に応じて26～28度の範囲で設定温度を変更する。

なお、前述の通り模擬居住調査は2011年09月に実施されたため、すでに夏の暑さが和らいでいた。そのため、冷房の利用時間は短く、通風利用の時間帯が長いことから、以下ではおもに通風について記述する。

通風効果の判定

模擬居住調査における通風利用時の「①主居室における風速変動」、「②各室の室温変動」から、通風効果を検証した。

①主居室の風速変動

採涼効果の確保:室居住域の風速が0.2m/s以上あるか

②各居室の室温変動

a) 排熱換気:窓解放時に長時間にわたり室温が外気温と同程度であるか

b) 上部排熱:窓開放前に生じていた室内上下温度むらが

表1　各エコハウスにおける通風可能な実開口面積

	床面積(含吹抜け)	通風可能実開口面積												比率	
		東	南東	南	南西	西	北西	北	北東	天窓	南側	北側	合計	北側／南側	合計／床面積
下川町	214.1	4.5	0.0	11.4	0.0	4.2	0.0	8.4	0.0	0.0	11.4	8.4	28.5	73.2%	13.3%
美幌町	230.1	0.2	1.4	11.1	2.8	2.0	0.0	4.5	0.0	1.0	11.1	4.5	23.1	40.7%	10.0%
飯舘村	204.8	2.6	0.0	12.9	0.0	2.3	0.0	8.1	0.0	0.0	12.9	8.1	25.9	63.0%	12.7%
高山市	223.8	6.1	0.0	15.7	0.0	4.0	0.0	11.4	0.0	0.0	15.7	11.4	37.2	72.6%	16.6%
飯田市	185.8	4.6	0.0	19.1	0.0	3.2	0.0	8.8	0.0	0.0	19.1	8.8	35.8	46.0%	19.2%
山形県	247.8	3.5	0.0	4.3	0.4	2.0	3.9	4.4	0.0	2.4	4.3	4.4	20.8	102.0%	8.4%
矢板市	253.5	5.9	0.0	31.0	0.0	8.8	0.0	19.3	0.0	0.6	31.0	19.3	65.7	62.3%	25.9%
都留市	241.6	12.5	0.0	19.1	0.0	9.4	0.0	11.2	0.0	0.0	19.1	11.2	52.2	58.9%	21.6%
太田市	229.5	2.3	0.0	20.5	0.0	3.8	0.0	11.8	0.0	0.0	20.5	11.8	38.4	57.7%	16.8%
山梨市	175.3	4.4	0.0	12.5	0.0	7.0	0.0	5.1	0.0	0.0	12.5	5.1	29.0	40.6%	16.5%
近江八幡市	136.6	0.0	17.2	0.0	0.2	0.0	18.0	0.0	7.5	0.0	17.2	18.0	42.9	104.6%	31.4%
豊岡市	182.1	0.0	3.4	0.0	22.9	0.0	4.3	0.0	7.0	0.0	22.9	7.0	37.6	30.7%	20.6%
備前市	149.5	9.0	0.0	16.6	0.0	6.8	0.0	4.5	0.0	0.0	16.6	4.5	37.0	27.3%	24.7%
石川県	289.4	7.3	0.0	10.6	0.0	2.0	0.0	13.4	0.0	0.0	10.6	13.4	33.3	126.7%	11.5%
浜松市	139.7	10.3	0.0	22.4	0.0	6.9	0.0	6.7	0.0	0.0	22.4	6.7	46.3	30.0%	33.2%
北九州市	173.2	6.7	0.0	9.4	0.0	9.4	0.0	2.8	0.0	0.0	9.4	2.8	29.4	29.4%	16.3%
豊後高田市1	94.5	0.0	2.3	0.0	16.8	0.0	0.5	0.0	16.8	0.0	16.8	16.8	36.4	100.2%	38.5%
豊後高田市2	148.8	3.2	0.0	12.3	0.0	2.2	0.0	6.0	0.0	0.0	12.3	6.0	23.7	48.5%	15.9%
高知県	183.3	6.2	0.0	19.2	0.0	3.1	0.0	16.3	0.0	0.0	19.2	16.3	44.8	84.6%	24.4%
水俣市	131.8	1.9	0.0	7.4	0.0	1.7	0.0	9.4	0.0	0.0	7.4	9.4	20.3	126.3%	15.4%
宮古島市1	143.7	0.0	8.3	0.0	12.3	0.0	7.6	0.0	7.4	0.0	12.3	7.6	35.5	61.6%	24.7%
宮古島市2母屋	77.1	4.4	0.0	8.7	0.0	3.7	0.0	6.9	0.0	0.0	8.7	6.9	23.7	79.0%	30.7%
宮古島市2離れ	36.0	0.0	3.6	0.0	1.7	0.0	4.0	0.0	2.0	0.0	3.6	4.0	11.3	109.4%	31.4%

解消されているか

通風利用においては、室内に滞留した熱の排出のためには風速はそれほど必要とされないが、居住者が涼しさを感じる採涼にはより大きな風速が必要である。本検討では、採涼のためには0.2m/s以上の風速が必要であるとした。

採涼効果が得られる場合、得られない場合

検討の結果、採涼に十分な風速が得られている場合と、風速が不十分で排熱程度にとどまる場合が見られた。前者の例として矢板市[図2]、後者の例として豊岡市[図3]を示す。図4に示すように、いずれも南側には大きな開口部が設けられているが、通風性状は大きく異なる結果となった。

矢板市エコハウスでは敷地周辺が水田で障害物がないため外部風速が大きく、通風利用には理想的な敷地であった。その上で、南北方向に大きな開口が設置され、かつ風の流れを遮る障害物が室内になかったため、通風効果が見られた。南側の窓は全面開放が可能で北側の開口部も大きく、居住域を通るストレートな通風経路が形成されている。

豊岡市エコハウスでは十分な風速が計測されなかった。豊岡市は全体の開口部面積は大きいが、南東と南西の開口部面積に対して北東と北西の開口部面積が極端に小さい。南側の開口部の多くが引違いかフィックスで開放可能な面積が限られ北側も面積が小さいこと、内部に階段室や隔壁があり通風経路が複雑で居住域を通過する風が限られ、排熱は行えていたものの採涼には不十分であった。

表2　通風効果の区分

	採涼効果が得られたエコハウス	排熱換気にとどまったエコハウス
	矢板市・宮古島市・高山市	水俣市・都留市・豊岡市・備前市
判断基準	主居室の風速が0.2m/s以上 室温が外気温度と同程度 部屋の上下温度差が解消	主居室の風速が0.2m/s未満 室温が外気温度に近い 部屋の上下温度差が縮小

*下川町・浜松市・近江八幡市は模擬居住調査時に外気温度が低く評価が困難なため除外

冷房

冷房については、エアコンを設置していないエコハウスが多かったこと、模擬居住調査が盛夏の時期に行えていないことから、十分な検証が行えていない。冷房の冷気は居住域に自然と落ちていく傾向が見られたため、暖房のように深刻な不全は起きにくい。ただし、大きな吹抜けを有して1・2階が一体となった近江八幡市のようなケースにおいては、2階居住部の冷房が困難となっている[図5]。空間全体を冷房せずにすむような適切なゾーニングが必要と考えられる。

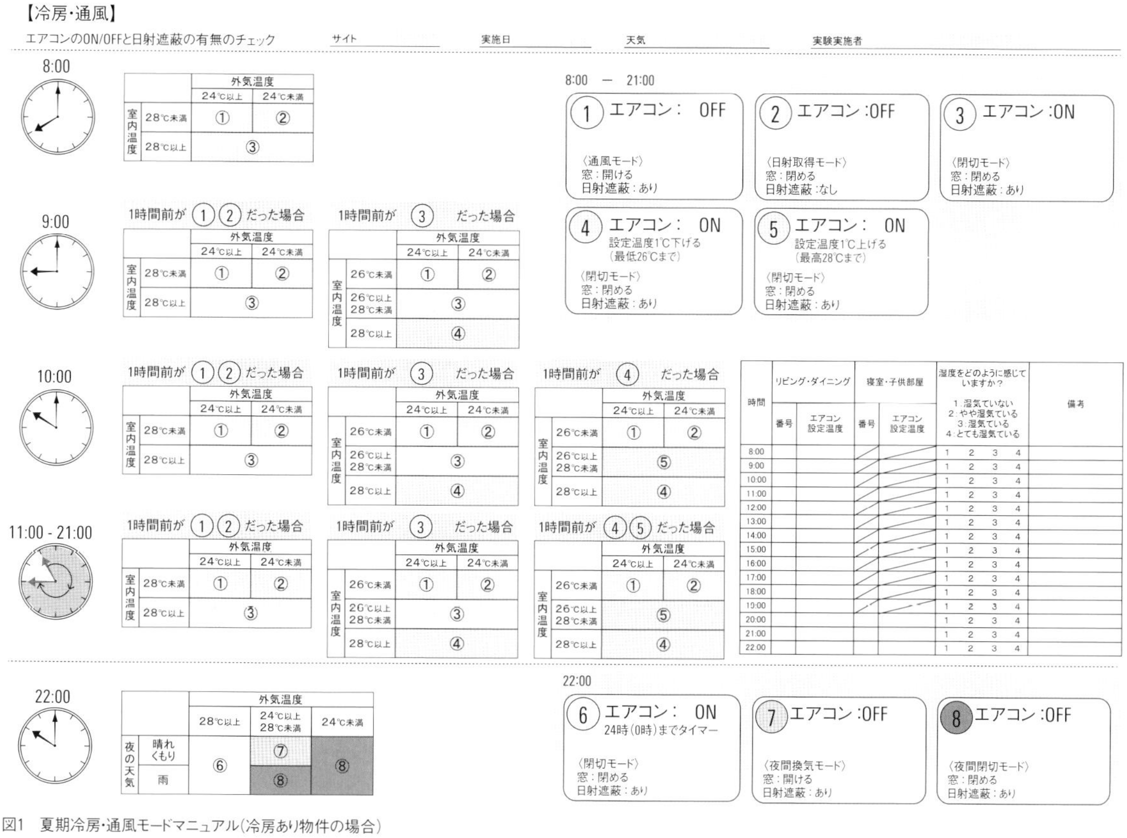

図1　夏期冷房・通風モードマニュアル（冷房あり物件の場合）

通風時居住域に、平均して0.35m/sの風が吹き込んでいる。リビング南側の窓から入り、ダイニング北側の窓から抜ける風向きのために、ダイニングにも風が吹き込んでいる。通風利用時の室温は外気温とほぼ同程度となり、上下温度むらも解消される。

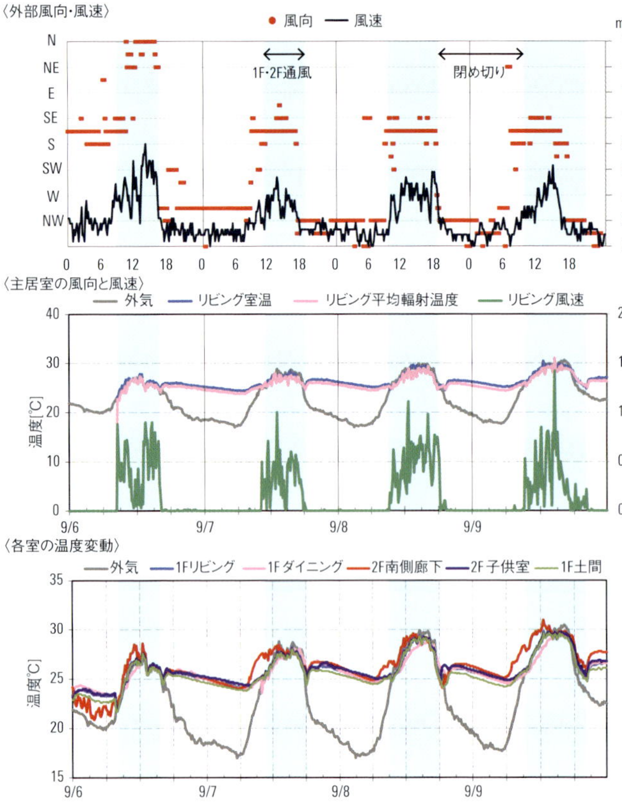

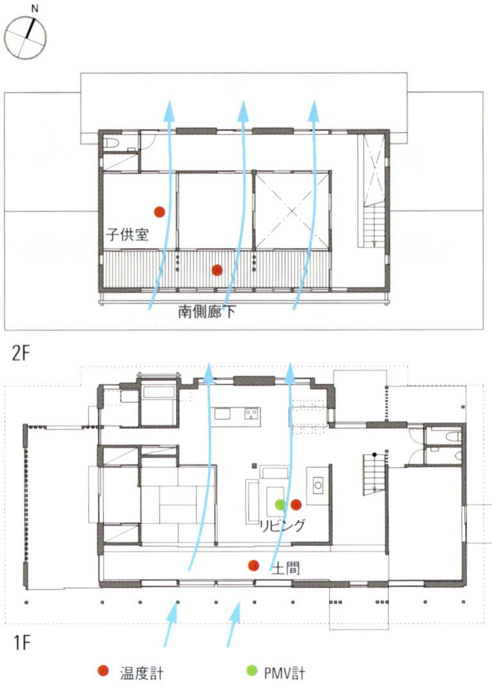

図2　採涼に必要な風速が得られていた物件例(矢板市)　実験日11/09/06〜11/09/09

通風利用時には窓開放直後にすべての部屋の室温が外気温と同程度となる。しかし、広間では通風時(7:30〜22:00)の通風時間帯における平均風速0.17m/sであるため、涼感を得られるほどではない。(なお本測定では、外気温が高めであったためエアコン使用時間が長く、通風利用可能な時間帯は短かった)

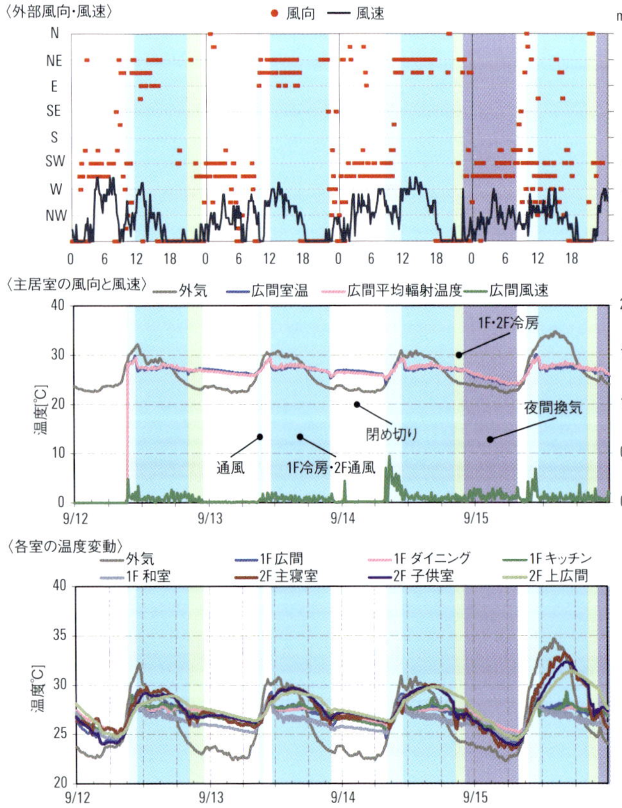

図3　排熱換気にとどまっていた物件例(豊岡市)　実験日11/09/12〜11/09/15

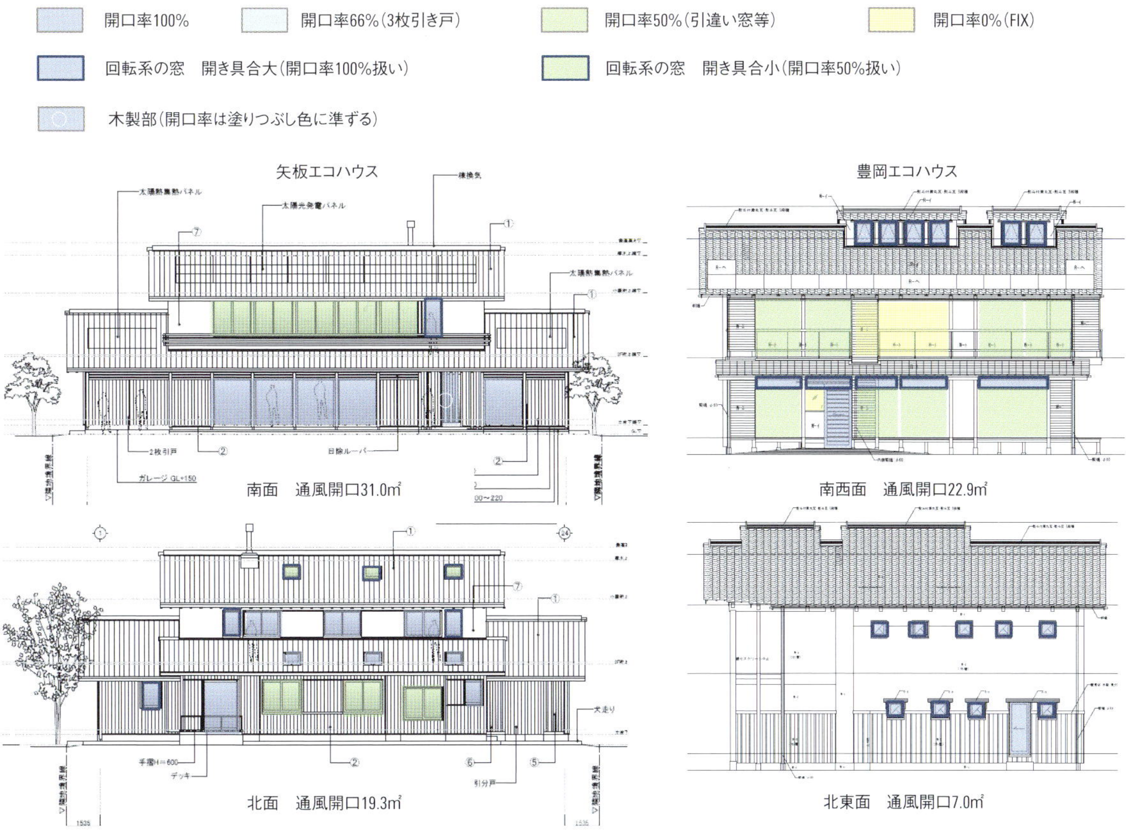

図4　矢板市・豊岡市における南側・北側立面および通風可能開口部

矢板市／南北面両方の開口部が大きく、かつ正対しているため、良好な通風経路となり、居住域を十分な風速の風が抜ける

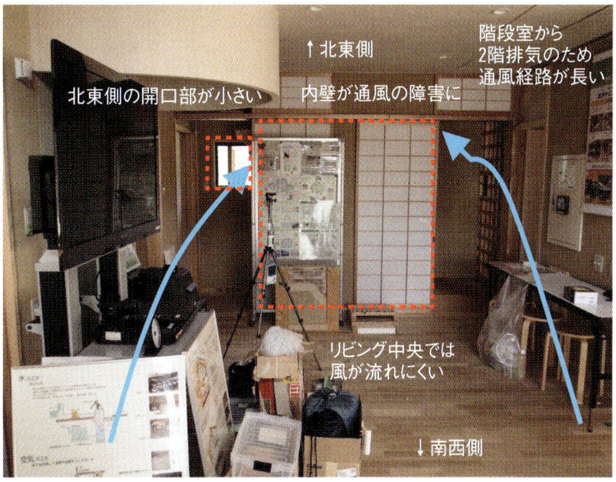

豊岡市／北東側は開口部面積が小さく、北東側内壁が配されており、リビング居住域では採涼に十分な風速が得られていない

図4　矢板市・豊岡市の室内状況

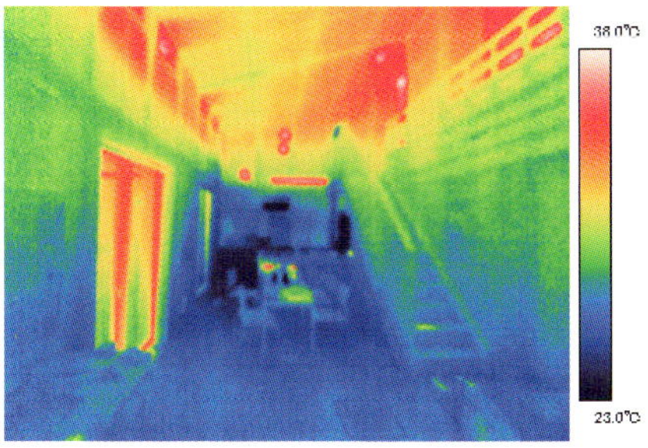

図5　冷房時の温度分布(近江八幡市)／模擬居住調査が2011年9月に実施されたため、冷房を必要とする時間帯はごく短時間に留まっている。冷房時には、エアコンから吹き出す冷気が重いために居住域に自然と流れるので、下階のリビングなどへの冷却不良は起こりにくい。ただし、吹抜け空間の上部は冷房が困難となる可能性が高い。

4　暖房・換気

各地域における換気種類

換気については各地域の気候にあわせた適切な方式を選択する必要がある。エコハウスの中では第3種換気が採用されているのは温暖地・蒸暑地に多く、寒冷地・準寒冷地と一部の温暖地では何らかの熱源を使用して給気された外気を予熱する第2種換気と、第1種熱交換換気が採用された。どの換気方式においても共通の注意点として、「1.フィルター掃除などのメンテナンスのしやすい設計」、「2.省消費電力機器の選定」、「3.居住域への冷気侵入の防止」の3点が挙げられる[図1]。

メンテナンスを考慮した設計の必要性

まず、フィルターの掃除が適切に施されないとフィルターや熱交換素子における空気抵抗が大きくなる。その結果として消費電力も大きくなり効率が落ちることになるので、換気装置は掃除しやすい場所に設置すべきである。さらに給排気口の位置が適切に設計されていたとしても、開口部等の気密が取れていない住宅では想定した換気経路以外で寒気が侵入するなど、換気経路の計画が成立しない恐れがある。熱交換換気設備を導入する住宅においては特に断熱・気密が確保されることが重要である。せっかく回収した熱を逃がしてしまっては熱交換器による効果は十分に発揮されないが、熱交換換気を採用していても気密性が確保されていないエコハウスもいくつか見られた。

寒冷地においては熱交換器を熱交換器内部における結露・結氷が発生し、居住者が気づかないまま熱交換器の性能を著しく損ねていることが少なくない。また、フィルターの掃除がされていないと交換効率は低下するため、定期的なメンテナンスが必須である。そのため、「−10度〜40度の熱環境を確保できる場所」「メンテナンスの容易な場所」であることが、熱交換器設置場所に関する注意点である。図に設置位置として適切な例(山形県エコハウス)と適切でなかった例(高山市エコハウス)を示した。山形県エコハウスでは廊下の横に設置された収納の床面上に設置されているためメンテナンスが容易であり、かつ居住域の熱環境が確保されている。一方で高山市エコハウスでは天井裏に収納されているため、居住者によるメンテナンスはほぼ不可能であった。

また、気密のとれた山形県エコハウスではトイレの排気はRAダクトのみを通して行われる。そこでは熱交換換気により換気回数0.5回/hを確保しているにもかかわらず、トイレの換気が不十分であり居住域にトイレからの臭いがすることに不満があるとの指摘もあった。これ

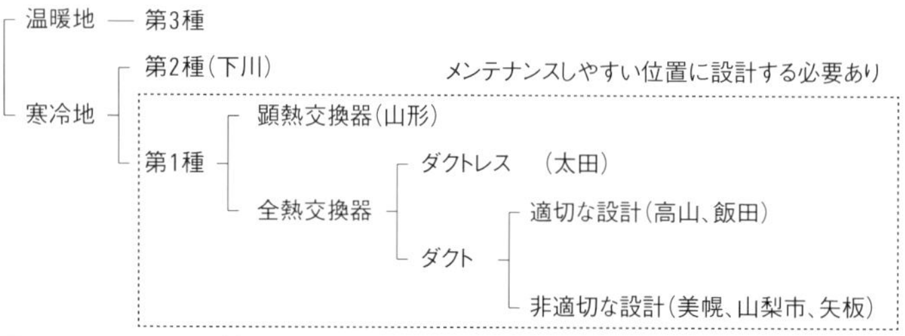

図1　エコハウスにおける換気種別

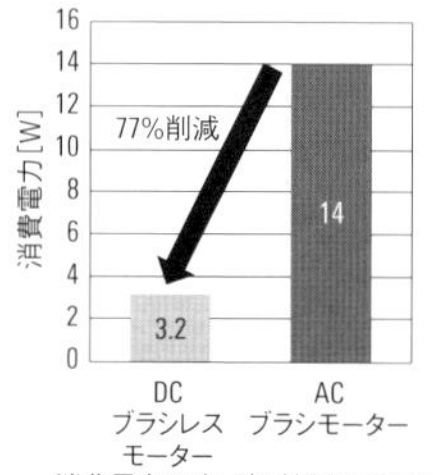

図4　消費電力の違い(M社製品の場合)

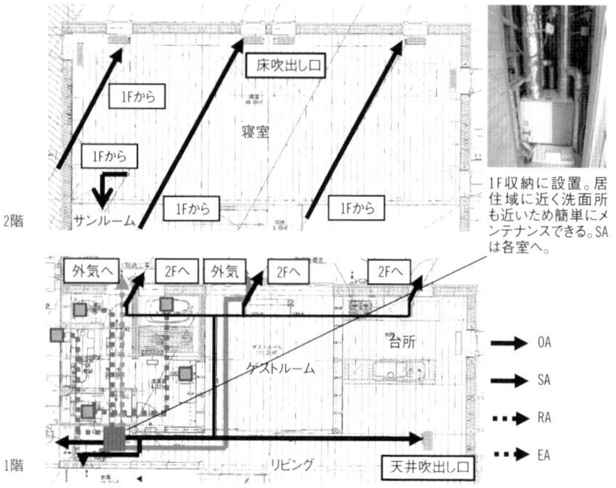

図2　山形県エコハウスの熱交換器設置位置とダクト

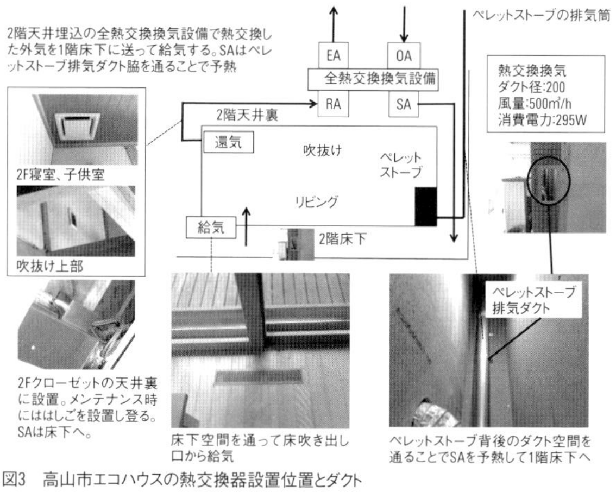

図3　高山市エコハウスの熱交換器設置位置とダクト

らを踏まえ、トイレのRAは風量に余裕をもってダクト設計すべきである。例えば、トイレの近くに熱交換換気設備を設置し、トイレからのRAダクトを短くして圧力損失を小さくするなどの工夫が必要であろう[図2, 3]。

低消費電力機器の選定

各エコハウスには様々な換気設備が備わっている。換気設備のカタログを見比べてみると、機種による消費電力の大小が確認できるが、当然ながら同風量の換気量がある場合には消費電力が小さく済む方が省エネとなる。これを判断するには、比消費電力(単位風量に対する消費電力の割合。単位は、W/㎥hとなる。)をカタログ値から算出すると良い。また、一般にDCモーターを採用している機種はACモーターを採用している機種に比べて消費電力は小さくなる[図4]。

居住域への冷気侵入の防止

・温暖地における換気

温暖地においてはエネルギーを用いて給気温度を上げるほど室温と外気の温度差は大きくない。そのため、第1種熱交換換気にするか第3種換気にするか慎重な検討が望まれるが、基本的には第3種換気が有利に働くケースが多く、排気口には消費電力が小さいDCブラシレスの換気扇を設置することが消費エネルギー削減に有効である。また、全館冷暖房時や、比消費電力が小さく熱交換効率の高い熱交換換気設備を導入することで、第1種熱交換換気が有利に働く場合もある。

・寒冷地における換気設備

特に寒冷地では、換気による熱負荷低減とともに居住域への冷気侵入を防ぐために、外気をそのまま室内に給気するのではなく熱交換換気設備を使用することも多い。

高山市エコハウス[図5]ではOA(外気からの給気)、SA(熱交換素子を通過した後の室内への給気)、RA(室内から熱交換素子への還気)、EA(屋外への排気)の各ダクトの温湿度を測定し、それぞれ顕熱熱量とエンタルピー(全熱量)を算出した。1Fリビングのペレットストーブを7:30～22:00で運転する条件下で、外気より10～15度ほど高い温度で給気されており、平均顕熱交換効率は83.1%であった。この結果より、換気による熱負荷は大きく低減されることが見込まれる。しかし、朝方外気温度は－8～－5度まで冷え込み、その際の給気温度は7度～10度となっている。外気温度と居室室温がともに下がる朝方においては換気による熱負荷低減には有効であるものの、若干冷たい空気が侵入することとなる。

また、熱回収量に影響するRAダクトが設置された3箇所の居室の室温は、他居室と比べて高い傾向にあった。RAダクトを設置する居室室温が低いと、SA温度も低くなり冷気侵入対策の効果が出にくくなるためRAダクトの設置箇所にも注意が必要である。

顕熱と全熱の交換率の差は数%で、ほぼ同様の推移をしていることがわかる。4つの各ダクトについてはどの時間帯においてもエンタルピーの方が顕熱熱量より約2～3kJ/kg大きい値となったが、顕熱およびエンタルピーそれぞれについて回収した熱量(OAとSAの差)に注目すると、両者はほぼ同量であることが確認された。

山形県エコハウス[図6]においてはドイツ製の高効率な顕熱交換換気設備が設置されており、現場での実測における平均顕熱交換効率は93.6%であった。外気温度は－5度～11度だが、常に給気温度は16度以上となっており、冷気侵入対策に有効であることが確認された。

エアコンは省エネルギー?

エアコンは熱をある場所からある場所に移動するヒートポンプの技術によって、1の電気で3から4の熱を移動して、室内を暖めたり冷やしたりできる。1の電気で1の暖房エネルギーしか出すことのできない電気ヒーターと比べ、そのエネルギー効率は3、4倍にもなる。その上、1台で暖房も冷房も行うことができるので、エコハウスの設備として欠かせないともいえよう。したがって、省エネルギーな住宅を設計したいのであれば、エアコンで効率よく暖冷房ができるような空間形状にする必要がある。

エアコン暖房では暖かい空気は上昇するので、エアコンから下向きに吹き出すと温風は拡散しながら広がっていく。1層分の高さの部屋の場合には温風が床付近まで届いているが、2層分の部屋の場合には、上部に暖かい空気が溜まってしまい、人のいる床付近に温風が届いていないことがわかる。しかし、2層分の部屋であっても吹出し風速を大きくすれば、吹出し温度が低下し上昇する力が弱まるため、足元まで温風を届かせることができるが、強い風に当たるとそれが暖かくても人は寒く感じるので、注意も必要である。

エアコン冷房では冷たい空気は下降するので、エアコンから横向きに吹き出すと冷風が室内で拡散しながら広がっていく。1層分の高さの部屋の場合は暖房時と同様に室内全体がよく冷えて問題ないが、2層分の部屋の場合は部屋の上部に暖気が溜まってしまう。このときも暖房時と同様に、吹出し風速が大きい場合は冷風が比較的高温になるため下降する力が弱まり、上部に居室がある場合に暑さをやわらげることができる。

このようにエアコンから吹き出される暖気と冷気の性質を理解して、部屋の形状を工夫することで、エアコンを使って省エネルギーで室内を暖冷房することができる。

図5　高山市エコハウスでの実測例

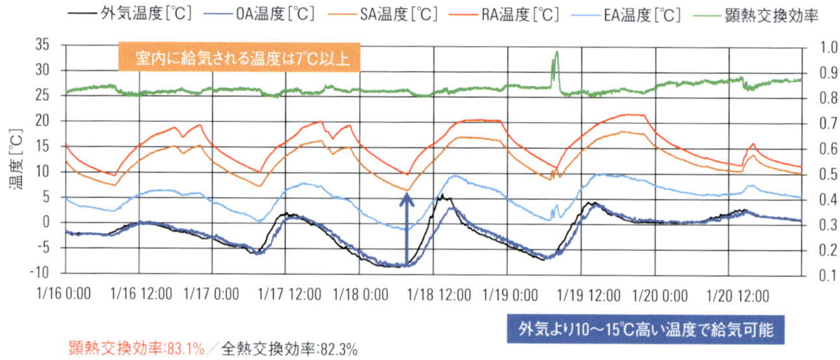

顕熱交換効率:83.1%／全熱交換効率:82.3%

*2012/1/15よりペレットストーブ運転　*1/17〜1/19は模擬居住実験のためペレットストーブを7:30〜22:00運転

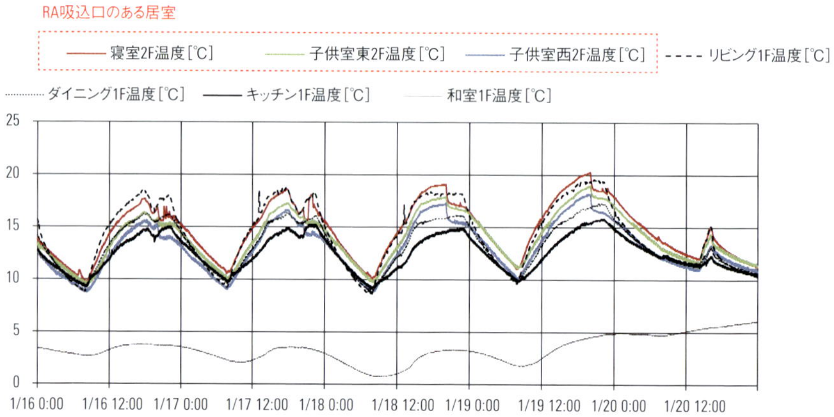

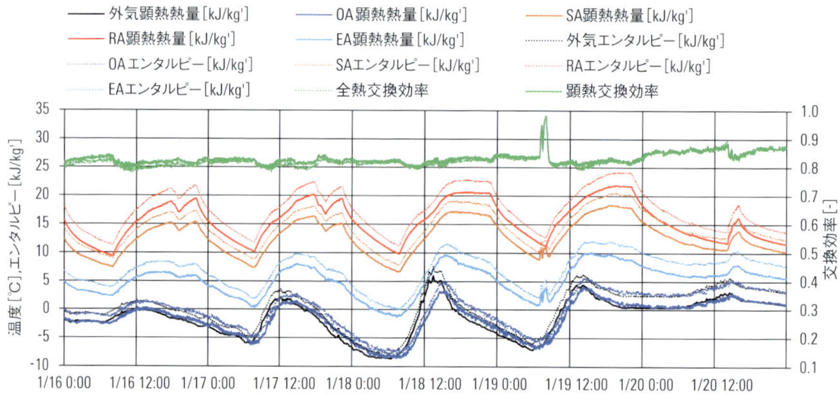

顕熱交換効率:83.1%／全熱交換効率:82.3%

図6　山形県エコハウスでの実測例

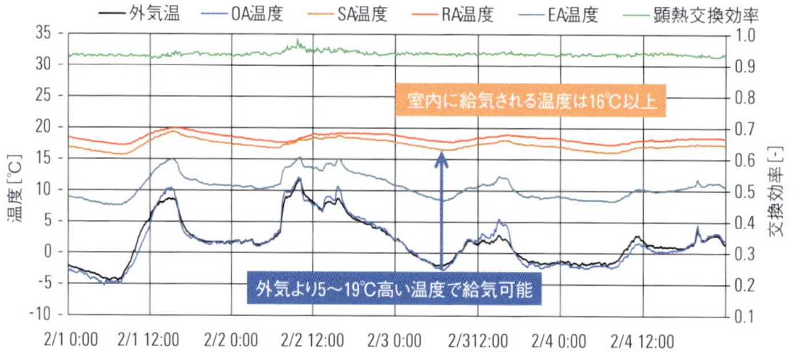

顕熱交換効率:93.6%

エアコンの取付け方を間違えると……？

エアコンは一般家庭に広く普及しているので、ついつい深く考えることなく設置してしまいがちであるが、暖かい・冷たい空気の動き方を理解しないで取り付けてしまうと、暖冷房の効果が落ちてしまう。エアコンを取り付ける際の注意点は2つある。第一に、エアコン下部の吹出し口から出る温風や冷風の流れを邪魔しないようにして、部屋全体に行き渡るようにすること。第二に、エアコンに正しい温度制御をさせるために、エアコン上部にある吸込み口に、吹き出した暖気・冷気が直接入り込まないような工夫をすることである[図7]。

近江八幡市エコハウスでのエアコン配置改善事例

近江八幡市エコハウスにおいては、吹抜け空間にエアコンが取り付けられているが、2011年2月の調査時にサーモカメラで撮影したところ、エアコンから吹き出された暖気が前面にあるキッチンカウンターにブロックされてすぐに2階へと上昇し、1階の床が冷えきったままであることがわかった。このエコハウスについては、エアコン取付け位置を変えた場合にどれだけ状況が改善されるかをテーマに検証を行った[図8]。2012年2月に改修を行い、リビング側にエアコンを1台追加した。暖房負荷を2台のエアコンで分担して賄うことで平面的な温度むらを抑えることが可能となり、大きな一室空間という特徴を活か

図7　各エコハウスでのエアコン設置状況

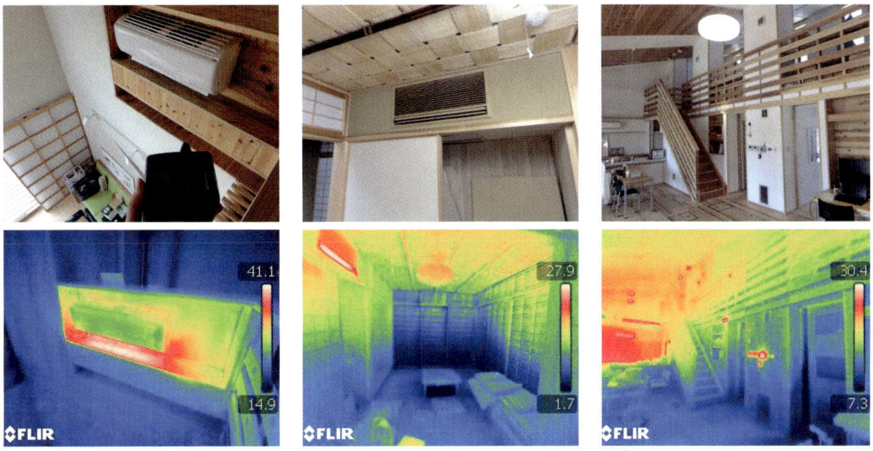

山梨市エコハウス　豊岡市エコハウス　近江八幡市エコハウス

図8-1　エアコンの増設による室内温度分布改善の測定結果【Before】

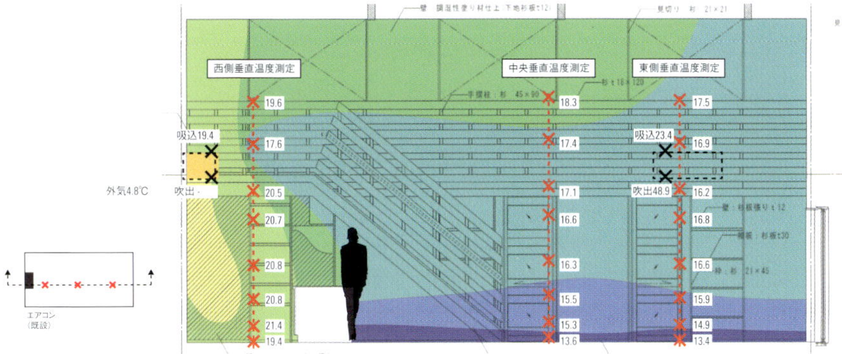

近江八幡エコハウス1F　東西断面におけるエアコン1台運転時の温度コンター図

図8-2　エアコンの増設による室内温度分布改善の測定結果【After】

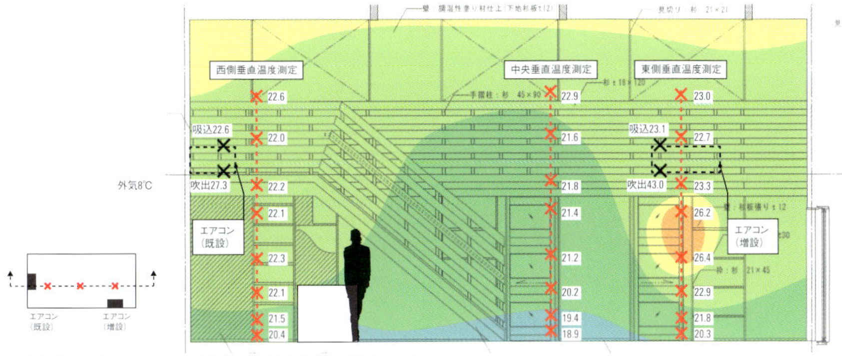

近江八幡エコハウス1F　東西断面におけるエアコン2台運転時の温度コンター図

すことができるようになった。

温水床暖房（空気熱源ヒートポンプ利用）の特徴と注意点

寒冷地でも省エネルギーかつ快適性を担保する手法として、空気熱源ヒートポンプ温水式床暖房が挙げられる。空気から採熱を行う場合、外気温の低下とともに能力が著しく低下するという性質がある。特に外気温が低い条件では着霜によっても能力・エネルギー効率ともに低下する傾向にあるため運転条件に注意が必要であるが、近年の機器性能の向上により寒冷地においてもFF式暖房機やガス・石油式温水暖房と比べても省エネになる可能性がある。

寒冷地における地中熱熱源ヒートポンプの利用

下川町エコハウスでは空気熱源ヒートポンプよりも高効率とされる地中熱ヒートポンプ利用の暖房システムを採用している。この地中熱熱源ヒートポンプの効率については、北海道立北方建築総合研究所による実測データをもとにして求めることができた。その結果の概要については30、31ページにに示されているが、ここで改めて結果をおさらいすることとする。温水の送水温度設定が50度・45度の場合には、厳冬期のため採熱温度が低く、最大消費電力で運転しても温水往き温度が40度強までしか上がらず、設定温度に到達しなかった。ヒートポンプの能力限界になっており、このエコハウスのように特に寒い地域では地中熱熱源ヒートポンプをもってしても45度以上の送水はできないものと思われる。今回は床暖房で40度程度の比較的低温での温水利用が計画されていたが、温水コンベクター等のより高温温水を使用する放熱器を主暖房に使用する際にはヒートポンプではなく、外気条件に左右されずにより高温をつくりだすことができる燃焼式熱源の採用が望ましい。こうした理由により、温水送水設定温度50度・45度の場合には、消費エネルギー効率、地中熱熱源ヒートポンプ供給熱量・室内温度分布ともに同等であった。また設定温度40度の際には、COPは若干向上し2.9程度であった。また、室内環境については外気温度が他条件と比較して高かったこともあり、室内温度は他条件より高めに保たれた。設定温度35度の際には、COPは高くなるものの、供給熱量が小さくなるために室内温度は19度を下回っていた。吹抜けから遠く床暖房の影響を受けにくい北側の2階水周りでは、16度程度と全体的に温度が低く、35度送水では十分な熱供給はできなかった[図9]。

バイオマス暖房の特徴と注意点

エコハウスの暖房方式の中でも、特に木質バイオマス暖房は北から南まで幅広く採用されていた。木質バイオマス燃料がカーボンフリー燃料として注目されていることの表れだといえる。木質バイオマス暖房には大きく分けて、薪ストーブ系とペレットストーブ系に大別できる。薪ストーブは放射式あるいは放射＋自然対流式の暖房となっており、出力に関しては薪の投入量でしか制御できない。一方、ペレット利用の暖房システムには様々な方式のものがあるが、FF式ファンヒーター状のものが大半を占めていた。

薪ストーブで実現される温熱環境

本体が高温になり、ストーブ表面からの放射と高温表面に触れた空気の自然対流により暖房するのが薪ストーブの特徴である。

はじめはストーブ本体の表面温度と設置箇所の近辺が暖まる程度だが、時間が経ち定常状態になってくると、

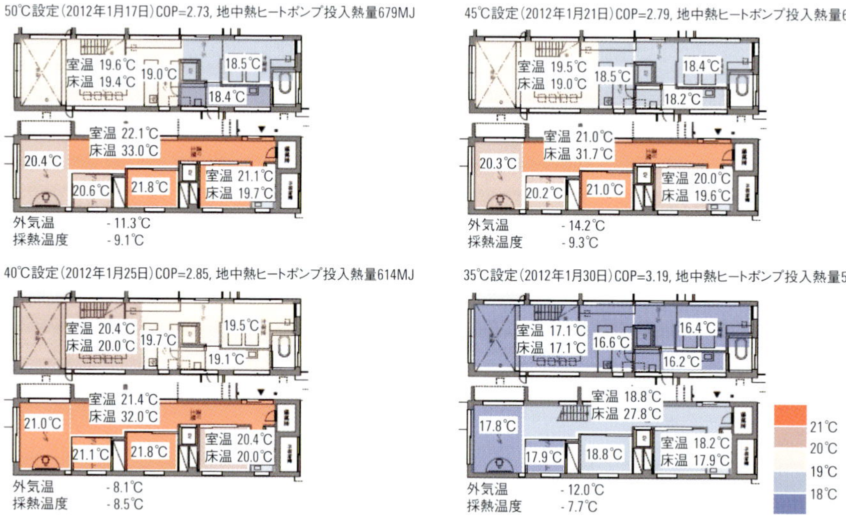

図9　送水温度変更後の日平均室温と地中熱ヒートポンプCOP

空間内では自然対流により暖気がストーブから上昇し天井付近から暖まる。また人体に対しては、立ち上がり状態で空間の温度がまだ上昇していない場合でも正面と背面で3度程度差があり放射の効果が見られる。ただし、放射の効果は発熱源との距離の影響を受けやすく、人体とストーブの距離の2乗に比例して減衰するため、実際に薪ストーブを設置している都留市エコハウスにおいて、ストーブからの放射熱の到達範囲を把握するために、ストーブから1m、2m、3mの位置に黒色塗装した板を置き、その表面温度をサーモ画像で記録した[図10]。黒色板や周囲の床温度などはストーブから離れるにしたがって温度が低下することがわかる。特に2m以上離れると、黒色板の表面温度は急激に低下することから、薪ストーブからの放射による影響は2m以内の範囲で暖房に効果的であるといえる。次に、図11では、2階から吹き抜けを介してリビングをサーモ画像により撮影した様子を示す。ストーブ付近の床や壁面では温度が高くなっているものの、前述の通り2m以上離れると暖房効果は小さくなることがわかる。また、ストーブの煙突での温度が高く排気による熱ロスが大きい可能性が危惧される。また、ストーブ本体が200度程度と高温発熱体となっていることで、放射だけでなく自然対流によって室内に熱が放出されているが、吹抜け空間のため非居住域の天井付近で暖気が溜まっている様子が明らかとなった。

さらに豊後高田市1エコハウスの実測では、薪ストーブに近い場所でもテーブルなどの遮蔽物があると、放射の効果も遮蔽されることがわかっている。この熱画像では、ストーブ正面のテーブルに向かって、ストーブの手前と奥に同一人物が座った際の表面温度を示しているが、ストーブの直近では35度以上の高温になる一方で、テーブルから離れると表面温度が急激に低下している様子がわかる[図12]。

ペレットストーブで実現される温熱環境

ペレットストーブは薪ストーブと異なり、温風の吹出し(強制対流)による加熱が主となる。吹抜け空間にペレットストーブを置くと暖気は吹き出し口より下の部分にはほとんど届かない。吹抜けとペレットストーブの組み合わせの例として高山市エコハウスにおける実測結果を42、43ページにて紹介している。また、高山エコハウスでは排気のガス成分を分析することで、ペレットストーブの熱効率(ペレットのもつ熱量に対する、室内への投入熱量の割合)を測定した。その結果、暖房出力は7.4kW、熱効率は67%となった。カタログ値では最大出力11kW、熱効率90%となっているが、実運用上ではそこまでの性能を発揮することができなかった。実際に居住実験において、薪やペレットの消費量を測定したところ、表1のようにすべてのエコハウスにおいて膨大な量の燃料を使用していることがわかった。燃焼効率の改善・よりよい運用方法(火の保ち方)・適切な配置についての知見が今後整備されていくことが望まれる。

表1　各エコハウス模擬居住調査時のバイオマス燃料消費量[kg]

		1日目	2日目	3日目	4日目	日平均
薪	飯舘村	56.0	104.4	49.8	36.0	61.6
	矢板市	15.6	19.0	16.7	14.6	16.5
	都留市	14.4	17.3	15.7	21.9	17.3
	豊後高田市	27.4	31.0	32.9	26.8	29.5
	水俣市	31.9	32.9	31.5	33.5	32.5
ペレット	豊岡市	17.0	17.0	18.0	18.0	17.5
	浜松市	9.0	4.5	4.5	3.8	5.5

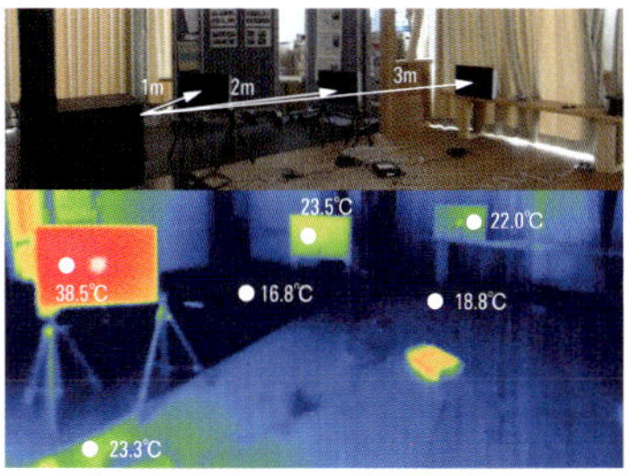

図10　距離による減衰

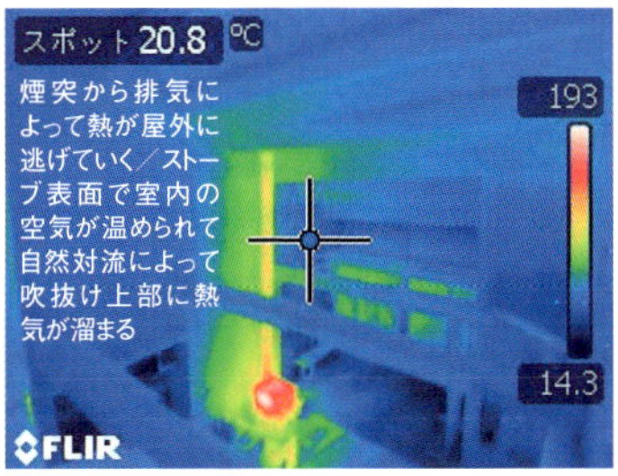

図11　吹抜け空間での自然対流による暖気の上昇

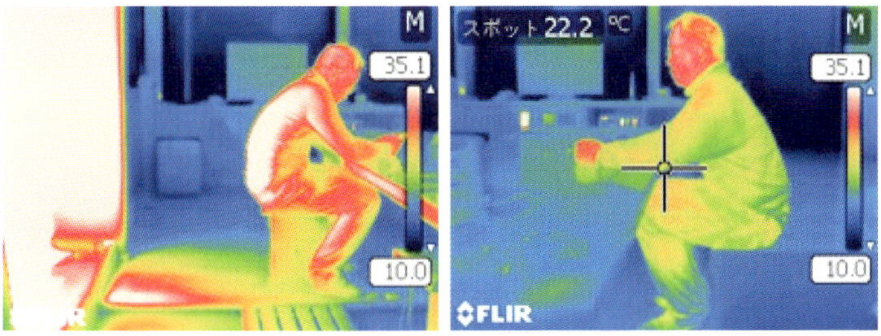

図12　ストーブとの位置関係による人体表面温度の違い

5　太陽熱の暖房利用

太陽日射を暖房に有効活用することは、冬期に日射に恵まれる地域において特に有効な省エネ手法である。太陽熱の暖房利用には、主に窓から日射を取得した熱をそのまま用いる「ダイレクトゲイン」と、屋根などに設置した集熱部から空気または不凍液により集熱を行う「アクティブ太陽熱暖房」の2つが挙げられる。

ダイレクトゲイン

窓からそのまま日射熱を取り入れるダイレクトゲインは、機械力を使わない代表的なパッシブ技術である。図1に示すように多くのエコハウスにおいて、大きな開口部を設けて窓周辺に土間や蓄熱体など大きな熱容量を配するなどの工夫が見られた[図1]。

・山形県エコハウス：主開口の前に障害が少なく、日射取得が良好に行われている。建物の断熱が高いことから暖房は早朝に短時間用いるのみで、日中は窓から取得した太陽熱により十分な室温の確保がなされていた。

・近江八幡市：主方位が南東で主開口前に縁側空間があるため、冬期の午後には日射取得ができなかった。

・北九州市エコハウス：サンルームは屋根・壁ともにガラス張りとなっており日射取得自体は良好であるが、基礎周りなどを含め断熱性が十分でない。

・飯舘村エコハウス：サンルームがガラス張りで日射取得は良好だが、夜間には温度が低下していた。模擬居住調査では未検討であったが、夜間にブラインド・障子の併用でよりよい効果を得ることが可能であったとおもわれる。

　ダイレクトゲインの利用ではともすると熱容量の確保が重視されがちであるが、まずは「日射熱を効率よく取り入れるために大開口部を設け、主方位を南に正対させる」、「高い外皮性能を確保して日射熱を外へ逃がさない」ことが先決であると考えられる。

アクティブ太陽熱暖房

屋根面に設けたパネルに空気や水をファンやポンプによって強制循環させて集熱する手法がアクティブ技術である。空気集熱式と液集熱式の2つが挙げられる。

・空気集熱式

小屋裏に設けられたファンによって屋根の仕上げ材と下地の間に外気を通して軒先から屋根の頂部まで吸い上げ、太陽の熱で高温にしてから室内へと取り入れることで、暖房・換気効果を得るシステム。高温になった空気はまず床下へと吹き出し、基礎に蓄熱が行われる。都留市・飯田市・高知県・北九州市のエコハウスで採用されている。

・液集熱式

屋根面に設けられたパネルに配管を通して不凍液を流し集熱する方式である。液の方が空気より熱を運ぶ能力が高い、集熱効率が高く集熱パネルの面積を小さく抑えられる、放熱・蓄熱制御が容易な点がメリットである。矢板市・太田市・浜松市のエコハウスで採用されている。

アクティブ太陽熱暖房の効果検証

本調査では、矢板市・都留市・浜松市のエコハウスにおいてアクティブ太陽熱暖房の効果を検証した。各エコハウスの太陽熱暖房システムの概要を表1に示す。都留市が空気集熱式、矢板市・浜松市が液集熱式を採用している。

　矢板市では、床下空間に設けられた砕石蓄熱槽の中に広く配管をめぐらせて、集熱面積11.5㎡の集熱器で暖められた不凍液を循環させ、放熱を行っている。なお通常は薪ストーブが併用されており、その熱は空間への直接投入とともに一部は床下へも送られている[図2上段]。

　都留市では空気集熱式が採用されており[図2中段]、屋根全体を集熱面として利用できるために液集熱の矢板市・浜松市に比べ集熱面積が大きい。ただし、屋根の東部分には太陽光発電が設置されていて太陽熱集熱面は西部分に限定されているため、2011年度の検証時には十分な暖房効果が得られなかった。そのため、2012年度の検証時には暖房対象の居室も西部分に限定し、窓際の床吹出し口へより高温の温風が届くように横引きダクトを新設するなどの改修工事を行っている。

　浜松市では矢板市に似た液式システムが採用されている。ただし集熱面積が6㎡と小さく、室内への放熱後はファンコイルユニットにより行われている[図2下段]。こちらも2012年の検証において各部屋への吹出し温度が上昇するように改修を行った。

矢板市エコハウスの検証結果(液集熱式)

矢板市エコハウスにおいて2012年2/19～3/3の間、薪ストーブのみ運転、太陽熱暖房のみ、薪ストーブ＋太陽熱暖房併用の3通りで行った比較調査での、室温・床下温度・給気温度等の時刻変動を図3に示す。太陽熱暖房のみ運

表1　アクティブ太陽熱暖房を採用した矢板市・都留市・浜松市の概要

<table>
<tr><th>エコハウス</th><th>矢板市</th><th>都留市</th><th>浜松市</th></tr>
<tr><td>暖房システム</td><td>液集熱式・液搬送</td><td>空気集熱式・空気搬送</td><td>液集熱式・空気搬送</td></tr>
<tr><td>地域区分</td><td>4・A3・H3(旧Ⅲ・は)</td><td>4・A3・H3(旧Ⅲ・に)</td><td>6・A4・H3(旧Ⅳ・ほ)</td></tr>
<tr><td>集熱パネル</td><td></td><td></td><td></td></tr>
<tr><td>集熱面積</td><td>11.5㎡</td><td>助走部分:48.3㎡、ガラス部分:15.3㎡</td><td>6㎡</td></tr>
<tr><td>パネル角度
(垂直面=90度)</td><td>26.6度</td><td>24.2度</td><td>24.2度</td></tr>
<tr><td>パネルの方位</td><td>南南東(−21度)</td><td>南南西(21度)</td><td>南(8度)</td></tr>
<tr><td>補助熱源</td><td>放射式薪ストーブ(ロスナイ給気と排気を熱交換)</td><td>放射式薪ストーブ</td><td>ペレットストーブ(不凍液循環でファンコイルへ熱投入)</td></tr>
<tr><td>暖房日数</td><td>260日</td><td>240日</td><td>192日</td></tr>
<tr><td>集熱面積</td><td>11.5㎡</td><td>鉄板部分:48.3㎡、ガラス部分:15.3㎡</td><td>6㎡</td></tr>
<tr><td>運転時熱回収効率</td><td>45%(実測期間平均値)</td><td>14%(実測期間平均値)</td><td>40%(実測期間平均値)</td></tr>
<tr><td>熱収支</td><td>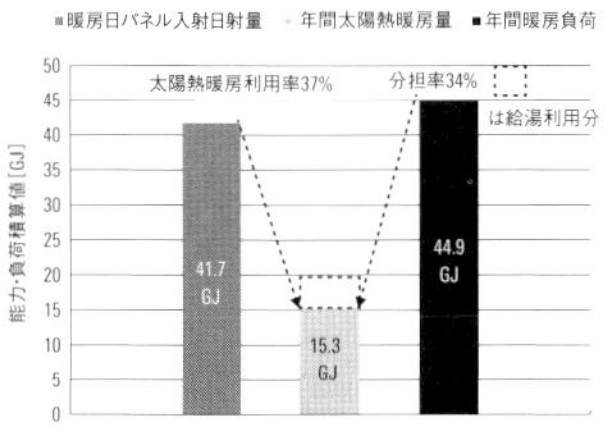
</td><td>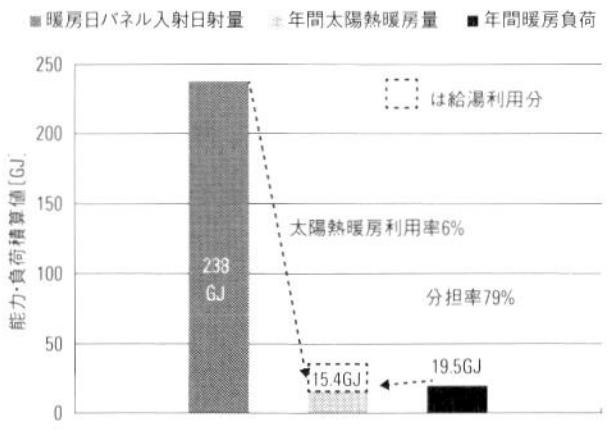
</td><td>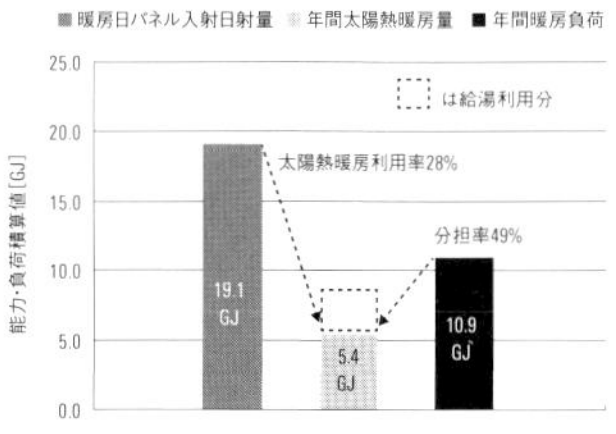
</td></tr>
<tr><td>計算式</td><td colspan="3">年間暖房負荷[GJ]=Σ日別暖房負荷[GJ] ＊SimHeatにより負荷計算暖房エリアを対象にして計算、暖房負荷>1MJ/日の値のみ加算した。
暖房日パネル入射日射量[GJ]=Σ(日別屋根傾斜面日射量[GJ/㎡]×集熱面積[㎡]) ＊暖房負荷>1MJ/日の値のみ加算した。
年間太陽熱暖房量[GJ]=(暖房日パネル入射日射量[GJ]×運転時熱回収効率[%] ― 日別暖房負荷超過分[GJ])
※効率は各物件実測値、超過分は給湯熱量と計算
太陽熱暖房利用率[%]=年間太陽熱暖房量 / 暖房日パネル入射日射量 ×100
分担率[%]=年間太陽熱暖房量 / 年間暖房負荷 ×100</td></tr>
<tr><td>負荷計算
対象暖房エリア</td><td>床面積:113㎡　室容積:293㎡
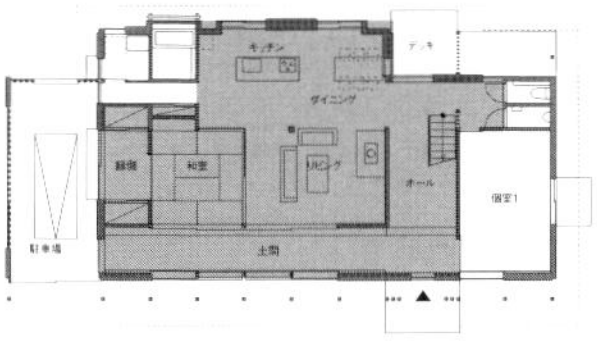</td><td>床面積:37㎡　室容積:184㎡
</td><td>床面積:57㎡　室容積:148㎡
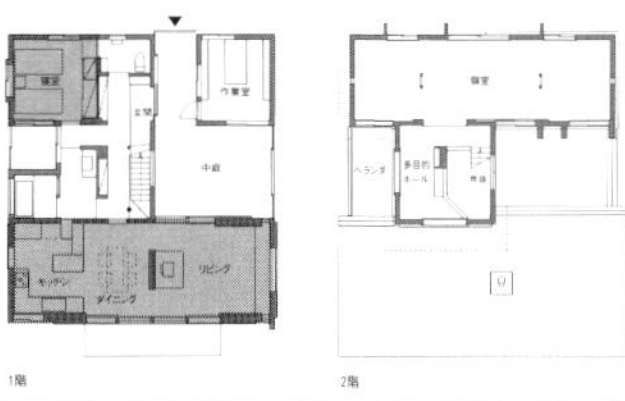</td></tr>
</table>

転時では室温は15度程度に保たれており、太陽熱暖房による暖房効果が示されている。ただし薪ストーブ運転時に比べると、床表面温度・室温ともに低くとどまった。矢板市エコハウスでは太陽熱暖房は補助的なベース暖房であり、薪ストーブが主暖房として機能したと判断される。

都留市エコハウスの検証結果(空気集熱式)

都留市エコハウスでは2012年の3/11〜3/13の間において、前述の2012年の改修後に、太陽熱暖房のみで暖房した時期の室温および集熱部周りの温度推移を図4に示す。改修により日中には40度程度の温風が窓際の床吹出し口から出るようになっており、暖房効果が向上している。室温も、明け方には10度程度であったものが夕方には20度を超えており、太陽熱暖房の効果が確認された。

浜松市エコハウスの検証結果(液集熱式)

2012年の1/22〜1/28の検証期間のうち、ロールスクリーンにより窓からのダイレクトゲインを抑制し液集熱のみで運転した1/24〜26においては、日中に一定の温度上昇が示されているものの十分な暖房効果が得られない結果となった。集熱面積の制約から集熱量が不足しているものと推測される[図5]。

アクティブ太陽熱暖房の効果推定

3つのエコハウスにおいてそれぞれの太陽熱暖房システムがどれだけ分担できているのかについて推定を行った結果を、表1に示す。推定された全暖房負荷に対する太陽熱寄与による削減分は、矢板市で34%、都留市で79%、浜松市で49%となった。太陽熱暖房の寄与率向上には、「断

図1　ダイレクトゲインの状況

山形県／断熱性が高く、日中の暖房の必要性を低減

近江八幡市／主方位南東で日射遮蔽過大なため、午後に日射取得できない

北九州市／日射取得は良好だが、基礎立上り部の断熱が不十分

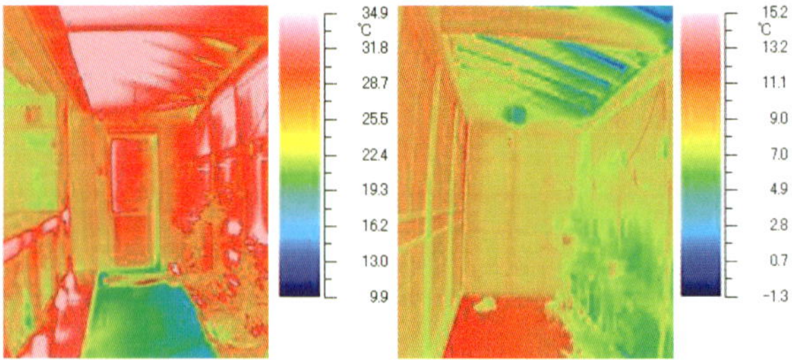

飯舘村／左＝昼の温室(2/812:00頃)、右＝夜の温室(2/7 22:00頃)。日中の日射蓄熱により、夜間の土間表面温度は周辺より高い。ただし、土間表面温度は約12度程度

図2　アクティブ太陽熱暖房を検証した矢板市・都留市・浜松市の概要

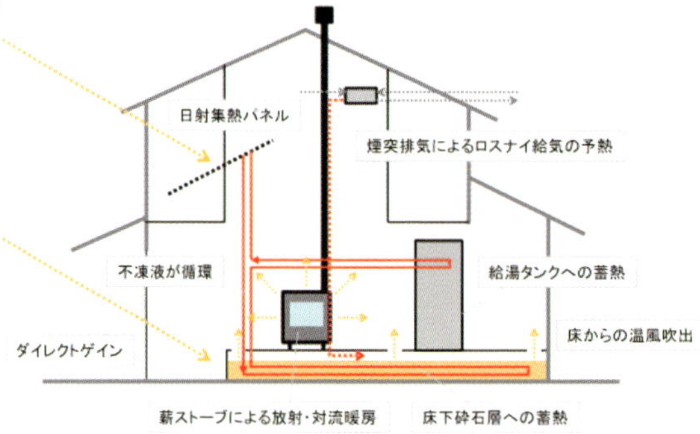

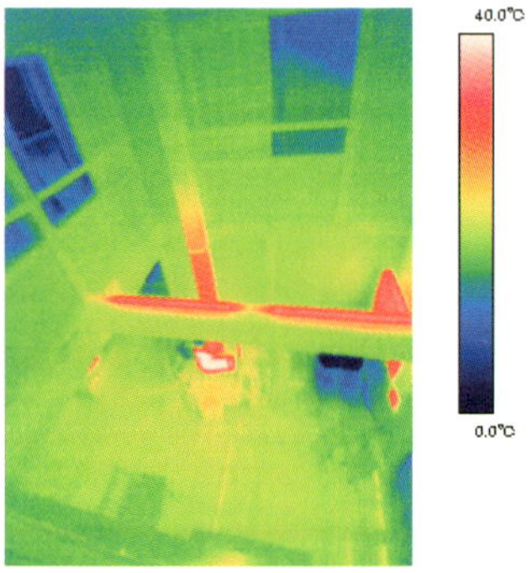

矢板市エコハウス／床下への太陽熱の蓄放熱と薪ストーブの加熱により吹抜け空間を暖房

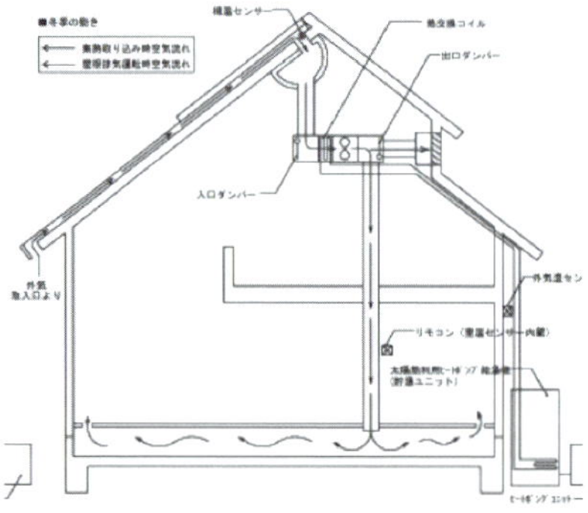

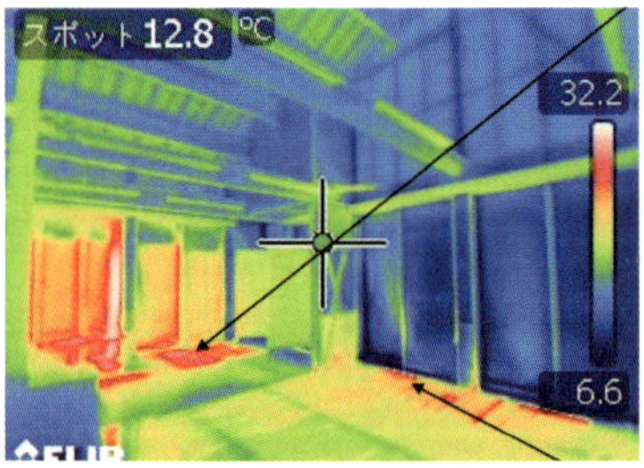

都留市エコハウス／南窓面からのダイレクトゲイン、窓際の床吹出し口から温風床面全体も加熱されている

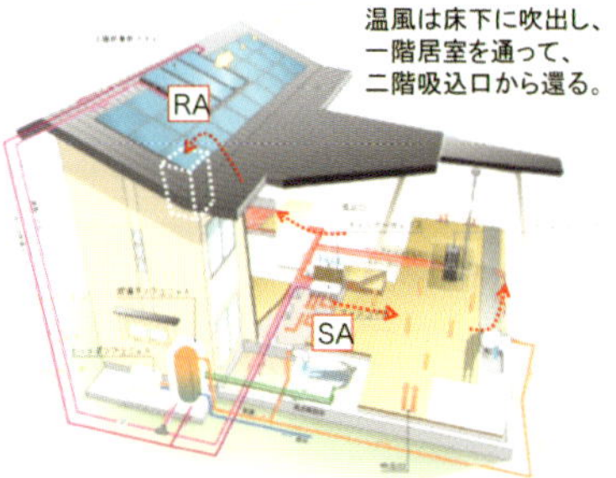

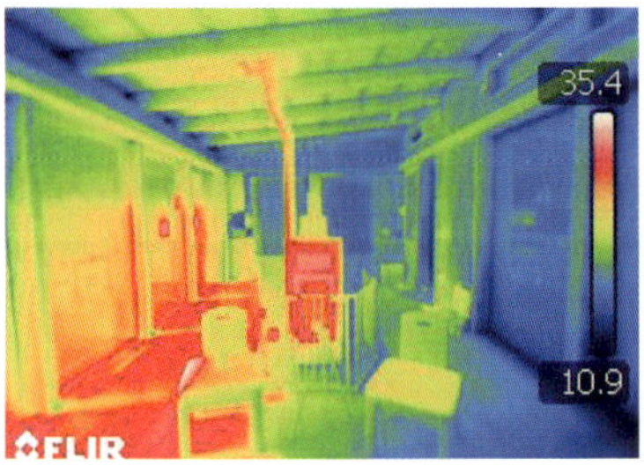

浜松市エコハウス／窓際へのダイレクトゲイン(左)ペレットストーブ(中央)の加熱が主、太陽熱暖房の効果は補助的

熱強化による暖房負荷の低減」と「暖房負荷に見合った集熱面の十分な確保」が不可欠であると考えられる。

また、暖房としての立上り能力などを向上させるためには都留市や浜松市の改修で検証したように、床下空間への放熱を抑え高温の熱を居室に直接届けることが有効であった。空間調査では十分に検証できなかったが、床下への蓄放熱を行う場合には基礎周りからの熱損失が増大する可能性があり、十分な断熱強化が必要と考えられる。

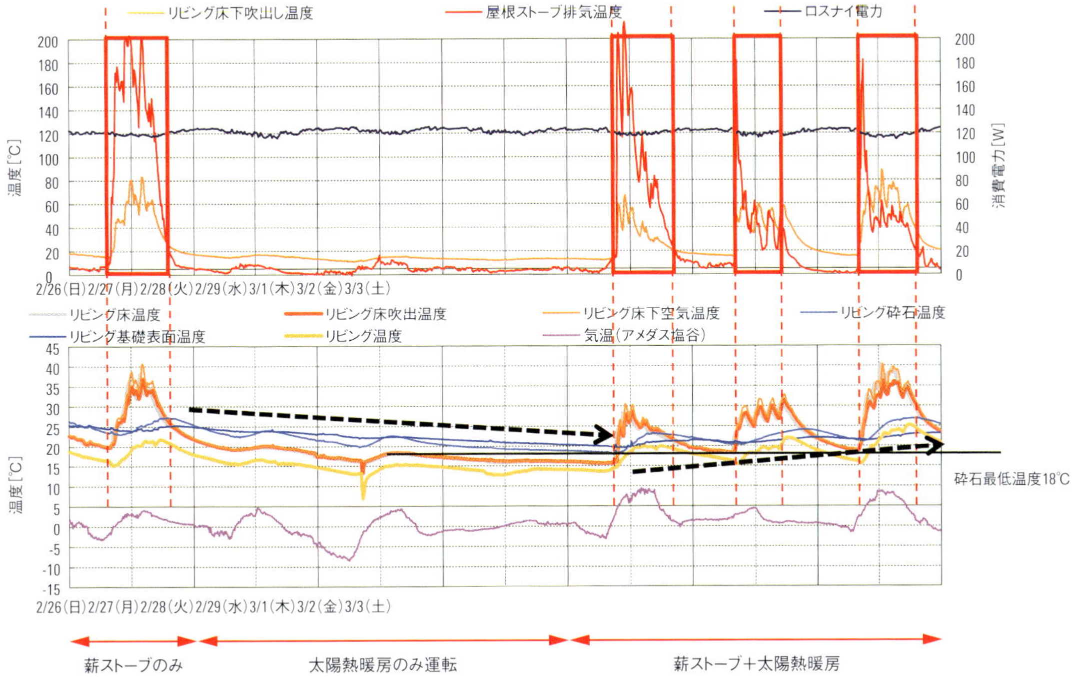

図3　矢板市エコハウス温熱環境の推移（2012/2/26〜3/03）

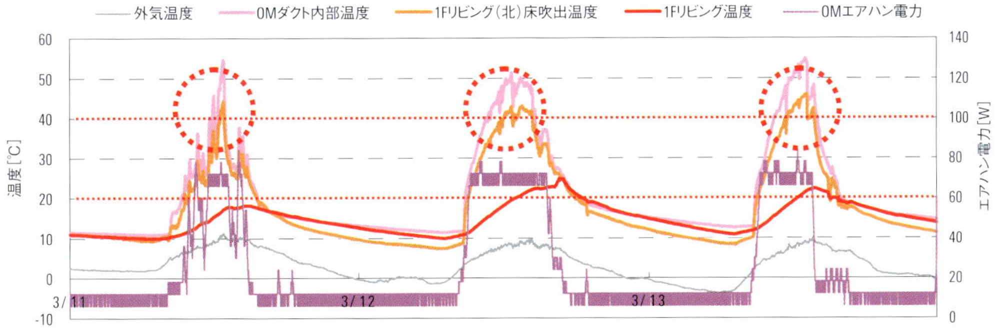

図4　都留市エコハウス 太陽熱暖房のみ運転時の温熱環境（2012/3/11〜3/13）

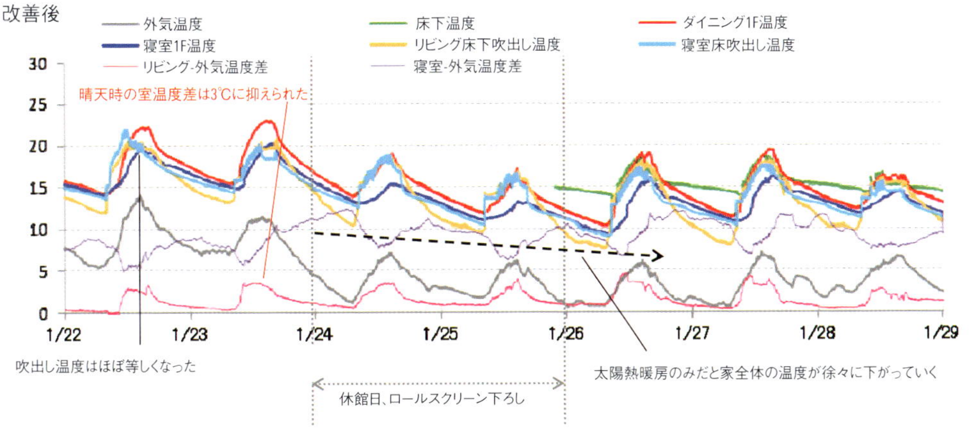

図5　浜松市エコハウス 太陽熱暖房時のみの温熱環境（2012/1/22〜1/28）

6　照明設備・昼光利用

照明計画は大きく、照明設備計画と昼光利用に分類される。適切な照明設備計画は、昼間の昼光利用での明るさの不足分を補い、夜間の光環境を良好に保ちながら人工照明エネルギーを少なく抑えることを可能とする。また、昼光を住宅内にうまく取り入れることにより室の明るさを確保すれば、人工照明エネルギーの削減と快適性の向上を実現することができる。本節では光環境の評価に関して、居室における十分な明るさの定義としてJIS基準に定める机上面照度150lxを基準として考える。

照明設備計画

照明設備計画では室内で必要照度が得られているかはもちろんのこと、少ない消費エネルギーでそれを実現することが重要である。以下、夜間の照度計測と照明消費エネルギー算出の結果を用いて分析を行う。

・照明消費エネルギー

照明でのエネルギーに関して、すべての照明器具を点灯した条件での照明消費エネルギーの合計と、単位面積当たりの照明消費エネルギー（W/㎡）をそれぞれのエコハウスにつき算出した。照度計測の結果とあわせると、室内照度と消費エネルギーがともに過剰な例が見られた。なお、「自立循環型住宅への設計ガイドライン」によると蛍光灯の場合に床面照度100lxを確保するには居室の床面積当たりの消費電力は6W/㎡程度が目安（白熱電球では24W/㎡。なお、ガイドラインでは居室のみの床面積を想定しており非居室は対象外であるが、今回の各エコハウスの計算では非居室も対象とした。）とされており、必要照度を確保しつつ最小限の消費エネルギーとなるようなバランスが重要である。なお、山形県エコハウスではオープン後に2階を事務所利用するにあたり照度の確保のために蛍光灯を多用することとなり消費エネルギーが大きくなっている。

エコハウスでは以上のような結果となったが、設計者は消費エネルギーの観点から能力過剰な設計とならないように配慮する必要がある。「自立循環型住宅への設計ガイドライン」では省エネルギーな照明計画のランプ効率の目安として70lm/Wという目安も示されており、こうした値も参考にすることで省エネルギーに配慮した照明計画が実践されることが期待される。

・吹抜け空間での照明設備計画

全22のエコハウスの主居室のうち、吹抜けを有するものは10箇所である。吹抜け空間は開放感が得られるといったメリットがあるが、照度計測の結果、吹抜け空間での照

表1　全エコハウスの照明消費エネルギー

	1F		2F		全館	
	消費電力［W］	電力密度［W/㎡］	消費電力［W］	電力密度［W/㎡］	消費電力［W］	電力密度［W/㎡］
下川町	160	1.44	245	2.75	405	2.03
美幌町	465	2.40	380	6.38	845	3.34
飯舘村	343	2.49	40	0.57	383	1.84
高山市	258	1.46	146	2.26	404	1.68
飯田市	739	6.47	461	6.21	1200	6.36
山形県	391	1.95	359	16.53	750	3.38
矢板市	261	1.45	84	0.99	345	1.31
都留市	346	2.82	192	2.79	538	2.81
太田市	2341	10.01	—	—	2341	10.01
山梨市	338	3.33	716	12.02	1054	6.55
近江八幡市	221	1.76	41	0.93	262	1.55
豊岡市	152	1.71	67	0.88	219	1.32
備前市	356	3.14	300	4.64	656	3.69
石川県	488	2.13	235	2.99	723	2.35
浜松市	559	5.85	308	5.92	867	5.88
北九州市	258	2.26	267	3.85	525	2.86
豊後高田市1	647	6.05	—	—	647	6.05
豊後高田市2	229	1.60	210	4.75	439	2.34
高知県	571	4.06	464	8.62	1035	5.32
水俣市	398	4.99	124	2.44	522	4.00
宮古島市1	378	3.67	331	3.75	709	3.71
宮古島市2	366	3.35	—	—	366	3.35

表2　主居室の消費エネルギー一覧

	測定点	照明器具の種類	合計定格消費電力［W］	計測照度［lx］
下川町	リビング	LED	144	148
美幌町	ダイニング	LED・白熱灯	280	50～120
飯舘村	通り土間	蛍光灯	30	50～100
高山市	リビング	蛍光灯	439	51
飯田市	リビング	蛍光灯	204	274
山形県	リビング	LED	16	42
矢板市	リビング	LED	58	386
都留市	リビング	蛍光灯	256	595
太田市	研修室	LED	504	—
山梨市	リビング	LED	65	130
近江八幡市	リビング	LED	185	100～150
豊岡市	リビング	LED	70	284
備前市	リビング	LED	160	450
石川県	リビング	LED	62	55
浜松市	リビング	蛍光灯	262	150～300
北九州市	リビング	蛍光灯	60	225
豊後高田市1	リビング	蛍光灯	165	384
豊後高田市2	リビング	蛍光灯	85	240
高知県	リビング	蛍光灯	194	320
水俣市	家族室	白熱灯・蛍光灯	266	250
宮古島市1	リビング	LED	134	130
宮古島市2	一番座	蛍光灯	47	—

図1　高山市／リビング吹抜けの照明

明計画には注意を要することが明らかとなった。

吹抜け上部の照明器具が居住域から遠く照度が不足した、高山市エコハウス

リビング上部に大きな吹抜けを有する高山市エコハウスでは、夜間のリビング机上面照度測定の結果は51lxとなり、基準値の150lxに達しなかった。照明器具は、1階リビングに95W、吹抜け上部に343.5Wと吹抜け上部に多く設置されたためである。吹抜け上部の照明の主な用途は雰囲気照明だと考えられるが、それ以外にも居住部の照度を確保する照明も適切に計画することが必要である。

昼光利用

・南面主開口による昼光利用

主開口部からの昼光の取入れは昼光利用において非常に有効であるが、開口部は昼光だけでなく日射熱も取り入れるため、昼光と日射熱取得・遮蔽のバランスを総合的に評価する必要がある。冬期には室に日射を取り込むとともにグレアの原因となる西日が室内に侵入していないか等が着目点となる。夏期においては開口部からの過度な日射取得は弊害となるため、主開口部に庇をはじめとする適切な日射遮蔽部材を設け、直射をカットしつつ天空光を豊富に取り入れることが重要である。以下では夏期の日射遮蔽と昼光利用のバランスについて、良好であった例とそうでなかった例について示す。なお、照度計算には、「Madric EcoNavi（株式会社CPU）」を用い、夏至（6/21）と冬至（12/21）のそれぞれ8時、12時、16時の床面照度を計算した。緑のカーテン等の外部での遮蔽の影響は無視し、開口部と庇の条件のみを考慮している。

庇による日射遮蔽と昼光利用のバランスが良好であった、浜松市エコハウス

東西方向に長く、南面に大きな開口部をもつ1階リビング空間は、夏期照度測定において各計測点で日中十分な照度を保っていた。庇と緑のカーテンによって日射熱の侵入を防ぎつつも昼光利用が可能な設えとなっていた。1階リビングの床面照度分布の計算結果を見ると、夏期においては開口部から周囲に広がるように空間全体で十分な照度を得られていることがわかる。一方、冬期においては各方位から直射が入り込み日射取得ができているものの、16時においては居住域の奥まで太陽高度の低い西日が入り込んでおり、グレアの原因となることも予想される。また、直射が当たる部分以外は夏期と異なり150lx以下で照度不足となる部分が広くなる。

庇による日射遮蔽により室内照度が不足気味であった、水俣市エコハウス

東面と南面に大きな開口をもち、深い庇に覆われる1階家族室は、夏期照度計測によると開口部付近の照度は十分であるが照度ムラが大きく、室奥にいくにつれて照度不足気味となる傾向となった。また、1階の床面照度分布の計算結果では、夏期において南面からの日射は遮蔽されており、庇が有効に働いていることがわかる。開口部付近は照度が大きく非常に明るいことが予想されるが、開口部から離れて室奥に進むにしたがって照度は大きく減少しており、北側のキッチンやダイニングでは朝夕に照度不足となる。また、北側に位置する寝室との照度差が大きいため、体感としては相対的に寝室が暗く感じられることが予想される。一方で冬期においては、一部の時間帯で直射日光を取り入れられているが、全体的には照度が不足していることがわかる。

・南面主開口以外での昼光利用

冬期の日射熱取得を期待しない部屋では、北面採光によって必要な照度を得るのが望ましい。グレアの原因ともなる東面および西面からの採光に比べ、直射の入射が少ない北面での採光は昼光利用に適している。また、天窓や高窓も採光用の開口部としては有効であるが、一方で夏期の日射遮蔽には注意する必要がある。

北面での昼光利用が良好であった、近江八幡市エコハウス

北面に連続して多数設けられた縦長窓・高窓から採光を行う2階個室は、夏期照度測定において日中を通じてつねに450lx以上の照度を保っており、昼光利用がうまくいっているといえる。縦長窓とすることで効率よく昼光を取り込み、また分散して配置することで照度ムラの低減に貢献しているといえる。2階の床面照度分布の計算結果を見ると、夏期において南面からの直射はほとんど取り込まないが室内照度は十分に確保されている様子がわかる。西面に開口はないが、軸が東に触れているため、夕方には北面からわずかに西日が入り込みグレアの原因となる。縦長の窓を採用することで効率よく昼光を取り込み、分散配置にすることもあわせて室内照度ムラが小さい空間が実現されているといえる。一方、冬期は2階にはほとんど日射が入らず、朝夕には室全体で照度が不足する。昼間も開口付近が明るい以外は照度が不足気味である。

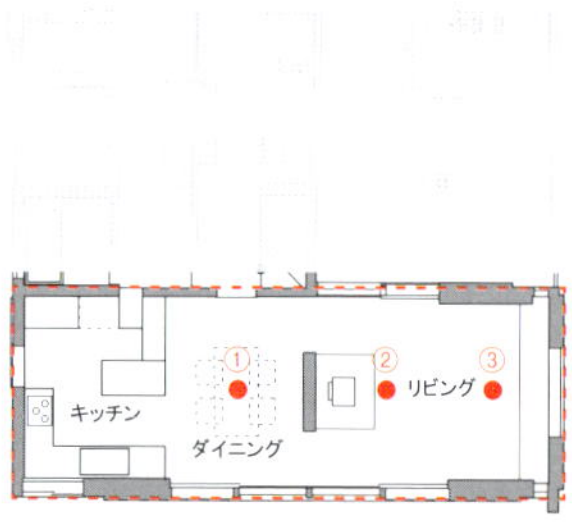

照度計測結果(2011/9/17) [lx]

	①	②	③
8:00	384	328	182
12:00	750	536	288
16:00	236	192	245

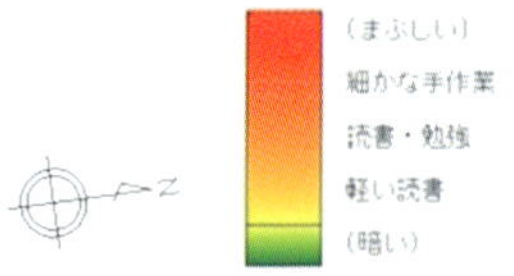

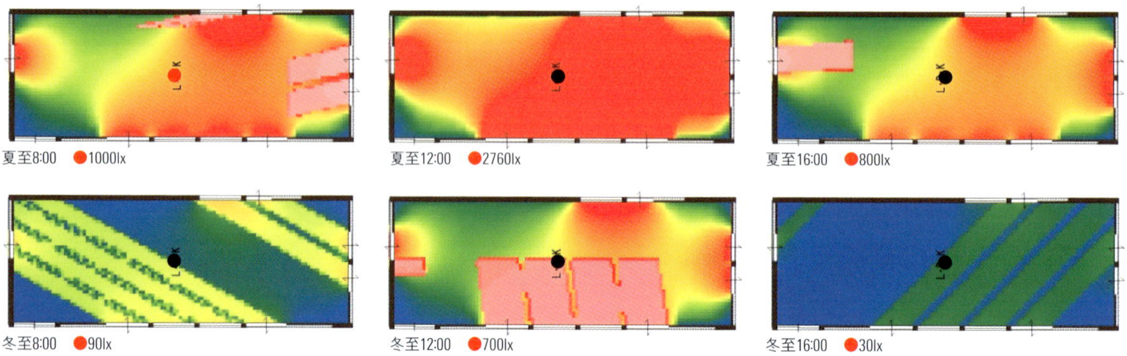

夏至8:00 ●1000lx　夏至12:00 ●2760lx　夏至16:00 ●800lx

冬至8:00 ●90lx　冬至12:00 ●700lx　冬至16:00 ●30lx

図2　浜松市エコハウス

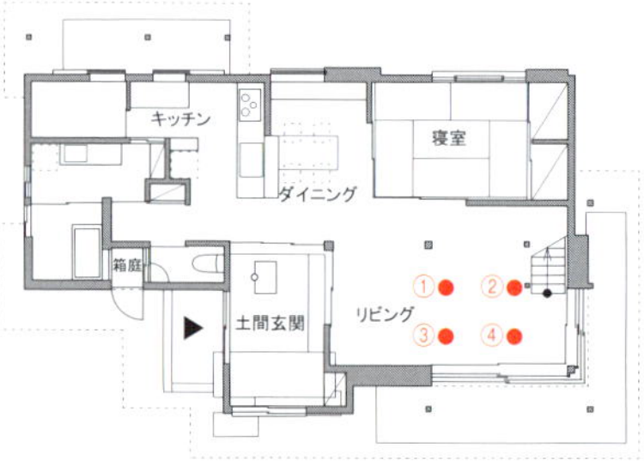

照度計測結果(2011/9/22) [lx]

	①	②	③	④
8:00	350	316	362	18300
12:00	414	350	176	1442
16:00	138	338	83	865

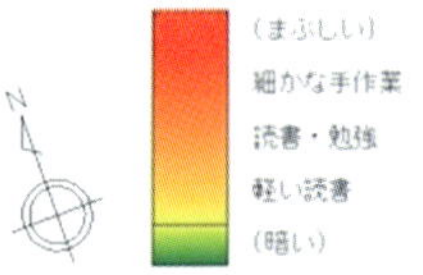

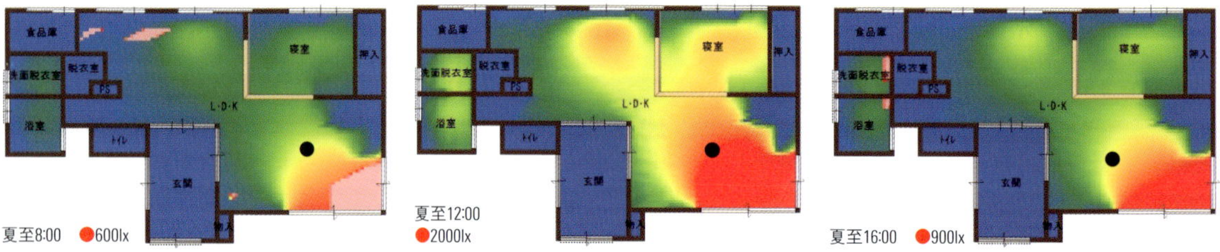

夏至8:00 ●600lx　夏至12:00 ●2000lx　夏至16:00 ●900lx

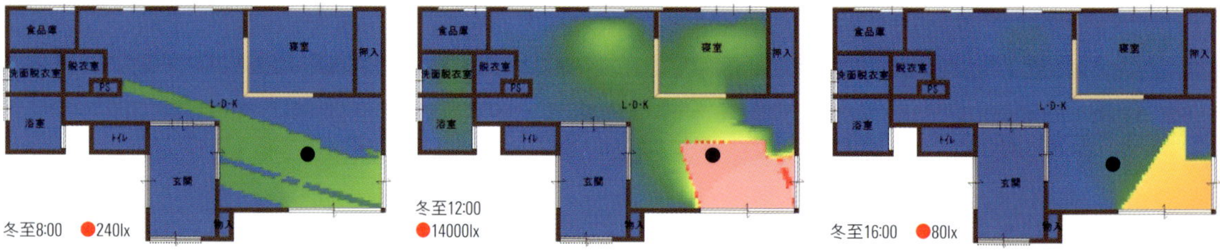

冬至8:00 ●240lx　冬至12:00 ●14000lx　冬至16:00 ●80lx

図3　水俣市エコハウス

天窓による昼光利用が良好な、山形県エコハウス

山形県エコハウスは、2階寝室（現在は事務所として使用）の北面屋根に3箇所の天窓を配し、昼光を豊富に取り込むことを意図している。天窓以外には北面と東面に小窓がある程度であるが、中間期の照度計測によって昼に380lxと十分な照度が得られており、天窓による昼光の取り込みは有効に機能しているといえる。

高窓から日射が侵入していた、備前市エコハウス

備前市エコハウスは、方形型平面の中心にある天窓と、2階に覆いかぶさる屋根に設置された高窓から昼光を取り入れる計画である。夏期の照度計測では、8時と16時に一部照度が不足する箇所があるものの、全体的には十分な照度が得られているといえる。しかし、東西面の高窓から2階室内に日射が入っていた。各開口の室内側にはハニカムスクリーンが配置されているが、冬期夜間の開口部の断熱強化だけでなく、夏期にも日射遮蔽部材として活用することが望まれる。なお、ハニカムスクリーン使用時は通風利用の面で不利となる点については留意すべきである。

図4　近江八幡市エコハウス

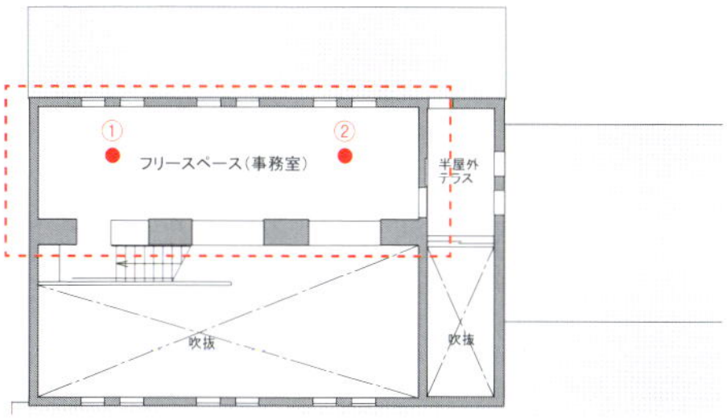

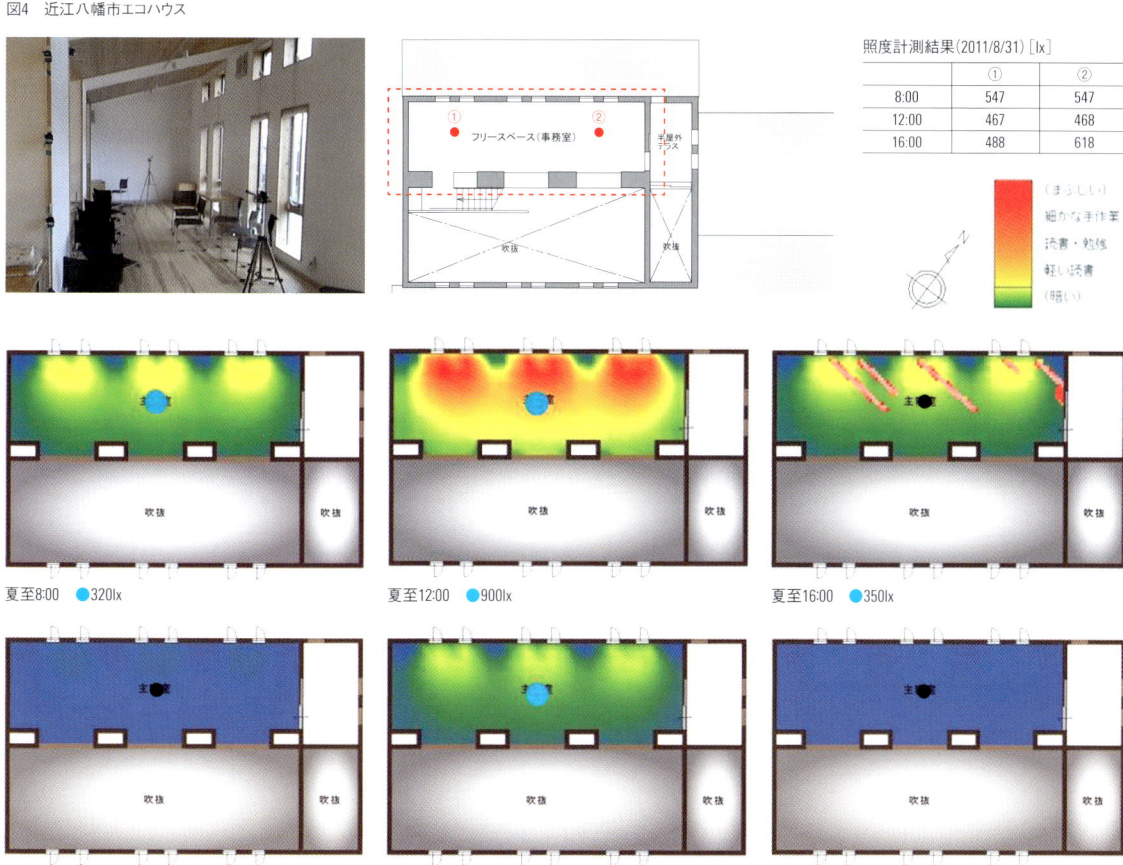

照度計測結果（2011/8/31）[lx]

	①	②
8:00	547	547
12:00	467	468
16:00	488	618

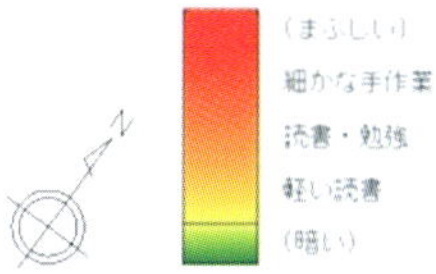

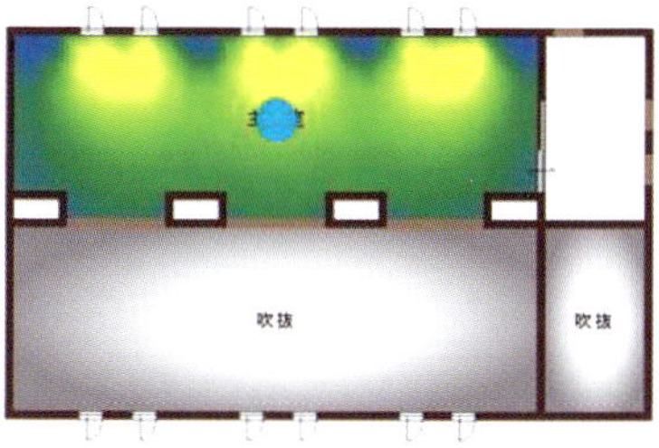

夏至8:00　●320lx

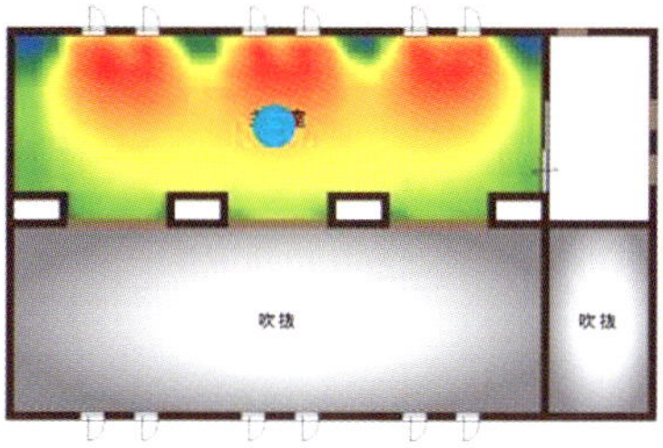

夏至12:00　●900lx

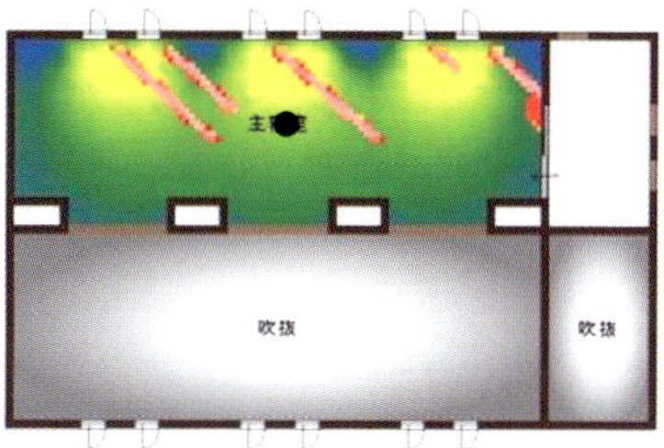

夏至16:00　●350lx

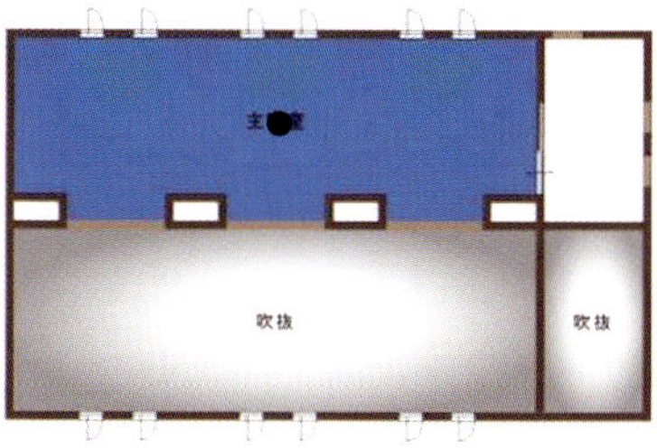

冬至8:00　●27lx

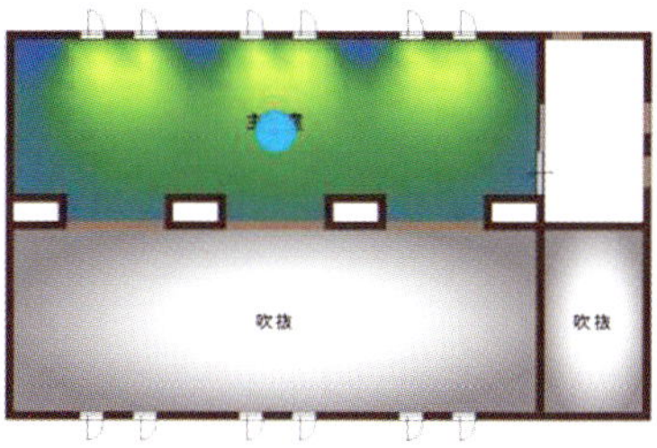

冬至12:00　●280lx

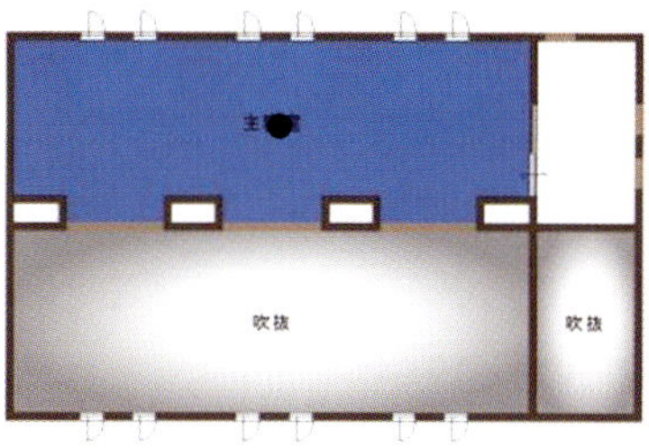

冬至16:00　●17lx

図5　山形県エコハウスの天窓

図6　備前市エコハウスの日射侵入とハニカムスクリーンでの遮蔽

7　創エネ(太陽光発電)

太陽光発電が有利な地域と不利な地域

太陽光発電システムを導入する際は、十分な日射量を有する地域なのかどうか、また日射量が十分に確保できる地域である場合は最大限に日射を活用できるように発電パネルの傾斜角や方位角を検討する必要がある。

図1に下川町(A2区分)、矢板市(A3区分)、飯田市(A4区分)、浜松市(A4区分)において、太陽光パネルの傾斜角(縦軸)と方位角(横軸)を変えた場合の、屋根面への年間傾斜面日射量の分布を示す。図中の「×」が最大に発電できる傾斜角と方位角を、「◇」が実際にエコハウスに設置されている傾斜角と方位角を表す。

日射量のひとつの目安となるパッシブ地域区分であるが、下川町のような「A2区分」では最もよい設置条件で取り付けても年間、単位面積当たり1200kWh程度が限

表1　各エコハウスの太陽光発電システム

エコハウス	下川町	美幌町	飯舘村	高山市
設置状況の写真				
平成25年省エネ基準地域区分	1	1	3	3
年間日射量地域区分	A2	A3	A3	A3
パネル容量	0.56kW(0.185kW×3)	0.126kW(0.042kW×3)	1kW	2.6kW(0.13kW×20)
パネル面積	4.27㎡	2.793㎡	0.474㎡	31.5㎡
パネル設置　傾斜角	90度	16.7度	19.29度	26.75度
パネル設置　方位角 (真南を0度として、西向きを正)	39度	0度	0度	21度
太陽電池セルの種類	多結晶	アモルファス	多結晶・アモルファス	タンデム型
モジュール定格発電効率	13.40%	4～5%	10.00%	8.00%
パワーコンディショナ容量	1.8kW	4kW	4kW	3kW
パワーコンディショナ 定格変換効率	93.50%	94.50%	94.50%	94.50%
設置箇所	外壁(南西)	屋根(南)	屋根(南)	屋根(南)

エコハウス	山梨市	近江八幡市	豊岡市	備前市
設置状況の写真				
平成25年省エネ基準地域区分	5	5	5	5
年間日射量地域区分	A4	A3	A2	A4
パネル容量	2.2kW(0.183kW×12)	3.89kW (0.062kW×36+0.046kW×36)	1.76kW(0.11kW×16)	5.12kW(0.16kW×32) 西10枚・南6枚・東16枚
パネル面積	16.249㎡	29.4㎡	20㎡	36.9㎡ (西11.5㎡, 南6.9㎡, 東:18.5㎡)
パネル設置　傾斜角	14度	16.7度	24.23度	34.99度(3面とも)
パネル設置　方位角 (真南を0度として、西向きを正)	20度	-34度	52度	西115度, 南15度, 東-75度
太陽電池セルの種類	多結晶	多結晶	薄膜シリコンハイブリッド	多結晶
パネル定格発電効率	13.50%	13.30%		
パワーコンディショナ容量	4kW	4kW	4kW	4.5kW
パワーコンディショナ 定格変換効率	94.50%	94.00%		91.50%
設置個所	屋根(南)	屋根(南東)	屋根(南西)	屋根(西・南・東)

界となる。日射量が少ないため太陽光発電の導入に関しては効果的であるとはいえない場合も多い。「A3区分」では、中程度の日射量となっており、矢板市においては1300kWh程度の発電量が見込まれる。飯田市や浜松市のような「A4区分」では設置条件により単位面積当たり1400〜1500kWh以上の年間傾斜面日射量が確保できるため、太陽光発電の導入に関してはその設置の傾斜角と方位角の選定が重要となる。

効果的な太陽光パネルの設置角度と方位角

一般的に太陽光パネルは傾斜角30度で、方位角0度(真南)に向ける場合に年間傾斜面日射量が大きく発電量も多いとされているが、図1に示すように方位角が0度から多少ずれていても年間傾斜面日射量はほとんど変わらない。すなわちパネルを載せる屋根が真南から多少ずれていても、年間発電量に大きな影響を与えることはない。

太陽光パネルとインバータ容量のミスマッチ

太陽光発電において重要な要素として、パネルの設置条件に加え太陽光発電で発生する直流電力を家庭用の交流電力に変換するパワーコンディショナの容量と太陽光パネルの容量が適合しているかという点が挙げられる。パ

飯田市	山形県	矢板市	都留市	太田市

4	4	4	4	5
A4	A2	A3	A3	A4
3.12kW(0.13kW×24)	5kW(0.125kW×40)	4.8kW(0.16kW×30)	1.13kW(0.075kW×15)	5.81kW(0.153kW×38)
39.9㎡	44.83㎡	34.6㎡	11.87㎡	43.83㎡
11.31度	19.29度	24.23度	24.23度	24.23度
34.43度	0度	-21度	21度	-10度
タンデム型	CIGS	多結晶	CIS	多結晶
12.00%	11.10%	13.90%	12.20%	13.30%
4kW	4kW	4.5kW	2.7kW	6kW
94.00%	入力200V→94.5% 215V→93%	94.00%	94.50%	94.50%
屋根(南西)	屋根(南)	屋根(南)	屋根(南)	屋根(南西)

石川県	浜松市	北九州市	高知県	水俣市

6	6	6	7	7
A2	A4	A4	A4	A4
3.97kW(0.062kW×64:写真左) 4.1kW(0.019kW×216:写真右)	3.29kW(0.183kW×18)	2.34kW(0.13kW×18)	2.6kW(0.13kW×20)	1.88kW
32.76㎡(左)/78.17㎡(右)	24㎡	24.9㎡	31.5㎡	13.5㎡
21度	24.23度	19.9度	16.7度	21.5度
0度	8度	0度	0度	35.71度
薄膜(左) 薄膜シリコンハイブリッド(右)	多結晶	タンデム型	微結晶タンデム	多結晶
	14.20%	8.00%	9.00%	14.20%
5.5kW×2	4kW	4kW	2.6kW	4kW
	94.00%	94.50%		94.00%
屋根(南)	屋根(南)	屋根(南)	屋根(南)	外構・地上

図1　各地域における最適なパネルの設置条件(傾斜角・方位角)と現状

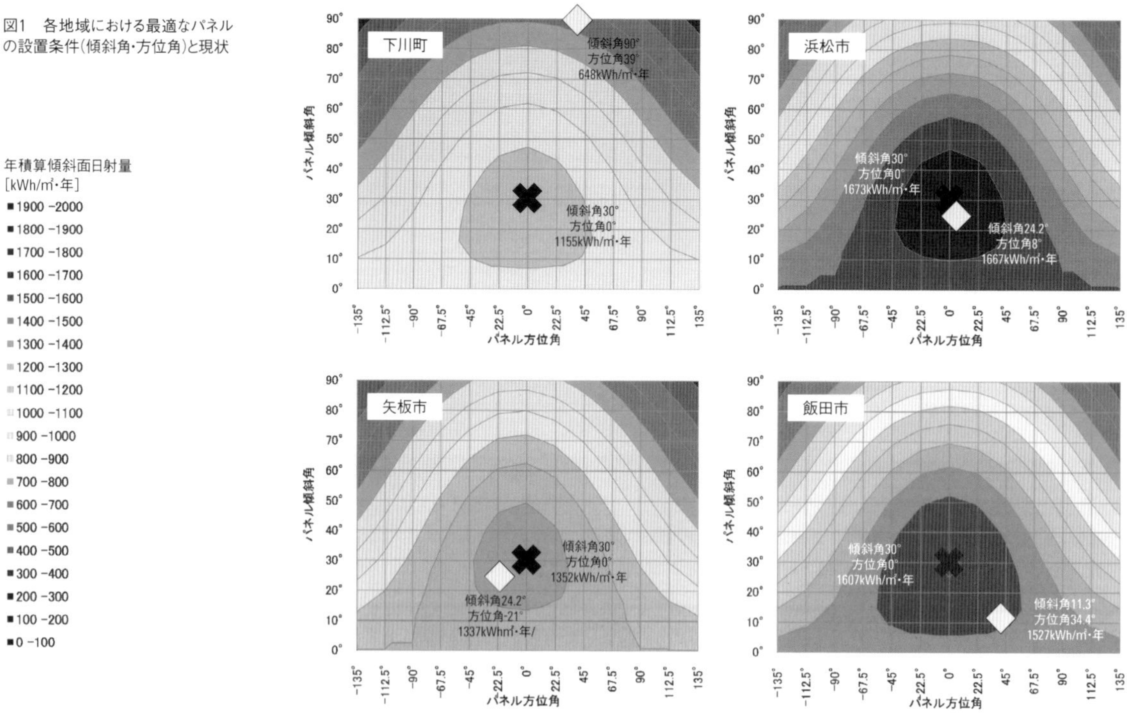

ネルとインバータの容量は基本的に同程度か、パワーコンディショナ容量がパネル容量よりやや小さい(90%程度)ものを選定するのがよい。しかし、都留市エコハウスのように2.7kWのパワーコンディショナ容量に対し、1.13kWのパネル容量と、パネル容量が小さいとき、図2に示すように、最大で94.5%の変換効率(直流→交流)をもつパワーコンディショナにおいても、変換効率が冬期で50%程度まで低下する。発電量が大きい時間帯においてもその半分程度がパワーコンディショナでのロスになっているということになる。

発電した電力を最大限に家庭内に送り込むために、パワーコンディショナと太陽光パネルの容量のマッチングは極めて重要である。

太陽光パネルのセルの種類による発電量の変化

太陽光パネルを構成する太陽電池セルの種類も発電量を左右する要素として重要である。太陽光パネルのセルは表2に示すように、大きく分けてシリコン系と化合物系に分けられ、シリコン系はさらに結晶系と薄膜系に分類される。それぞれのセルの特徴は同表に示した通りであるが、全体的な傾向としてパワーコンディショナでの変換効率も含めたシステム全体での発電効率はパネルの表面温度の上昇、あるいはパネルに入射する日射量の低下に伴い減衰する。温度上昇に伴う効率低下に強いのが薄膜系、日射量の低下に強いのが化合物系ということにな

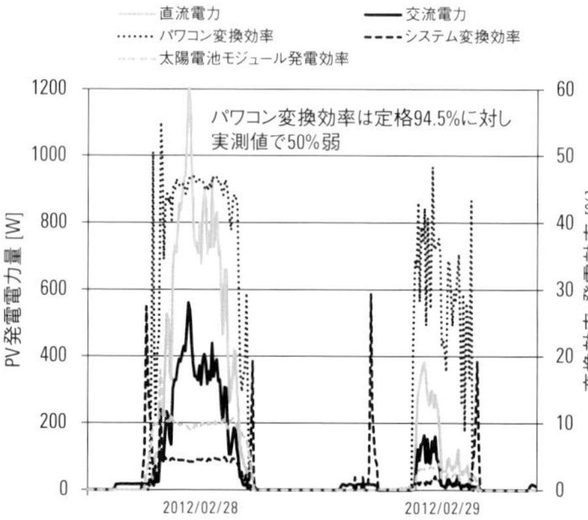

図2　パワーコンディショナの定格変換効率と現状

表3　各エコハウスに採用されている太陽光パネルのセルの種類

エコハウス	下川町	高山市	矢板市	都留市	豊岡市	浜松市
セル種類	多結晶	多接合	多結晶	CIS	薄膜シリコン	多結晶

表2　太陽光パネルのセルの種類とその特徴

種類			発電効率[%]	特徴
シリコン系	結晶系	単結晶 多結晶	15～17 13～15	定格での発電効率は高いが、温度上昇や日射量の低下に伴う発電量の低下が課題
	薄膜系	アモルファス 多接合	6～7 8～10	定格での発電効率は低いが、温度上昇に伴う発電量の低下は小さい →外気温の高い温暖地・蒸暑地に適する
化合物系	CIS/CIGS系		11～12	定格での発電効率は中程度だが、日射量の低下および温度上昇に伴う発電量の減衰は小さい →日射量の少ない温暖地・寒冷地に適する

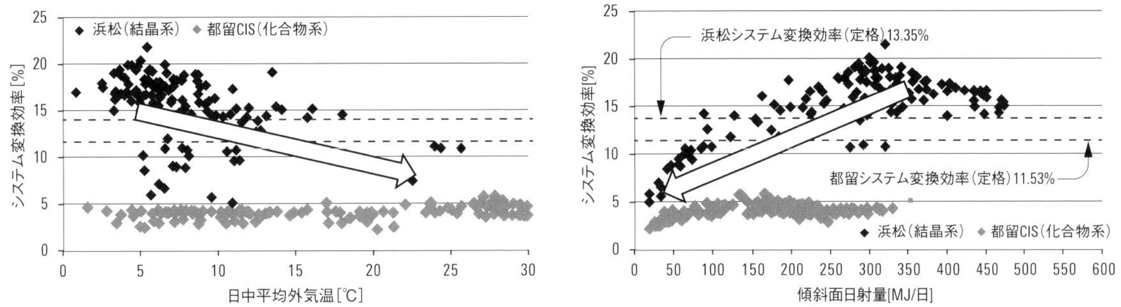

図3　結晶系とCIS型（化合物系）の外気温および日射量の変化に伴う発電効率の変動

る。ここでカタログなどに示される「定格」での発電効率は、「パネル表面温度25度、パネル面入射日射量1000W/㎡」という極めて低い表面温度と極めて大きい日射量という発電において理想的な条件の下試験を行った結果であり、実際には表面温度や日射量の変化に伴い発電効率は変動するため、その性質を理解した上で、地域の気象条件に適したセルを選定することが必要である。

長期計測を行った各エコハウスにおいて選定された太陽光パネルのセルの種類は表3に示す通りであり、都留市エコハウスにおいて採用されているCIS型（化合物系）のセルと、浜松市エコハウスにおいて採用されている結晶系のセルに関して日射量の変化および外気温の変化に伴うシステム全体の発電効率の変動を図3に示す。ここで、外気温は日射の当たっている日中の平均外気温とし、パネル表面の温度を反映していることに留意したい。

前項に示した通り、都留市エコハウスではパワーコンディショナの容量に対してパネルの面積が小さく、基本的に浜松市エコハウスにおいて使用されているパネルと比べ発電効率は劣るが、外気温の上昇（パネル表面温度の上昇）や日射量の低下に対し、その発電効率の低減が結晶系のものと比較し、極めて小さいことがわかる。

発電量の実際

前項までに示したように地域、太陽光パネルの設置条件、パワーコンディショナの容量に加え、太陽光パネルを構成するセルの種類などもエコハウスごとに異なり、一括りに太陽光発電といってもその発電量は大きく異なってくる。

実際に年間を通じた長期計測により得られた各エコハウスの太陽光発電における季節別の発電量および発電効率を示したものが図4である。ここでは季節ごとの比較をわかりやすくするために、8月（2012年）と2月（2013年）のデータを用いている。

下川町エコハウスは「A2区分」の山間部であるため、前提条件として日射量が小さく、さらに設置方法も積雪を避けるための壁掛け方式のため、パネル表面に日射がほとんど当たらず季節によらず発電量はほとんど期待できない。

都留市エコハウスはパネルの容量が小さく、パワーコンディショナでの変換ロスが大きく、システム全体としても変換効率が小さくなるが、CIS型（化合物系）のセルを用いているため夏の外気温の上昇に対する発電効率の変動は小さくなっている。

浜松市エコハウスは地域、パネルの設置条件、パワーコンディショナとパネルの容量バランスにおいて効果的な条件となり発電効率、発電量ともに確保できているが、多結晶（結晶系）のセルを用いているため、やや夏の温度上昇に伴い発電効率が低下する。

豊岡市エコハウスはパネルの設置条件はよいが、パワーコンディショナの容量に対しパネル容量が小さいため発電効率は小さくなる。また、日本海側気候のため冬の天候は夏と比べ大きく低下するが、外気温も小さくなるため発電効率の変動は少ない。

以上を踏まえ、太陽光発電の設置においては、適切な地域、設置条件、パワーコンディショナの容量を考慮した上で、気候に適したセルを選定することで、定格発電量ではなく、年間発電量をいかに大きく確保できるかが重要となる。

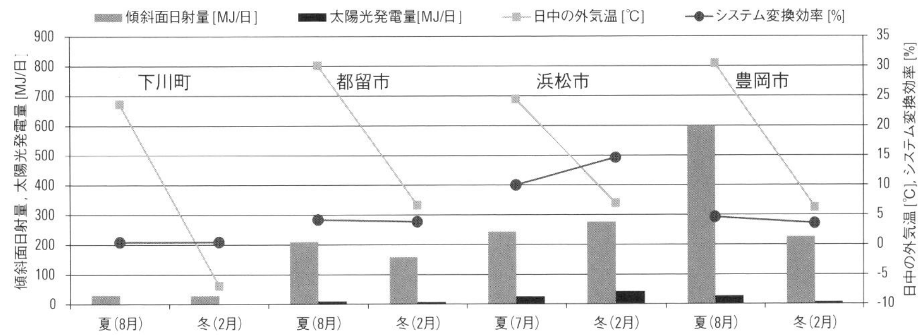

図4　各地域における最適なパネルの設置条件（傾斜角・方位角）と現状

8　給湯設備

給湯設備は年間を通してエネルギーを消費しており、温暖地では年間積算で暖房を上回る場合が少なくない。エコハウスの実現に向けて給湯の省エネは不可欠であり、その対策は「熱源の高効率」と「湯消費の節約」が主に挙げられる。以下では、前者について記述する。

給湯設備の概要

各エコハウスの給湯設備を表1に示す。自然エネルギー活用を目的として多様な機種が選択されていたが、寒冷地ではペレットボイラー（下川町・高山市・飯舘村など）、温暖地では太陽熱＋潜熱回収型ガス瞬間式(備前市・水俣市・宮古島市1など)、あるいは太陽熱＋ヒートポンプ式(矢板市・都留市・浜松市・近江八幡市など)が多く採用されている。

- バイオマス給湯の概要を図1に示す。下川町エコハウスの機種は加熱量が14.5kWと比較的小さく、別に設けられた貯湯槽を循環加熱する方式である。高山市エコハウスの機種は加熱能力が30kWと大きめで、内部の150Lの貯湯槽により出湯温度を安定させる方式である。飯舘村エコハウスでは、大型の薪ストーブに太陽熱を併用している。
- 太陽熱給湯とガス瞬間式給湯機を組み合わせた物件の概要を図2に示す。いずれもガス瞬間式には潜熱回収型が採用されていた。備前市エコハウスは集熱パネルと貯湯槽が分離したソーラーシステムである。水俣市エコハウスは集熱パネルと貯湯槽が一体化したソーラーシステムであり、屋根ではなく地上置きとなっている。
- 太陽熱給湯とヒートポンプを組み合わせた物件の概要を図3に示す。近江八幡市エコハウスのみ、年間を通して太陽熱を給湯のみに使用していた。都留市と浜松市のエコハウスでは夏期・中間期には太陽熱を給湯に用

表1　給湯設備の概要

エコハウス	模擬居住調査	形式	主熱源			太陽熱			
			用途	加熱能力［kW］	貯湯量［L］	方式	用途	集熱面積［㎡］	貯湯槽［L］
下川町	○	ペレットボイラー	給湯のみ	14.9	500	-	-	-	-
美幌町		ペレットボイラー＋空気熱ヒートポンプ	給湯のみ	10+4.5	460+460	-	-	-	-
飯舘村	○	薪・灯油ボイラー＋太陽熱	暖房兼用	51.1	60	ソーラー	給湯のみ	4	200
高山市		ペレットボイラー	給湯のみ	30	150	-	-	-	-
飯田市		空気熱・太陽熱併用ヒートポンプ(B社製)	給湯のみ		460	空気集熱	給湯暖房PV	60	(主熱源内蔵)
山形県		ペレットボイラー＋太陽熱	暖房兼用	7	650	ソーラー	暖房兼用	6	(主熱源内蔵)
矢板市	○	空気熱・太陽熱併用ヒートポンプ(A社製)	給湯のみ	4.5	420	ソーラー	暖房兼用	12	300
都留市	○	空気熱・太陽熱併用ヒートポンプ(B社製)	給湯のみ		460	空気集熱	暖房兼用	60	(主熱源内蔵)
太田市		空気熱源ヒートポンプ	給湯のみ	4.5	450	-	-	-	-
山梨市		空気熱・太陽熱併用ヒートポンプ(B社製)	給湯のみ		460	ソーラー	給湯のみ	2	(主熱源内蔵)
近江八幡市	○	空気熱・太陽熱併用ヒートポンプ(A社製)	給湯のみ		420	ソーラー	給湯のみ	4	(主熱源内蔵)
豊岡市	○	燃料電池(補助熱源内蔵)	発電	24号	200	-	-	-	-
備前市	○	潜熱回収型ガス給湯器＋太陽熱	給湯のみ	24号	-	ソーラー	給湯のみ	4	300
石川県		空気熱源ヒートポンプ＋太陽熱	給湯のみ		370	ソーラー	給湯のみ	4	210
浜松市	○	空気熱・太陽熱併用ヒートポンプ(A社製)	給湯のみ		420	ソーラー	暖房兼用	6	(主熱源内蔵)
北九州市		水素用燃料電池	発電	24号	200	-	-	-	-
		天然ガス燃料電池	発電	24号	200	-	-	-	-
豊後高田市1	○	ヒーター式電気温水器	給湯のみ	4.7	370L	-	-	-	-
豊後高田市2		-	-	-	-	-	-	-	-
高知県		空気熱・太陽熱併用ヒートポンプ(B社製)	給湯のみ		460	空気集熱	暖房兼用	35	(主熱源内蔵)
		ペレットボイラー	給湯のみ	30	200	-	-	-	-
水俣市	○	潜熱回収型ガス給湯器＋太陽熱	給湯のみ	24号	-	温水器	給湯のみ	4	200
宮古島市1	○	潜熱回収型ガス給湯器	給湯のみ	24号	-	-	-	-	-
宮古島市2		潜熱回収型ガス給湯器	給湯のみ	16号	-	-	-	-	-

いるが、冬期には暖房に優先して太陽熱を用いるため給湯への太陽熱の分担はごく小さくなる。矢板市エコハウスは集熱面積が非常に大きく、冬期においても暖房と給湯の両方に太陽熱を用いていた。

模擬居住調査におけるエネルギー消費量評価

2010年・2011年度の模擬居住調査においては、全エコハウス共通で4日間にわたり給湯機設定温度40度で容積既知の容器や浴槽を用いて1日450L出湯し、あわせて別に計測されているエネルギー消費量の計測結果より、給湯用の消費エネルギーとCO_2排出量を算出する。この450Lという値は、4人世帯における平均的な湯消費量として自立循環住宅プロジェクトや住宅省エネ基準で一般に用いられている値である。実験結果を表2に、機種別の概要を以下に示す。

- 太陽熱給湯＋潜熱回収型ガス給湯機の備前市と水俣市のエコハウスでは、給湯熱負荷に対する二次エネ・一次エネ・CO_2ともに大幅に削減されており、その有効性を確認できた。
- 太陽熱＋ヒートポンプ給湯機については、特に夏期においてエネルギー消費が大幅に削減されていることを確認した。特に集熱面積が大きい矢板市エコハウスにおいては、通年で大幅な省エネ・省CO_2を達成していた。
- 夏期に太陽熱を使用できるように改修した宮古島市1エコハウスでは、ガス消費量がほぼゼロになっており、天候に恵まれた地域における太陽熱給湯の有効性が明確に示された。
- ペレットボイラーを使用している下川町と高山市エコハウスにおいては、給湯熱負荷に対してエネルギー消費量はかなり大きくなっており、ペレットボイラーの熱効率が低いと考えられる（下川町の22年度冬期に二次効率が100%を超えているのは計測誤差と推定）。ただしペレットのCO_2原単位が小さいため、CO_2排出量は低く抑えられている。

表2　模擬居住調査 2010年度冬期・2011年度夏期　エネルギー・CO_2排出量

エコハウス		熱負荷 450L相当 [MJ/日]	消費エネルギー			熱負荷あたり			給湯機	備考
			2次エネ [MJ/日]	1次エネ [MJ/日]	CO_2 [kg/日]	2次エネ [MJ/MJ]	1次エネ	CO_2		
下川町	冬	74.4	71.9	81.5	1.13	0.97	1.10	0.015	ペレットボイラー	
	夏	55.7	110.2	114.4	1.03	1.98	2.05	0.018	同上	
高山市	冬	69.3	145.7	145.7	0.48	2.10	2.10	0.007	ペレットボイラー	
	夏	39.6	61.7	61.7	0.42	1.56	1.56	0.011	同上	
矢板市	冬	64.6	7.8	21.1	0.83	0.12	0.33	0.013	太陽熱併用ヒートポンプ(A社)	太陽熱を一部給湯利用
	夏	34.6	1.9	5.0	0.20	0.05	0.15	0.006	同上	太陽熱を給湯のみ利用
都留市	冬	64.4	36.1	97.8	3.85	0.56	1.52	0.060	太陽熱併用ヒートポンプ(B社)	太陽熱は暖房優先
	夏	33.3	2.1	5.6	0.22	0.06	0.17	0.007	同上	太陽熱を給湯のみ利用
近江八幡市	冬	63.8	25.1	68.1	2.05	0.39	1.07	0.032	太陽熱併用ヒートポンプ(A社)	太陽熱を給湯のみ利用
	夏	29.5	1.7	4.7	0.14	0.06	0.16	0.005	同上	太陽熱を給湯のみ利用
備前市	冬	56.9	29.6	33.4	1.99	0.52	0.59	0.035	太陽熱＋潜熱ガス	太陽熱を給湯のみ利用
	夏	24.8	4.6	8.1	0.51	0.18	0.33	0.020	同上	太陽熱を給湯のみ利用
浜松市	冬	55.4	18.7	50.6	2.16	0.34	0.91	0.039	太陽熱併用ヒートポンプ(A社)	太陽熱は暖房優先
	夏	33.2	4.2	11.3	0.48	0.13	0.34	0.015	同上	太陽熱を給湯のみ利用
水俣市	冬	52.1	33.9	33.9	1.99	0.65	0.65	0.038	太陽熱＋潜熱ガス	太陽熱を給湯のみ利用
	夏	33.9	19.9	20.7	1.19	0.59	0.61	0.035	同上	太陽熱を給湯のみ利用
宮古島市1	冬	36.2	40.5	40.5	2.38	1.12	1.12	0.066	潜熱ガス	
	夏	27.6	0.0	0.0	0.00	0.00	0.00	0.000	太陽熱＋潜熱ガス	太陽熱を給湯のみ利用

図1　バイオマス給湯設備の設置状況

下川町エコハウス／ペレットボイラー(加熱能力14.5kW、定格効率[低位]93%)

高山市エコハウス／太陽熱給湯200L＋薪ボイラー60L

飯舘村エコハウス／太陽熱給湯パネル3.76㎡、薪灯油ボイラー加熱能力51.1kW、熱交換効率85%

図2　太陽熱＋ガス瞬間式等補助熱源の設置状況

備前市エコハウス／ソーラーシステム太陽熱集熱パネル

太陽熱給湯貯湯タンク(タンク容量330L)

豊後高田市1エコハウス／ソーラーシステム集熱パネル(集熱面積4㎡)

宮古島市1エコハウス／太陽熱温水機(集熱面積6㎡、貯湯量227L)

水俣市エコハウス／一体型ソーラーシステム(集熱面積4.0㎡、貯湯用量200L)

近江八幡市エコハウス／太陽熱を給湯のみに使用、主方位は南東、太陽熱利用エコキュートによる給湯システム（タンク容量420L、APF＝3.3）

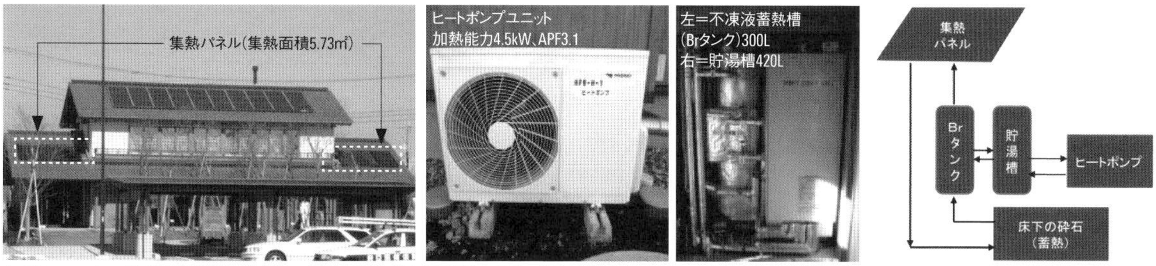

矢板市エコハウス／集熱面積は約12㎡と大きい、冬期には太陽熱を給湯と温水暖房の両方に利用

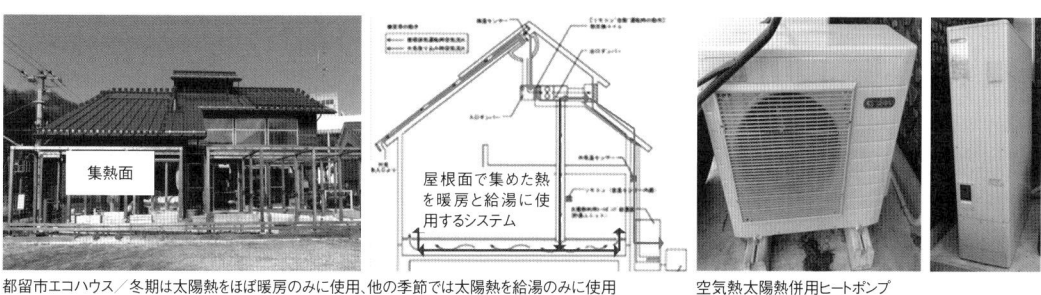

都留市エコハウス／冬期は太陽熱をほぼ暖房のみに使用、他の季節では太陽熱を給湯のみに使用

空気熱太陽熱併用ヒートポンプ

浜松市エコハウス／太陽熱集熱パネル 6㎡（暖房または給湯に使用）

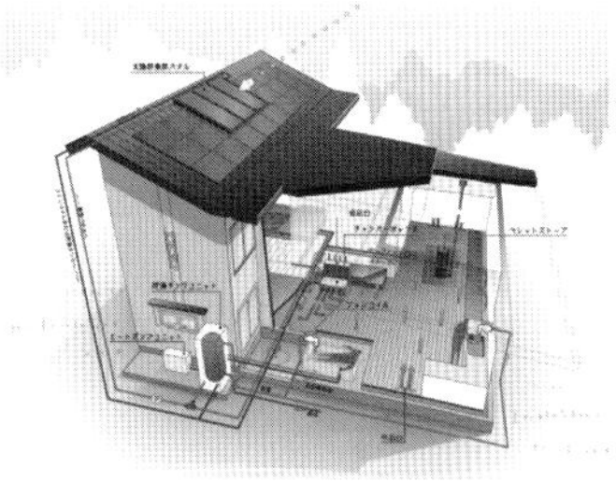

冬期は太陽熱を暖房に優先して使用、他の季節では太陽熱を給湯のみに使用

図3　太陽熱＋電気ヒートポンプの設置状況

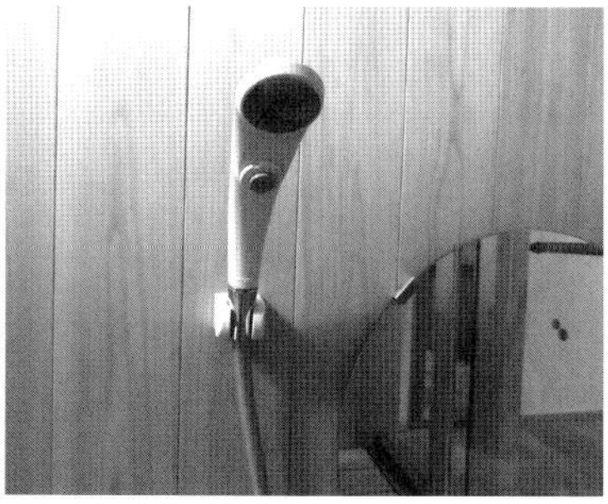

図4　浜松市エコハウスで見られた節湯タイプのシャワーヘッド／手元のボタンで吐水の入切を調整できるために省エネとなる。また、小流量でも使用感が変わらないタイプの水栓器具もある。こうした節湯型水栓器具は他の設備と比べて安価であるが、省エネ効果は高い。

図5　浜松市エコハウスで見られた檜風呂／写真は、模擬居住調査の際に設定した湯張り量180Lの状態での水位である。真四角な形状のために湯が溜まりにくく、通常の水深を確保しようとすると多くの湯量が必要となる。

9　模擬居住調査とエネルギー評価

建物の一次・二次エネルギー消費量とは?

ここでは各エコハウスで行われた模擬居住調査をもとに、一次エネルギー消費について解説する。電力の他にもプロパンガスや灯油、ペレット・薪といったバイオマス燃料など多様な燃料が用いられていることから、エネルギー種別の評価は一次エネルギー換算を原則とする。一次・二次換算値の区別は電力のみについて行われるもので、一次は発電所で消費される燃料のエネルギー量・二次は需要端に届けられる電力量の値を示す。ガスや灯油・バイオマスなどについては、一次・二次の区別は行われておらず同じ値となる。電力を含むエネルギー種別での比較は、一般的に一次エネルギー換算で行われる。

模擬居住調査データを用いた年間1次エネルギー消費量の試算

平成22年度冬期および平成23年度夏期模擬居住調査で得られた各エコハウスでの一次エネルギー消費量の測定結果より、一次エネルギー消費量の試算を行う。模擬居住調査を行ったエコハウスのうち、通年評価を行うために冬期・夏期のデータがそろっている、下川町・矢板市・高山市・都留市・浜松市・近江八幡市・豊岡市・備前市・水俣市・宮古島市の10のエコハウスを通年評価の対象とした。評価に当たっては、1日ごとの用途別消費エネルギー量を求めるために日本建築学会拡張アメダス標準年データを用いている。用途ごとのエネルギー消費量の内訳を求める際には、以下の方法により算出を行っている。

改正省エネルギー基準

また、平成25年度には省エネルギー基準の改正にともなって、住宅の規模・外皮性能・設備仕様から一次エネルギー消費量の基準値・設計値を試算することが可能となった(www.kenken.go.jp/becc/index.html)。そこで、省エネ基準のプログラムにエコハウスの情報を入力して標準的な設計とエコハウスの実際の設計との比較を行った。なお、このプログラムでは太陽熱暖房等の考慮できないシステムがある点に留意する必要がある。また、こちらのプログラムでは太陽光発電は住戸内消費分が示されている。

省エネ基準の住宅用算定プログラム・実測値から見た各エコハウスの特徴

・下川町エコハウスは地中熱ヒートポンプ利用床暖房による暖房消費エネルギー量が最も大きく、ついでペレットボイラーによる給湯が大きい。

・矢板市エコハウスは薪ストーブによる暖房消費エネルギー量が大きい。また、全熱交換換気の消費電力が大きいため、換気による消費エネルギーは全エコハウスでも最も大きい。一方、大きな集熱パネル面積(12㎡)での太陽熱利用(一部、暖房で利用)により通年での給湯消費エネルギーは極度に小さい。

・都留市エコハウスは薪ストーブによる消費エネルギー量が大きいものの、他用途については小さめである。特に給湯での太陽熱利用が有効であると思われる。

・高山市エコハウスはペレットストーブによる暖房消費エネルギーが大きい。また、給湯に用いたペレットボイラーについても相応の消費エネルギー量となっている。一方で、他用途については比較的小さい。

・浜松市エコハウスは、日中の開口部からの日射熱取得と液集熱暖房・給湯システムにより給湯・暖房消費エネルギー量ともに小さい。

・近江八幡市エコハウスは高効率エアコン使用により暖冷房消費エネルギー量が少ないものと考えられる。また、給湯については太陽熱利用が有効に機能している。そのため、全体消費エネルギー量は最も小さい。

・備前市エコハウスは温暖な地域にも関わらず、暖房消費エネルギー量が相対的に大きい。日中のマルチエアコンと夜間の地中熱利用換気システムの補助エアコンの使用により24時間暖房となっていたためである。他用途については、小さめであった。

・水俣市エコハウスは断熱・気密性能が低く、冬期の薪ストーブによる消費エネルギーが突出して大きい。プログラムと実測との差は、気密性能の考慮の仕方によるものと考えられる。

・宮古島市1エコハウスは無暖房・無冷房・無換気のため、全体的に消費エネルギー量は小さい。一方で、空調設備機器を無使用という点に対して、室内環境・空気質について詳細には把握できていないため、今後の検討を要する。今回の模擬居住調査では、冷房用途にエアコン等が使用されていないエコハウスでは冷房エネルギー消費量はゼロとしたが、住宅用算定プログラムでは冷房負荷が生じた際に冷房を行わないことは認めていないために合計での消費エネルギーの差が生じている。なお、宮古島市で採用されていた高反射塗料や屋根通気ブロックによる外皮の冷房負荷低減についてはプログラムでは考慮されていない点についても留意が必要である。

・太陽光発電量について：高山市・矢板市・浜松市・近江八

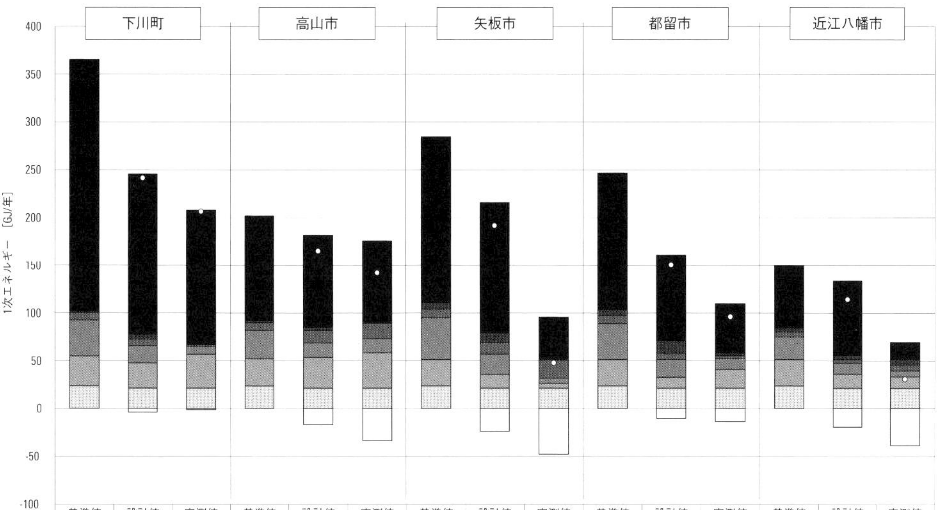

	下川町			高山市			矢板市			都留市			近江八幡市		
	基準値	設計値	実測値	基準値	設計値	実測値	基準値	設計値	実測値	基準値	設計値	実測値	基準値	設計値	実測値
■暖房	263.7	167.6	141.0	109.6	96.6	86.5	173.5	136.5	44.6	143.2	89.8	51.9	65.3	78.1	17.9
■冷房	1.7	5.1	0.1	2.4	3.2	0.0	6.8	10.1	0.4	5.8	13.0	2.6	3.9	4.1	5.6
■換気	7.6	6.8	1.7	8.0	13.0	16.0	8.9	12.0	18.8	8.6	6.2	2.9	5.1	3.6	6.4
■照明	37.6	18.1	8.1	29.7	15.1	14.6	43.7	21.1	5.6	37.6	18.5	11.3	23.8	11.5	6.2
■給湯	31.4	26.7	35.8	28.7	32.5	37.3	27.8	14.8	5.1	27.8	11.8	19.9	27.8	15.1	12.2
□その他	23.6	21.2	21.2	23.6	21.2	21.2	23.6	21.2	21.2	23.6	21.2	21.2	23.6	21.2	21.2
□太陽光	0.0	−4.0	−1.3	0.0	−16.9	−33.7	0.0	−24.0	−47.8	0.0	−10.3	−13.7	0.0	−19.4	−38.5
○合計	365.6	241.4	206.5	201.9	164.6	142.0	284.3	191.7	48.0	246.6	150.2	96.1	149.4	114.1	31.0

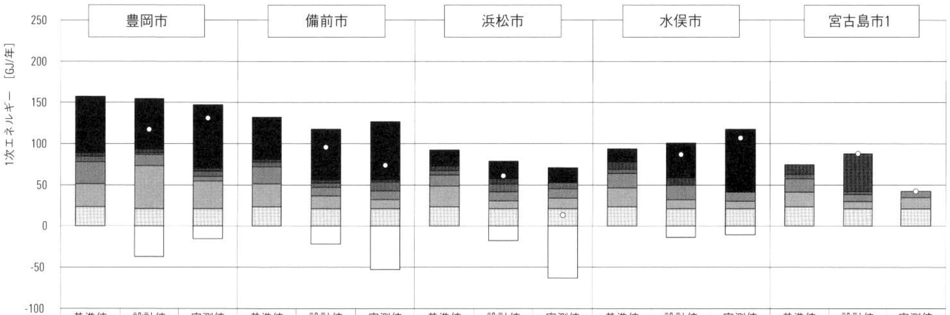

	豊岡市			備前市			浜松市			水俣市			宮古島市1		
	基準値	設計値	実測値	基準値	設計値	実測値	基準値	設計値	実測値	基準値	設計値	実測値	基準値	設計値	実測値
■暖房	68.2	60.9	76.7	51.2	61.5	70.6	19.7	21.1	18.0	16.3	42.3	76.1	0.0	0.0	0.0
■冷房	4.3	4.9	3.7	3.4	3.8	2.6	5.5	6.6	0.2	8.6	8.4	0.0	11.8	45.6	0.0
■換気	6.6	2.0	6.4	5.5	5.1	10.8	5.2	9.3	7.4	4.9	0.5	0.0	5.3	3.7	0.0
■照明	26.5	13.3	5.5	20.6	10.4	10.4	13.3	11.0	11.3	17.6	17.3	11.0	16.0	8.6	7.7
■給湯	27.8	52.1	33.5	27.8	15.5	11.1	25.1	9.5	12.8	22.8	11.0	9.2	17.9	8.7	13.6
□その他	23.6	21.2	21.2	23.6	21.2	21.2	23.6	21.2	21.2	23.6	21.2	21.2	23.6	21.2	21.2
□太陽光	0.0	−37.2	−15.6	0.0	−21.9	−52.9	0.0	−17.8	−63.3	0.0	−13.9	−10.7	0.0	0.0	0.0
○合計	157.0	117.1	130.8	132.1	95.6	73.8	92.3	61.0	13.4	93.8	86.8	106.8	74.6	87.9	42.5

図1　通年一次エネルギー消費量(用途別)

・給湯……冬期・夏期のエネルギー効率から通年各日のエネルギー効率の推定が困難であったため、模擬居住調査時の日平均外気温度と消費エネルギー・CO_2排出量を1次回帰で近似し、各日の1次エネルギー消費量を試算した。なお、豊岡市エコハウスでは燃料電池を使用しているが、模擬居住調査では合計ガス消費量の計測のみしか行うことができなかったため、消費したガス量のうち発電により消費されたガス量・補助熱源により消費されたガス量の内訳が不明であった。そのため、今回は発電による消費ガス量は全体の80%とし、発電効率30%と仮定のうえで試算を行い給湯の一次エネルギー消費量とした。
・暖冷房……模擬居住調査時の日平均外気温度と1次エネルギー消費量を1次回帰で近似し、各日の一次エネルギー消費量を試算した。日平均外気温度が18度以下になる日を暖房負荷発生の対象日とし、日平均外気温度が24度以上になる日を冷房負荷発生の対象日とした。
・換気……模擬居住調査時に24時間換気の対象となった換気設備について、冬期・夏期の定格消費電力から試算した。ただし、熱交換換気などを採用して冬期のみに消費エネルギー量が大きくなる場合には、暖房負荷発生日を対象とし、冬期模擬居住調査で得られた消費電力量の1日あたりの消費電力量・CO_2排出量とした。
・照明・家電……消費エネルギー量・CO_2排出量ともに、冬期・夏期模擬居住調査を行った全日の測定値あるいは定格値の平均値を通年で使用した。
・太陽光発電……夏期模擬居住調査時に気象観測機による測定で得られた水平面全天日射量を直散分離し、太陽光パネルの傾斜面に入射する日射量を推定した上で、同日のパネル発電量から実際の設置方法などを考慮した発電効率を求めた。上記のようにして得られた推定システム変換効率を用いて、拡張アメダスデータ標準年から得られた各エコハウス近隣の観測所の傾斜面日射量から各日の発電量を試算した。また浜松市・豊岡市については別途に長期計測したデータから発電効率を求めて年間発電量としたが、その他のエコハウスと同様に年間発電量を推定した計算と比較して差は小さく、他のエコハウスにおける試算についても妥当性は確保されていると判断している。今回の試算では売買電の割合は求めることが困難であるため、住戸内全体のエネルギー使用量から太陽光発電の総量を引くことで、住宅全体の合計消費エネルギーとして示している。
・その他……その他のエネルギー消費(厨房・家電等)については、住宅用算定プログラムで固定値となっている21.2GJを用いている。

なお、模擬居住調査は冬期・夏期ともに4日間ずつの測定でサンプル数が限られていたために給湯・暖冷房で用いた回帰式の相関係数が$R2=0.5$を下回っていた場合もある点については留意すべきである。
エネルギー種別ごとの一次エネルギー換算は以下の通りとした。電力については、一般的に用いられている火力発電所での効率37%(9760kJ/kWh)を用いている。また、ガス(LPG)は99.0MJ/m³、灯油は36.7MJ/L、ペレットは17.6MJ/kg(参考:北海道立総合研究機構森林研究本部林産試験場 木質ペレットの利用と環境負荷)、薪は14.0MJ/kg(参考:北海道立総合研究機構森林研究本部林産試験場 木材の発熱性に対する密度・水分の影響)。

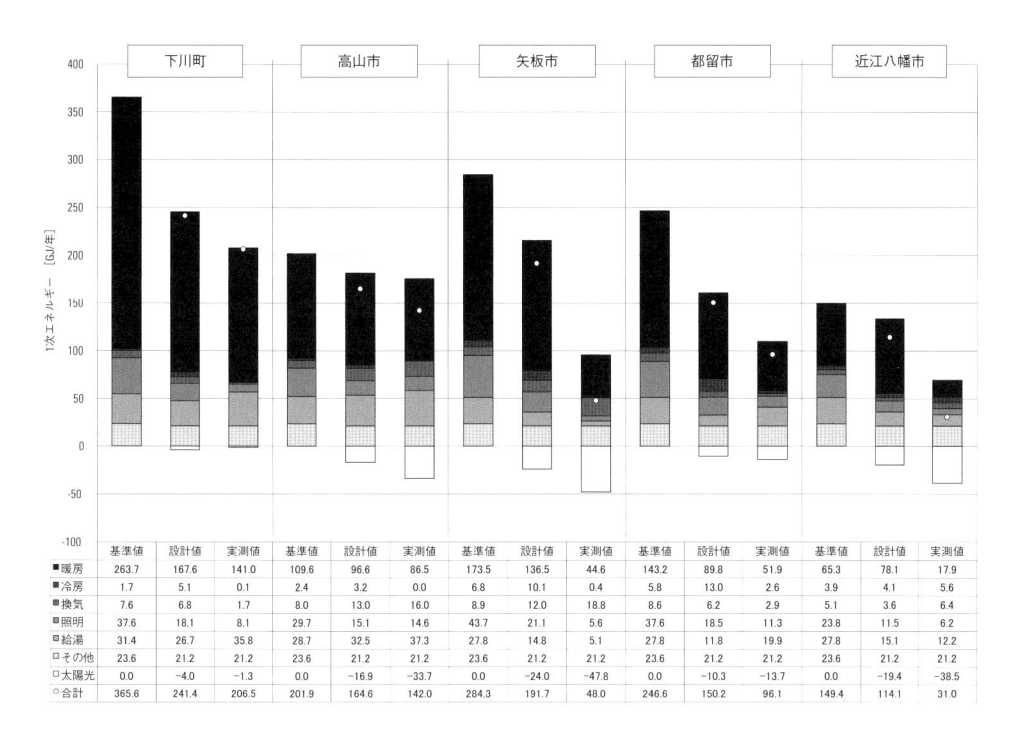

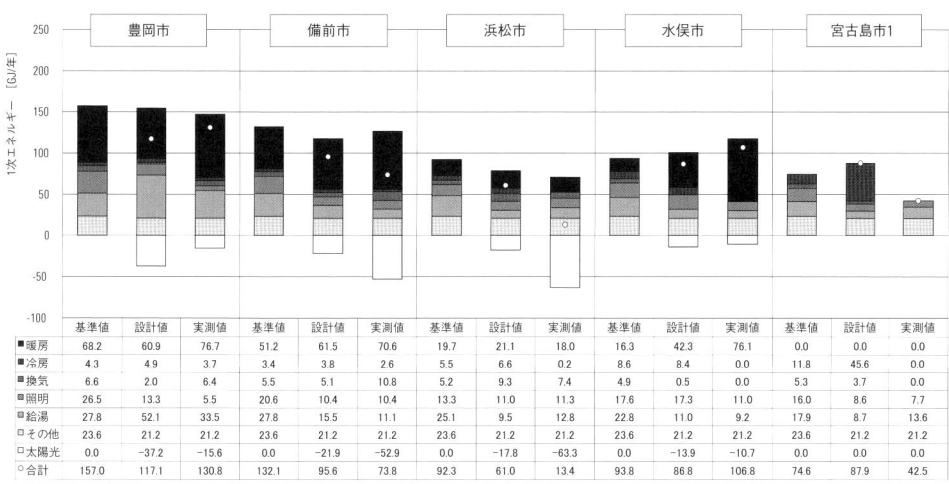

幡市・備前市エコハウスについては、プログラムから算出した太陽光発電量より大きい。これはパネル面積が大きく、設置状態も良好であったために売電分が大きくなることを示している。ただし、高山市エコハウスについては冬期の積雪の影響については無視して実測値を求めており、逆に豊岡市については積雪等の影響を

表1　電力事業者別CO_2排出原単位（平成22年時点）

		北海道電力	東北電力	東京電力	中部電力	北陸電力	関西電力	中国電力	四国電力	九州電力	沖縄電力
実排出係数	kg-CO_2/kWh	0.433	0.468	0.384	0.474	0.374	0.294	0.628	0.407	0.369	0.931
調整後排出係数		0.433	0.322	0.324	0.417	0.309	0.265	0.496	0.356	0.348	0.931

加味した実測結果となり、プログラムでの想定より極端に低い結果となった。都留市と水俣市エコハウスについては設置面積が小さく発電量がわずかなために、ほぼすべてを住戸内消費のみに使用し、売電はほとんど生じていない。

・暖冷房について：近江八幡市エコハウスでは大空間を1台のエアコンで暖房していた実験結果となり、エアコンから離れたリビング空間では実現室温が低めの場所があった。プログラムではこの温度差を考慮せずに、全居室が均等に温まるという仮定の下で計算しており実測値との差が大きくなったと考えられる。反対にマルチエアコンによって、個別暖房を行っていた豊岡市、住宅全体を暖房していた備前市エコハウスでは、プログラムと実測との差はわずかであった。その他については、太陽熱暖房による効果は見込めていないものの、ヒートポンプ式や燃焼式暖房機器の効率をカタログ値から仮定することで計算と実測が合う傾向となることが確認された。矢板市と都留市のエコハウスについては広い主居室を採用しているためにプログラムで計算した暖房消費エネルギーは大きくなるが、太陽熱暖房をどちらも使用した暖房計画による省エネ化が図られ、主居室に適切に暖房機器が配置されていたことから快適性を損なわずに省エネ化が実現できていたといえる。

CO_2排出量

さらに各エコハウスにおけるCO_2排出量を試算した。図2に各エコハウスのCO_2排出量を示す。なお、全国平均のCO_2排出量は3.9トン/年である。

・需要側のCO_2排出量が小さく発電量も多い矢板市と浜松市エコハウスでは、通年でCO_2排出量が非常に小さく、太陽光発電によるCO_2消費量の償還とほぼ相殺した。

・需要側でCO_2排出が突出して大きいのは、下川町と備前市エコハウスである。特に、この2件ではCO_2排出係数が大きい電力を利用したヒートポンプ利用暖房を24時間行っているために、CO_2排出量が大きくなる。

・他のエコハウスでは、需要側でのCO_2排出量は全体で同程度（2～4トン/年）であった。特に木質バイオマス利用を行っていたエコハウスが多く、暖房の一次エネルギー消費量が大きかったのに対してCO_2排出量は大幅に低減していることで各エコハウスの需要側でのCO_2排出量はばらつきが小さくなった。

暖房負荷とエネルギー消費の大小は無関係？

ここまで見てきたとおり、一次エネルギー消費量とCO_2排出量を見ると、両者の大小関係は必ずしも一致しないことがわかる。特に、木質バイオマス暖房・給湯設備を備えたエコハウスに顕著に現れる。例えば高山市エコハウスは次世代省エネルギー基準を満たさない断熱性能であり暖房負荷は大きく、ペレットを大量に消費したため一次エネルギー消費量は3番目に大きいが、CO_2排出量はごくわずかであった。熱需要が大きい地域においては、木質バイオマス利用はCO_2排出量削減の点では非常に有効ということがわかる。一方、極寒地域の下川町エコハウスでは、地中熱ヒートポンプという高効率な熱源を採用しているものの、24時間暖房が前提となる地域のため、一次エネルギー消費・CO_2排出量とともに膨大となる。今日の設計者は地域・ライフスタイルを考慮して、エネルギー消費・CO_2両方の観点から、使用する設備機器を選択するという意識をもつ必要が出てきている。

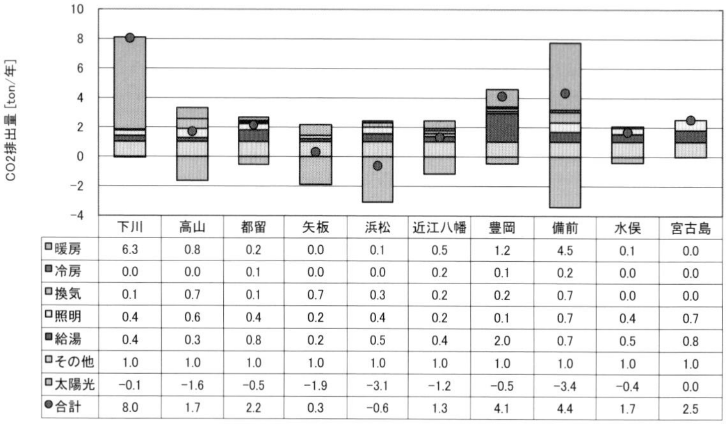

	下川	高山	都留	矢板	浜松	近江八幡	豊岡	備前	水俣	宮古島
□暖房	6.3	0.8	0.2	0.0	0.1	0.5	1.2	4.5	0.1	0.0
■冷房	0.0	0.0	0.1	0.0	0.0	0.2	0.1	0.2	0.0	0.0
□換気	0.1	0.7	0.1	0.7	0.3	0.2	0.2	0.7	0.0	0.0
□照明	0.4	0.6	0.4	0.2	0.4	0.2	0.1	0.7	0.4	0.7
■給湯	0.4	0.3	0.8	0.2	0.5	0.4	2.0	0.7	0.5	0.8
□その他	1.0	1.0	1.0	1.0	1.0	1.0	1.0	1.0	1.0	1.0
□太陽光	−0.1	−1.6	−0.5	−1.9	−3.1	−1.2	−0.5	−3.4	−0.4	0.0
●合計	8.0	1.7	2.2	0.3	−0.6	1.3	4.1	4.4	1.7	2.5

図2　通年CO_2排出量　模擬居住調査からの推定値（用途別）

ここでは、CO_2の排出原単位は以下の値を用いることとした。まず電力については各エコハウスに電力を供給している一般電力事業者の実排出係数を用いることとした（事業において評価を行った平成22年時点での公表値であり、東日本大震災以降の電力事情は考慮していない。また各事業者が排出したCO_2の総量を総発電量で除したもので、排出権取引等による軽減を考慮しない値である）。
他の燃料については一次エネルギー試算での参考資料をもとに、ガス（LPG）：0.0598 CO_2-kg/MJ、灯油：0.0679 CO_2-kg/MJ、ペレット：0.0068 CO_2-kg/MJ、薪：0.0000 CO_2-kg/MJとした。なおペレットのCO_2排出量については木自体の排出量は0であるが、原料輸送・乾燥・乾燥以外・工場内搬送時が加算されている。薪についてはエコハウスの近隣で薪を調達することを前提とし、運送等のCO_2排出量についても0としている。

エコハウスを振り返って

エコハウスプロジェクトの総括

本書ではすでに多くのページを割いて、全国20か所におよぶエコハウスの詳細や計測結果について多方面から示している。データ分析の詳細については他のページに譲ることとして、ここではエコハウス・プロジェクトは当初の目的を達することができたのか。少し考察してみることにしよう。

まずは「設定した目的は妥当だったのか」、そして「設定した目的は適切に解かれていたか」の2つに分けた上で、エコハウス・プロジェクトの総括を試みたい。プロジェクト発足時の趣旨については、以下のWEBページに紹介されている。

http://www.env.go.jp/policy/ecohouse/introduction/index.html

「目的の設定は妥当だったのか?」

1つめの「設定目的の妥当性」について、まずプロジェクト全体での「モデル事業の目的」を振り返ることにしよう。

「地域における課題として、住宅の施主となる住まい手(需要側)にとってエコハウスの快適性や経済性が未だ十分に理解されていない、また住宅を建てる地域の設計者や工務店等(供給側)にとっても、エコハウスの設計・施工を行う技術者が十分に育っていません。

環境省エコハウスモデル事業では、全国20の自治体をモデル地域として選定し、エコハウスのモデル整備や普及活動をサポートし、エコハウスの普及をより加速させることをねらいとします。

1. 地域の気候風土や特色、敷地特性に根ざしたエコハウスとはどういうものかを、地域の人々が考え、建て、体験することで、エコハウスの新たな需要が生み出される。
2. エコハウスが永く地域の人々に受け入れられるよう、住まい手に負担をかけない快適なエコハウスをつくる。
3. エコハウスに地域の技術や材料が生かされることで、地域が活性化する。」

全体目的と個々の目的

現状の問題点の謙虚な認識に根ざし真摯な願いを具体化した、誠に適切な目標であると筆者には感じられる。全体目標は極めて妥当であったとしか言いようがない。それでは各エコハウス、それぞれの目的設定はどうであったのだろうか。

本書においては、個々のエコハウスの目的設定はそのまま提示するにとどめ、そこに解釈を加えることは意図的に避けている。目的設定については(こと建築という分野では)、数限りのない議論や主張があるであろう。しかし本プロジェクトが国民の付託を背負った「公」で「パブリック」な責務に基づく以上、国民に対して説明責任を果たせねばならないことは、当然である。

ここで筆者の解釈をわずかに述べると、3の「地元の技術や材料活用」については、かなり力が入れられていた。特に地産の木を用いた伝統工法は、多くのエコハウスで積極的に取り入れられ、工法の改善も多く試みられていた。

気候分析の難しさ

一方で、普及する上で最も重要なはずの2の「住まい手に負担をかけない、快適なエコハウス」の実現状況はどうだったのだろうか。せっかく建つエコハウスなのだから難しい理屈なしに、その快適性を広く体験してもらえる貴重な機会であったはず。しかし残念ながら、全てのエコハウスにおいてそれが実現していたとはいえないのが現実である。

その原因の一つとして、1の「地域の気候風土や特徴の考慮」が簡単ではないことを指摘しておきたい。気候の特徴が明確な北海道や沖縄は別として、四季が複雑な多くの地域では、その土地の気候を客観的に認識・分析することが決して容易ではないのである。

人はともすると気候の現実を直視せず、「ここでは暑さが一番厳しい」などと、ステレオタイプに論じる傾向がある。いうまでもなく日本列島は南北に長く、また同じ緯度であっても太平洋側・日本海側は別世界、一つの県の中でも標高が高くなれば寒冷地が出現する。気候分析は異なる地域を相互に客観的に比較することで、初めて理解が深まるものである。日本には世界屈指の気象観測体制があり、拡張アメダスという素晴らしい気象データベースが整備されている。こうした客観的データに住む人の実感を結び付けた、より丁寧な気候の読み解きが必要に感じられる。

そして「地域の人々が考え、建て、体験する」の部分については、設計・施工期間が極めて限られていたという現実が制約となったのは否定できない。設計の時間がもっとあれば、気候の分析をより丁寧に行い、建築の性能設定や導入技術の選定を、より多くの参加者の間でオープンに議論・調整できたであろう。施工の時間的余裕があれば、施工詳細の指導・学習や講習会などを絡め多くの施工者に技術を伝えられたはずである。

「目的は正しく解かれたのか?」

2つめの「目的に即した解法」については、当初想定と事後の結果を、定量的に比較することが可能である。本書では主に5章において分析を試みている。

本プロジェクトでは具体的に以下の3つの解法が挙げられていた。

1.環境基本性能の確保
2.自然・再生可能エネルギー活用
3.エコライフスタイルと住まい方

このうち、環境建築のハード的対応である1と2について考察してみよう。先に2の「自然・再生可能エネルギー活用」を取り上げると、太陽光発電などの確立された技術は比較的想定通りに稼働していた一方、ダイレクトゲイン太陽熱利用やバイオマス暖房といった「素朴な技術」の方が適切に機能していない事例例が多く見られた。これらは本プロジェクト計画時で参照されていた「自立循環住宅ガイドライン」などでも十分な知見が整理されていない分野であり、今後更なる有用なデータの提供が求められる。

なお、エコハウスの設計・施工が行われたのは平成21年であり、その後の急激な技術変遷から、旧式のLED照明のように、すでに「時代遅れ」になってしまった建材や設備が少なくない。技術の進歩に対応していくために、エコハウスは一度建てれば半永久的というものではなく、継続的なアップデートが不可欠ということになる。

事後検証の難しさ

1の「建築側の環境基本性能」の確保については、本書でなるべく多くの情報提供を心がけた部分である。一方で本調査については「定量的・客観的に判断できる調査結果が何もないではないか」という指摘も多くいただいた。たしかにエコハウスで計測された事象は、断熱・気密・日射制御などの建物性能と、暖冷房や換気・照明などの設備の挙動が複雑に絡み合った「症候群」「シンドローム」であり、本書の調査結果はその症状に対する表面的な診断結果、つまり「触診」にすぎない面は否定できない。

今回のプロジェクトでは、「事後の検証」が当初計画にそもそもなかった。そのため後日の計測においては、現場の学生は多大な労力を費やすこととなり、それでもなお必ずしも十分な検討が行えなかったエコハウスが少なくない。

しかし限界があるからといって、何も検証できないことにはならない。現地で起きている事象から、制約にめげず有意義な知見をできる限り抽出する。これが現場計測の使命であった。以下に、実際に現場計測に奮闘してくれた学生の声を紹介したい。

計測現場の(元)学生たちの声

●私の大学院2年間はエコハウス調査一色だった。大げさではなく、一年間の中で360日はエコハウスのことを考え、北は北海道下川町、南は沖縄県宮古島までを、大量の計測器を抱え研究室の仲間と飛び回った。あの時を振り返ると、1つの物事にあれ程のエネルギーを注ぎ込めることは二度と無いと思う。

それでも、様々な制約や私自身の至らなさにより、断片的で不完全な測定データから本検証は行われており、読者の方々は賛否両論あるかと思う。しかしその論議が、読者の方々が「エコハウスの在り方を考えるきっかけ」となり、「本プロジェクトの目的達成」に繋がっていけば、私の不完全な研究は大成功であったと思う。（羽山拓也）

●全国のエコハウスを飛び回った調査は大変なものでしたが、それぞれの地域やエコハウスの中で体験した温熱環境の記憶は一生忘れることのない財産です。真夏の日本でも、日陰に快適な風が吹いてくれれば、昼寝をしてしまえるほど快適なんだということを肌で感じたことが、中でも印象的でした。私どものわがままなお願いに忙しいお仕事の合間を縫って対応して下さった役所・管理者の方々、設計者の方々にこの場を借りて感謝の意を表します。（川島宏起）

●調査期間2年の間に多くの物件を回ったが、今振り返って強く思い出される事は、「寒かった」記憶である。あるエコハウスの冬期調査では、こたつと灯油ストーブなしでは生活できなかった。そこは土壁による蓄熱を目指していたが、定量的な検討が不足していた。一方で印象的なのは、適切な事前シミュレーションにより低負荷で快適な環境を実現した物件だ。これらの経験は、設計者の勘

だけでなく定量的な知見を活用することにより、低負荷で快適な住空間を実現できることを教えてくれた。今後エコハウス関係者が成功事例と同時に失敗事例を正しく理解し、伝える努力がなされることを期待したい。（草川研二）

●全国各地の気候と住環境にこれほどに向き合えた調査は、後にも先にも本調査だけであろうと思う。泊まり込みで実際にその土地、その家に住むことで感じることのできた快適性や不快感の原因が、どこにあるのかをひたすらに模索してきた。本書がきっかけとなり、温度や空気の流れ、エネルギーといった“目に見えないもの”を設計することが、いかに難しく重要であるかを少しでも読者の方に理解していただけたら幸いである。執筆・調査いを通じて、お世話になりました先生方、設計者、管理者の方々に心より感謝いたします。（茅野淳）

エコハウス未だならず

こうした現場の声を、読者の皆さんはどのように感じられたであろうか。なにはともあれ、読者の方々にもぜひ、手近なエコハウスを訪れていただきたい。住宅のエネルギーや温熱環境をこれ以上、人事のように論じてはならないのである。その時は本書の調査結果を参照いただきつつ、ご自身の体で感じて判断していただきたい。「地域の人々が考え、建て、体験する」。このプロジェクトを完結させるのは、日本人我々一人一人。全国20箇所の様々な気候の中で、今日もエコハウスは確かに建っている。

（東京大学工学部建築学科 前真之）

6章 エコハウスの設計手法

1　配置計画

いうまでもなく住宅の設計において配置計画はとても重要である。都市部密集住宅地においては、求められる住宅の大きさに対して敷地の大きさが小さく、余地を残して必然的に決まってしまうケースも多い。しかし、計画敷地のどこにどちらを向いて建物を配置し、どこに庭をつくるか、玄関の位置、そこまでのアプローチをどのようにとるかはその住まい手のライフスタイルそのものであり、それこそが住宅の設計の第一歩である。環境性能面から見れば、日射取得、日射遮蔽、湿気、卓越風取込み等の環境的条件があり、すべてを満たすことが難しいとすれば取捨選択の判断とその判断に伴う補填的な設計配慮が必要になることもある。また、住宅の長寿命化のためには、外壁周りのメンテナンスが可能な周辺余地や改修工事の際の資材の搬入、工事車両付き等に長期的な判断と配慮が必要であろう。このように多くの検討が求められる配置計画であるが、ここでは環境省エコハウスの22の事例をもとに主に環境性能の面から考察する。

方位

冬期の日射取得、夏期の日射遮蔽のためには主開口が南面するべきで、日射制御の観点においてはそれ以外の方位に向けて配置する理由はない。自立循環型住宅設計ガイドラインでは主開口方位を南面に対して±15度以内に設定することを良好として、それを超える場合でも±30度以内を推奨し±30度を超えると開口部からの集熱が急減するとしている。しかし、隣地の条件、敷地の傾斜等により南に正対できないことも多い。むしろ、居住者のライフスタイルや、様々な敷地と周辺環境に対して建築をどのように配置するかは、その設計の本質のひとつであり、日射取得性能自体が最優先とはならない場合の方が多いだろう。

環境省エコハウスでは事業の性格上大きな敷地が多く、平均的な条件からすると恵まれた条件の敷地が多い。しかし、そのような敷地にもかかわらず周辺の環境や想定するライフスタイルによって、南から東西に大きく振った事例が多かった。卓越風の取込みを配慮した事例もある。南に向いて南面に主開口をもつ配置を基本として、それ以外の試みがなされた事例について、その意図と解決の工夫を紹介する。

・美幌町エコハウス／南0度

美幌町エコハウスは、広い敷地に多世帯の大型農家とい

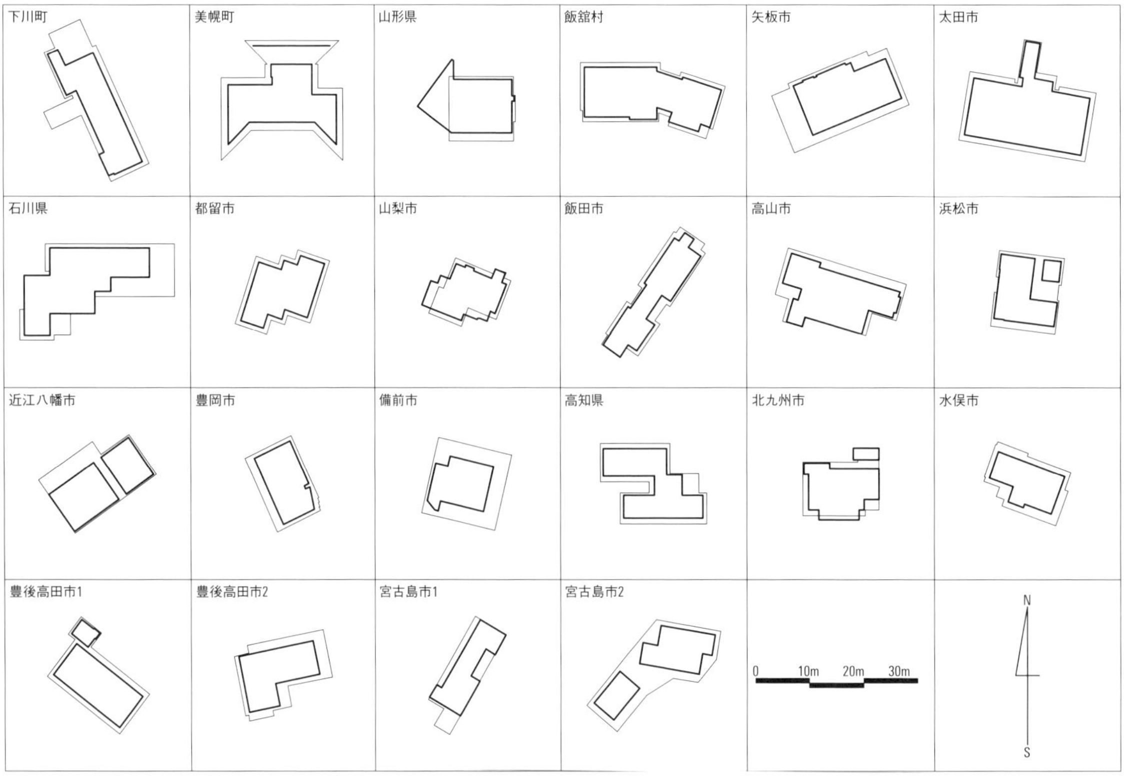

図1　22のエコハウスの方位と形

うおおらかな設定で計画された。周辺に配置を規制する条件がなく、正確に南に正対した事例である。美幌町は冬期の日照率が高いので、南に正対することで最大限に日照を取り込むことができる。また、南からの夏の卓越風を逃がさず取り込むために東西の個室棟を両手のひらで囲むように延ばしている。北風を防ぐため風は中央の土間空間に取り込んで、吹抜けを介して2階へ抜く考え方である。1階の北側は壁が設けられて、その内側は車庫、農作業場として居住空間との間の緩衝地帯となっている。22事例のうち、他にも山形県、石川県、飯舘村、高知県、北九州市の合計6箇所のエコハウスは南に正対して建てられた。

・下川町エコハウス／南西約45度

東側にほぼ南北に流れる桑の沢川と、南西から北東に傾斜した丘裾に挟まれるようにして等高線と平行に配置されている。敷地の東西方向に十分な幅がない。南に正対するプランは不可能ではないが、無理な南面配置をせずに、周辺環境に馴染ませることを優先し不利な条件は工夫した事例といえるだろう。その結果、道路から川を渡り入るアプローチが長くとれている。近づきながら見上げる桑の沢川に面した壁面には開口部は少ない。カーポートにもなっている屋根のかかった半戸外空間を抜けて、回り込んでアプローチに入り、山側を向いた玄関から家に入る。家に入ってから通り土間を抜けて居間に入り、その二面の大開口から、明るい斜面と木々を見上げる景観が広がるシークエンスを意図して計画されている。また、短い夏を楽しむための装置として南西に面する丘につながるデッキを2階に設けている。居間の開口はそれぞれ南東、南西の方位にほぼ正対する。土間リビングは下川町産カラマツ粉炭を混ぜ込んだモルタルで仕上がり、開口部からの太陽熱蓄熱を意図している。南西側に連続する大開口からは45度の角度で西日が入るが、敷地の傾斜や、デッキ、樹木で遮っている。

・豊岡市エコハウス／南西約48度

極端に西に振れている事例である。敷地は円山川が日本海から南西に遡上して約3㎞の川の分岐による半島状の土地の付け根にある。西側が約300mで円山川にあたり対岸は城崎温泉街である。東側は約100mで枝分れした入江にあたる、両側を川に囲まれた敷地である。南側は山の裾野に接していて冬期の日射が遮られる。ここはコウノトリが営巣する湿地として観光地になっていて、管理棟等の複数の施設や駐車場が設けられている。豊岡市エコハウスは晴天日の少ない日本海型気候の地域にあって、冬期の日射取得を意図し、この敷地の条件と既存施設との関係に配慮して、西に大きく振れて敷地の北東端に配置された。このような条件のため日射コントロールの工夫は入念に行われている。大きな開口部が設けられた南西面には、緩衝帯として半間奥行きの縁側空間が設けられ、外側に開閉可能な格子戸を設けている。その2階部分床はすのこにしてあり、外部の格子戸開閉用の作業床であるとともに、ライトシェルフとしての効果も狙っている。縁側空間の内側の吹抜けは奥まで日射を取り込むのに有効であるが、そのコントロールのために水平に開閉できる紙障子の折戸を設けている。

・宮古島市1エコハウス／南東約45度

宮古島旧平良市の市街地の典型的な敷地で、ファサードが狭く奥行きのある形状である。その形状と敷地方位に合わせて主開口面が大きく東に振れて計画された。強い日射の当たる南西面と北西面は、格子戸と沖縄で一般的に使われる花ブロック(有孔コンクリートブロック)で囲われた1.6m奥行きの緩衝帯を全面に設けて日射をコントロールしている。北西面の緩衝帯は1、2階ともサービススペースとして利用する計画である。特に北西面は花ブロックの内側にサービススペースとバルコニーを設け、その内側室内は収納スペース等にして西日遮蔽を徹底している。

採光面になる南東側は中央を大きく欠き込み中庭にして、採光面を内側に入れている。隣地境界が近いことに配慮した計画であるが、ふれる風の取込みにも有利であろう。また、同様の住宅が隣接して市街地が形成されることも想定した建物配置である。

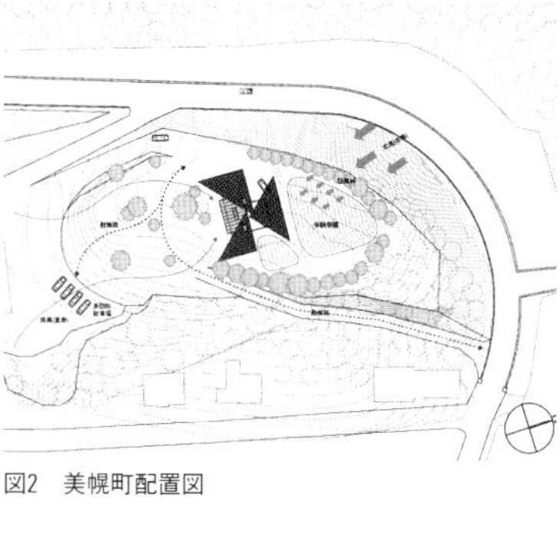

図2　美幌町配置図

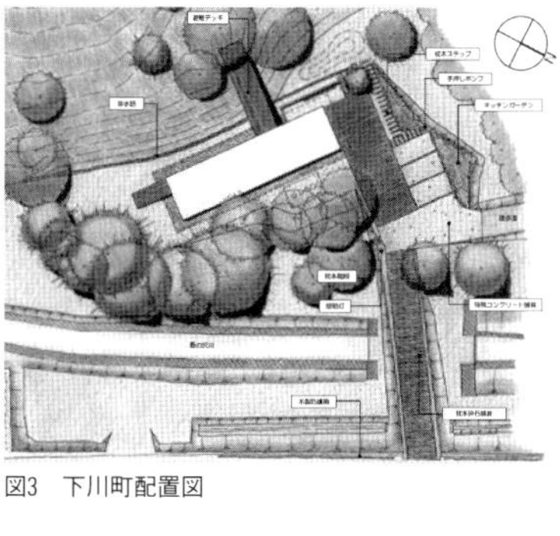

図3　下川町配置図

周囲の特別な環境に対する工夫

住宅街で周囲に十分な余地が残せる平坦な敷地の場合、配置計画はその方位や道路付きでおおよそ決まるだろう。しかし、多くの計画でなにかしら配置計画を難しくする周辺環境が存在する。逆にそれを克服して敷地の長所に変えることこそ設計の醍醐味といえ、驚くようなアイディアや丹念な工夫の積み重ねによって知られる名作住宅は多い。

・街区／飯田市エコハウス

飯田市エコハウスの敷地は飯田市中心部のメインストリートであるりんご並木に面している。南北に細長い形状で南側と西側が隣地で、南側に3階建ての建物が近接している。この条件に応えるため南北2棟に分けて子世代と親世代の2世帯住宅として、それぞれに全く異なるキャラクターを与えることで解決し、丹念な工夫を積み重ねて計画された事例である。

2つの棟とも主開口はりんご並木に面した東向きで大きな面積でとられている。東面の開口は夏の午前中の日射が厳しいので、片引込みの格子戸や植生メッシュで日射遮蔽できるようになっている。

南棟の子世代部分は日射取得が難しいので、熱を逃がさない閉じ系の計画でペレットストーブの暖気を24時間換気のシステムとあわせて土間に埋め込まれたチューブに送り土間蓄熱をしている。北棟の親世代部分は開き系の計画で、南北棟の間の2階にテラスを設け北棟の2階南向き窓から日射取得を図っている。窓脇に階段と吹抜けを設けて1階にも日射が届くように配慮されている。暖房設備は空気式屋根集熱システムとペレットストーブである。子世代部分と親世代部分とは玄関でつながる。玄関ポーチは大きくへこんで広くとられていて、木造による街区形成の提案になっている。古井戸を使った雨水浸透桝や坪庭のミストシャワー等の丹念な試みがなされている。

・道路／豊後高田市1エコハウス

Iターン夫婦による田舎暮らしをイメージして設計されたエコハウスである。敷地は山間の県道沿いである。ここでは、暑い気候を冷房に頼らずに夏を過ごす生活のために、道路側の南西面と隣地の畑に面した北東面に全長の半分程度の開口を設けている。しかし、南西面は道路から近いため通行人の視線や自動車の騒音が気になる。視線や騒音を小さな敷地内で効果的に遮るためのいろいろな工夫がなされている。寝室前には小さな池を設け壁を立てている。それによって道路から直に入る駐車場と面するにもかかわらず、心理的な距離感を生じさせている。

居間の南西面は庭や植栽で覆って、南西、北東両面の大開口を活かして通風を最大限利用できるように工夫している。また、夏の南東からの卓越風を取り込むために開口部横随所に袖壁を立てている。北角には離れにした浴室があるが、これは夏の湯上がりを楽しむ工夫であるとともに、浴室の壁に当たる卓越風を寝室に取り込むことを意図した結果である。

・山／高山市エコハウス

高山市エコハウスは高山市の観光地である民家園の「飛騨の里」に隣接して建設された。敷地は南東側に小高い山が隣接して日射取得が難しい敷地である。そのため敷地の北西端ぎりぎりに寄せて配置され、南側には広い庭が残った。住宅の場合、日当たりの悪い庭はその有効利用が難しい。駐車場として利用しているが、ここではそれにとどまらず屋根融雪熱源の試みとして、地中熱HPのための熱交換配管が埋設された。145φ30mのボアポールを5本垂直に埋設して、25Aの配管をその中で往復させて熱交換してHPに接続している。今後の性能評価と普及への展開が期待される。

冬期は1階部分には山の影がかかる。そのため日照を得るために居間は2層に吹抜けた大空間になっている。南側と東側に2層分の開口部が設けられて日中は自然採光で十分な照度が得られている。このような大空間の場合照明器具の選択が難しい。居間での生活スタイルを想定して十分な手元照度が得られるような工夫が大切である。また、天井吊り器具の場合、球の交換や扇風機などの

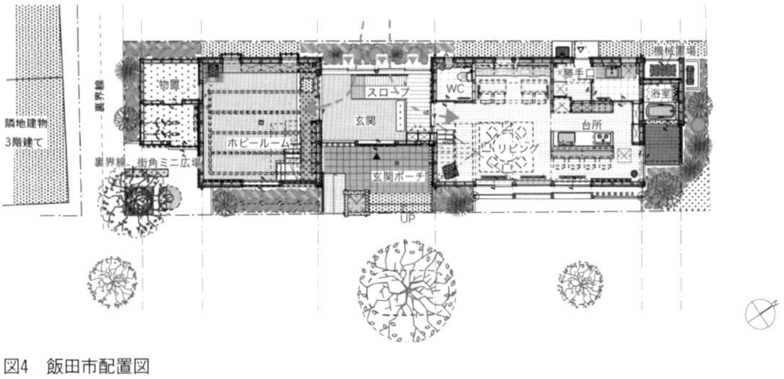

図4　飯田市配置図

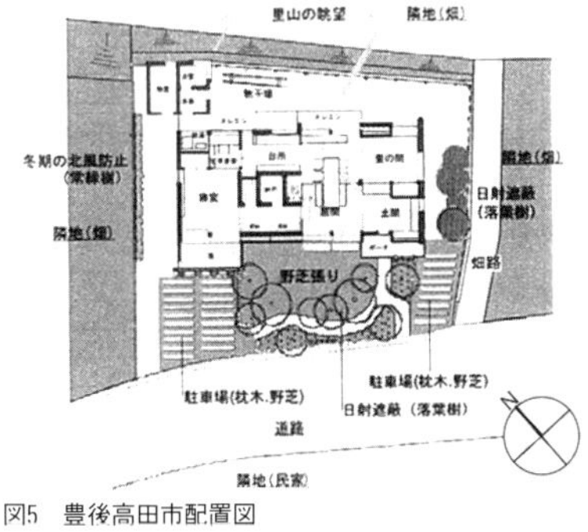

図5　豊後高田市配置図

気流による揺れに対する配慮も忘れてはならない。

建物形状

日射取得による採光と採熱、自然通風換気による排熱と空気循環が十分に行われることが消費エネルギーを少なくするための最も有効な方法であることはいうまでもない。

まんべんなく日射取得するためには南面フロンテージが長く奥行きが小さい形状がよいがそのような形状で設計できることは少ない。大きな住宅の場合、北側の部屋は直接の日射が得られないことが多い。また、部屋の3面が外部に面さない部屋になり、通風が十分に得られないことも多いだろう。

建築のコスト面を考えると床面積当たりの外皮面積が小さい立方体に近い形状の方がよく、熱負荷的にも立方体に近い形の方が有利である。立方体に近い形状で、開口部を極力小さくしてヨーロッパ型の省エネルギー住宅とする解決法もあるが、シェルターであると同時に、周辺環境や近隣との関係自体が住宅の本質であると考えれば、前述のように適度に開き好ましい自然環境を取り込む、エネルギー収支全体のバランスのよい設計が肝心であることはいうまでもない。特に日本の人口の大部分を占める関東以西の温暖地の住宅では開き閉じることのできる設計が求められる。

・正方形に近い形

最も正方形に近い形状は備前市エコハウスである。方形の大屋根をもち、その内側に中間領域をつくって通風と日射コントロールを行う計画である。構造壁として採用された格子組壁の工夫が単純な形態に陰影を付けている。

山梨市エコハウスは22のエコハウスの中では小さな部類に入る。正方形に近いプロポーションでコンパクトにまとめられているが、各方位に丹念に窓が設けられていて風の振れに細かく対応できる。特に越屋根の頂側窓は南北両面に設けられているため、風向きにあわせた開閉操作で効果的な風の取込みが可能である。

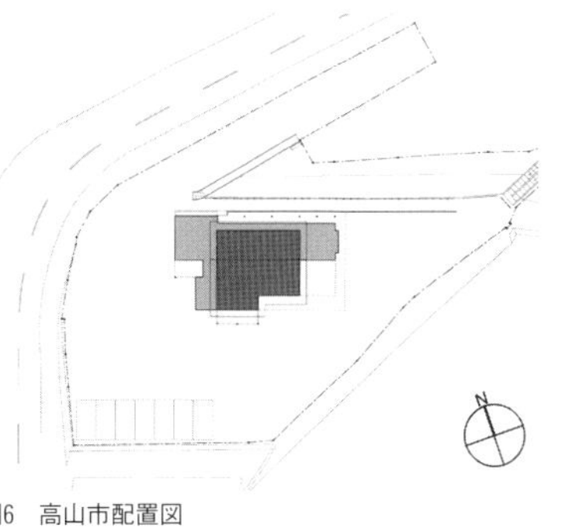

図6　高山市配置図

・外壁面の凹凸

外壁形状の凹凸によって外壁面に平行に流れる風を有効に取り込むことが可能である。都留市エコハウスは、左右の居室空間と中央の吹抜け空間の3層構成の平面計画になっているが、層ごとに大きくずらして階段状の平面形状にしている。太田市エコハウスでは、南面の大開口に3600㎜間隔で600㎜の袖壁が設けられた。構造体であると同時に、振れる風を大きな開口に取り込む工夫である。

日本全国の主要都市での季節ごとの卓越風はネット上で公開されている。それぞれのエコハウスで卓越風の把握によって開口部の開口方向を決める試みがいくつもなされた。それぞれのエコハウスに気象計を設置して行われた検証では、周辺の建物や地形によって風は想像以上に振れていた。卓越風で風向を限定して開口部を決める設計より様々な風向を想定する方が効果が高いことがわかった。風を取り込むための開口部の設計には十分な配慮が求められる。

・分棟

大きな住宅の場合、棟を分けることによって外壁面積を増やしてまんべんなく日射取得を多くし、各室への通風を確保する手法もある。高知県エコハウスはユの字の形状に親世帯と子世帯の2棟分棟で配置されて、玄関部分で2棟をつなぐ形状である。2棟はまんべんなく風を受けるように東西方向に平面的なずれをもって配置されている。開口部の項に詳述されているが、十分な通風を得るためには向かいあう2つの開口が相当の面積をもっている必要がある。向かいあう棟間隔や、向かいあう外壁面の開口部を開けたいときに開けられるような平面計画にも周到な検討が必要だが、ここでは北側の棟の個室を北側採光として視線のぶつかりを避けている。

近江八幡市エコハウスと豊後高田市1エコハウスは、それぞれ和室の東屋と浴室を母屋と分けた分棟として計画された。これは、主居住空間と分けられる用途の空間を分棟にすることで、気密性能や熱負荷の不利を限定的にして新しいライフスタイルを提案する試みである。分棟との間は、近江八幡市は土間、豊後高田市1はぬれ縁でつながれている。別棟の浴室は古くは日本中にあった形式だが、生活の効率化や防水技術の向上でほとんど見られなくなった。豊後高田市1のそれは夏の夕涼みをイメージしてあえて分棟とした楽しい設計である。設計者選定段階のコンペでは冬期の入浴の際のヒートショックの問題が指摘されたが、防水材料が進化したとはいえ痛みやすい水廻りを分けることは建築の長持ちにもつながる。今後も試みて改良していきたい考え方である。

2　屋根の設計

屋根は風景との接点で、美しい屋根が景観をつくっていくものである。屋根自体近くでは建物の中で一番見えにくい場所ではあるが、家を守る、風景をつくるということを考えると最も重要な部分であり、屋根を大切にしない家は、将来無用の長物となりかねない。屋根は、日射エネルギーを最も受ける場所であり、そのエネルギーをうまく利用すること、遮ることが、美しい屋根をつくることと同じくらい重要なこととなってくる。今回はこのような視点から22のエコハウスを参考にしながら、屋根の設計について考えてみたい。

エコハウスの屋根

・屋根形状

今回のエコハウスでは切妻屋根の住宅が13軒と最も多く、片流れ、両方の組合せ、寄棟、方形、陸屋根が2～3軒あった。敷地が広いことも考えられるが、軒も適切に出ていた。「屋根のない家」には少し抵抗がある。ここでいう「屋根のない家」とは屋上が水平な家のこと、つまり「陸屋根」のことである。屋根の一番の目的は風雨から建物を守ること。屋根にきちんと勾配をつけて、軒をきちんと出すことは日本の気候風土に適応したものである。

しかしながら、下川町エコハウスは一部草屋根とした完全に真っ平らな陸屋根であり、水平感のある美しい住宅である。軒も大きく出ており外壁の耐久性を増している。雪を屋根に積もるに任せ、積もった雪が断熱材になるという考え方である。実測してみると雪が積もる前と後では5度程度違うそうである。三方を雪に囲まれた生活、雪国での生活体験のない方には魅力的に見えるが、実際厳しい生活が予想される。

古い民家には、かまどの煙抜きや、小屋裏の換気(特に養蚕農家)のための越屋根が屋根の上に載っかっている風景をよく見ることができる。ちょこっと載っている姿は、愛くるしく古い民家の特徴のひとつである。タバコ乾燥蔵(ペーハー小屋)のように棟の部分すべて越屋根としたものもあり、建築家にとってヒントを与えてくれる貴重な財産である。この越屋根をうまく現代的に表現したエコハウスが、太田市、都留市、山梨市、豊岡市、豊後高田市2の5軒であった。一番の目的は大きな空間の換気、通風であり、上部からの採光である。太田市エコハウスの越屋根は東西に長く設けており室内に十分な光が落ちていた。また越屋根に溜まる暖気は冬には半地下に送り暖房に使用し、夏には強制的に外部に出していた。

今回の調査では夏期においては換気扇や窓による重力換気に有効に働き、冷房負荷の軽減に効果があった。逆に冬期では空間が大きいため暖房負荷が大きかった。豊岡市や豊後高田市2エコハウスでは手動式の開閉装置を取り付け夏と冬に対応しており効果があった。

・屋根の仕上げ

屋根の仕上げで一番多かったのはカラー鉄板の14軒、次に瓦が7軒、コンクリート1軒であった。カラー鉄板は扱いやすく緩勾配にしたりモダンな形状にしたりするには適した材料である。瓦屋根が少ないのは気になるが地震による落下の影響が考えられる。最近の瓦は改良され、落下しにくく、防水性もよく、後々のメインテナンスも容易で優れた材料である。もっと使われてよい日本の伝統的なものである。きれいに葺かれた瓦屋根は美しい家並みをつくると考えられる。豊後高田市1エコハウスの徳六の風舎は、和型の瓦で葺かれた軒の深い切妻屋根がこの地域の風景に溶け込み、あたかも昔からここに建っていたような民家であった。

カラー鉄板は葺き方もいろいろあり、いろいろな型に対応できる。古い民家の草屋根の上に葺かれた鉄板は、なぜかしら美しい。特に無彩色に近い銀色がいい。

元来の草葺き屋根のもつ温かみのあるこんもりとしたボリューム感を残しながら非常にモダンである。日本の家は「屋根の文化」であることを感じさせる。

カラー鉄板葺きが多いのは、太陽光、太陽熱パネルが載

谷間の民家

新興住宅地

雪の積もった下川町エコハウス(撮影:KEN五島)

越屋根

風景によく溶け込んでいる豊後高田市1エコハウス

方形の大屋根が特徴的な備前市エコハウス

せやすく、デザイン的にも納まりやすいためではないかと思われる。歴史的町並みを多数有する石川県では普及を図るため、石川県エコハウスは瓦葺きの屋根である。新築を想定した屋根材一体型と改修を想定した段葺き形状の2種類のパネルを設置し、景観に配慮していた。

備前市エコハウスはカラー鉄板で葺かれた方形の大屋根である。しかしこの上の3面に載ったパネルがあまりにも機械的であった。設計者は「現代の民家」をイメージしたとのこと。この屋根からは民家のほのぼのとした印象をあまり感じることはできなかった。今回のエコハウスはデザインのレベルが高い住宅である。ただパネルを載せるだけでは美しい屋根が半減しているように感じられ、今後の設計者の課題であると思う。

屋根は日射エネルギーを最も受ける場所

·日射エネルギーの利用

日射エネルギーの利用には、太陽光と太陽熱が考えられる。今回18軒が太陽光、そのうちの7軒が太陽熱との両方を利用していた。下川町エコハウスは壁に、水俣市エコハウスの太陽光発電パネルは地上に設置されていたが、他はすべて屋根に設置されていた。一般的に傾斜角30度、方位角0度が日射量が最大になる角度といわれているが、今回のエコハウスではこの条件を満たすものはなかった。30度はおおよそ5寸8分勾配である。今回は4寸～4寸5分勾配の屋根が多かった。勾配によって屋根の印象は変わるが、おおむねパネル設置に適した勾配である。

傾斜面全天日射量を最大限活用するには方位角に比べ、傾斜角の変化による影響の方が大きい。屋根に太陽光発電パネルを設置する際、方位角を屋根面と別の方位に向けることは難しいが、傾斜角を調整することは架台を用いれば可能である。傾斜角に十分配慮し、最大限日射を取得できるよう計画する必要がある。

備前市エコハウスは方形の屋根の東、南、西の3面に細切れに設置されていた。このような配置の仕方は効率が悪くなるが、全体のパネル数を多くすることで発電量を稼いでいた。

設計者として、限られた屋根を使って各種パネルで日射エネルギーを確保し、美しい屋根をつくることがこれからの課題である。今回太陽光パネル、太陽熱パネルをほとんどのエコハウスが屋根に載せていた。しかしながらそれぞれのパネルは別々に載せていた建物が多く見られた。限られた屋根に載せるのであれば、日射エネルギー利用ということで効率よく両者一体として考える必要がある。高知県エコハウスでは、太陽光パネルと屋根との間で、空気の通り道を確保し、その熱を回収し、その回収熱を暖房、給湯に利用するとともに、小屋裏の温度上昇を防いでいる。設計者としては、このようないろいろな工夫をしたパネルの使い方をする必要がある。まだパネル形状、色、設置方法等改良すべきところは多々あるが、パネルを載せても違和感のない、効率のよい、美しい屋根になるデザインをしなければならない。

·日射遮蔽

軒の出し方、庇の取付け方によって外観の印象もすごく変わってくる。軒や庇は建物のデザイン要素のひとつであるが、うまく使うことにより風雨による雨水を防ぐと同時に日射制御に有効に働くことができる。特に南面の開口部では太陽高度が高いため、庇や軒の効果は期待できる。東西面については太陽高度の低い時間帯になるため、あまり期待できないが、簾等の道具を取り付けることにより有効となる。

今回の検証では庇や軒の長さが1.0mまでは冬期の日射取得率はほとんど変わらず夏期の日射遮蔽の効果が上がる結果となった。また同じ庇の条件でも庇の伸びている方位が真南を向いている方が日射遮蔽の効果が大きいことがわかった。

宮古島市1エコハウスは陸屋根であるが、躯体と屋根表面のベンチレーションブロックの間の通気層から熱を

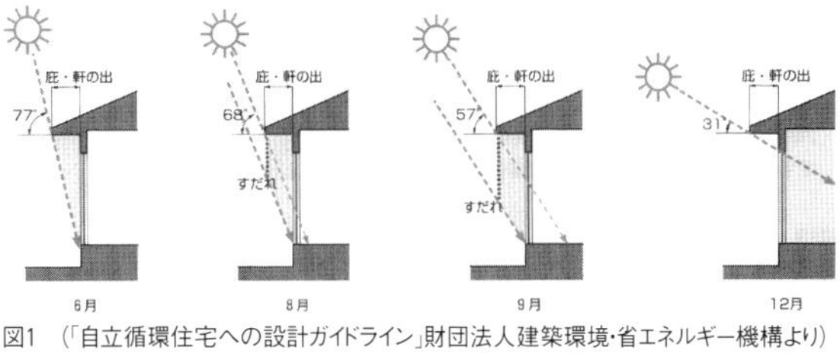

図1 （「自立循環住宅への設計ガイドライン」財団法人建築環境・省エネルギー機構より）

逃がし、さらにブロックの表面を炭酸カルシウムペレットで遮熱していた。

・日射取得

採光目的に屋根を大きなガラス張りにしているエコハウスが、美幌町、備前市、北九州市である。大きなガラスを屋根に載せ美しい屋根をつくる。建築家の技量が問われるところである。

美幌町エコハウスでは、美幌町の特色である冬の美しい青空、冬の高い日射量、それらを室内に取り込むことに重きを置いたデザインで印象深かった。備前市エコハウスでは大きな屋根で、深い庇があり必然的に屋根から採光せざるを得なかった。東、南、西にそれぞれトップライトを設けており、木格子越しに室内に入ってくる光と影は時間とともに変化しとてもきれいである。屋根の頂点にあるトップライトが開閉式であれば、もっと風が抜けるのではないかと思う。北九州市エコハウスでは屋根にガラスを載せたエコ縁側という土間空間がある。冬には居間に十分光が入るが、夜は縁側と居間の間仕切り障子を通して冷気が侵入していた。夏は日射遮蔽がうまくいってなくエコ縁側の機能が半減していた。現在は改良されトップライトの上に可動式遮熱テントを取り付け、夏冬で使い分けている。夏は昼間使用し日射遮蔽に、冬は夜使用により冷気の侵入を防ぎ、十分に外断熱の機能を果たしている。

・屋根裏空間の利用

ほとんどのエコハウスで屋根裏空間をうまく利用した、変化に富んだ豊かな空間となっていた。夏期では大空間の中で心地よい風が通り抜ければ多少の暑さには対応できるライフスタイルがある。ただそうかといって防暑の工夫の手を抜いてよいということにはならない。断熱性能のよい、風通しのよい住宅をつくらなければならない。

冬期では内部の温熱環境は寒冷地の方が温暖地よりも暖かいといわれている。寒冷地においては、断熱性能の高い、気密性に優れた住宅が多く見られる。しかしながら、温暖地では関心の薄さが冬期の室内環境性能に現れていたように思う。断熱、気密についてのきちんとした知識の必要性がある。屋根裏断熱については天井断熱と、小屋裏断熱の2つの方法がある。今回のエコハウスでは吹抜けのある天井の高い空間が多く、ほとんどが小屋裏断熱であった。どちらの場合も換気や通風はきちんと確保する必要がある。屋根裏断熱の場合、夏期の排熱促進および、高温による断熱材の劣化防止のため30㎜以上の通気層を確実に設けることが必要である。今回は通気層が十分に機能しているエコハウスがほとんどであった。

美しい屋根は美しい風景をつくる

エコハウスの説明文の中に、「地域性」、「地域の材料」、「地域に根を下ろした」、「自然の材料」、「持続可能」、「伝統」等共通する言葉がいくつかあった。それぞれ「地域」の特色を出そうとしている意識、意図は非常に感じることができた。しかし地域性のある「環境共生住宅」をつくる難しさも同じように感じた。22の住宅のうち宮古島市の2つの住宅以外、つまり20の住宅がほかの地域に建っても違和感がないのではないかと思う。それが現代性だという考え方もあるが。地域性の一番現れるのは屋根ではないかと考えている。雪国と暖かい地方とでは屋根の型は違ってくる。地域の材料でも違ってくる。それが地域性、地域の特徴のひとつであると思う。

今回太陽光パネルなどの機械的なものが屋根に載っているのも地域性を感じない要因である。カラー鉄板を使った現代的なすっきりとした屋根が多く、瓦屋根が少なかったのは少し残念である。瓦は重たく落下しやすい材料と考えられ、地震に弱いのではとよく聞かれる。現在では材料や工法は改良され心配はなくなっているが。瓦葺きの家並みは日本の風土に溶け込んだ美しい風景になっており、地域性や、伝統を感じさせる。

近年屋根材料も簡易な葺き方が多くなり、職人の技術も活かしきれなかったり、技術の低下も見られたりするが、職人の技が一番現れる場所である。もちろん設計者のデザイン力の現れる場所でもある。これからのエコハウスには日射エネルギー利用は必ず必要であり、そのためには屋根は最大限活用しなければならない。活用しなおかつ美しい屋根をつくる、設計者の責務である。

美しい青空を室内に取り込んだ美幌町エコハウス

北九州市エコハウスのエコ縁側

3　開口部

開口部は、外皮を構成する基礎、外壁、屋根とともに重要な部位であるばかりでなく、設計においては性能のみで判断することのできない主要な要素でもある。そこで、設計上の総合的な観点と、環境要素技術の観点の双方から検討し、設計にあたっての考察を試みたい。

配置と平面

寒冷地から温暖地までにおいて、南を主方位に配置する重要性は配置計画で述べた通りである。日本の住宅は、主要居室を南面させて日照と通風を考慮しながら平面と断面が検討されるのが一般的である。南面して十分な日照や通風が得られない敷地条件の場合も多いが、設計において開口部に必要な条件を整理し直すことで、それぞれの気候や敷地に適した設計が導き出せると考えられる。

吹抜けと断面

日射取得と通風に軸足をおいた設計では、南面して吹抜けの居間があり、上下階に分かれた北側の部屋まで通風や採光を得ようとする考えが多く見られる。吹抜けだけでなく、最上部に開口部を設けることによる重力換気での通風は、設計者にとって魅力的である［図1］。しかし日射遮蔽が必要な季節や窓を閉めての冷暖房時にも、問題を起こさないようにするにはどんな注意が必要なのかを十分に検討しなければならない。

壁と開口部

木造かRCかを問わず、軸組か壁式かで開口部の設計は大きく異なる。構造からは壁量の条件が、法規からは開口面積の条件が出されるが、開口部を大きくとるのか、必要最小限の開口部とするのかは、軸組か壁式かの選択とともに、外皮の断熱性能を確保するためのコストバランスにおいて、設計の初期に検討される重要事項である。

寒冷地のエコハウスでは高性能な木製サッシやトリプルガラスが多く採用されているが、外皮の断熱性能で同じQ値やU_A値を得るためには、外壁より開口部の方が高コストになる。 これまでの住宅設計では、設計の最終段階でコスト面からサッシやガラスの性能が落とされてQ値やU_A値に影響をおよぼすことが少なくなかったが、一次エネルギー消費量計算が必要になる今後は、大きな設計変更を覚悟しなければならない。

大開口と切妻

エコハウスではウッドマイルの少ない木造の軸組構造が大半で、南面に大きな開口をとるために耐力壁を工夫している例が多く見られた［図2］。屋根面の太陽光発電や太陽熱集熱を南面させて面積をとるために、東西面を切妻として南面に深い軒や日射制御の空間を配置することで大開口を成立させている。しかし妻側の西面に日射遮蔽が考慮されていない開口部が多く見られることが、検証で指摘されている。

開口部の機能

開口部には、人や物の出入り、眺望、日射、採光、断熱、換気、排煙、通風、気密、水密、遮音などが機能として複合的に構成されている。伝統木造のエコハウスでは、深い軒下の縁側などに、雨戸、網戸、ガラス戸、障子を納めて、性能は十分ではなくとも開口部の本来の機能を分担していることが良く理解できる［図3］。

開口部はライフスタイルとも深く関連しているので、環境要素技術のみから判断するのは適切ではない。しかし旧来の技術のままでは、今日必要な断熱や気密の性能が得られないことも明らかになってきた。

緩衝空間と断熱境界

エコハウスでは南面する外皮を一重でなく、縁側や土間、サンルームなどの緩衝空間で構成している例が特に温暖

図1　陸屋根の南北方向にあるハイサイドライト（山梨市エコハウス）

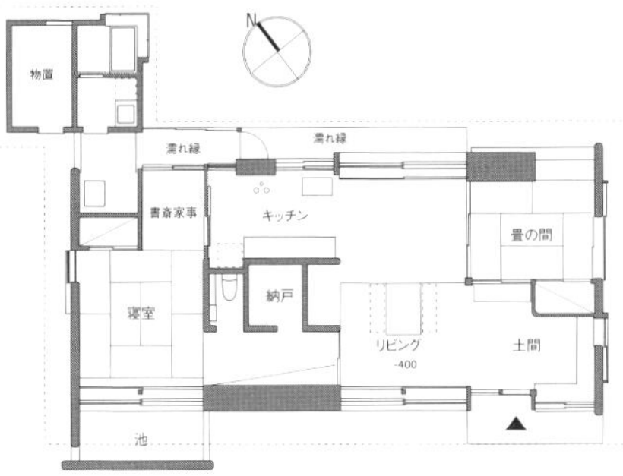

図2　センターコアにして南北の実開口率を確保（豊後高田市1エコハウス）

図3　雨戸、網戸、ガラス戸、障子で縁側とつながる（水俣市エコハウス）

地域で多く見られる。これは設計者が環境装置とライフスタイルの両面から考えたもので、外側と内側の開口部の種類は様々であった。

こうした緩衝空間では、二重の建具のどちらを断熱境界とするかが設計上とても重要である。矢板市エコハウスでは緩衝空間による断熱や通風の効果が確認できたが、断熱境界や日射遮蔽が曖昧な緩衝空間のエコハウスも多く、むしろ一重の高性能サッシと日射制御を採用した方が良かった例もある[図4]。緩衝空間の設計では、ライフスタイルに依存して夏冬ともに快適になりそうといった幻想ではなく、確実に機能できる環境要素技術の裏付けが必要と思われる。

環境要素の観点から

開口部では、人や物とともに、光、熱、風、空気、音などが出入りする。今日では、これら環境要素ごとの性能を設計段階で把握できるようになってきた。ガラスやサッシの諸元表をしっかり分析することで、外皮の中で開口部が弱点とならない検討が重要である。未だに不十分なデータしか公表しないメーカーもあるので、設計者の努力も求められている。

これらの機能をエコハウスから得られた知見から要素技術ごとに整理することで、機能の組合せとなる開口部の設計のヒントを探りたい。

i. 断熱性能

下川町、美幌町、山形県のエコハウスでは、U値が1以下の性能のトリプルガラスによる高断熱サッシが使用されており、大開口であっても断熱の弱点にはなっていない[図5]。そのためには建物の目標U_A値から、開口部の面積とサッシやガラスの性能を判断することは極めて重要である。エコハウスで木製サッシが多く採用されているのは、空気層の大きなペアやトリプルガラスを納めることが可能であり、枠の結露が少ないのが理由と考えられる。一次エネルギー消費量の観点から、今後は温暖地でもペアガラスが必須となると考えられ、サッシとガラスの断熱性能は重要な指標となっている。

ii. 気密性能

住宅に必要な気密性能は、気候区分により異なるが、寒冷地と温暖地では暖房の負荷に大きく影響する。下川町や山形県エコハウスでは、開口部の納まりを厳重に監理することで1㎠/㎡以下のC値を達成している。一般の住宅工事では、断熱材ばかりでなく気密への注意が徹底していない場合が多く、断熱や気密は設計者と施工者の双方の理解が重要である。

既製品のサッシやドア以外の、大工工事の次に建具工事として製作されるサッシやドアは気密が不十分な事例が多く見られた。これについては「サッシの選択」の項で述べる。

iii. 日射取得

日射の取得と遮蔽のバランスは131ページで詳しく検証されている。また、冬期に室内へのダイレクトゲインを採用しているエコハウスは多数にのぼるが、検証で判明したように、Q値やU_A値が優秀であることが前提となる。日射取得が良好な場合でも、晴天でない日の暖房との連携を、微調整が難しいバイオマス熱源で過不足なく行うには、意匠設計と設備設計の高いレベルの協働が必要となり、解決できていない課題も多い。

設備に頼らないで日射取得を活用するには、床材への蓄熱量を把握するとともに、シンプルな設計の方が望ましく、同時に柔軟なライフスタイルとの組合せが必要と思われる。

iv. 日射遮蔽

南側の開口部の日射遮蔽については、軒の出寸法を大きくしたり、ルーバーやブロックで日射制御をして効果を

図4　断熱境界が曖昧で土間蓄熱の活用が難しい(近江八幡市エコハウス)

図5　外壁と同等の断熱性能のガラスによる大開口(下川町エコハウス)

図6　主開口方位が西南西向きのため日射遮蔽の格子戸(豊岡市エコハウス)

あげている例が多い。開口部の外の樹木や植物棚による遮蔽や、サンルームを置いてオーニングや簾などで日射量をコントロールする方法も、効果が確認された例もあり、南面の日射遮蔽についての選択肢は少なくない。

日射遮蔽の検討には一般的に夏至の太陽位置が使われている。しかし温暖地では残暑の頃になるほど太陽高度が低くなることは見落としやすい。西日対策は特に重要で、日射遮蔽に問題がある窓の多くは西面であった。

西面に窓が必要な場合には、必要最小限の大きさとして、石川県エコハウスのような開口の外側に何らかの遮蔽を行うことが必要である。敷地の制約から主開口方位が西南西にならざるを得なかった豊岡エコハウスでは、断熱境界となるサッシの外側に、日射角度を計算して設計された格子戸で日射遮蔽を行っている[図6]。

v. 採光

開口部の設計で自然採光をつぶさに検討するのは容易ではない。季節や時間による変動とともに、直射日光が当たっているときの照度と、室内で必要とされる照度の落差が大きすぎることも問題となる。山形県や豊後高田市のエコハウスでは、北側の天窓から安定した採光を得ているが、北側の個室の窓が断熱や結露対策から開口面積が小さく100lxに満たないエコハウスもあり、消費電力の少ないLEDになりつつあるとはいえ、自然採光は省エネの基本といえる。

設計にあたって

気候区分ごとに高断熱が必須なことから、屋根、外壁、基礎で構成される外皮に必要な断熱性能は明確になってきた。外皮に求められる性能は次項で述べられるが、Q値、μ値、U_A値、η_A値のどれもが、開口部の性能に大きく左右される。

開口部は住宅の外皮におけるインターフェイスと位置づけることができる。外皮の性能を損なうことなく、いかにライフスタイルにふさわしい開口部を設計できるかが問われる時代を迎えている。省エネの義務化が目前に迫る中で、開口部は性能と生活の接点として、かつてないほど重要度を増している。

i. 開口率

開口率には、床面積を分母とするものと、屋根と壁等の外皮面積を分母とするものの2種類がある。断熱性能の検討では前者はQ値、後者はU_A値で、日射取得の検討では前者はμ値、後者はη_A値による。エコハウス事業は当時の平成11年度基準であったQ値とμ値で検討されているので、ここでは開口率も前者で行う。

また開口率は、はめ殺し窓を含むガラスの開口面積を分子とする開口率と、開閉できる開口部を全開にした開口面積を分子とする実開口率がある。前者は外皮の断熱性能、日射取得、日射遮蔽、採光の検討に、後者は通風の検討に有用である。

これらを踏まえて、各エコハウスの通風可能な床面積あたりの開口率は128ページの一覧表と検証を参照されたい。通風についてはこの章の6で詳しく解説されている。

ii. 開閉方式

これまで日本の住宅の窓は、引違いが一般的であった。しかし窓を大きくしてペアやトリプルガラスを使用すると、重量が重くなり開閉に力を要することになる。木製サッシではさらに重くなるので、欧米で一般的な縦軸や横軸による開き窓など、サッシメーカーでもいろいろな開閉方式を選択できるようになってきている。しかし、開閉方式を適材適所に選択するためには、網戸の方式なども含めて設計には十分な注意が必要である。

今日では防犯上も窓を開けておける時間は限られ、通風を意図したサッシでも実用上の実開口率が小さくなっている例も多く、開閉方式の検討の重要性は高まっている。

敷地周辺の卓越風を観察することで通風を旨として配置や平面計画がされる例は大変に多い。しかし実際には予想通りの方向に常に風が流れる例は思いの外に少ない。検証によれば、1日の中で風向が大きく変化したり、地域の卓越風とは異なる風が敷地内では流れている場合もあった。こうした不確定要素の多い風に対処するためには、開口部の位置や風受けの子壁、開閉方式や開閉方向を多様にしておくことが有効である[図7]。

iii. サッシの選択

寒冷地では断熱・気密性能に優れたサッシが選定されて

図7　東と南の二面に、それぞれ左右に開くサッシの例

いるが、温暖地では大工工事の後の建具工事で製作される木製建具が、特に伝統木造には多く見うけられた。これは雨戸や障子までを含めて全開にできるなど設計の自由度が大きいという理由もある。しかし蒸暑地の7地域の水俣市エコハウスでの検証からも明らかなように、冬期に必要な断熱や気密性能を従来のままの建具工事でクリアするのは容易ではない。

既製品の木製サッシでは、重量のある大型ガラス引戸でも、ヘーベシーベなどの方式で軽く動かせて気密性能も満たせる技術は以前から知られている。そうした金物やエアタイトシステム製品、ピンチブロックなどを使用することで、設計と監理に労力を惜しまなければ建具工事で断熱と気密性能をクリアすることは可能であり、ディテールの技術の普及が急務でもある。

コストの制約が大きい住宅設計においては、設計者はこれまで以上に開口部の重要性を認識すべき時代になった。建具工事で開口部を製作する設計においては、技術指導も含めて時間とコストをかける覚悟が必要である。それが困難である場合には、既製品のサッシとガラスの性能と価格から、総工費の中で開口部にどこまでコストを捻出できるか検討することが、開口部の設計の基本になる。

iv.ガラスの選択

一次エネルギー消費量の算定が住宅設計のプロセスになることから、ガラスの選定は特に重要となる。透明な外皮であるガラスは、断熱性能と透過性能の両者によって開口部からのエネルギーの進入と流出を判断することができる。

断熱性能は、ガラスメーカー資料の熱貫入率U値から明らかなように、ペアガラスの中でも3.4～1.9W/㎡K程度の種類がある。単に空気層の違いによる性能差だけでなく、必要な性能を把握して選択する必要がある。

透過性能は、日射熱取得率ηや可視光透過率τで判断できる。ガラスメーカーの技術開発により、Low-Eなどのガラスと蒸着の組合せも多様になり、同じ空気層12㎜のLow-E複層ガラスでも、η値が0.79～0.39程度の差があるので適材適所に使用したい。

v.ダイレクトゲインによる蓄熱

南面に大きな開口部を設けて床に蓄熱させるダイレクトゲインや蓄熱を目的とした壁は、多くのエコハウスで採用されているが、検証では大きな効果は確認できなかった。エコハウスが設計された当時は、蓄熱についての十分な情報がなかったことも理由として考えられる。しかし平成25年基準の一次エネルギー消費量算定プログラムでは、暖房において蓄熱の効果を評価できる条件が示された。

表1　一次エネルギー消費量算定プログラムの表2.2「蓄熱の利用」の選択の可不可

<table>
<tr><th>地域の区分</th><th colspan="5">暖房期日射地域区分</th></tr>
<tr><td>1</td><td>H1</td><td>H2</td><td>H3</td><td>H4</td><td>H5</td></tr>
<tr><td>2</td><td colspan="2" rowspan="4">×</td><td colspan="3" rowspan="4">○</td></tr>
<tr><td>3</td></tr>
<tr><td>4</td></tr>
<tr><td>5</td></tr>
<tr><td>6</td><td colspan="3" rowspan="2">×</td><td colspan="2" rowspan="2">○</td></tr>
<tr><td>7</td></tr>
<tr><td>8</td><td colspan="5">—</td></tr>
</table>

蓄熱の利用は、表1の○のついた地域で、床面積あたり170kJ/㎡K以上の熱容量の増加が見込める場合に限るとの条件になっている。暖房期日射地域区分は見落とされやすいが、2～7地域区分のH3またはH4以上でなければ蓄熱が評価されるほどの効果が期待できないことは留意すべきである。

この算定プログラムは大変に有用で、同プログラムの蓄熱部位の材料ごとに示されている容積比熱と有効蓄熱厚さのデータを活用することにより、ダイレクトゲインの正しい設計が可能となった。

vi. インターフェイスとしての開口部

住宅の開口部を、機能や性能を重要視しないで意匠的に捉える時代は過去のものである。極寒の1地域でも断熱や気密の性能を満たして開放的な空間とすることが可能である一方で、蒸暑の7地域でも従来の建具工事のままでは断熱や気密の性能を満たすことができない。

しかし開口部を、機能や性能やコストからだけで安易に選択しても、優れた住宅にはならない。住宅の開口部は、多様な日本のライフスタイルと直結しており、内部と外部の空間を結ぶインターフェイスでなければ、優れた設計になり得ない。

エコハウスの多くの設計者が、その地域の民家や住まい方から学んだものを設計に反映させている理由もそこにある。開口部の設計には、その機能や性能やコストを熟知した上で、ひとつひとつの開口部が何のインターフェイスであるかを明確にしながら設計を行う必要性を、エコハウスは私たちに教えている。

4　空間構成と外皮

建物の空間構成は、在室者の開放感・閉塞感などの空間感覚、家族同士のコミュニケーション、外界とのつながり感を左右するとともに、温熱環境、空気環境、光環境、エネルギーの所要量などにも影響をもっているといえる。

吹抜けおよび大空間

エコハウスプロジェクトで建設された住宅には吹抜けが多い。それだけ、吹抜けには人を惹きつけるものがあるのであろう。しかし、吹抜けには次のようないくつかの特徴があることに注意が必要である。

- 吹抜け空間の外皮に窓を設けた場合、豊富な日射と昼光を部屋の奥まで届けることが可能となる。また、夏の暖気は上昇することから、下部の気温を比較的低く保つことが可能となる。ただし、大量の日射取得を避ける工夫が防暑上必要となる。
- 気積が大きく、また外壁面積や内表面積が大きいため、1層の空間と比較して暖冷房熱負荷が大きくなりがちである。特に、間欠的に暖冷房を行う場合、立上り時の負荷は相当大きくなり、手軽に暖冷房を行うことが容易でなくなる。
- 吹抜けが設けられるような主たる居室は家族が集まるため、個室と比較して暖冷房時間が最も長くなる室であることも暖冷房時間が長くなる要因である。
- 下階と上階の空間を結びつけるような空間であることが多く、単に吹抜け空間のみではなく、接続されたより広い空間のための暖冷房負荷も考慮する必要があること。
- 冬暖かい空間とするため、上下温度分布の緩和解消のための工夫が必要である。上下温度分布は、暖房のための投入熱に比例するように大きくなる。上下温度分布の解消のため、空気の攪拌はある程度有効ではあるものの、過度に依存することは難しい。仮に温度差10度の2箇所で1kWの熱を移動させようとすれば、空気の容積比熱が0.35Wh/㎥Kであるため286㎥/hの空気搬送が必要であり、搬送効率(比消費電力)を0.3W/(㎥/h)(注:省エネルギー基準における換気設備の目安となる効率)とすると、約86Wの電力を必要とする。動力を用いて熱の搬送をする以前に、その必要がないような空間構成と外皮の設計が推奨される。
- 吹抜けを冬暖かい空間とするためには、連続的に長時間の暖房を行うか、空間下部にいる在室者を集中的に暖める放射暖房(床面から足への伝熱、床やパネル表面と人体や壁等との放射による熱授受による)の採用が必要である。前者の対策による場合は、暖房エネルギーおよびコストの増加につながる可能性のあることを考慮する必要がある。外皮の断熱を高めたとしても、暖房対象の空間が大きくなる、時間が長くなると、暖房エネルギーの総量は増加する。後者の対策による場合は、放射暖房システムの効率向上のため最大限の配慮が必要となる。高効率の熱源方式の選択、熱源や放熱器の容量の算定、配管の断熱に関する配慮は絶対に欠かせない。

このような特徴を踏まえた場合、吹抜け空間に省エネルギー性を兼備させるためには次のような方法を採ることが推奨される。

・吹抜けや大空間に求められる省エネルギー対策──1

吹抜け空間の外皮の断熱性、気密性、日射遮蔽性能を通常の空間以上に高めること。目安として最低でも省エネルギー基準(平成25年基準)水準の断熱性・日射遮蔽性能と、開口部の気密性、躯体各部位の隙間排除のためのディテールの配慮が欠かせない。

断熱性を高めるためには、開口部の高性能化と開口面積への配慮(当然ながら開口部の熱貫流率が躯体よりも大きければ開口面積の増加とともに室の熱損失は増加する)、そして躯体断熱仕様の向上が有効である。

間仕切りのない吹抜け空間は内外温度差や風圧による漏気の増加が、細かく仕切られた空間と比較して大きくなる。冬期の内外温度差起因の漏気は室の下部から漏入、上部から漏出となるため、吹抜け空間の床付近の低温化を促進してしまう。建具の気密化とともに躯体各部のディテールを工夫して隙間風の防止を図る必要がある。

冷房は通常ルームエアコンによって間欠的に行われるため、日射取得により冷房負荷が増加した状況では吹抜け全体を冷房することが困難となる。そのため、庇、窓外部または窓内部の日射遮蔽部材の利用、遮蔽係数の小さいガラスの採用に心掛ける。ただし、冬期に除去できない

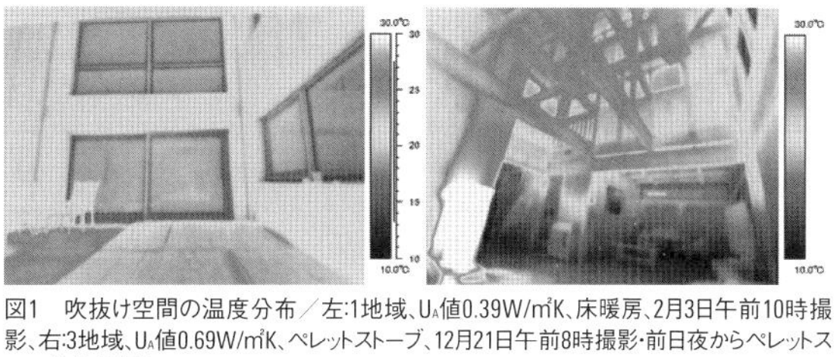

図1　吹抜け空間の温度分布／左:1地域、U_A値0.39W/㎡K、床暖房、2月3日午前10時撮影、右:3地域、U_A値0.69W/㎡K、ペレットストーブ、12月21日午前8時撮影・前日夜からペレットストーブを連続運転

遮蔽部材やガラスの場合は冬の日射取得を損なう作用をもつため、暖房負荷の軽減に日射取得を活用したい場合には日射遮蔽の方法を選択する必要がある。

・吹抜けや大空間に求められる省エネルギー対策——2

外皮性能を高めた上で、吹抜けを中心として連続した空間を対象に、エネルギー効率の高い暖冷房システムを計画すること。寒冷地における主居室を連続的に暖房する方式、温暖地における全館空調またはそれに近い暖冷房方式などが検討に値する。

熱源を燃焼式のものとする場合には潜熱回収型などの熱効率の高いものを選択する。電気暖房とする場合にはヒートポンプ熱源を選択する。いずれの熱源も、熱負荷に見合った容量（能力）の熱源を選定することが重要である。過大な熱源を設置した場合、熱源の発停が頻繁となり実働時の熱効率が低下する。建物の立地する気象条件、建物外皮の断熱性、日射遮蔽性能などを勘案して熱負荷のピーク値を求め、多少の安全率を見込んで必要な熱源容量を求めることが必要である。熱源でつくられた熱を室内に放熱するファンコンベクターやパネルラジエーターの放熱能力についても設置される部屋の熱負荷に適合したものを選定したり、温水配管の断熱を確実に行ったりなど、注意すべき点は少なくなく、信頼できる設備設計者・施工者と協力関係を築くことが不可欠である。

寒冷地であってもルームエアコンによる空気暖房を行うことも一考に値する。実績がまだ少なく極低温地域での検証を今後重ねる必要はあるものの、ヒートポンプ暖房であることから寒冷地における暖房設備の高効率化に寄与する可能性はある。

図2には、各エコハウスの外皮の断熱性能を平成25年省エネルギー基準で採用された新指標「外皮平均熱貫流率（U_A値）」によって比較した結果を各地域の基準値とともに示す。吹抜けを冬期においても暖かい空間としつつも暖房エネルギーの抑制を図るためには、少なくとも基準値を超える優れた断熱性能を付与する必要がある。また、仮に高い断熱性を付与した場合においても、間欠暖房の方法を採用する場合には上下温度分布が解消して足元が暖かくなるまでに相当の時間を要することに注意する必要がある。逆にいえば、吹抜けや大空間は連続的な暖房に向いているともいえ、その場合は暖房時間が長時間におよび無対策では暖房負荷が増大するため、一層の断熱性能向上が重要となる。

・大きなアスペクト比の平面

敷地の形状などの条件によりやむを得ず縦横比の大きな建物形状となることがある。建物の内外温度差に起因する熱の流出入はアスペクト比の影響も受けるが、床面積に対する外表面積の比率に関係する。

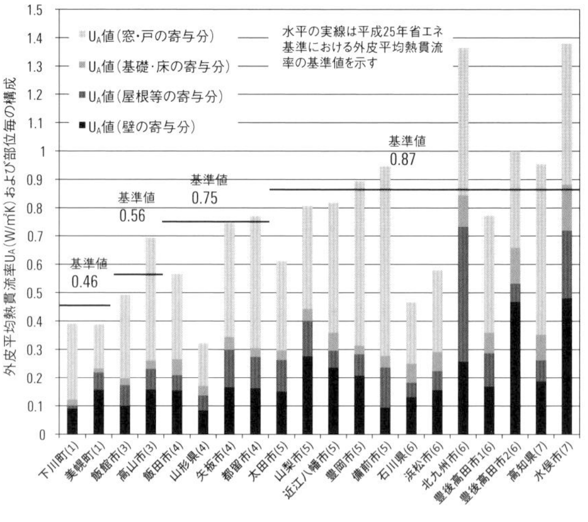

図2　各エコハウスの外皮断熱性能（外皮平均熱貫流率）

下川町エコハウスと飯田市エコハウスは、敷地の形状に配慮してアスペクト比が4以上と大きくなっており、アスペクト比が1の場合に比して暖房負荷は9%程度増加していると推測される。それらの例では、形状の不利を補う断熱仕様を採用することで暖房負荷を低く抑えているが、寒冷地でかつ冬期の日射が期待できない場合は、敷地の形状等のため避けられない場合を除いてアスペクト比の大きな平面形状とすることには慎重であるべきである。

一方で、アスペクト比を大きくし、長辺を南に向けることができるのであれば日射熱取得上で冬期においても有利となる場合がある。冬期の日射量の条件を考慮し、かつ暖房期日射熱取得量（m_H値）に関する簡単な計算を行うなどして総合的に影響を検討すべきである。

また、アスペクト比を大きくすることで、長辺からもう一方の長辺に抜ける通風経路をとることによって、通風対象空間の床面積に対する実開口面積の比率を大きくとることが可能となる。昼光利用の点でも奥行きの浅い建物であれば窓からの昼光で室内をより均一に照らしやすくなる。暖房負荷が大きくない温暖地（5・6地域）および蒸暑地（7・8地域）においては一考に値する。

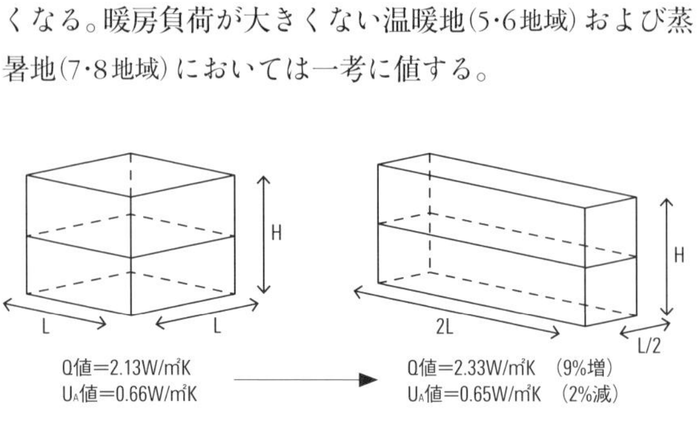

図3　床面積は同じで平面のアスペクト比を4倍にした場合の熱損失係数（Q値）および外皮平均熱貫流率（U_A値）の変化（屋根、壁、床、窓の熱貫流率は各々0.27、0.55、0.40、2.33W/m²K、対床面積の窓面積率は28%と仮定）

・凹凸のある平面立面計画、分棟、平屋

アスペクト比の場合と同様で、凹凸や分棟、平屋といった形状を選択する場合も熱流出入および日射取得の様相が変わってくるため、敷地等の与条件を踏まえて、形状を選択することが必要である。高知県エコハウスと浜松市エコハウスは分棟に近い形式を採用している。比較的温暖な地域であれば、断熱仕様を上げて断熱性能を確保して不利を補うとともに、通風や昼光利用の上で有利となる特徴を活かすことができる。

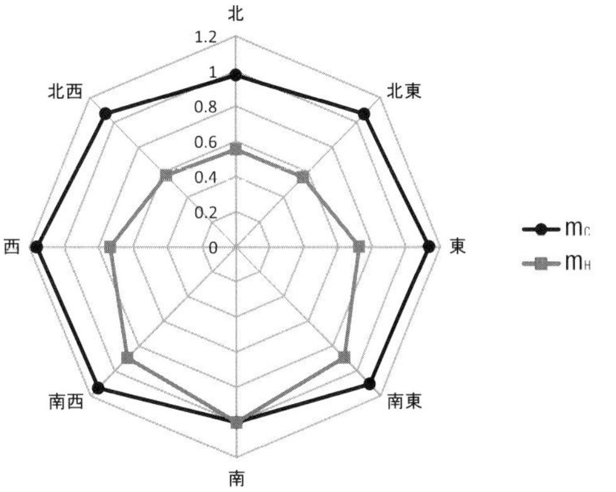

各方位のmCは主方位南に対してほぼ同等か増加して最大16%となる。
一方、mHは主方位南に対して最大で45%減少しmCよりも方位による差が著しい。

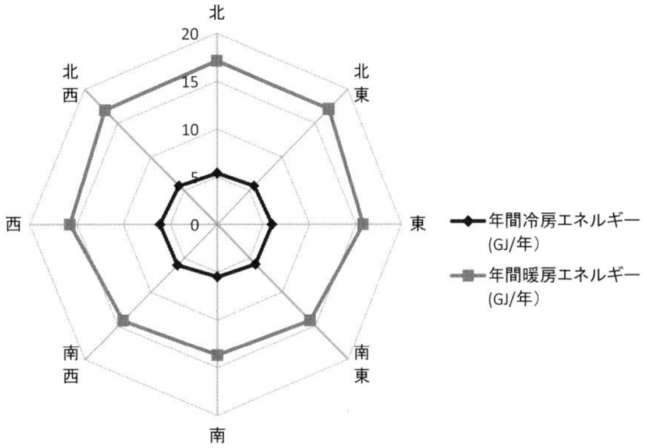

図4　主方位が南の場合を1とした暖房期日射熱取得量（m_H値）および冷房期日射熱取得量（m_C値）の変化、および暖冷房エネルギー消費量の変化（6地域を想定）

・主開口の方位

主開口の方位とは、方位ごとに開口部（透明部位）の面積を合計したときに、最も合計面積の多い方位のことである。開口の配置と方位は、日射熱の取得と遮蔽、昼光利用の可能性、通風による防暑の可能性、といった省エネルギー性能に直結する住宅の特徴に関係する。一方で、環境・エネルギー的には不利であっても眺望のために方位を選択することも十分あり得ようが、その場合も省エネルギー性能に配慮した対策により不利な条件を克服する工夫が必要である。

冬期の日射熱利用によって暖房負荷の低減を図る場合には、主開口の方位を極力、真南とすることが重要となる。冬期に得られる日射量は地域によって異なるため、気象条件を確認した上で日射熱利用を行うことのメリットを評価すべきである。例えば、図4は、省エネルギー基準相当の外皮性能の住宅（2階建て、アスペクト比1.4程度、対床面積の窓面積率は27%で、窓の60%強が主方位に面する、主たる窓上の庇の出は91㎝程度）の主方位をふった場合の、暖房期日射熱取得量（m_H値）および冷房期日射熱取得量（m_C値）の変化を示している。この条件の住宅は、特別に主方位に窓を集中させているわけではないが、それでも建物の方位の影響は大きく、東西に面する場合は南面する場合の72～73%の日射熱取得量に減少する。この日射熱取得量の差は15%程度の暖房エネルギーの増加を引き起こすものであり無視できない。

・小屋裏空間

小屋裏空間を断熱層の外側とする場合、直下の空間のための防寒対策として、天井の断熱が必要となる。また、小屋裏内部における冬期の表面結露の防止のため、小屋裏換気、小屋裏への室内空気の漏入を防止するための気密対策、屋根の下面の温度低下（冬期の夜間放射に主に起因する）防止のための追加的なある程度の屋根の断熱、について考慮する必要がある。

防暑対策としては、主に断熱と小屋裏換気が効果を発揮するが、屋根上面における反射率の向上、屋根内部の通気層による熱気の排出、屋根裏面または天井上面の反射率の向上による放射熱伝達の抑制、などにも効果がある。

5　空調・換気

空調・換気エネルギー削減の大要

空調（空気調和）とは、主として暖房、冷房、換気の機能を果たすものである。加えて、湿度調整や粉じんの除去などの機能を含む場合もある。

暖房、冷房、換気に関わるエネルギー消費の多寡は気象条件や地域によって異なるが、住宅のエネルギー消費量の全体に占める割合は、北海道の冷房や沖縄の暖房を除けば、いずれについても無視できるものではない。

暖房のエネルギー消費を減らそうとするのであれば、外皮の断熱、日射の取得と蓄熱、暖房設備の効率を向上させること、寒冷気候の住宅であれば外皮の気密性向上、熱交換換気の活用、といった手段がある。

冷房のエネルギー消費を減らそうとするのであれば、外皮の日射遮蔽性能、開口部の大きさや配置の工夫による通風、照明や家電による内部発熱の低減、冷房設備の効率を向上させる、といった手段がある。

換気のエネルギー消費を減らそうとするのであれば、室内空気の汚染源を、家具を含めて減らすこと、必要となる換気量の目標値を明確に設定すること、自然換気計画を適用すること、機械換気による場合には換気経路に関わる圧力損失の低減と送風機の効率を向上させる、といった手段がある。

エコハウスを目指した設計をするのであれば、暖冷房、換気、給湯、照明といった設備に関わる設計の要件を満たすことは最低要件のひとつである。例えばライフスタイルと資源循環のみに特化して熱心に設計をしたところで、莫大なエネルギー消費が生活に伴ってしまってはエコハウスを設計したことにはならないであろう。

また、すべての省エネルギー対策要素技術に該当するが、特に設備に当てはまることは、ある要素技術の採用が即効果を生むとは限らず、その要素技術に関する細部の仕様を、与条件を十分にくみ取って論理的に決めること、ポンプ、ファン、凍結防止装置などの補機に関しても決して確認を怠らないことが不可欠である。例えば、省エネ技術の代表格のひとつといえる「ヒートポンプ」を採用したからといって、一般的な設備に比してつねに省エネルギーになるとは限らないのである。

暖房について

暖房エネルギーを削減する上で、外皮の断熱による効果は絶大であるとともに、日射取得と蓄熱、暖房設備の効率化を行う上でも重要なものである。

断熱を行わずに日射取得と蓄熱による暖房負荷の削減を画策した場合に、昼間の日射熱により貯めた熱がたちまち屋外に流出したり、蓄熱体から地盤や屋外に損失されてしまってはその目的が達成できない。

また、日射を大量に取得するためには大きな窓が必要となるが、透明部位の窓は工夫なしでは熱的に弱点になる部位であって日射取得を狙う建築にあっては窓の断熱性向上がポイントになる。また、大きな窓を設ける場合、夏期における日射遮蔽対策に関する配慮を忘れると防暑や冷房エネルギーの点で問題が生じ得る点も注意が必要である。

暖房設備による高効率化を狙うのであれば、断熱によって暖房負荷を削減し、機器容量を小さくして初期コストを抑えるとともに、実生活では頻繁に発生する部分負荷運転時の部分負荷率を上げ、機器のエネルギー効率を維持する必要がある。

部分負荷率とは、機器の最大能力に対するそのときどきに発揮している能力（暖房であれば暖房出力）の比率であり、省エネ設計をする場合には重要な概念である。図1はルームエアコン等のヒートポンプ熱源のエネルギー効率が部分負荷率に応じてどのように変化するかを示している。また、図2は実験用住宅（在来木造）に設置したルームエアコンが実際にどのような負荷率のもとで運転されていたかを示すデータであるが、通常の目安で機器の大きさを選択した場合には非常に低い負荷率で運転される時間の比率が高いことに注目すべきである。低い負荷率であってもエネルギー効率の高い機器が普及すればよいのであるが、現在の機器規格（JIS、ISO）にはそのような観点での評価が含まれていないため、メーカーによっての機器開発の動機づけが乏しいことは残念である。機器の大

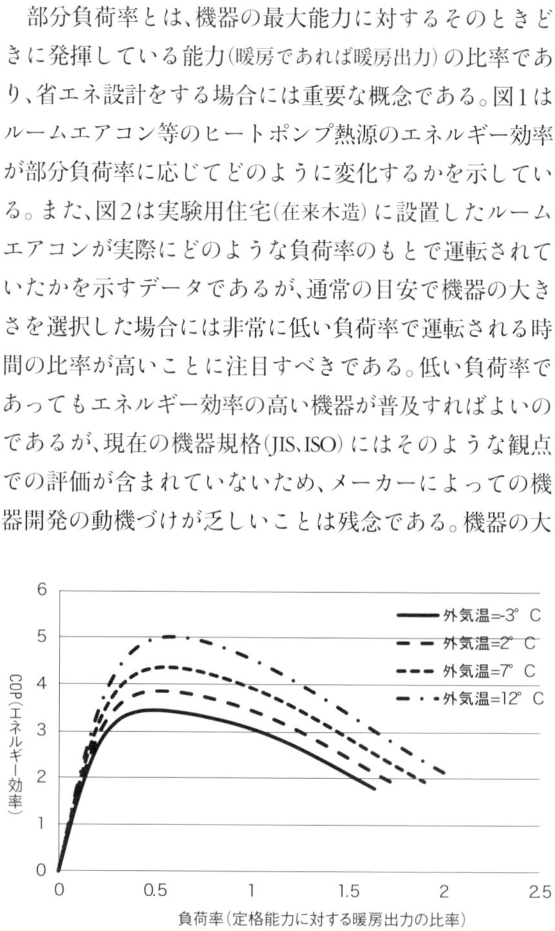

図1　ルームエアコン暖房時における効率が部分負荷率および外気温に依存する様子（ルームエアコンは一般に、定格能力の1.9倍程度までの暖房能力を有している）

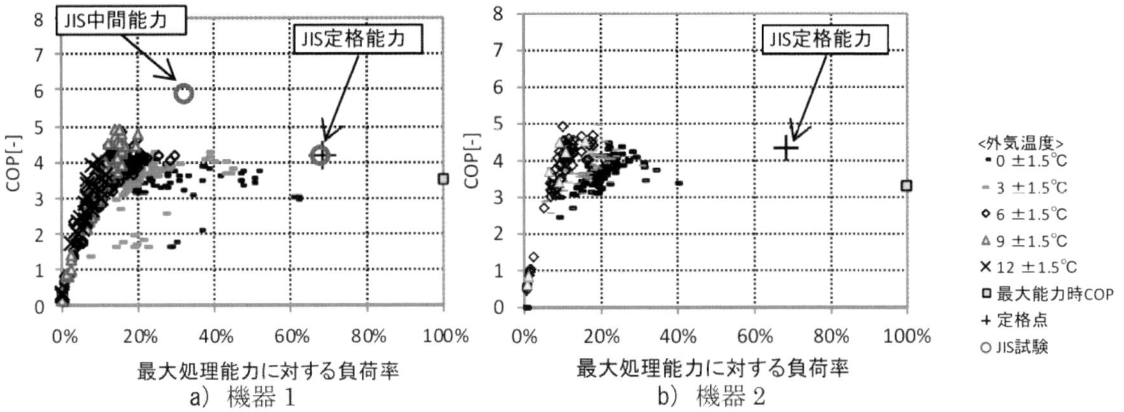

図2　戸建て住宅のLDK(約24畳)に設置した2種類のルームエアコンの暖房時における負荷率および外気温と効率(COP)の関係(出典:住吉他「実験住宅における家庭用ルームエアコンの実働性能評価実験」、日本建築学会環境系論文集、2013年6月)

きさの目安は性能の劣っている外皮であってもある程度は暖まりまたは冷えるように設定されているため、図のような結果を参考としてより高い負荷率での運転時間の比率を高めて実際のエネルギー効率を高める工夫が推奨される。非常に寒い日や暑い日に能力不足になることが恐れられるのであれば、そうしたときに限って使用する補助的な2機目の機器を設置して、いわゆる台数分割(必要な暖冷房出力を分割して小さい能力のものを複数台設置し、小さい暖冷房負荷のときには台数を限って運転することによりエネルギー効率を向上させる手法)するのも一法である。

なお、ヒートポンプエアコンには前述のような特徴があるものの、電気抵抗により熱を発生させる電気暖房(COPは1以下)に比べれば明らかに優れた効率をもつ。寒冷地においては深夜電力や融雪用として安価に提供される電気によって電気暖房を行う習慣が続いてきたが、どれほど外皮の高断熱化を図ろうともそうした暖房設備との組合せによって省エネルギーを実現することは極めて困難であり、電気方式で暖房を行うのであればヒートポンプの活用が求められている。地中熱利用ヒートポンプの試みがいくつかのエコハウスで行われているが、より単純にルームエアコンを活用する方向についても、もっと試みられてしかるべきと考えられる。

暖房エネルギー消費は寒冷地から温暖地(平成25年省エネルギー基準の地域区分の6地域)までの広範な地域において大きな比率を占めるものであり、その削減のためにはまずできる限りの断熱性能を外皮に与えることを考えねばならないといえる。どの程度の断熱を与えるべきかは、一概にはいえないが、断熱材を設置できる壁内、小屋裏、床裏等のスペースの範囲内で断熱材を設置することを基本として定められた目安が平成11年省エネルギー基準および平成25年省エネルギー基準である。ただし、それらの基準においては、1地域または2地域(平成11年省エネ基準におけるⅠa地域またはⅠb地域)では、壁内に加えて軸組みの外側に断熱を付加することが求められている。

設計者が、資源循環の観点から建材の選択にこだわりを強くもつ場合には、使用できる断熱材の選択肢が限られる可能性もあるが、その場合であっても自然素材を用いた断熱材もあるので、それらの活用が推奨される。

いろいろと理由をつけて外皮に断熱性を与えることをあきらめてしまうと、居住者に劣悪な冬期の温熱環境や、暖房のためにエネルギー多消費の住宅を提供してしまうことになることは覚悟しなければならない。北海道などの寒冷地に比べれば温暖地と呼ばれる地域であっても冬の寒さは耐え難いものがあるので、低い断熱性の住宅では電熱線を用いるがゆえに決して省エネルギーとはいえないコタツに依存したり(コタツは前述の電気暖房の一種であり、電力消費がエアコン暖房のそれを上回ることも十分に起こり得る)、暖房設備が長時間使用となってしまうことがしばしば起こり得る。

吉田兼好の言葉

吉田兼好は徒然草(1330年頃、鎌倉時代末期)において「家の造りやうは、夏を旨とすべし。冬はいかなる所にも住まる。暑きころ、わろき住居は、堪えがたきことなり。」(第55段)と述べた。吉田兼好は京都の吉田で生まれ、その周辺に住んだといわれており、現代の感覚ではなぜそのような地域において「冬はいかなる所にも住まる」といえるのか不思議である。同段で「天井の高きは冬寒く」といっているので冬を全く無視していたわけではないが、ひとつの解釈としては、病原菌の繁殖する夏において多くの人が命を落としていた、上下水道も冷蔵庫もなかった時代においては、夏の暑さ対策がより重要だったのかもしれない。ちなみに、現代は死因の変化とともに「夏山」と呼ばれた夏期における死亡率の上昇は見られなくなり、代

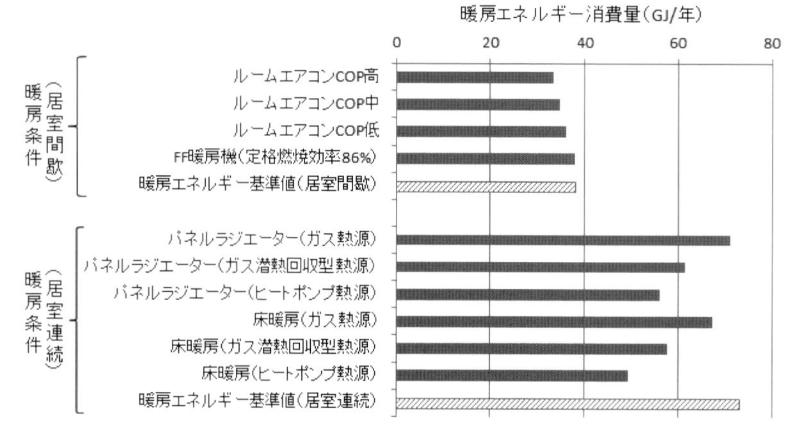

計算条件： 地域区分2、戸建住宅(床面積120.08m²、H25省エネ基準基準策定モデル住宅)、外皮性能は基準相当(H11年基準同等)、暖房条件はルームエアコン及びFF暖房機については居室間歇、そのほかは居室連続を想定

図3　寒冷地における温水暖房システムを含む各種の暖房方式の年間エネルギー消費量評価値(平成25年省エネ基準用計算プログラムによる)

わって「冬山」と呼ばれる冬期における死亡率の上昇が、脳や心臓の疾患が主な死因となったことにより出現している。このことを考えると、住まいのつくり方は夏を旨とすべきとは現代においてはいえないのではないか。

温水暖房採用時の配慮

寒冷地を中心として、ひとつの熱源で温水をつくり、それを配管で各室の放熱器に搬送して各室を暖める温水暖房が使用されている。図3の下半分に各種の温水暖房について年間暖房エネルギー消費量を推定した結果(平成25年省エネ基準用の計算プログラムによる)を示す。放熱器の主な種類として、自然対流および放射によって放熱するパネルラジエーター、床暖房、ファンをもち強制対流により放熱するファンコンベクターがあるが、ここでは前二者に関する計算結果を示す。放熱器の放熱能力が大きいほど、システム全体としてエネルギー効率が向上する傾向があり、敷設率(部屋の床面積に対する床暖房パネルの面積比率)を70%とした本計算においては床暖房の方がパネルラジエーターを用いた場合に比してややエネルギー消費量が小さい。いずれの温水暖房の場合も配管の断熱を行って配管からの熱損失の防止を図っている。

熱源の種類に関しては、ガス従来型熱源機、ガス潜熱回収型熱源機、ヒートポンプ(空気熱源)の順に効率がよく、エネルギー消費量は小さい。この図の基準値は石油従来型熱源機(熱源機効率83%)とパネルラジエーターの組合せが想定されており、この計算例ではガス従来型熱源機と比較してやや効率に劣るものの、熱源機効率のより高いものを用いればガス熱源機の場合と比肩できる。

地中熱熱源ヒートポンプ暖房に関しては確固たる評価の技術体系が確立できていないため、評価プログラムでは計算できないが、寒冷地においては空気熱源ヒートポンプの効率を上回るものと期待できる。ただし、上回るという事実以上に、どの程度上回るかが重要であるが、その理由はそれ次第で初期コストの増分が回収可能かどうか、そして回収年数が決定するからである。

図3には、寒冷地でルームエアコンおよびFF暖房機を用いた場合のエネルギー消費量も含まれている。ただし、それらの結果は居室に在室者がいる時間帯のみの暖房を想定しているため、総量としては温水暖房のエネルギー消費量を下回っている。FF暖房機の燃焼効率およびエネルギー消費量との比較に基づけば、地域区分2という寒冷地であってもルームエアコンのCOPは暖房期間で平均して2.5程度は維持しているものと推定される。

冷房について

7地域(南四国や南九州)や8地域(沖縄)を除けば我が国の住宅における冷房エネルギー消費量は暖房のそれに比してかなり小さいのが一般的な傾向といえる。初夏や晩夏といった中間期に近い時期や、夜間に通風を活用して暑さをしのぐ生活スタイルが少なからず残っていることがその主因であると考えられ、できる限り通風を活用する生活スタイルをサポートするような設計が重要であるといえる。あわせて、開口部の方位や大きさ、ガラスの選択、カーテン、ブラインドといった日射遮蔽物の活用、家電や照明器具の高効率化による発熱量の低減などの工夫をあわせて履行することが冷房エネルギー消費量の削減に貢献する。

そうした冷房負荷の削減の上で、効率のよい冷房設備を選択することが必要となる。部分負荷率が実際のエネルギー効率に影響をもっていることは暖房設備の場合と同じであり、大きすぎる機械を選択した場合には、カタログ等に表示されているエネルギー効率が実現できないことが生じる。過大な機械の選択さえしなければ、一般のルームエアコンの冷房時のエネルギー効率は極めて優れている。エネルギー効率は、消費するエネルギー（エアコンであれば電力）に対する出力（処理する熱量）の比で表現されるが、おおまかにいって冷房時の効率は暖房時のそれの倍程度に達することがわかっている。その主たる理由は、表示される効率が暖房においては外気温7度条件のものであり、多くの場合それよりも低い外気温で設備が使用されるのに対して、冷房においては外気温35度条件であり、多くの場合それよりも低い外気温で使用されるためと考えられている。

つまり、暖房の場合、使用条件よりも緩い条件、すなわち効率が高くなる条件で評価されるのに対して、冷房の場合、使用条件よりも厳しい条件、すなわち効率が低くなる条件で評価されることになっているためである。

ルームエアコンの効率と風量の関係

ルームエアコンの効率は、暖房冷房を問わず風量が大きいほど向上する性質がある。吹出し口の羽根（フラップ）の微妙な角度の違いが風量に影響をおよぼし、効率を低下させ得るほどである。したがって、エコハウスの中にはルームエアコンを意匠上の理由から壁内部に設置してガラリで覆ったりする例が見られたが、著しく風量を低下させ、ひいてはエネルギー効率を低下させることになる。

換気について

換気には全般換気と局所換気の2種類がある。全般換気は居室の空気を清浄に保つために外気を導入して空気汚染物質を希釈するための換気であり、局所換気は局所的に発生する空気汚染物質（臭気、燃焼排ガス、浴室の湿気など）を屋内に拡散する前に屋外に排出するための換気であるといえる。全般換気のための機械換気は、建材や家具から発生するホルムアルデヒドを主対象として、隙間の多い住宅を除いて建築基準法で設置が義務付けられているもので、基本的に常時運転することが前提となる。一方の局所換気は、キッチンやトイレの換気設備のように間欠的に比較的短時間使用される場合が多いと考えられるが、中には浴室の換気設備が入浴後長時間にわたって使用されるようなこともあり得る（特に浴室に窓のない集合住宅）。全般換気、局所換気のいずれにしても長時間使用するものに関してはエネルギー消費量を低減する工夫が必要と考えられる。

換気設備の省エネルギーのために必要なことは、第一に必要換気量をしっかりと把握して、その上で換気設備の選択をすることである。必要換気量の把握という基本的なことが疎かにされることが少なくない。いくら効率のよい設備を選択したとしても、必要量の2倍も3倍も換気をすることになってしまったら、換気設備の送風機を運転するためのエネルギーも無駄となる上、暖冷房を行っている空間に関係する場合にはそのためのエネルギー消費量の増加にも陥ってしまいかねない。居室あるいは住戸全体の全般換気量の目安は、換気回数0.5回/時であり、それに基づいて換気設備を選択、設計することの必要性はいくら強調しても強調しすぎることはない。エコハウスにおいて、その基本が危ういような例も見られたため、あらためて設計者は肝に銘じる必要があろう。

第二に、効率のよい換気設備とすることが重要となる。換気設備の効率は、換気量に対する消費電力の比として定義される、比消費電力という指標で表現される。単位はW/（m³/h）。ひとつの目安は平成25年省エネルギー基準の基準値の目安となっている0.3W/（m³/h）である。評価は極めて簡単で、設計案の消費電力を換気量で割り算して、0.3より大か小かを判断するだけでよい。また、間違いのない機器選定をするためにはどのような機械換気設備であっても圧力損失計算をして換気量の目安に適合した機器選定をする必要がある。

換気設備にはダクトを使うものとそうでないものとがあるが、そうでない場合であっても外壁等に設置される屋外端末（外部フードとも呼ばれる雨、鳥、虫の侵入を防ぐための部品）の圧力損失を考慮して設計がなされる必要があり、それは設備技術者側でやってくれることが多いものの、履行されているか否かの確認は住宅設計者の役割である。その結果、求められた換気量と換気設備の消費電力から比消費電力が求められる。ダクト式換気設備であっても、ダクトの径を太くしたり、効率のよい送風機を用いることで0.3W/（m³/h）を下回ることが十分に可能である。ダクトを使用しない簡易な換気方式を採用する場合には、より小さな比消費電力を実現することが可能である。必要換気量の把握、換気量の目安の決定、圧力損失計算、そして機器選定というこの手順を履行しない限り、換気に関する省エネルギーを実現することはほとんど絶望的といってよい。

換気設備の維持管理の重要性

換気設備に設けられたフィルターには埃や虫の死骸が溜まる。早ければ1か月程度でフィルターの類が目詰まりを起こすこともあり、住まい手による清掃がやりやすい位置にフィルター等清掃が必要な部品を設置することが極めて重要である。換気設備には天井裏などの余った空間しか与えられないことが少なくないが、それは、換気設備の維持管理の重要性を理解していないがためである。床から2m以上もある天井面のさらに上に設けられた設備の蓋を開けてフィルターを出し入れすることは、高齢者であれば危険を伴い、また高齢者でなくとも億劫で敬遠される行為であるといえる。屋外の埃が少ない地域であっても、3か月をおかず清掃は必要になると考えられ、手の届く範囲にフィルター類がくるように設備機器の設置方法には工夫が求められる。

熱交換換気について

熱交換換気とは、暖冷房エネルギー消費量を削減するために、換気時に屋外に捨てられてしまう熱を回収して換気熱負荷の削減を目的とした換気である。熱交換素子には、薄い隔壁の両側を外気と室内の空気が流れ、隔壁を介して熱と湿気が両空気の間で交換される。熱交換素子の空気の経路は見てわかるように[図4]、隘路であり空気抵抗が大きいため換気動力は通常の換気の場合よりも大きくなり、換気のためのエネルギー消費量も大きくなる傾向がある。その増分と、熱交換換気による暖冷房エネルギー消費量の減少分とを比較して後者の方が大きければ省エネルギーとなるし、逆であればむしろ増エネとなってしまう。したがって、熱交換換気を効果的に使用するためには、換気エネルギーを削減する工夫、すなわち前述した比消費電力が極力小さい設計をすること、および寒冷地や全館暖冷房に近い条件などの暖冷房エネルギー消費量の合計値の大きな条件を中心に採用を検討することが肝要と考えられる。なお、比消費電力を低減させるためには、ダクトや屋外フードなどの主要部材の圧力損失抵抗を小さくすること、すなわちより太いダクト(最低でも内径75mm以上)、より小さな圧力損失係数の屋外フードを選択する。

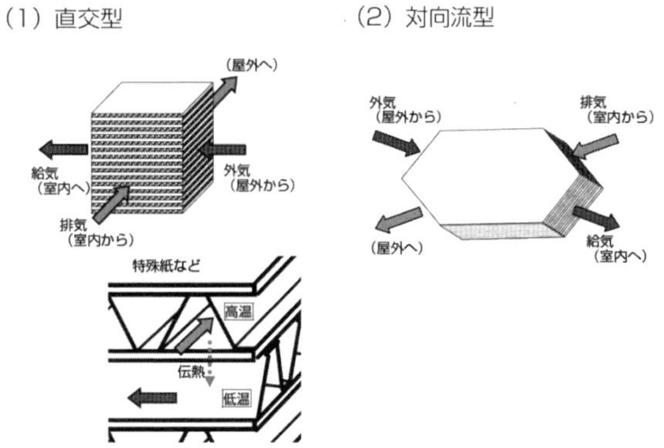

図4　熱交換換気のために使用される熱交換素子(最も一般的な「静止型」。出典:自立循環型住宅への設計ガイドライン、準寒冷地版)

熱交換換気設備の熱交換性能の良し悪しは、「有効換気量率(有効換気量の給気量に対する比率)」および「温度交換効率」の2つの指標(通常はカタログ情報として入手可能)で判断できる。前者は、機体の中での空気の漏れの少なさを示し、後者は給気温度が外気温度からどの程度室温に近づくかを示すものである。送風機を動かす電動機は、直流電動機(DCモーター)の方が交流電動機(ACモーター)と比較して一般に効率がよい、すなわち比消費電力が小さくなる。また、外気量(屋外から取り入れる空気量)と排気量(屋外に捨てる空気量)を極力均等にできる機種を選び、その上で両方向の圧力損失計算を行って風量の確認を行うことが望ましい。両方向の風量が不均衡の場合には、その差は漏気として外皮の隙間から出入りすることとなり、そうした空気については熱回収できないためである。

最後に、熱交換換気を採用する場合には、高い外皮の気密性能が前提となる(悪くても相当隙間面積が2㎠/㎡以下であることが望ましい)。さもなければ、漏気量が多くなり熱交換の効果が極めて薄くなるためである。

6　通風

通風の意味と限界

防暑のために通風がもつ意味には、室内から屋外に熱を排出すること（排熱）と、室内の気流速度を増して在室者の体表面からの放熱を促進、涼感を増進すること（気流速度増加）の2つある。いずれも通風によって、なるべく大きな換気量を確保することが必要である。窓が1箇所のみ開いている場合であっても、風圧変動や内外温度差による浮力により換気は生じるが、そうした微量の換気によって得られる涼感は非常に限られたものとなる。

元来、通風に依拠して暑さをしのげるか、は建物の設計のみでなく、居住者のライフスタイルや身体的性質、地域社会の様子や建物周辺の外部環境、といった多面的な要因によって決まる。「暑さ」という外界気候からの負荷を支えるためには「立地条件」（周辺環境のよさ）、「人間」（行動的、心理的、生理的適応）という暑さ・寒さへの対応を支える要因が存在していると考えることができる[図1]。しかしながら、周辺環境の質が低い場合（騒音、治安など）、種々の適応方法が居住者によって好まれない場合には、冷房（アクティブ手法）が必要とされる。すなわち、通風が十分に防暑手段として活用されるためには社会的側面も含めて条件が整っている必要があるといえる。

通風による排熱効果

通風が防暑上で意味をもつのは、外気の状態が室内と比べて低温低湿である条件が中心となることを決して忘れてはなるまい。例えば盛夏の昼間など、外気が高温になっているときには、防暑上は昼間においては窓を閉鎖し、夜間通風により下がった室温を維持する方がむしろよい場合もある。例えば、内陸部など昼夜の寒暖の差が大きく、夜間に通風をおおいに行って室内を冷却しておき、昼間は窓を閉鎖し日射遮蔽を行って防暑対策とする方法が時に推奨される。また、屋外の湿度が高い場合には、仮に気温が低い場合であっても室内に外気を入れると防暑には反してしまうこともあり得る。

気流を身体に当てることによる人体からの放熱促進効果

風の流れを見ることは難しいので、外に風が吹いていて窓が開いていればいつでも室内で風を感じることができるように錯覚しがちである。通風時の気流は窓の外の接近流の向きに応じた角度で窓から入る。垂直に入ることよりもむしろ斜めに入ることが頻繁に起こる。図2は通風実験専用風洞で撮影した通風時の室内気流を上から見たものであるが、風は窓を通過する際に縮流となり、窓の幅よりも狭まって直進する。この実験の場合、正方形の建物の中央に細い袖壁付きの支柱があるためそこに衝突して向きを変えている。

室内にいる人間に窓から入った気流が当たるためには、気流の通り道上にいる必要があり、相当程度大きな窓でない限り、人間が室内で気流を身体に当てて涼しさを享受することは簡単ではない。したがって、人体に気流を当てて放熱促進効果を得るには、床面積との比で大変大きな窓が2箇所必要だろうと考えられる。

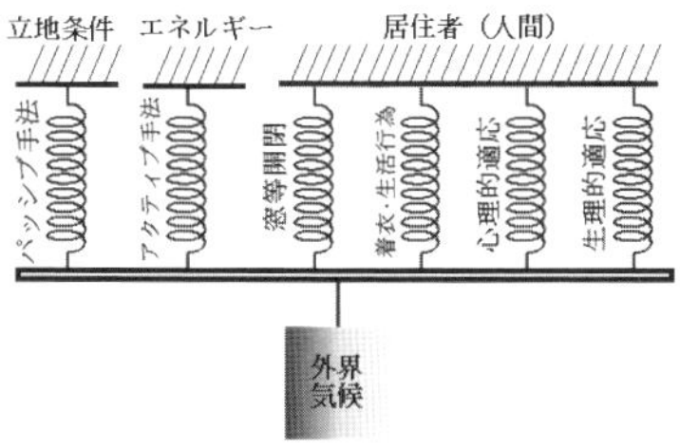

図1　状況によっては、暑さへの対応のため居住者は様々な選択肢をもっている。「外界気候」（暑さ・寒さ）を支えるのは、建築と設備のみではない

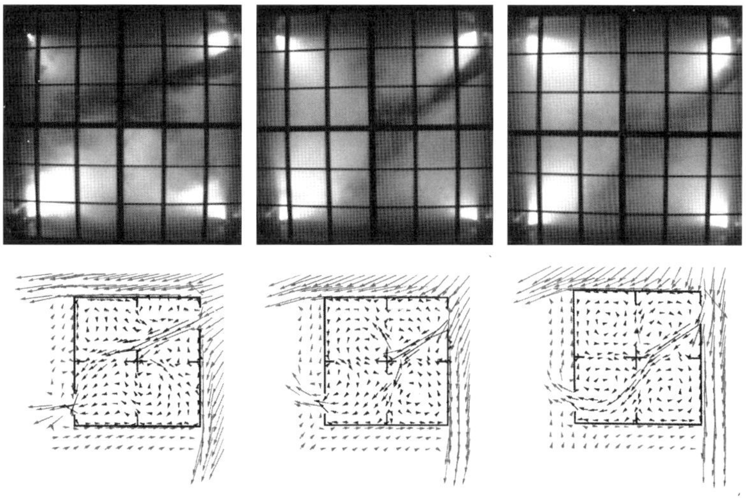

図2　【上段】約5m四方の部屋に右上の開口部A（1.8m×0.9m）から風が入り左下の開口部（Aと同じ）から出る様子を可視化したもの。左から風向30度、45度、60度（部屋の右の方角を0度として反時計回りに）【下段】同じ条件において部屋内部および周囲の風速を方向も含め精密に計測した結果（出典：澤地他）

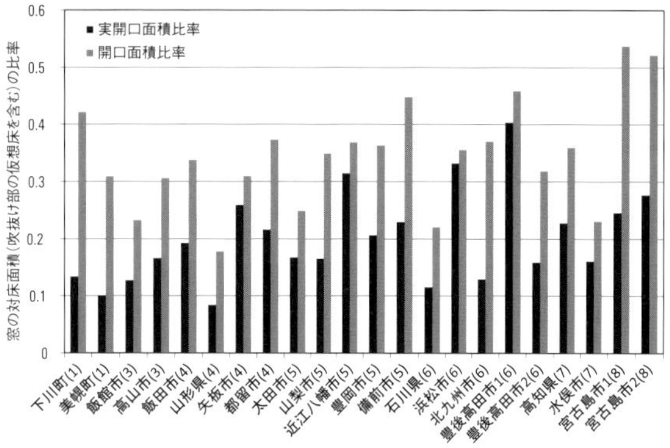

図3　エコハウスの窓の対床面積比率(実開口面積および開口面積)

はっきりとした気流を室内で感じられるようにするための目安

ひとつの目安として、我が国の多くの住宅地のように区域建蔽率が20%を超える状況で、外部風速が1～2m/秒(地上約6.5m、軒高相当)において毎時50回以上の換気回数を通風により確保するためには、およそ通風対象室の床面積の30%以上の大きさの開口部が2箇所必要となると考えられる。その根拠は、自立循環型住宅設計ガイドラインの「自然通風」の項で用いられている換気回数の算定方法によるものである[注1]。ガイドラインによれば10回の換気回数を得るためには床面積の1/17以上の大きさの開口が2箇所必要とされており、50回とすればその5倍、すなわち床面積の約30%に相当する開口が2箇所必要ということになる。ちなみに毎時10回程度の換気回数では人体に気流を当てることは容易ではないと考えるべきであろう。ただし、地窓を設けて風の入口を人の居場所に限定するのであれば、より少ない換気回数で人体に気流を当てることも可能であると考えられる。

仮に窓高さを1.8mと仮定し、窓の可動部を引き込む場所を考えて部屋間口の半分が開口幅の最大であるとすると、床面積の30%以上の大きさの窓を設けるためには室の奥行きの制約があり、奥行きが3mを超えると不可能となる。そのため、人体に気流を当てることによる通風の効果を狙うのであれば奥行きを浅くし、対向する壁面のほぼ半分を開放可能とする必要がある。奥行き3mは条件として厳しいので、対向壁面ではなく、隣り合う直交する壁面を大きく開放可能とし、2つの開放面で囲われた部屋の一部分を通風のよい居場所として活用するかであろう。

重要なことは、単に意匠的に大きな窓を設ければ通風が効果的に得られるというわけではない点である。伝統的には日本の住宅は夏を旨とするものであることがいい伝えられてはきているものの、通風のための出入り口を、床面積との相対的な大きさによって定量的に計画することが不可欠である。

図3はエコハウスの通風に有効な実開口面積の対床面積比率を比較したものである。実開口面積比率の大きい順に豊後高田市1、浜松市、近江八幡市までが30%以上、次に宮古島市2、矢板市の各エコハウスの順に大きいことがわかる。

矢板市エコハウスでは、可動部を重ねて収納できる窓、水平軸回転でほぼ全開可能な欄間、電動突出するトップライト窓が多数使用されている。可動部を重ねて収納できる窓は、収納部の面積を節約できるためより引違い窓と比較して大きな実開口面積が得られ、さらに収納部を通風対象空間の壁面以外に寄せることができれば、壁面を全開放することが可能となる。

図4は矢板市エコハウスの1階主居室の間口と実開口幅を示している。南面の建具の半分は主居室の外側(西)

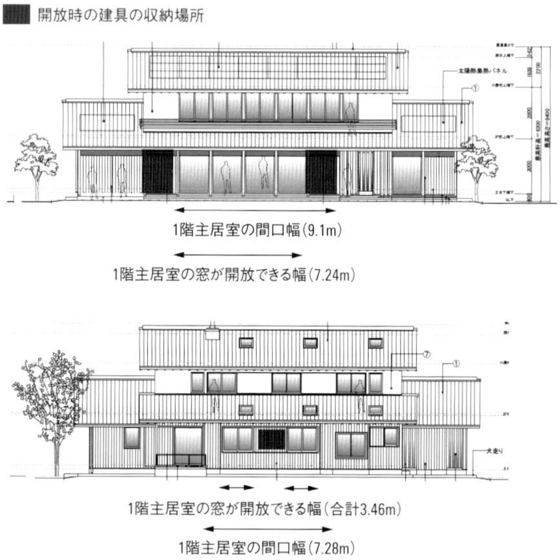

図4　矢板市エコハウスの1階主居室南北面の間口と窓の開放可能幅の比較

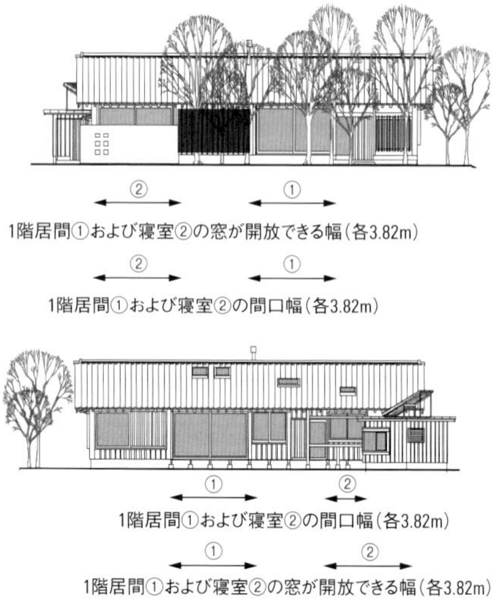

図5　豊後高田市1エコハウスの居間および寝室南北面の間口と窓の開放可能幅の比較

に寄せ出して収納できる工夫がなされている。北面の開口は南面ほど大きくはないが、開放時に窓の可動部を重ねて収納して実開口面積を稼ぐ工夫がされている。南北開口をあわせると主居室の床面積(約76㎡)のほぼ30%の開口が確保されている。これに吹抜けでつながる2階の窓および主居室北側下屋に設けられたトップライト窓の効果が加わる。

図5は豊後高田市1エコハウスの居間および寝室の間口と実開口幅を示している。居間に関しては南北側間口の全面が実開口となり実に対床面積比で64%の実開口が確保されている。寝室に関しては、北側の開口は狭いものの床面積の45%に相当する実開口が確保されている。それに開口の多くは通風対象室に隣接する空間の壁に窓の可動部が収納される工夫となっている。

また、図6は水俣市エコハウスの家族室の実開口を示している。家族室の南東の部分は直交する壁面に設けられた2つの開口によって通風を確保すべく工夫されている。

高窓による通風の効果と設計

建物の上部に設ける高窓のもつ特徴は、戸内温度が外気温よりも高い場合に温度差換気駆動力を利用できること、および屋根に作用する比較的大きな風圧力を利用できることにあると考えられる。

高窓を用いた温度差換気の効果

図7は高窓と低い位置の窓との高低差と内外温度差によってどの程度の換気が生じるかを示している。図の縦軸は換気量であるが、通風効果は空間の換気回数で計る

図6　水俣市エコハウスの1階家族室の直交する壁面に設けられた開口

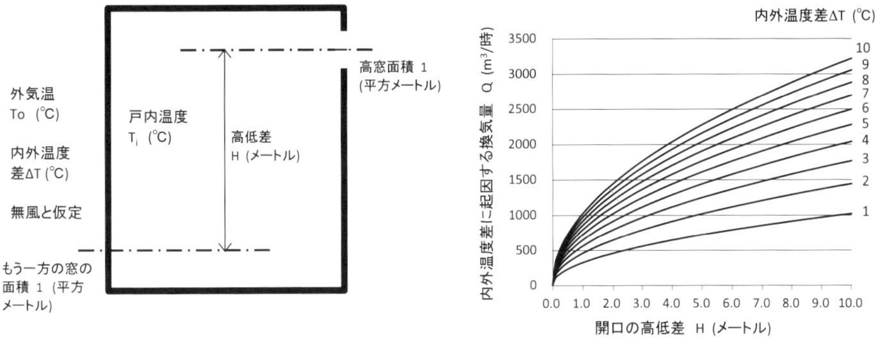

図7　温度差換気により得られる換気量(高窓ともう一方の窓の面積が各1㎡の場合。仮に各5㎡の場合は換気量を5倍することで推定可能)

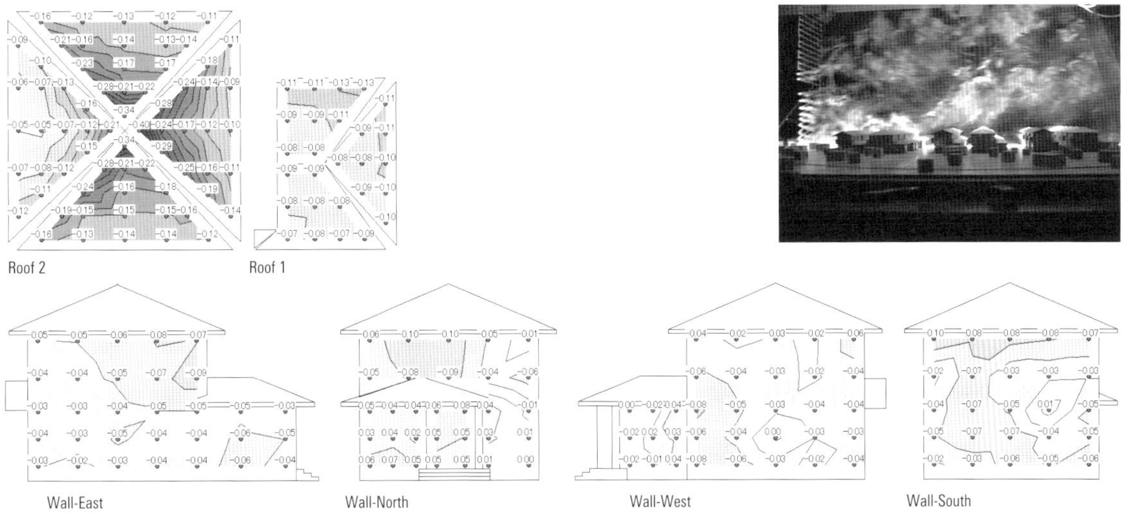

図8　住宅地を流れる風の様子(右上写真)と屋根面および壁面の風圧分布測定結果の例(西澤ほか、日本大学生産工学部丸田研究室と建築研究所との共同研究の成果)

ため、高窓を用いる空間の容積で除して換気回数を求め、必要量を満たすか否かの判断を行う。

例えば、床面積30㎡、高さ6mの空間に高低差5mの高窓3㎡ともう一方の窓3㎡があると仮定し、内外温度差が5度であったとすると換気量は1608㎥/時、換気回数は8.9回/時ということになる。多量の換気が生じるほど内外温度差は早く消滅してゆくことも考慮しつつ検討する必要もある。

高窓を用いた風力換気の効果

実は、建物の高い場所には低い場所に比して大きな風圧力が作用している。主として低い部分は隣家など風を遮るものが周囲に存在することが多いためである。

また、屋根面に作用する風圧は、屋根を持ち上げる方向に作用（負圧）することが多く、高窓の方位と風向の関係にもよるが、高窓から戸内の空気を吸い出す作用が働きやすい。ただし、垂直な高窓を風が吹いてくる方角に設置した場合には、高窓面を押す方向（正圧）に風圧が作用する可能性が高く、吸い出す作用は期待できない。高窓に作用する風圧の正負は高窓の方位および位置と風向の関係で決まるため、通風を必要とする季節（6月～9月頃）の夜間および昼間の風向を確認することが推奨される[注2]。風向が明確でない場合は、複数の方角に高窓を設けることも検討に値しよう。

山梨市エコハウス[173ページ図1]では越屋根を設け、その南北両側に日射遮熱型Low-Eペアガラスを入れた窓（実開口面積0.44㎡、チェーン式オペレーター付き）を2箇所ずつ設けている。実測においても1階窓から入り高窓から抜けてゆく明確な風の流れが観察されている。

卓越風の確認と対応

卓越風とはある期間において頻度の高い風向のことを意味する。建物の各部に作用する風圧の正負（壁や屋根を押す方向に作用するか引っ張る方向に作用するか）は、その場所における風向、周囲の建築状況、設計しようとする建物の形、風圧に着目する部位の位置などの要因の影響を受ける。周囲に建物や樹林のような風を遮る物体がある場合には、着目する建物の周囲の風の流れは複雑となり、各部の風圧の正負を推定することは困難である。前述した開口の大きさと換気回数の関係は、そのような状況においても最低限作用する複数の開口の間の風圧差（安全を見て小さ目に見積もった値）に基づいて推定されている。しかしながら、周囲に風の障害物がないか少ない場合、あるいは遮風物が周囲に少ない屋根や越屋根などの建物上部に関しては、風向を確認する意義がある。建物周囲に障害物がある場合であっても、風の測定地点が建物から遠いところにあったり、建設地と測定点の間に山などの特異な地形が存在するなどしない限り、風向の反対側から建物に対して風が吹いてくる可能性は低く、風向をいちおう確認しておく意義がある。

通風は日射遮蔽および内部発熱抑制とあわせて防暑対策とすべき

ここまで通風を防暑のために活用する方法論について述べてきたが、通風は防暑のための一手法であり、夏期や中間期においてなるべく冷房なしで済ますことのできる建築空間をつくるためには、通風のみ工夫すればよいのではない。室内への熱取得を減らすため日射遮蔽と内部発熱の抑制のための照明設備および家電の省電力化についても配慮が不可欠といえる。

シーリングファン、扇風機の通風補完効果

気流速度を上げれば涼感が得られるが、通風のみではなくシーリングファンなど扇風機の類を活用することも推奨される。扇風機は3m程度離れて「微風」や「弱」であっても0.5m/秒程度の風速を得ることができる。建築的に設けたければシーリングファンがよい。ただし、扇風機やシーリングファンについてもある程度室温が下がっていることが涼感を得るためには必要である。室温と体表面温度の差で身体からの放熱量が決まってくるからである。

注1　自立循環型住宅への設計ガイドライン、蒸暑地版（2010年10月）、準寒冷地版（2012年7月）、一般財団法人建築環境・省エネルギー機構

注2　6月～9月の期間における風向および風速について各地の気象データの集計。23ページ図25

7　伝統的な工法

22のエコハウスのうちで豊後高田市の1と2、豊岡市および水俣市の4棟において土壁を用いる試みがなされている。また、意匠は伝統的な外内観となっており、田園的な周辺の景観や風土に溶け込んでいる。基礎周りや外皮の層構成などに現代的な技術や建材が活用されているものの、いわゆる現代的都市型住宅とは一線を画したところに大きな価値が見出されコンペティションを勝ち抜いて選ばれたものといえる。

伝統的工法と住宅のエコ性能の間には未解決の課題がかなり以前から残されている。平成11年省エネルギー基準、いわゆる「次世代省エネルギー基準」が施行された当初から高い断熱性および気密性を日本の温暖地における住宅、そして伝統的工法による住宅にどこまで求めるべきであるか、ある程度求めるとしてもどのような着地点とすべきか。例えば、土壁造の場合、断熱材を設置する空間が25 ～ 30㎜に限られ（片側真壁の場合）、下記のような技術的課題が省エネルギー基準のつくり手にとって顕在化していた。

・土壁に防湿気密層が必要か。
・外皮の気密性を求める必要があるか。
・設置する断熱材の種類はどのようなものが適当か。
・壁の断熱厚が十分に取れない場合、家全体で基準が求める断熱性を確保するためにどのように補うことが可能か。

以上の課題については実はすでに技術的検討はほぼなされ、次のような結論を得て、平成11年省エネルギー基準の小規模改正時（平成18年）において規定が設けられるなど対策がとられてきた。

・土壁は吸放湿性があるため一時的に壁内で結露が生じても著しい被害の生じる危険性は高くないといえる。よって、土壁の場合には防湿気密層を必要としない。「繊維系断熱材」（透湿性のあるプラスチック系断熱材を含む）を使用する場合にあっては、一般に防湿層が求められるが、土塗り壁の外側に断熱層がある場合は除外された。平成25年省エネルギー基準（設計施工指針）では、土壁に関する記述は見当たらないが、防湿層の必要性に関して、但書きとして「結露の発生の防止に有効な措置が講じられていることが確かめられた場合にあっては、この限りでない」とされている。
・気密性の意義としては、①漏気による暖房負荷の増加抑制、②室内温熱環境の劣化の防止、③機械換気使用時における効率的な外気導入分配の確保、④室内から壁体内部への湿気侵入の防止、とともに⑤設置する断熱材の保温効果の確保、が挙げられるが、温暖地においては⑤の意義が最も大きいといえる。その観点からは、温暖地に関しては必ずしも相当隙間面積による評価が必須なのではなく、「気流止め」に関する設計施工上の配慮で十分であるとの立場も容認される[注1]。ただし、あくまでも温暖地の通常の暖房形態が想定される場合にのみ該当することであり、全館空調のように室間で大きな圧力差を生むような場合においては高い気密性が求められる。その観点により、以後の改正において当初の平成11年基準にあった気密基準が撤廃され、平成25年基準においても、考え方は明記されているものの具体的な数値は盛り込まれていない。
・土壁は新築時に多量の水分を含むため、その外部に向けて放湿することを妨げない材質が望ましい。よって、繊維系断熱材等の透湿性のあるものが望ましい。鈴木ら[注2に挙げる文献]は密度の大きな繊維系断熱材（例えば32kg/㎥のグラスウールボードであれば熱伝導率は0.036W/mKであり、高性能品48kg/㎥であれば0.033W/mKまで高まる）を推奨している。
・まず限られた厚みであってもなるべく熱抵抗を大きくするため熱伝導率のより小さな断熱材を施工することが望ましい。その上で、壁の断熱不足を補うため天井または屋根、床、開口部の断熱性を上げて、家全体の断熱性、すなわち外皮平均熱貫流率（U_A値）および熱損失係数（Q値）を小さく抑える必要がある。一例を挙げれば、平成11年基準における温暖地では開口部は普通金属サッシおよび空気層6㎜の複層ガラスが標準となっているが、サッシ枠の断熱性向上および空気層の厚みの増加によって窓からの熱損失は約25％低減させることが可能となる。他にも様々な選択肢が存在する（複層ガラス空気層6㎜の普通金属サッシと同12㎜熱遮断構造サッシの熱貫流率は各々 4.65W/㎡Kと3.49W/㎡K）。

こうした検討の過程においては、環境・省エネの専門家と伝統木造住宅のつくり手としての施工者・設計者との間で情報交換が行われてきたが決して十分ではなかった。いずれも土壁造の多い地域の山口県、滋賀県、愛知県、静岡県における試みである。いずれの地域においてもある程度断熱化された土壁造が実際につくられ、壁内の温湿度性状などが検証されている。

しかし、残念ながらこのような当時の取組みと省エネルギー基準における地域的工法を受け止めるための工夫が多くの関心を集め、その後伝統木造住宅の状況が大きく変わるということはなかった。そしてほぼ10年を経て再び同じ課題に直面する機会がエコハウス・プロジェクトとともにやってきたといえる。2020年の省エネ基準義務化のスケジュールに照らして、この課題について考える最後の機会かもしれず、今回こそエコハウス・プロジェクトとその検証を契機として関係する設計者、技術者、研究者が知恵を絞って進むべき方向性を決断する必要がある。

伝統的な工法を重視した2棟のエコハウスに見る方向性と課題

・水俣市エコハウス

水俣市エコハウスは伝統的な工法を用いて建設され、合板などの面材、工業製品としてのサッシは一部を除き使用されていない。これまでの研究で、外皮の隙間量は合板、ボード類、シート類を用いることで格段に減ることがわかっている。例えば枠組み壁工法は面材で構成されるため、ほとんど気密施工に配慮をせずとも2㎠/㎡程度の相当隙間面積が得られることがわかっている。一方、伝統的な工法では、板物を張り合わせる「矧」として本実矧や合決実矧などを採用する、板の厚みを確保する、壁床天井屋根の接合部の造作を工夫して穴を塞ぐ、建具の枠に気密材料をつける、障子を設けて開口部の隙間を減らす、無双窓など隙間の生じやすい建具に留意する、といった注意深い工夫、あるいはそれらに代替する工夫がなければ、ある程度のレベルの気密性も実現することが困難である。ただし、土壁部分は周辺部を除けば隙間はほとんど存在しないものと考えられる。このような議論は水俣市エコハウスの計画段階でなされたものの、結果的に相当隙間面積は22.8㎠/㎡にとどまったことは、課題が残ったことを意味している。水俣市エコハウスの計画段階での相当隙間面積(C値)の目標値は、気流止めをしっかりと行った上で7〜8㎠/㎥としていた。目標の根拠としては、その程度の相当隙間面積において、夏期は窓の開放なしには必要換気量を満たすことはできないものの、冬期の内外温度差および外部風を駆動力とした漏気量が温暖地であればほぼ必要換気量の目安である0.5回/時となるからである。

ところで、相当隙間面積あるいは気密性は物理的尺度であって、尺度は家のつくり方を制約する悪者では決してない。それらから目を背けることや無視することは伝統的な工法の可能性を損なうことにすらなろう。前述のように、同じ燃料でできるだけ暖かい室内を維持しようと考えるのであれば、わざわざ隙間を保存することはなかろう。伝統工法を進める設計者や施工者はコミュニケーションを図り、決して個人のレベルのノウハウや教訓で閉じないように成果を共有してゆく必要がある。その点は、10年前に試みられたが成果が広まらなかった失敗の教訓でもある。

このように一定水準の外皮の気密性を実現することには課題が残ったものの、水俣市エコハウスで試みられた断熱、通風、日射遮蔽の工夫には少なからぬ成果が含まれている。

断熱に関しては、土壁の外側に樹皮を材料とした断熱材(熱伝導率0.044W/mK)30㎜を施工、床には樹皮断熱材60㎜が施されている。窓のガラスは単板であるが、枠は地元製作のもので気密の低さを雨戸および障子の設置で補おうとしている。総体として建物の熱損失係数(計算値)は3.9W/㎡Kであり、平成11年省エネ基準(2.7W/㎡K)は満たさないものの平成4年省エネ基準(4.6W/㎡K)は満たしている。また、水俣市エコハウスについては熱損失係数の実測を実施し、2.9W/㎡Kを得ている。この実測結果の解釈においては、熱損失係数は計算値に比して実測値はよい結果となる傾向が一般になること、計測期間中の外部風速が低かったため推定漏気量が0.56回/時と小さく抑えられていた点を差し引いて考える必要がある[注3]。

次に通風に関しては、実開口率(風を通すことのできる開口の対床面積比率)は16%と、エコハウスの中では15番目と小さいものの、効果的に通風に役立つ工夫がなされているといえる[図1]。居間(家族室)にはその床面積(22.12㎡)の44%に当たる木製面格子付きの実開口が設けられている。居間とつながる和室(主寝室、11.06㎡)には木製面格子付き地窓(実開口1.22㎡)および窓(実開口2.62㎡)が設けられ、その部屋単独では床面積の17%とさほど大きくはない実開口であるが、居間とあわせて考えると床面積の35%に相当する実開口があり、しかもそれらは防犯と防虫に資する木製面格子があるため夜間も開放しやすくなっているといえる。コミュニティが希薄で住宅が密集した都市住宅地ではそれでも住人は不安を感じるかもしれないが、水俣市エコハウスで想定されているライフスタイルでは受け入れられる余地はあろう。2階の座敷は、三方に窓が設けられ、そのうち二方の窓には外ブラインドと網戸としても使える雨戸がつけられ、強固な日射遮蔽対策と防犯・防虫対策が施されている。ただし、座敷の実開口比率は17%にとどまる。同じく2階の子供室については実開口面積が10%を下回っており水俣市エコハウスの居室の中では最も通風条件が悪いものと思われる。水俣市の6月〜9月の夜間における卓越風向は鮮明で「東」から「南東」の方角から約50%の頻度確率で吹くため、窓の方位の風向との相性は決してよい方ではない。昼間の卓越風はあまり鮮明ではないが南よりから吹くため夜間よりは居間や座敷が風の入口になりやすいと推測

図1　水俣市エコハウスの居間（家族室）に設けられた直交する窓（左）および寝室の地窓（右）

される。

水俣市エコハウスの夏期の平均日射熱取得率（η_A）は2.3%と、平成25年省エネ基準の基準値2.7%を下回っており良好である[図2]。庇は目いっぱいといってよいほど十分に出ており、さらにこの値を下げるためには一法として屋根断熱を強化することが考えられる。現在は鉋屑をネットに入れた手づくりの断熱材（熱抵抗は0.86㎡K/W）であるが、これを仮に木質繊維断熱材（熱伝導率0.044W/mK）を150㎜とした場合には、平均日射熱取得率は1.8に向上し、戸内の日射熱取得量はおよそ2/3となるとともに、断熱指標である熱損失係数も3.5 W/㎡Kに向上する。これらの試算はすべて公開されている計算プログラムで誰でも行うことができ、今後におけるエコハウスの外皮設計のための必須のツールである[注4]。

水俣市エコハウスの冬期の模擬居住調査では、薪ストーブが使用され薪の消費量、温度分布などが計測された。平均外気温度が2.5～11度の状況下で薪の消費量は31kg/日～51kg/日の範囲となり、就寝時を除いて薪をくべ続けた場合は相当量の薪を必要とすることがわかった[注5]。居間の室温は15～25度の範囲に保つことができたが、結論的には外皮の熱性能よりも伝統工法に力点を置いた設計をするのであれば、居間から厨房、吹抜けを介して2階廊下までつながった大きな空間を設けることには無理があるといえる。水俣市エコハウスの薪ストーブは大空間を暖めるように吹抜けに置かれており、冬は区画された小さな空間を暖房するといったような工夫はされていない。

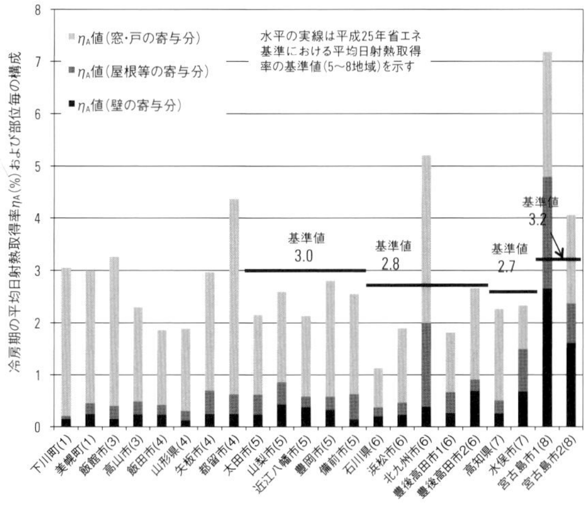

図2　各エコハウスの夏期（冷房期）の平均日射熱取得率（η_A）

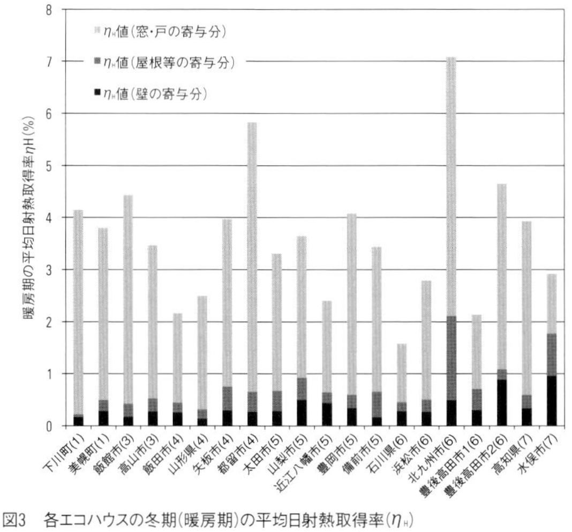

図3　各エコハウスの冬期（暖房期）の平均日射熱取得率（η_H）

・豊後高田市1エコハウス

豊後高田市1エコハウスの場合も土壁造である。ただし断熱材としては自然素材にはこだわらず熱伝導率の小さい発泡ポリスチレンフォーム3種b（熱伝導率0.028W/mK）を使用し、妻側壁は大壁として厚さ30㎜の断熱材の両側を土壁ではさみ、平側の壁の内側は真壁として厚さ40㎜の断熱材を土壁の内外または外側に設置している。また、天井には伝統的意匠の天井の上部に平坦な面をつくりその上に同じ断熱材100㎜を敷くとともに、屋根の垂木下にも50㎜を貼っている[図4]。建物下部は床を貼った部分は基礎断熱とし、土間部分は無断熱としている。窓は木製サッシに複層ガラスを用い、主たる窓には省エネルギー基準においても断熱性向上の効果を評価される無双付きの雨戸、断熱戸および障子を設けている。このような断熱仕様により、窓面積が対床面積比で40%とエコハウスの中では最大であるにもかかわらず熱損失係数は2.8W/㎡Kと良好であり、平均熱貫流率（U_A）は0.77W/㎡Kと、基準値0.87W/㎡Kを達成している。ただし、検証の結果、水俣市エコハウスと同様に建具の気密性に課題があり、地場の建具製造者の製作技術の広範な向上が課題といえる。官工事として競争入札の対象となっており、建具の性能に関する規格類があればよかったが、それがない限り製品の水準を確保することは困難であったといえる。

開口部には通風、日射遮蔽の工夫がなされている。居間部分は、台所周辺の一種のコア部分に建具をすべて引き込むようにして、重点的に通風を図る部分の部屋幅全体を開放可能としている。開放時に建具を納める壁面はどうしても必要になることから、戸内の重点空間に離接す

図4　豊後高田市1エコハウスの寝室南面開口部（障子、ガラス戸など可動部は、すべて左側のコア部分に引き込み、全開することが可能となっている）

表1　庇および日射遮蔽部材を変更した場合の夏期日射熱取得係数（%）の変化（豊後高田市1エコハウスにおける試算）＊網掛けの条件では基準値2.8%をクリアしない

主な開口の日射遮蔽部材	主な開口の庇長さ			
	1200mm	800mm	400mm	庇なし
簾	1.8	2.0	2.3	2.5
障子	2.2	2.5	2.9	3.2
両方なし	3.4	3.8	4.5	5.1

図5　豊後高田市1エコハウスにおける外壁の断熱施工方法／漆喰仕上げ、竹小舞土壁下地、ポリスチレンフォーム3種b（妻側30mm、平側20mm×2）

る部分の壁面を活用する合理的な工夫といえる。それによって、居間部分の床面積に対して64%に相当する実開口が得られている。また、寝室部分については北側に設備室が置かれているため居間ほどの開口率にはならないものの、寝室および書斎家事室の合計床面積の45%に当たる実開口が得られるようになっている[図4]。

豊後高田市1エコハウスの日射遮蔽はエコハウスの中でも最も性能値において優れていた。夏期の平均日射熱取得率（η_A）は1.8と基準値2.8の2/3程度の日射熱取得であることを示している。窓面積の対床面積比はエコハウスの中でも最大級（45%）であるにもかかわらず日射遮蔽性能に優れる原因は主開口に設けられた長い庇と日射遮蔽部材（簾および障子）にある。試しに庇の出と日射遮蔽部材を変更したときの日射熱取得係数の変化を表1に示すが、庇のみでは目安となる基準値2.8%をクリアせず、簾、障子の順番で効果的なことがわかる。図3には冬期暖房期間における平均日射熱取得率の計算結果を示すが、図2に示した夏期の数値に比例しており、長い庇により日射遮蔽を行う場合には冬期の日射取得を妨げる副作用もあることは認識しておく必要がある。豊後高田市1エコハウスのように簾による対策が採用できる場合には、冬期の日射熱取得に配慮して庇の出を抑えるという配慮もあり得よう。

注1　自立循環型住宅への設計ガイドライン入門編、第4章断熱外皮、建築環境・省エネルギー機構、2012年5月
注2　例えば以下の文献を参照されたい。
・水沼信（山口県産業技術センター）ほか:温暖地における土壁住宅の外気側充填断熱工法の提案と断熱防露性能の検証、日本建築学会環境系論文集、pp.175-182、2008年2月
・望月昭（いえづくり豊橋協同組合）ほか:土壁住宅の断熱技術に関する研究その2、愛知県に建つ実住宅における通年の実測結果と考察、日本建築学会大会学術講演梗概集、環境工学II、pp.169-170、2003年7月
・青嶋竜太（東京理科大学）ほか:地域的特色を有する戸建住宅の室内温熱環境に関する実態調査研究その1、滋賀県・愛知県における土壁造を中心とした在来木造住宅に関する調査結果、日本建築学会大会学術講演梗概集、環境工学II、pp.117-118、2000年7月
・真瀬悦邦（㈲番匠）ほか:防湿層のない断熱外壁・屋根の温湿度性状、東海地域に立つ実住宅での実測結果、日本建築学会大会学術講演梗概集、環境工学II、pp.307-308、2001年7月
注3　赤嶺嘉彦、齋藤宏昭:7.1.2 真壁木造の外皮性能、平成23年度エコハウスの性能検証調査委託業務報告書、社団法人日本建築家協会、2012年3月
注4　平成25年省エネルギー基準に準拠した計算法「3.2 住宅・住戸の外皮性能計算プログラム」 http://www.kenken.go.jp/becc/index.html#EnvelopeProgram 民間事業者からより使い勝手のよい計算ツールが提供されることが望ましい。
注5　薪ストーブは二次燃焼室をもつリーンバーン方式と呼ばれる燃焼方式を用いたもので、赤嶺嘉彦による計測では、熱効率は79%程度と推測された。

8　ライフスタイル

ライフスタイルは大辞林によると、「生活の仕方」「生活の様式」と訳されている。エコハウスにおけるライフスタイルは「人は寒ければ服を着る。寒くてもいいのではないか、寒すぎなければ。暑くてもいいのではないか、暑すぎなければ。夜、暮らせる灯りと、暖をとる薪があればよいのではないか。そんなエコロジーなライフスタイル」と、ある設計者は語っている。つまり若干の我慢を伴うが、地球環境に優しい暮らし向きの生活スタイルと紹介されることが多い。自己中心の「エゴライフスタイル」ではなく、地球温暖化や低炭素社会のことを考えた、献身的な生活イメージである。

一方、家族構成・家族関係や都市・農村などの立地環境・生活環境、住まいへの想い、生活・文化感などで、ライフスタイルが規定されることも多い。

ここでは、このような視点で、「薪ストーブのある暮らし」「吹抜けを介した家族のつながりを重視した暮らし」「Uターン・Iターン・田舎暮らし」「多世代同居」など行動様式や思考様式の視点から計画された取り組みを評価しながら、ライフタイルを軸にエコハウスの設計における考察を試みたい。

暖房期のライフスタイルと住まい

・田舎暮らしと薪ストーブ・ペレットストーブ・炬燵

22のエコハウスには、薪ストーブ・ペレットストーブによる暖房が寒冷地、温暖地、蒸暑地に限らず多く見られた。

薪ストーブは、いわゆる「田舎暮らしというライフスタイル（豊後高田市1）」、あるいは、「暖房に裏山の薪を使うことが、林業を守り結果としてCO_2排出量の削減につながる（水俣市）」という考えに基づいている。ペレットストーブは寒冷地での使用を見ると必ずしもライフスタイルに特化して分類することはできない。しかし、ペレットそのものが間伐材利用で環境配慮であるという視点で多く取り入れられている。また、ストーブによる暖炉は住宅クライアントの憧れでもあり、近年では、性能に優れた海外のストーブや暖炉セットが多く紹介されるなど、「生活者の思考様式としてのライフスタイル」にも応える重要な装置である。

しかし、このエコハウスの検証においては、温熱環境の視点からストーブが効率のよい暖房設備として検証できたものは少ない。輻射熱には到達範囲限界があること、設置位置によってはその効果が薄れることがいくつかのエコハウスで確認された。また、薪ストーブは近所に燃料となる原材料があること、薪割りや薪拾いができる時間を確保できるライフスタイルであることが前提であり、ペレットストーブも、近郊にペレットを出荷する工場があってこそ、省資源・省エネにつながるシステムであり、輸送にかかる費用やエネルギーは無視できない。

一方で、蒸暑地など、冬厳しい寒さの期間が短い地方にあっては、炬燵に入り重ね着をして暖をとるというライフスタイルも提案されている。例えば、熊本（水俣市）、宮崎や鹿児島等の蒸暑地では、短い冬の極寒時には炬燵を暖房設備とする世帯も多い。消費エネルギーの点から見ると、炬燵はエコハウスを標榜する住まいの暖房システムとしては好ましくないと指摘されるが、「大晦日の紅白歌合戦を家族揃って炬燵に入り、みかんを食べながら見る」など、炬燵が家族のコミュニケーションの場であることも否定できない。

ストーブに根強い人気があるのも、暖房器具を囲むことに家族の触れ合いを求めるライフスタイルを好む習性が背景にあるのであろう。特に、田舎暮らしなどで家族が寄りそって暮らすライフタイルには欠かせないシステムと思われる。

・パッシブシステム・縁側とエコライフスタイル

パッシブな住宅スタイルはエコライフスタイルの象徴のように捉えられることがある。

縁側のような空間を温熱環境の緩衝ゾーンとして設定する手法で、冬は閉じ暖気を取り入れ、夏は開放し通風の促進を図る。季節に応じ温熱環境をコントロールし、冷暖房機器の使用時間を少なくするライフスタイルとしていくつかのエコハウスで紹介されている。矢板市エコハウスではその効果が実証されたものの、その他のエコハウスでは、総合的に見ると設計イメージ通りの結果は見受けられなかった。この空間構成には、開口部を中心にしっかりとした外皮の設計と他の冷暖房機器との調和を考えた設備設計の裏付けが必須条件である。

北九州市エコハウスにおいては、このような空間の温熱環境の改善として、可動式の遮熱テントをガラス屋根上部に設置し、夏は閉じ冬は開ける状態での環境性能の違いを検証した。また、縁側外部の夏の遮熱方法として、簾・緑のカーテン・遮熱シートの比較検証も行っている[図1, 2]。パッシブな空間づくりと縁側という我が国に古くから伝わる日だまりのような空間を結びつけようとしたいくつかのエコハウスの試みは、伝統的な空間を継承しようとするライフタイルの積極的な表れであり、試行錯誤を積み重ね省エネ・省資源で快適な空間づくりへのアプローチを進めることが期待される。

中間期・冷房期のライフスタイルと住まい

・通風重視の住まいとライフスタイル

温暖地や蒸暑地のエコハウスでは、「住まいは夏を旨とし、冷房なしで暮らすことがエコにつながるというライフスタイル」を意図したものが多い。多くのエコハウスの提案断面図には水色の矢印で風のラインが記載されている。風が図のように住まいの中を流れ、中間期あるいは夏期でも冷房なしで快適に過ごすことができる、多少の暑さは扇風機や団扇で対応するライフスタイルを想定したものである。しかし、通風に関しては必ずしも設計者の意図通りの効果が出ていないこと、通風だけではしのげない暑さがあることなどが検証された。熱中症による死者が出るような熱帯夜が続く昨今の気象状況においては、このようなライフスタイル想定の住まいには無理があるように思える。

しかし、多くの設計者が、「夏を旨とした通風重視の住まい」に憧れ、夏は可能な限りエアコンなしで過ごすライフスタイルを希望する住まい手も多い。自然通風重視のライフスタイルを実現するには、明確な断熱境界の設定を行った上で、適切な断熱・気密の断面構成のもとで、基礎的な室温を下げ、ウインドキャッチャーなども併用するなど、限られた通風をうまく取り入れる開口部の設計を行うことが、現実的な「通風重視のライフタイル」を支えるものと考えられる。

・ハンドメイドな遮熱の工夫とライフスタイル

季節に応じて、簾や緑のカーテンを設らえることにより遮熱を行う「一手間掛けて住まいの性能を保とうとするライフスタイル」を想定したエコハウスの提案も見られる。都留市エコハウスや山梨市、北九州市などのエコハウスでは、外部に設置したぶどう棚やパーゴラが具体的な建築要素として提案されている。温暖地や蒸暑地の強い日差しが室内に入りこむことを防ぐこのような仕掛けは、その年の気象状況やその日の天候に応じて対応できるメリットをもちながら、一方で、植物の生育に厳しい環境や強風・豪雨で破損するというリスクも背負っている。また、簾などの遮蔽装置を対象季節外には保管しておくスペースを考えると、地価の高い都市部では困難な手法でもある(倉庫に要する費用を効率のよい空調機に置き換えた方が経済的で効率も安定する)。さらに、一手間掛ける時間的な余裕も必要である。北九州市立大学が行った検証では、「緑のカーテン」の効果は総体的に低かった[図1, 2]。また、都留市エコハウスにおいても緑のカーテンには、温度ムラが散見された。常に安定した温熱環境を見込むことまではできない装置と判断される。

とはいえ、景観的にも心理的にもこうした建築要素は、緑の植栽に代表される自然環境を好むライフスタイルの住み手には強く支持されている。また、山梨市エコハウスのパーゴラ空間のように、内外一体となったコミュニティスペースは豊かな家族の触れ合いを感じさせる。このように住み手が手を掛けて環境を調整しようとするライフスタイルから派生したパーゴラ等の空間とその装置

図2　北九州市エコハウス検証結果(PMVの測定値)

	植栽	日除けテントの組合せ	簾
1階	1.86	0.89	1.75
2階	2.12	1.13	1.96

植栽(緑のカーテン)

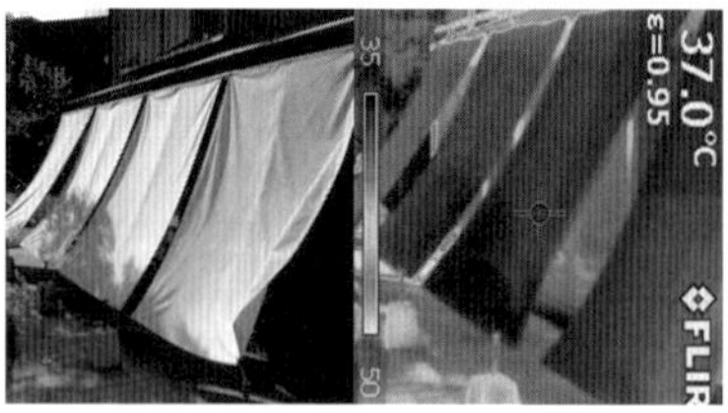

日除けテントの組合せ

簾

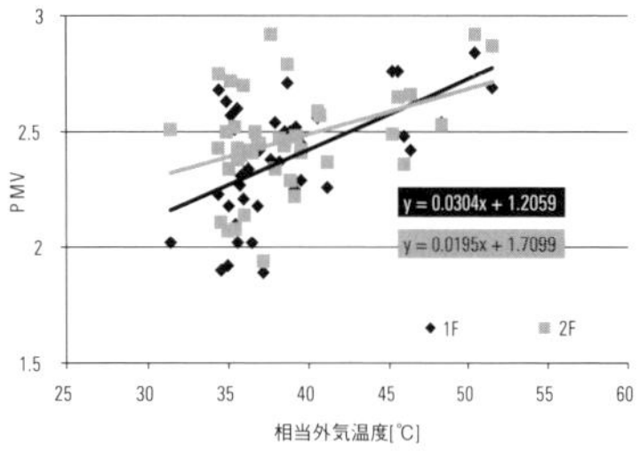

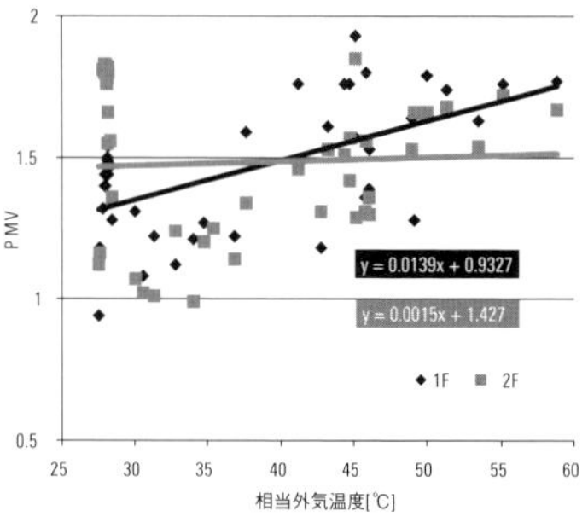

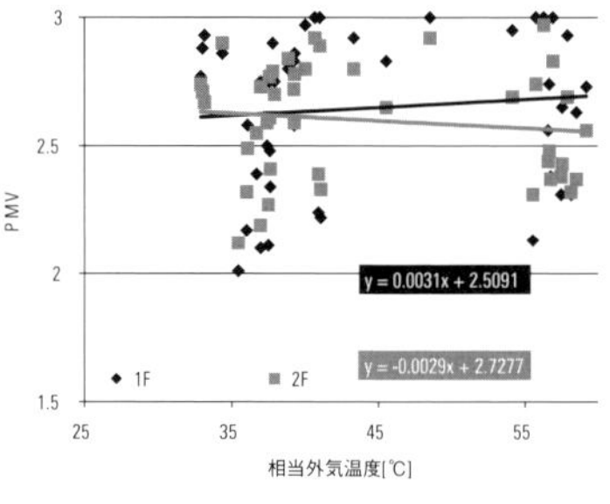

図1　各PMVと相当外気温との相関関係(10-17時)

もエコハウスとしては重要な付加的要素技術として捉えることができる。

行動様式・思考様式としてのライフスタイルとエコハウス

・半農半Xと土間のある暮らし

今回のエコハウスプロジェクトにおいては、「土間」の提案が多い。下川町、美幌町などの「通り土間」、半農半Xとした飯舘村エコハウス、Iターン・Uターン向けとした豊後高田市の2つのエコハウス、作業空間を兼ねた土間の設計など多くのエコハウスが土間的な空間を備えている。こうした農作業等となんらかの関わりをもつライフスタイルを想定すると、「仕事の手が空いたときには植栽・樹木の世話ができる」「落葉樹があれば日射遮蔽として活用することができる」「薪ストーブの燃料を身近に調達することも可能である」などの生活環境が重要である。また、農村生活では、近隣のコミュニティもしっかりしていることが多く、治安も良く安心して窓を開閉できる。フェンスと異なり外周を生垣にすることで緑豊かな環境のもと、プライバシーの確保ができる等の関係がイメージされる。このようなことを前提として、半農半Xのための土間のあるエコハウスは成立している。あるいは、このような土間のある暮らしに、家族や近隣住民とのよきコミュニティの形成を期待したり、土間で余暇的時間を過ごすゆとりを想定したものが多い。

しかし、かつての日本の農村の土間は、特に温暖地や蒸暑地においては、ほとんどが半外部空間であり、現代のように温熱環境への配慮のない状態であった。内部空間として土間を取り入れるには、床・立上りの断熱、開口部の設計、床材部分との温熱環境の設定の仕方など、新たな生活空間として捉え、設計には細心の注意が必要である。

・都市的生活スタイルとエコハウス

全国22のエコハウスで都市的な生活スタイルがイメージされた例は少ない。そもそも敷地設定に郊外部が多く、市街地にあるエコハウスは、宮古島市1、北九州市、飯田市、山形県と少ない。我が国の半数以上の住まいが都市部にあり、相隣環境の厳しい中に立地していることを鑑みると、卓越風による通風などを期待できないエコハウスもモデルとして示されるべきであったのかもしれない。

宮古島市1エコハウスは、隣接地にも同様のコンセプトの住まいが連続して建つことを想定しプランニングを行っている唯一の事例である。飯田市も二方が隣接地、前面は大通りという立地環境に対して2棟構成でプライバシーを確保したプランニングが際立っている。

一般的に都市部においては、時間に追われ高い生産性と効率的な生活スタイルを求められる人や時間的に余裕はないが比較的経済的に余裕のある人も多く、こうした生活スタイルの人は暑さ寒さのストレスを回避したがる傾向がある。そうした人々のための究極の空間は全館空調空間であろう。山形県エコハウスでは、開口部の大きさを抑え、壁の断熱性能を極めた上で効率のよい空調環境を追求した「都市部におけるあり方」の例が示されている。都市部の住まいとして閉じた空間を是とし、究極の閉じた空間を追求したエコハウスである。

一方、その対局として、街中にあっても、夏期の留守中の防犯に留意した開口部を設け、地窓から涼風を取り込むために植込みにミストシャワーを設けるなど、かつての京の町家に見られたような手法で、暑い夏、寒い冬を手を掛けつつも乗り切ろうとする飯田市のような事例もある。このように、都市部にあっても住み手のライフスタイルによってエコハウスの平面構成、断面構成のあり方にも大きな違いがあってよいと考えられる。

・家族構成とライフスタイル

今回のエコハウスの提案には、家族構成にいくつかの特徴が見られる。

そもそも、家族構成はライフスタイルを規定する重要な要素である。2世帯・3世代同居を想定したケースが多いが、美幌町エコハウスでは、町の基幹産業である農業を営む4世帯が同居するライフスタイルという設定である。「自然を身近に感じる開かれた家づくり」を高性能の断熱材やサッシ、先端の暖房設備等、寒冷地建築の研究成果を活かして実現している。南側の土間空間を自然に開放された場所とし、光と風、熱を受容する緩衝ゾーンとして、奥の個室空間に行くにつれ徐々に安定した環境になるようにしたプランである。「空間はつながっていないながらも自立した人々の関係が派生していくような、ほどよい距離感をもった場」が実現されている。検証によると断熱・気密に若干の課題はあるものの、4世代が共に暮らす大世帯が多い美幌町ならではの環境分析から生まれたこのエコハウスは、今後の我が国における新しいライフスタイルの住まい方である、高齢者のグループホームやシェアハウスのモデルとなっている。

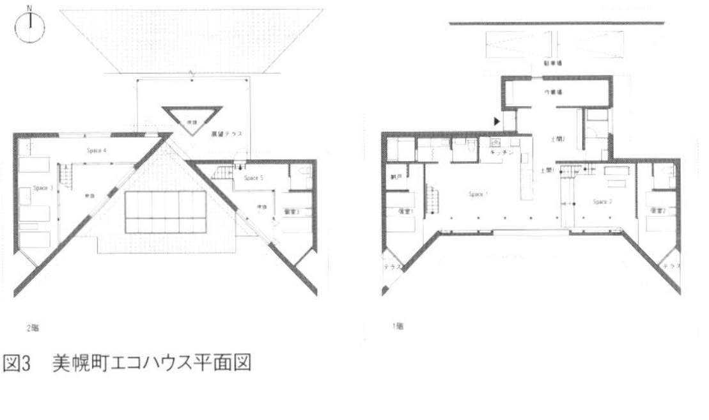

図3　美幌町エコハウス平面図

豊後高田市にある2つのエコハウスはそれぞれ「Iターン希望者」「Uターン世帯向け」と設定されている。ある調査で、最も住み心地のよい町として報じられ「昭和の町」の面影を残す豊後高田市は、人口減少に対し、この2つのエコハウスを定住促進のツールとしても活用している。就職等で一度故郷を離れ、子育てが終り生まれ育った町に帰る、あるいは、都会暮らしをやめ、田舎暮らしに憧れ豊後高田市を選択する。そんなライフスタイルの人々を対象に2つのエコハウスを計画した。「徳六の風舎」は平屋建ての小ぶりな住まいで、Iターンとはいえ、夫婦2人の身軽な世帯向けである。寝室と設定した夏冬の使い分け可能な和室2間で、居間食事空間を挟んだプランとしている。暖房設備は薪ストーブ、夫婦2人で事足りる局所暖房を想定している。夏は、クーラーのない暮らしを標榜し、和室寝室には枕元に夜間開放しても防犯に支障のない通風小窓を設けている。冬は、もうひとつの和室に薪ストーブによる暖気をマイクロダクトで送るように設計されている。検証結果では、これらの暖房設備や開口部の気密性能などにいくつかの課題が指摘され、これまで都会でクーラーを前提とした暮らしを経験したIターン世帯には、厳しい夏・冬にしのぎにくい部分があるかもしれない。しかし、それにもましてリビングの南北に大きく開かれた窓から望む緑豊かな景観に癒される。田舎暮しのライフスタイルをもったIターン希望者にとっては恰好の住まいである。

設計にあたって

22のエコハウスに見られた「ライフスタイル」が表出する場としての「吹抜け」と「縁側や土間」のあり方について整理する。

•吹抜け

設計者の多くは吹抜けに憧れるといっても過言ではない。

吹抜け空間は単に空間に広がりもたせるだけでなく、家族の交流、家族に目が行き届く、家族の気配を感じるという設定のもと、ある種の行動様式や思考様式としてのライフスタイルの表現の場でもある。したがって、温暖地や蒸暑地で、居間を中心に各個室前のホールや廊下で吹抜けを囲む構成が多く見られる。2階建てであれば、階段室を独立して設けない限り少なからず吹抜け的空間が生じる。家族のコミュニケーションなどをよりどころに、意味のある一体空間として吹抜けを昇華させようと設計者は企図している。

吹抜けの課題は、暖かい空気の上昇による温度ムラであり、この課題を克服してこそモデル的なエコハウスといえよう。矢板市エコハウスではこの関係をうまく読み解き、快適環境が確保されている。その他のエコハウスプロジェクトでも多くのチャレンジがなされ、温熱環境の検証も行われている。それぞれのクライアントのライフスタイルに応じた設計条件を設定し、今回のエコハウス事例とその検証を活用されることをお勧めしたい。

•縁側や土間

「過度に身体的なストレスのない環境は人間の適応能力を低下させ不健康にする」という考えが、温暖地や蒸暑地の自然環境（外界気象）といわば馴れ合いながら暮らすライフスタイルを支えているとも考えられる。北東北や北海道など、厳しい気候条件のもとで最悪の場合凍死する地域では考えられないスタイルである。縁側や土間のなりたちは外部空間であった。しかし、本事業のエコハウスでは内部に取り込む例が多いのは、開口部の設計自由度が向上し、内とも外とも解釈できる緩衝空間としての縁側や土間が、気象状況の変化に応じて生活スタイルの自由度をも高めるとの解釈によるものであろう。

山梨市エコハウスに設定された「DOMAサンルーム」は広く人の集まりやすい空間として好感がもてる。しかし、温熱環境については必ずしも設計者の意図通りになっていないエコハウスも多く、今後の改善、設計技術の向上に資する資料として本書が受け止められることが期待される。

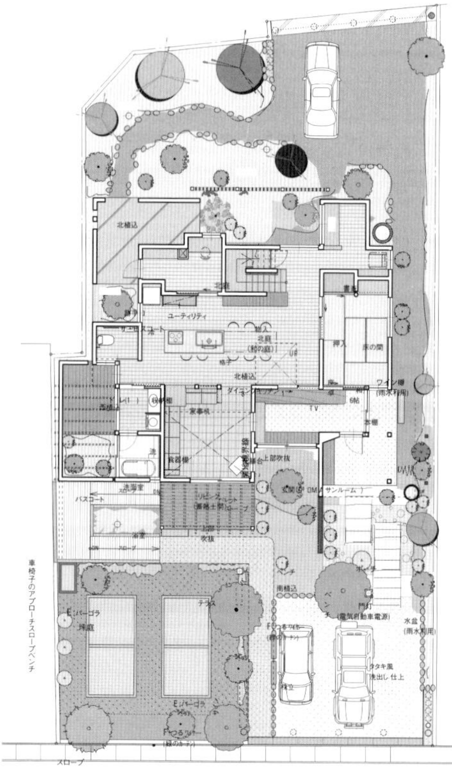

図4　山梨市エコハウス平面図

索引

（太字は諸元一覧の中に書かれているところ）

A

ア

カ

サ

タ

｜ナ｜

｜ハ｜

あとがき

環境省エコハウスモデル事業は、国から村までの行政、全国の建築家、建築研究所や東京大学大学院をはじめとする研究者の協力による、これまでに例を見ないエコハウス・プロジェクトへと発展することとなった。

エコハウスの検証においては、設計者の感覚的な判断と、研究者の測定による判断が相違することも多く見られた。しかし検証理論・技術によって明確にできること、十分に検討されているとは言えない未検証理論・技術があることを、あらためて確認しながら理解を深めていく貴重な機会となった。

本書はエコハウスを紹介すると共に、設計者と研究者のコラボレーションによる、現時点での知見の到達点を明確にすることに、全力が注がれている。そこから将来に向けた新たな課題を見つけながら、日本の住宅が直面している多くの問題を解決していくために、多くの方々と共に努力を続けたい。

環境省をはじめ、全国のエコハウスにおける自治体、協議会、設計者、管理者、研究機関のご協力がなければ、これまでの調査研究も本書の編集も不可能であり、ここに関係各位へ心から謝意を表する。

多くの方々の何年にもわたるご協力により、膨大な労力を必要とする2回の性能検証調査や模擬居住調査、その後の精緻な分析がおこなわれたことによって、初めて本書が完成したことに、厚く感謝の意を表明したい。

日本建築家協会ならびに、建設時のサポートで共に汗を流した環境行動ラボの多くの仲間とご協力者に、心から御礼を申しあげる。

本書をまとめるにあたっては、鹿島出版会の相川幸二さんに何年間にも渡って辛抱強く導いていただき、高木達樹さんに煩雑な図版をきれいにレイアウトしていただいた。

この一冊は、日本全国の本当に多くの方々による気が遠くなるほどの努力の結晶であり、ここに列記することのできない、ご協力をいただいた関係者すべてのおかげにより完成できたことに、あらためて深く感謝したい。

公益社団法人 日本建築家協会 環境行動ラボ
エコハウス・フォローアップ・ワーキンググループ主査
井口直巳

執筆者

井口直巳　井口直巳建築設計事務所 代表
澤地孝男　独立行政法人 建築研究所 環境研究グループ長
前真之　　東京大学大学院工学系研究科 准教授
大角雄三　倉敷建築工房 大角雄三設計室 代表
袴田喜夫　袴田喜夫建築設計室 代表
牧敦司　　醇建築まちづくり研究所 代表
高瀬幸造　東京大学大学院工学系研究科 前研究室 特任研究員

検証（2〜4章）・5章　執筆者（＊調査当時）

東京大学大学院 前研究室　羽山拓也＊　川島宏起＊　草川研二＊　茅野淳＊　大沼友佳理
独立行政法人 建築研究所　赤嶺嘉彦＊

エコハウス建設時の各自治体へのサポート担当者（JIA環境行動ラボ）

小室雅伸　小西彦仁　北瀬幹哉　袴田喜夫　松下重雄　田中直樹　伊藤正利
中村勉　寺尾信子　長井淳一　林昭男　栗林賢次　大角雄三　堀祐治
柳澤力　井口直巳　中村享一　内野輝明　篠節子　河野進

エコハウスへの誘《いざな》い
極《ごく》寒《かん》地《ち》から蒸《じょう》暑《しょ》地《ち》までの試《こころ》みと検《けん》証《しょう》

2014年2月20日　第1刷発行

編著者　日《に》本《ほん》建《けん》築《ちく》家《か》協《きょう》会《かい》 環《かん》境《きょう》行《こう》動《どう》ラボ
エコハウス・フォローアップ・ワーキンググループ

発行者　坪内文生

発行所　鹿島出版会
〒104-0028東京都中央区八重洲2丁目5番14号
電話03-6202-5200　振替00160-2-180883

デザイン　高木達樹

印刷・製本　壮光舎印刷

ISBN978-4-306-04596-5 C3052

本書の内容に関するご意見・ご感想は下記までお寄せください。
http://www.kajima-publishing.co.jp
E-mail:info@kajima-publishing.co.jp